DISEÑOS
MISTERIOSOS

Título original: SECRETS IN THE FIELDS
Traducido del inglés por Miguel Iribarren Berrade

© de la edición original
2002 Freddy Silva
Publicado según acuerdo con Writers House LLC y Hampton Roads Publishing Company, Inc. de Charlottesville, Virginia, USA.

© de la presente edición

EDITORIAL SIRIO, S.A.	EDITORIAL SIRIO	ED. SIRIO ARGENTINA
C/ Panaderos, 14	Nirvana Libros S.A. de C.V.	C/ Paracas 59
29005-Málaga	3ª Cerrada de Minas, 501	1275- Capital Federal
España	Bodega nº 8 , Col. Arvide	Buenos Aires
	Del.: Alvaro Obregón	(Argentina)
	México D.F., 01280	

www.editorialsirio.com
E-Mail: sirio@editorialsirio.com

I.S.B.N.: 978-84-7808-562-0
Depósito Legal: B-18.210-2008

Impreso en los talleres gráficos de Romanya/Valls
Verdaguer 1, 08786-Capellades (Barcelona)

Printed in Spain

FREDDY SILVA

DISEÑOS
MISTERIOSOS

editorial Sirio, s.a.

Para aquellos que han perseverado para traernos la verdad y la Luz.

Para aquellos que se han esforzado por compartir la verdad y la Luz.

Y para aquellos que aún tienen que ver la verdad y la Luz.

Agradecimientos

Quiero dar las gracias sinceramente a todos aquellos que, a su modo, han contribuido al nacimiento de esta obra. Son, en orden alfabético:

Steve Alexander, Marcus Allen, Paul Anderson, Colin y Synthia Andrews, el difunto Richard Andrews, George Bishop, Kerry Blower, Gregg Braden, la clínica Bretforton, Paul Broadhurst, Polly Carson, Barbara Hand Clow, Bruce Copen Laboratories, Chad Deetkin, Pat Delgado, Paul Devereux, Collette Dowell, Virginia Essene, Randall y Elizabeth Farrell, Robert Miller Foulkrod, Gerald y Julia Hawkins, Barbara Hero, Michael Hubbard, Frances Hunter, Shelly Keel, Andrew King, Isabelle Kingston, Frank Laumen, Jim Lyons, John Martineau, John Michell, Hamish Miller, Andreas Muller, Ina Nyko, Sharon Pacione, Marigold Pearce, Nick Pope, Lucy Pringle, Jane Ross, John Sayer, Sue Shepherd-Cross, Graham Slater, Ken Spelman, Russell Stannard, Busty Taylor, Reuben Uriarte, Paul Vigay, Dennis Wheatley, George Wingfield y Richard Wintle.

También quiero dar las gracias a:

Muchos cientos de desconocidos por sus numerosos correos electrónicos de ánimo. A veces vuestras palabras han sido lo único que me ha hecho seguir adelante. Benditos seáis.

Los bibliotecarios de Portsmouth, New Hampshire; Marlborough, Wiltshire, y la Biblioteca Británica, Londres.

A todas esas almas trabajadoras de Hampton Roads Publishing, especialmente a mi editor Richard Leviton, que reconoció mi visión.

A la música que me inspiró cuando la vela ardía de noche: W. A. Mozart y Jonn Serrie.

A esas almas invisibles que, más allá de los velos, nos susurran las líneas cuando pensamos que somos nosotros los que pensamos todo; Michael, por la espada en Stonehenge, ¡mira en lo que aquello me ha metido!

A mis padres, que aún no saben por qué su hijo les ha salido así.

Señales de vida:
una introducción

A trescientos metros por encima de los ondulantes campos de Wiltshire, al sur de Inglaterra,
el piloto Graham Taylor y su pasajero miran los
monumentos prehistóricos que salpican el paisaje
que se extiende debajo. Exactamente a las 5:30 de
esta sorprendente tarde del mes de julio, el avión
monomotor y sus ocupantes se deslizan hacia el
este sobre los bloques y piedras azules de Stonehenge, una de las obras de ingeniería más notables del mundo antiguo.

Debajo, la combinación de un día soleado,
veraniego y domingo ha hecho que se congreguen
cientos de turistas. Se arremolinan en torno al
monumento, rodeado por una valla de amplio perímetro y varios guardias de seguridad. Algunos de
los guardias impiden que los sorprendidos visitantes se desvíen del camino transitado; otros exami-
nan los campos colindantes desde puntos de vista
elevados en busca de esos asistentes más decididos
que no se molestan en pasar por caja. Es el típico
día turístico, y tanto el piloto como el pasajero del
avión absorben el espectáculo a vista de pájaro.

A los pocos minutos, después de un aterrizaje impecable en un campo cercano, ambos hombres se separan. El pasajero, un médico, se monta

en su coche y se encamina hacia su casa. Casualmente, tiene que volver a pasar por Stonehenge,
aunque esta vez por el suelo. Pero hoy es un día en
que esto requiere su tiempo: la carretera A303 de
Londres a Exeter está completamente abarrotada.
Además, muchos conductores han abandonado sus
vehículos y se alinean a lo largo de los límites de un
campo que bordea la carretera. ¿Un accidente? La
gente señala algo dentro del campo, y algunos están tomando fotos.

Ahora son las 6:15 de la tarde. En el transcurso de cuarenta y cinco minutos ha ocurrido un
fenómeno que está creando un caos en la zona. Ha
llegado algo que claramente no estaba allí cuando
los dos hombres sobrevolaron ese enclave.

Cuando las fotos aéreas del lugar llegan a los
periódicos vespertinos, hipnotizan al mundo: impreso en un prístino mar de trigo puede verse un dibujo de 149 círculos con diámetros de entre unos 30
centímetros y 15 metros (véase la figura 0.1 en la
página I, en la sección a color). La precisa, simétri-
ca y sinuosa columna vertebral del dibujo mide 300
metros de largo por más de 150 de ancho.

Y lo más sorprendente de todo es que el trigo
está arremolinado y aplanado, pero los tallos de las

plantas están doblados en horizontal a unos dos centímetros del suelo, y no están dañados.

Los espectadores contemplan un círculo de las cosechas. En este caso, una representación estilizada de un diseño fractal obtenido en ordenador y llamado «Julia Set».

Todo esto ha ocurrido a plena luz del día, a tan sólo doscientos metros de una atracción turística bien protegida, y sin embargo no se ha visto a nadie crear esta obra de arte cósmica. Las investigaciones siguientes conducen a la conclusión de que el tiempo empleado en su creación se reduce a unos pocos minutos, puesto que uno de los guardias de Stonehenge corrobora que se ha hecho entre dos rondas consecutivas de quince minutos; un piloto que sobrevoló el lugar un cuarto de hora después de Taylor aporta el mismo testimonio. El guardia del coto de caza local también había inspeccionado la zona por la mañana sin encontrar nada raro. ¿Es posible que un grupo de humanos, avezados tanto en matemáticas avanzadas como en arte medioambiental, dominadores del principio de invisibilidad y desafiando la ley de la gravedad, hayan levitado sobre el trigo intacto para crear esta obra maestra?

Si las piedras de Stonehenge hablaran...

Y, evidentemente, si los miles de otros antiguos espacios sagrados de todas las islas británicas hablaran, puesto que han sido testigos silenciosos de otros miles de círculos de las cosechas que se manifiestan incesantemente en sus proximidades... ¿Qué extraña conexión existe entre estos símbolos grabados sobre un lienzo de plantas y los círculos de tierra y piedra, muchos de los cuales se erigieron hace ocho mil años bajo la guía de «dioses» neolíticos olvidados?

Sea cual sea la conexión, en sus comienzos, la Iglesia católica reconoció la importancia de estos lugares de veneración hasta el punto de emitir órdenes que prohibían su uso, para construir posteriormente sus propios templos sagrados sobre ellos. Estos templos paganos megalíticos no están localizados sobre el paisaje al azar, sino estratégicamente, en los puntos de cruce de una trama electromagnética invisible pero mensurable que rodea la Tierra,

donde estos «puntos de presión» permiten acceder al «almacén de datos» del planeta, e incluso pueden influenciarlo.

En estos puntos terrenales, el velo entre los mundos es fino, y la concentración de energías es tal que influye en los ritmos del cuerpo humano, llegando incluso a alterar el estado de conciencia. Consecuentemente, durante muchos milenios, tanto los enfermos como los curanderos han interactuado con estas energías, cuyas propiedades han sido reconocidas recientemente por la ciencia.

Sin embargo, hace unos mil seiscientos años, este contacto con el mundo natural empezó a dibujar una larga curva. Tras las evaluaciones de la Inquisición, del racionalismo del siglo XVII y, finalmente, del materialismo, el propósito trascendental de los lugares sagrados se difuminó. Cayeron en desuso, los rodeó la superstición, y, como baterías descargadas, fueron clausurados.

Posteriormente, a finales del siglo XX, los misteriosos círculos de las cosechas empezaron a materializarse con creciente frecuencia junto a estos antiguos emblemas, como firmas de los «dioses», volviendo a despertar en el momento previsto una trama dormida de proporciones gigantescas. Se ha mostrado que los círculos de las cosechas poseen propiedades energéticas que no sólo interactúan con los lugares sagrados, sino que, según se informa, curan a la gente que recorre sus espacios y provocan estados de conciencia alterada.

Y ¿qué curiosa invitación extienden estos curiosos círculos de cosechas? Desde que los primeros seres humanos caminaron sobre la Tierra, el círculo ha sido el símbolo del lugar de encuentro, el templo de reunión y discurso, y, como ovejas buscando guía en un universo turbulento, cientos de personas de las «tribus» del mundo se han visto atraídas irresistiblemente hacia estos misteriosos diseños.

Dentro de estos templos la gente siente que le sobreviene una exuberancia y maravillamiento infantil al deambular por los laberintos más recientes, y cada uno de estos caminos curvos la pone frente a los gráciles e inesperados dibujos que forman la frontera entre lo visto y lo no visto. Dentro de cada uno de estos nuevos espacios sagrados se

Figura 0.2
Arriba: el corazón del misterio. Las plantas de los auténticos círculos de las cosechas están arremolinadas como la espiral de una galaxia y dobladas justo por encima del suelo sin ningún daño.
Abajo: en comparación, los círculos de las cosechas creados por el hombre generalmente plasman
una confusión.

estos dibujos misteriosos con las ciencias sutiles del sonido y el electromagnetismo (que, según se ha descubierto, fueron utilizadas en la construcción de cámaras de piedra, pirámides y catedrales góticas). Estos nuevos ámbitos de conocimiento también explican cómo estas frecuencias afectan a las ondas cerebrales de las personas y a la conducta de los animales; cómo dejan improntas en el agua que bebemos, y posiblemente codifican nuevos sistemas de información en nuestro ADN; y grandes volúmenes de información extraordinaria está codificada en cada glifo, incluyendo información sobre nuevas formas de tecnología.

Los diseños de los círculos de piedra rebosan el lenguaje universal de la geometría, un lenguaje reconocido por las células vivas del cuerpo humano que facilita un diálogo más claro entre el Cielo y la Tierra, y regenera la naturaleza trascendental latente en cada ser humano. ¿Podrían estos mandalas del siglo XXI estar realizando un cambio sutil en la conciencia de la humanidad?

Habitualmente, los círculos de las cosechas comienzan a aparecer a principios de abril y continúan hasta la época de la cosecha, en septiembre. La complejidad de los diseños aumenta a lo largo de la estación, complicándose más cada año, y, con el transcurso de las décadas el «círculo de la cosecha» original ha llegado a convertirse en una serie de complejas formas geométricas. Las plantas que

realizan muchas celebraciones, oraciones, contemplación y estudio. Cuando los peregrinos se van, desembarcan en un mundo que, de repente, les resulta extrañamente diferente, porque cada uno de los visitantes se siente portador de una pequeña semilla que resulta al mismo tiempo vigorizante, curativa e iluminadora.

Y también transformadora.

Cada «semilla» abre una puerta a interminables ámbitos de conocimiento que explican la conexión de quedan aplanadas no sufren daño y pueden ser cosechadas.

Teniendo en cuenta la enigmática naturaleza de este fenómeno, por no hablar de las sorprendentes pruebas de campo, uno pensaría que el tema de los círculos de las cosechas estaría en portada de los medios de comunicación, e incluso suscitaría el interés de los científicos. Sin embargo, hasta el día de hoy, se ha extendido el mito de que todo este fenómeno no es más que una jugarreta humana.

Pero a esta teoría de la falsificación le esperan malas noticias, la menor de las cuales es la pretensión de los falsificadores de haber iniciado sus actividades en 1978 en el condado de Hampshire, Inglaterra. Los datos publicados recientemente confirman que los círculos de las cosechas se han venido manifestando desde el siglo XVII, y en la última parte del siglo XX se ha informado de la existencia de 10 000 de ellos en 26 países, aunque el 90% ha aparecido en el sur de Inglaterra.

Aparentemente, la teoría de la falsificación no se toma en serio en el seno del gobierno británico, dato confirmado por Nick Pope (antiguo encargado del seguimiento de fenómenos ovni en el Ministerio británico de Defensa), entre cuyas tareas se incluye la investigación de los informes ovni así como otros fenómenos anómalos y paranormales. Pope, que tiene acceso a un sustancial volumen de información, concluye que, a pesar de la existencia de ciertos fraudes, existe una serie de círculos de las cosechas auténticos, formados de un modo que los científicos todavía no entienden. ¿Explicaría esto la sorpresa del oficial del ejército destinado en los campos de entrenamiento de la llanura de Salisbury cuando, mientras cruzaba un campo de minas activo, se encontró con un círculo de las cosechas? No es el típico lugar que los falsificadores escogerían.

Ciertamente da la sensación de que el ejército británico ha intentado estar al tanto de las novedades sobre el tema. Unos treinta kilómetros al norte de Stonehenge, en los ondulantes campos de Alton

Barnes, Wiltshire, se encontró otra formación,[1] que esta vez guardaba parecido con la doble hélice espiral del ADN. Con la espalda vuelta hacia la colina que rodea el campo, un pequeño grupo de avistadores situados a lo largo de la carretera miraban mientras un helicóptero militar se cernía sobre el dibujo. Sin previo aviso, un segundo helicóptero (que portaba la insignia de un águila) se elevó sobre la pendiente y voló hacia ellos, manteniéndose suspendido durante un minuto sobre el grupo, con sus hélices rotando amenazadoramente a la altura de sus cabezas.

A medida que las hojas de las hélices se acercaban, Kerry Blower soltó su cámara de vídeo y se retiró para evitar una decapitación potencial. El ruido era ensordecedor. Como la cámara, dejada encima del coche de Kerry, había grabado el acoso, el resto del grupo, ahora comprensiblemente conmocionado, la recuperó apresuradamente, buscó la seguridad de los automóviles y se alejó con el helicóptero persiguiéndolo.

Cuando Kerry regresó a la seguridad de su hogar, sonó el teléfono. Un alto oficial del ejército había conseguido localizarla y le pidió que le facilitara la grabación, a pesar de que todo el incidente había ocurrido en un lugar público.

¿Por qué tienen las autoridades miedo de los círculos de las cosechas? ¿Qué están protegiendo?

Es posible que, como en mi caso, sientan curiosidad por el fenómeno. A todo un mundo de distancia de Wiltshire, en las interminables llanuras de las praderas de Saskatchewan, un granjero canadiense que comprobaba el progreso de sus campos de trigo se tropezó con una curiosidad: una impronta elíptica en su cosecha madura. Aunque en un principio creyó que era un daño causado por el viento, se dio cuenta de que los tallos estaban curiosamente dispuestos de manera concéntrica. Desde el perímetro, una avenida de espinas oscuras seguían el camino espiral de las plantas aplanadas hacia el centro del diseño. En su extremo había un

---

1. Los círculos de las cosechas se describen de diversas maneras en este libro. Por claridad, me refiero a los «círculos de las cosechas» como término general, o para describir casos compuestos por círculos simples o conjuntos de ellos, y hago mención a «formaciones de las cosechas» o «patrones» cuando describo formas que incorporan varios elementos, y a «glifos de las cosechas» cuando se crean diseños complejos.

puercoespín perfectamente aplanado y momificado, aparentemente absorbido o arrastrado a la melé. Lo que causó el círculo de la cosecha atrajo a este desafortunado espectador como un imán a un alfiler.

Esto es cada vez más curioso.

Precisamente este pensamiento ocupaba mi mente un luminoso día de verano cuando me hallaba dentro de un complejo círculo de siete lados cuyo diseño recordaba el pañuelo bordado de una abuela. Tenía en la mano una fotografía tomada dos tardes antes, que mostraba dos rayos de luz brillando perpendicularmente sobre el lugar exacto donde ahora estaba.

Justo en el momento en que me estaba preguntando si mi cámara había captado inadvertidamente la formación de un círculo de las cosechas, una serie de notas musicales se repitieron a mi alrededor. «Graba esto. Lo necesitarás más adelante», dijo mi colega, pasándome la pequeña grabadora. Por más que miré, la fuente física de la música se mantuvo oculta.

Aquellos sonidos y aquellos dos rayos de luz representaban el derrumbamiento de la barrera que para mí había existido entre la ciencia y el misticismo, y me han llevado a realizar el viaje que ha dado como resultado este libro, una obra que contiene respuestas a las preguntas que ellos plantearon, respuestas que podrían exigirnos cuestionar nuestra percepción de lo que habitualmente llamamos la «realidad».

Dejadme que lo diga así: si te redujeran mágicamente al tamaño de un grano de sal, podrías jugar con un átomo como si fuera un balón de fútbol y darle patadas toda la tarde. Pero lo cierto es que no podrías, puesto que los átomos —y en realidad todas las cosas del mundo que nos parecen físicas— no son sólidos. La ciencia ha establecido ahora, para su propia satisfacción, un hecho reconocido por la física y por nuestros antepasados: los átomos de las plantas, de los cristales y del cuerpo humano son pequeños resonadores armónicos en constante estado de vibración. De hecho, están gobernados por los mismos principios que la música: «Cada partícula del universo físico deriva sus características del tono, la pauta y los sobretonos de sus frecuencias particulares, de su canto», dice el autor George Leonard (1978).

Los átomos, según parece, son notas musicales microscópicas.

Tal como esta barrera entre la ciencia y el misticismo se está derrumbando en nuestros laboratorios, cuando los informes sobre el fenómeno de los círculos de las cosechas impresos en nuestros paisajes empiecen a transformar los cimientos de lo que nos habían enseñado, nuestra visión del universo temblará.

Quizá, como en mi caso, te cambie la vida.

Como ciudadano británico de padres portugueses, casado con una canadiense y trabajando en Chicago, la vida para mí ya era cualquier cosa menos simple. Sin embargo, era una persona equilibrada, a pesar de trabajar en el complicado, bien remunerado y «cafeinado» mundo de la publicidad.

Mi primer encuentro con un círculo de las cosechas se produjo en el verano de 1990, cortesía de un telediario nocturno de Chicago que describía un sensacional suceso ocurrido a miles de kilómetros, en Inglaterra, en el Campo Este de Alton Barnes. La imagen televisiva me embelesó, y me olvidé completamente de la voz del presentador y de todo lo que me rodeaba. De hecho, no puedo recordar la hora, el día, el lugar, el canal de televisión, quién estaba en la habitación, qué llevaba puesto o si una manada de bisontes estaba atravesando la casa. Esa imagen quedó grabada en mi memoria para siempre.

¿Por qué esta imagen de un círculo de las cosechas tuvo tal efecto, haciéndome traspasar mi sentido habitual del tiempo y del espacio?

En mi puesto de director artístico, esta tendencia a olvidar no era habitual en mí. Mi cerebro analítico, permanentemente activo en modalidad «esponja», absorbía grandes cantidades de información cada día, incluso detalles triviales como el tipo de letra con el que está escrito el menú del restaurante, para disgusto de mis compañeros de mesa. En mis días de estudiante de arte me había familiarizado con el arte medioambiental, en el que artistas armados con cosechadoras recorrían selectivamente acres de praderas norteamericanas creando formas geométricas que se apreciaban mejor desde el aire.

El «arte» representado en este campo de trigo inglés podría muy bien haber sido obra suya; sin embargo, nada de esto pasó por mi mente mientras veía el pictograma de Alton Barnes por televisión.

Ni tampoco pensé en la otra opción extrema: ovnis y hombrecillos verdes.

No, lo que estaba viendo era un *símbolo* sugerente, y me sentí trasfigurado por él mientras se paseaba por mi intuitivo cerebro derecho, dejando de lado el racional hemisferio izquierdo, como si un pase magnético de la mano de un maestro hipnotizador me hubiera inducido un trance. El símbolo tenía mucho sentido para mí. Me era familiar, como un mensaje que me hubiera enviado a mí mismo hace mucho tiempo. Tal como durante la hipnosis la persona puede regresar a una etapa anterior, sentí que aquel círculo inducía en mí un recuerdo, un despertar de memorias subconscientes, y aquel día empecé a rememorar.

Fácilmente podría haber corrido al hospital psiquiátrico más cercano, pero el efecto que el pictograma tuvo en mí parecía muy natural. Posteriormente escuché que otros habían tenido la misma experiencia, aunque con otros círculos diferentes. Estaba enganchado, y mi curiosidad me impulsaba a seguir investigando. Busqué libros, exploré imágenes, adquirí conocimiento. Por último, empecé a pasar la mayoría de los veranos en el sur de Inglaterra, dispuesto a visitar cada círculo de las cosechas. Estaba consumido, y, a su vez, la búsqueda consumió un matrimonio de catorce años de duración con mi mejor amiga, por lo que acabé perdiendo ambos. Desaparecidas mi hermosa casa, mi hermosa vida y mis abundantes recursos económicos, volví a Inglaterra para completar mis «estudios».

Ahora te oigo decir: «Este hombre está loco; tiró por la borda su perfecta vida por unos pocos acres de trigo pisoteado.» Sin embargo, los incidentes que acabo de describir indican el sabor de algunas de las cosas que he aprendido. A partir del capítulo I te mostraré el fenómeno, incluyendo los fraudes y las informaciones erróneas, e indicando también los aspectos científicos que forman el núcleo del misterio de los círculos de las cosechas. La ciencia involucrada es tan sutil, tan sabia y tan

imponente que te hará sentirte humilde y despertar a una realidad mayor.

Al articular este trabajo me he basado en mis experiencias personales y en las de cientos de individuos que, como yo, han dedicado su tiempo a investigar la naturaleza de este enigma, a menudo pagando un alto precio personal, económico y marital. No obstante, las palabras que aparecen en este libro no son la «verdad»; si fueran la verdad no te serían útiles, porque las verdades personales pueden usarse para crear ídolos, creencias ortodoxas, instituciones, poder y, en último término, control. Más bien lo que muestro aquí son hechos.

Es posible que estos hechos no sean bien recibidos porque pueden inquietar. Pero, si estás abierto a ellos te animarán a buscar y descubrir la sabiduría universal que, en último término y paradójicamente, ya reside dentro de ti.

En la década de los noventa entré en este proyecto con una mente abierta, objetiva y atea, para emerger once años después mucho más humilde, con una nueva fe, y un gran respeto por la vida y su Creador. Posiblemente el dato más importante es que a lo largo de todo este tiempo he tratado de mantener los pies en el suelo. Créeme, en medio de los egos y la desinformación, es indispensable mostrar una actitud centrada, y el sentido de humor no viene mal.

A medida que nos adentremos en el núcleo del misterio de los círculos, quedará claro que tienen mucho conocimiento que ofrecer, y que aparecen en este momento crítico de nuestra historia para recordarnos una conexión evolutiva que nos interesa mucho reactivar, y cuanto antes mejor.

En este libro comprobaremos que la aparición de los círculos de las cosechas coincide con antiguas predicciones halladas en textos egipcios y en el Apocalipsis bíblico. Veremos que los círculos de las cosechas contienen un manual que brinda a todos los ciudadanos de esta preciosa joya de planeta una oportunidad única de redescubrir su potencial durante estos críticos días de cambios. Nos ofrecen espejos en los que vemos reflejada la dirección que estamos siguiendo actualmente, y nos permiten reflexionar sobre ella y sobre las claves de nuestra evolución: un recordatorio del lugar de donde venimos y una señal indicadora de hacia dónde vamos.

En la primera parte examinaremos la historia de este fenómeno, construyendo una imagen de su modus operandi, de su interacción con la gente, de sus efectos en nuestra actual visión del mundo y de sus probables implicaciones.

En la segunda parte estudiaremos las pruebas detalladamente, pasando del cerebro izquierdo de la ciencia al cerebro derecho de la metafísica. Éstos son algunos de los temas analizados: el papel del electromagnetismo y su efecto sobre las plantas, las personas y nuestro concepto de la materia; las «bolas de luz» o fenómenos ovni, su relación con la naturaleza del universo y la conexión de todo esto con los círculos de las cosechas; el lenguaje de los símbolos, y su capacidad de impartir información consciente y subconscientemente; el hilo que conecta la geometría sagrada, los templos, la conciencia y los círculos de las cosechas; el papel que desempeña el sonido en la creación del universo y en el proceso de construcción de los círculos de las cosechas; la ubicación estratégica de los enclaves sagrados, sus propiedades energéticas y sus efectos sobre los seres vivos; la energía terrenal y la influencia que ejercen los círculos de las cosechas en la «trama» de la Tierra; la memoria del agua y su relación con la curación y con los círculos de las cosechas, y por último las pruebas que apoyan la existencia de las capacidades psíquicas y la relación entre los distintos niveles de realidad del universo.

A medida que leas los capítulos, tal vez notes que mi cadena de pensamientos pasa de la lógica lineal al pensamiento «circular». Lo que al principio puede parecer una colección de datos se integrará finalmente en una totalidad coherente, y emergerá de manera gradual una imagen global. Algunos de estos datos son detonadores que nos permiten reexaminar nuestras ideas preconcebidas. Las notas a pie de página y la amplia bibliografía también apoyan estos objetivos. Te animo a explorar los puntos que presento y a llevarlos a un nuevo nivel de entendimiento personal.

Primera parte:
La historia de los círculos de las cosechas

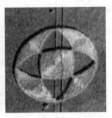

1 Sí o no

Ésta es una tierra suave y ondulante, en su mayor parte de arcilla arenosa, que seduce fácilmente al ojo con sus pequeñas colinas de suaves curvas, ricas en pastos y campos de grano extendiéndose

hasta el horizonte salpicado de árboles. Estos terrenos han sido testigos de la actividad humana desde tiempo inmemorial. Pero ésta es una tierra de misterios porque, en medio de los campos escasamente arbolados, separados por setos de espino, cientos de antiguos montículos de tierra se alzan como carne de gallina cubierta de fieltro verde. Éstos son los montículos y túmulos que han sobrevivido a diez mil años de lluvia británica y a tantas ideologías como el ser humano ha querido inventar.

Los encantadores círculos de piedra comparten este antiguo paisaje, con sus estoicas agujas de piedra, determinadas y orgullosas en medio de los cambios, remanentes silenciosos de una gigantesca trama interconectada de lugares que en un momento de la época neolítica cubrieron la Tierra. Lo mismo es aplicable a las «fortalezas de piedra», cuyas terrazas aplanadas rodeadas por bordes de tierra coronan las cimas de colinas esculpidas y promontorios conformados artificialmente. Sin embargo, estas «fortalezas», con nombres tan curiosos como

Figura 1.1
Gran Bretaña misteriosa. Superior: un cairn o dolmen. Inferior: una serie de túmulos y montículos en forma de anillo y de platillo en la cumbre del complejo neolítico de Windmill Hill.

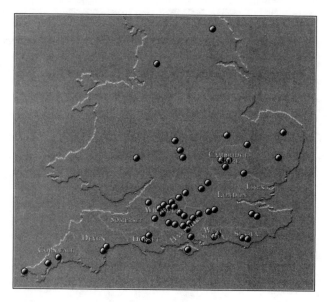

Figura 1.2
El 90% de los círculos de las cosechas conocidos se agrupan dentro del viejo reino de Wessex, una zona del sur de Inglaterra que contiene los condados de Hampshire, Wiltshire, Somerset y West Sussex. También existen conjuntos significativos en Devon, East Sussex y Cambridgeshire.

el círculo y la magnetización de un valioso reloj de bolsillo, que lo dejó inservible.

En una ocasión anterior Roger había visto que la aguja de su brújula se volvía loca cuando entraba en el círculo. A partir de ese momento sólo apuntaba hacia el círculo en lugar de señalar el norte magnético. También notó que el aire estaba lleno de un olor «como a algo quemado eléctricamente» y que la hierba parecía estar tan «cargada» que llenó de electricidad estática su bicicleta y la de su amigo Sid hasta el punto de que sufrieron descargas. Cuando volvieron a la escena posteriormente, había aparecido un segundo círculo, y a pesar de su emocionante aventura, ambos muchachos volvieron a casa con un fuerte dolor de cabeza (T. Wilson, 1998).

Ocho años después, en Helions Bumpstead, Essex, un niño de diez años fue testigo de algo todavía más milagroso: observó la manifestación de un círculo de las cosechas. Aunque el círculo apareció en cuestión de segundos, el adulto que le acompañaba descartó el suceso como una «torcedura del diablo», una especie de tornado al que se acusaba de causar alteraciones similares en la zona desde al menos 1830. Pero ¿qué tipo de vientos eran éstos que se desplazaban por los campos creando círculos perfectamente formados y anillos con suelos arremolinados, bordes exquisitamente definidos y un penacho central de plantas no afectadas? Las plantas arremolinadas parecían haberse re-endurecido en su nueva posición horizontal, porque los intentos realizados tanto por el muchacho como por el granjero de levantarlas con una horca no sirvieron de nada, y los tallos volvieron a doblarse.

A lo largo de la historia de los círculos de las cosechas, no es inusual escuchar a granjeros y entusiastas de la naturaleza explicar que salían a caminar al amanecer para inspeccionar los campos, y

castillo de Barbury y castillo de Uffington, no tienen murallas fortificadas ni parecen servir a ninguna finalidad militar.

Evidentemente, aquí hay misterio, puesto que esto es Wessex, un antiguo reino del sur de Inglaterra cuya región central comprende los modernos condados de Hampshire y Wiltshire, y antiguamente incluyó partes de Dorset hacia el sur, Somerset hacia el oeste y Sussex hacia el este.

Con aire impasible, Roger Sear entró en el círculo de altas hierbas arremolinadas bajo la atenta mirada del antiguo fuerte de Cisbury Rings. Era el verano de 1927, y al joven Roger no le eran extraños los círculos, que denominaba afectuosamente «anillos de las brujas». Éste era similar a otros que había encontrado regularmente en años anteriores en múltiples puntos de Sussex. Pero lo que le interesó de manera especial fueron los inusuales efectos generados por estas curiosas marcas: la magnetización de un cuchillo que había clavado en el suelo en su centro, la sensación de cosquilleo que sentía en los pies, la negativa del perro a entrar en se encontraban con estos círculos y anillos de plantas aplanadas e indemnes, algunos de hasta veinte metros de diámetro. Se ha hablado de animales comportándose erráticamente, de la inquietud de ovejas y vacas antes de la aparición de los círculos y de granjeros supersticiosos que se negaban a tocarlos. Algunos recuerdan haber visto ovnis o brillantes luces de colores en la vecindad, y muchas de estas declaraciones quedaron reflejadas en informes policiales.

La mayor concentración de estos sucesos se produjo en Wessex y también en las praderas canadienses (T. Wilson, 1998). Estos primeros avistamientos fueron confirmados por los testimonios de ochenta testigos presenciales en lugares tan distantes entre sí como British Columbia (Canadá) y Australia, que contemplaron la formación de círculos. Es significativo que la mayoría de estos relatos no han sido publicados, aunque se corroboran unos a otros. Describen que el coro matinal de pájaros se detiene abruptamente, que es reemplazado por un zumbido y seguido por una tremenda vibración que agita las espigas de trigo, produciendo el colapso de secciones del campo en cuestión de segundos.[2]

Tal vez el joven testigo de Helions Bumpstead no era tan proclive a la fantasía como le hicieron creer. No obstante, en las décadas de los años veinte y treinta, con el viento e incluso el diablo como principales sospechosos, nadie se molestó en investigar seriamente estas curiosidades circulares de las cosechas, de modo que durante muchas décadas no hubo respuestas.

En 1965 hubo una repentina erupción de círculos simples en torno a la ciudad de Warminster, en Wiltshire, en la sinuosa colina de Hakpen, que queda treinta kilómetros al noreste, y en la colina de Santa Catalina, en las afueras de Winchester, Hampshire. En los tres lugares abundan las colinas de arenisca coronadas por largos túmulos; también las historias que describen apariciones, visitas de espíritus naturales y avistamientos de maniobras aéreas imposibles realizadas por naves luminosas

igualmente improbables. Harían falta otros quince años para que un pequeño informe publicado en el *Wiltshire Times* (15 de agosto de 1980) llamara finalmente la atención de los científicos.

La fotografía de tres precisos círculos de avena aplanada bajo la fortaleza de la colina de Bratton, con plantas en espiral y extendidas limpiamente por el suelo, atrajo la atención del meteorólogo Terence Meaden, que acudió a investigarlos. Como miembro fundador de la Organización para la Investigación de Tornados y Tormentas, su interés por los fenómenos atmosféricos le llevó a postular que los responsables de la aparición de estos círculos eran los tornados estacionarios. A pesar de que estos volátiles vientos tienden a arrancar las cosas del suelo y lanzarlas caóticamente al aire, en general ésta se consideró una explicación satisfactoria. Pero el granjero afectado, el señor Cooper, no estaba

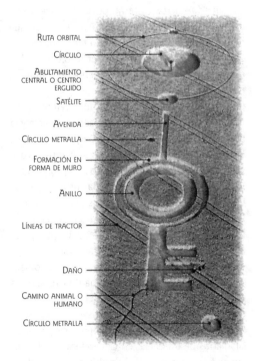

RUTA ORBITAL
CÍRCULO
ABULTAMIENTO CENTRAL O CENTRO ERGUIDO
SATÉLITE
AVENIDA
CÍRCULO METRALLA
FORMACIÓN EN FORMA DE MURO
ANILLO
LÍNEAS DE TRACTOR
DAÑO
CAMINO ANIMAL O HUMANO
CÍRCULO METRALLA

Figura 1.3
Terminología de los círculos de las cosechas.

2. Gracias a Colin Andrews/CPRI, y a George Bishop/CCCS, por compartir detalles de sus extensas bases de datos.

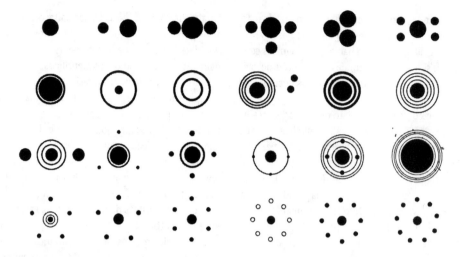

Figura 1.4
Selección de círculos de las cosechas, 1970-1990.

convencido, y comentó: «Nunca antes he visto nada parecido. Ciertamente no puede tratarse de un daño causado por el viento o por la lluvia, porque he visto muchos de ésos, y no son tan regulares».

La esposa del señor Cooper recordaba haber oído un zumbido inusual procedente del campo la noche anterior a la aparición de un segundo conjunto de círculos, un ruido que duró veinte minutos. Los perros del señor Cooper ladraron de manera poco habitual durante la mayor parte de la noche. Un investigador llamado Ian Mrzyglod entrevistó al señor Cooper y al granjero vecino, el señor Scull, y les preguntó si había pruebas de la entrada de seres humanos en los campos, pero los granjeros declararon que no había caminos que delataran entradas o salidas, tan sólo círculos en medio de una cosecha virgen.

Al verano siguiente, un ingeniero electromagnético llamado Pat Delgado estaba disfrutando los privilegios de un retiro tranquilo en Hampshire cuando un amigo le preguntó qué pensaba de las extrañas señales encontradas en un campo a unos cuantos kilómetros de distancia, en Cheesefoot Head. Esto provocó la curiosidad de Delgado, que se desplazó a este anfiteatro en forma de herradura, donde halló un espectáculo que cambiaría su vida.

Debajo de él había tres figuras: un círculo mayor de unos 17 metros de diámetro y dos más pequeños de unos 8 metros de diámetro con sus centros perfectamente alineados. Ante la ausencia de «líneas de tranvía» (los surcos paralelos característicos que dejan los tractores en la mayoría de los campos), unos 70 metros de trigo prístino rodeaban la formación, que tenía los bordes perfectamente definidos, como si hubieran sido trazados con herramientas quirúrgicas. Teniendo en cuenta la ausencia de senderos que entraran o salieran del campo, el emplazamiento de los círculos sin duda indicaba que, para hacerlos, o bien su creador había levitado o los diseños habían sido impresos desde arriba.

Figura 1.5

Delgado sufrió un profundo impacto. Empezó a estudiar nuevos informes muy detallados y alertó a los medios de comunicación de los inusuales sucesos que se estaban produciendo en la campiña inglesa. Cada informe aportaba nuevos descubrimientos y observaciones, y una de las características más persistentes vinculaba los círculos con los asentamientos neolíticos cercanos. Por ejemplo, en 1981, en Litchfield, Hampshire, una línea magnética invisible que conectaba los centros de dos círculos de las cosechas era idéntica a la que atravesaba dos túmulos prehistóricos situados unos pocos kilómetros al norte; los diámetros de los círculos también eran idénticos a los de los monumentos prehistóricos. En 1983 aparecieron muchos círculos debajo de los fuertes situados en las colinas. Surgieron "quintupletos" —grandes círculos rodeados por cuatro círculos menores, cada uno de ellos orientado hacia un punto cardinal, como la cruz celta— debajo de las curiosas formas de herradura de Cley Hill, Uffington y Bratton, y un cuarto apareció en Cheesefoot Head.

Cuando posteriormente apareció un quinto "quintupleto" debajo de la fortaleza de Bratton Hill, la torpe apariencia de los detalles de esta formación levantó las sospechas de Mrzyglod, así como de Bob Rickard, editor de *Fortean Times*, una revista dedicada a los fenómenos inexplicados. Evidentemente, parecía que en esta ocasión se podía recurrir a una explicación no paranormal. Después de que el *Daily Express* hubiera sacado a la luz la historia de los círculos verdaderos, el celoso *Daily Mirror* pagó a una familia local, los Shepherds, para falsificar este nuevo diseño cerca de los círculos originales. Sin embargo, las obras realizadas de los Shepherds mostraban señales de entrada en los campos, por no hablar de indicaciones claras de que las plantas habían sufrido daños, puesto que habían usado pesadas cadenas para aplanar la cosecha.

Falsificaciones aparte, la teoría de los torbellinos estacionarios de Terence Meaden tuvo que ser ampliada para explicar estas nuevas complejidades. Él había propuesto que los tripletes (tres círculos en línea) de 1980 eran resultado de tres remolinos (aunque los diámetros de los círculos guardaban una proporción matemática exacta de 2:1, la relación que define la octava musical); ahora, los "quintupletos" eran una serie de remolinos de múltiples vórtices, donde el movimiento vertical procedente del remolino mayor estabilizaba los torbellinos menores en un alineamiento simétrico.

En 1984, los "quintupletos" del año anterior provocaron la curiosidad de un famoso residente de Alfriston, puesto que descendieron sobre la casa del secretario de asuntos exteriores del Partido Laborista, Dennis Healey. Healey admitió que no creía en los ovnis, y sin embargo, la noche de la aparición de los círculos allí cerca, en Cradle Hill, su esposa había visto una curiosa y brillante luz en el cielo; cuando inspeccionó la formación, Healey no pudo hallar ninguna explicación racional. Curiosamente, existe una segunda Cradle Hill enfrente de Cley Hill, en Warminster, el lugar donde más ovnis se avistan de toda Inglaterra.

Entre tanto, a la investigación de Pat Delgado ahora se unió otro individuo perplejo, Colin Andrews, que en ese momento era ingeniero eléctrico jefe del Test Valley Borough Council, en Hampshire. Ambos empezaron a estudiar las pautas repetitivas, entre las que se incluía el hecho de que los círculos de las cosechas aparecían al lado o encima de áreas que contenían grandes cantidades de agua, como manantiales, estanques, depósitos, tanques subterráneos, incluso podían surgir en el corazón de la cama de agua. En un caso, el granjero Charles Hall, de Corhampton Lane Farm, observó que el borde de un círculo hallado en su propiedad estaba a sólo cinco metros de un viejo estanque; también mencionó un segundo estanque en la parte norte de la propiedad. Semanas después apareció un segundo círculo a 100 metros del segundo estanque (Andrews y Delgado, 1991).

En contra de lo que sería la reacción natural de las plantas abatidas a causa del viento, un círculo de cosecha en Gander Down demostró que los tallos aplanados no hacían ningún intento de recuperar la posición vertical, y por el contrario seguían creciendo horizontalmente hasta madurar. Esto sería casi imposible si las plantas hubieran sido dañadas por la fuerza. Para añadir más al misterio, la noche antes de que se hallara la formación, dos personas mayores avistaron un ovni —«un enorme objeto circular amarillo-blanco que se mantenía inmóvil»— a tan sólo 200 metros de distancia. Aterrorizados, contaron el avistamiento a la policía, que elaboró un informe sobre un «objeto volante no identificado». Andrews oyó la noticia en la radio y se apresuró a acudir al lugar, donde encontró a los oficiales de policía peinando la zona con sus linternas. No sabían que esta atribución a los ovnis se repetiría en un avistamiento futuro, ocurrido en otro punto de la misma zona algunos años después.

Contemplando el desarrollo de los diseños de una estación a la siguiente, uno acababa admirándose de lo inteligente que era este «viento». En Goodworth Clatford, en otro "quintupleto", los centros de tres de sus satélites estaban conectados por un finísimo anillo orbital, pero las plantas a lo largo del anillo no estaban tumbadas como es habitual, sino dobladas e inclinadas de tal modo que las espigas tocaban el suelo.

Cuando acabó la estación de 1985, Delgado organizó una reunión con alguna gente interesada para agrupar pruebas y revisar teorías. Uno de los asistentes fue el teniente coronel Edgecombe, un oficial de la cercana base aérea de Boscombe Down, cuyos pilotos mostraban un creciente interés por las formaciones de las cosechas, haciendo un seguimiento de su aparición y tomando fotos. El coronel Edgecombe argumentó en contra de la teoría de la falsificación, porque los falsificadores habrían dejado rastros en las cosechas, y, según sus investigaciones, no los había. Intrigado, el coronel envió un informe al comité de investigación ovni del Ministerio de Defensa, en Londres.

Los investigadores empezaron a preguntarse si alguien —o algo— estaba jugando algún juego. Evidentemente, los círculos iban acompañados de sucesos paranormales, como si trataran de demostrar la existencia de una fuerza sobrenatural que planeara y dirigiera el trabajo. Colin Andrews nunca olvidará que, en una ocasión, se llevó a casa una muestra de tierra de extraño aspecto extraída de una nueva formación. Mirando atrás, parecía que aquel diseño había sido hecho con premeditación para que él analizara la muestra de tierra, puesto que su círculo y anillo presentaban un rasgo novedoso: un sendero recto que partía del perímetro del anillo y formaba un ángulo de exactamente 120° con el norte magnético. Esta avenida tenía cinco metros de largo y se estrechaba como si fuera una punta de flecha en cuya base había un pequeño agujero en forma de cuenco con los lados perfectamente lisos. Andrews retiró la muestra de tierra de este lugar y se la llevó a su oficina, que estaba protegida por un complejo sistema de seguridad. Durante las dos semanas siguientes, la casa de Andrews se convirtió en un parque de atracciones sobrenatural.

Minutos después de que esta misteriosa muestra de tierra hubiera sido depositada detrás de unas puertas cerradas, el sensor de infrarrojos de la oficina vacía detectó movimiento y activó una de las alarmas. Andrews, que era diseñador de sistemas de alarmas y podía evaluar sus errores, prestó poca atención a la coincidencia... hasta la mañana siguiente.

A las 4:15 de la madrugada sonó la alarma perimetral de la casa. El reloj eléctrico había fallado y no se podía regular, pero al día siguiente volvió a la vida. A las pocas noches dejó de funcionar otra vez, exactamente a la misma hora, y esta vez se le unió una alarma de la oficina que se activaba separadamente, y cuyo detector microondas había saltado exactamente a la misma hora. Por si fuera poco, el reloj de pared alimentado con pilas también decidió dejar de funcionar a las 4:15. Este estado de cosas continuó durante catorce días, un hecho corroborado por los insomnes vecinos de Andrews y la disgustada policía local.

A estas alturas, un piloto de talento llamado Busty Taylor se había unido a las investigaciones de Delgado y Andrews. Los tres, junto con Don Tuersley, Paul Fuller, Terence Meaden y Ian Mrzyglod, crearon un equipo de investigación de los círculos que acometió sus tareas con gran dedicación y atención al detalle, un equipo con el que todos estamos en deuda por el gran volumen de datos que acumuló. Busty estaba realizando un reconocimiento aéreo rutinario sobre Hampshire cuando comentó a su pasajero: «Ahora lo único que nos falta es encontrar todas las formaciones que hemos visto agrupadas en una». A la mañana siguiente ambos estaban volando sobre el lugar exacto en el que Busty había pronunciado esas palabras cuando el diseño que había solicitado apareció allí abajo, en el trigo; y lo que es mejor, justo debajo había una gran reserva de agua (Andrews y Delgado, 1991).

A medida que los acontecimientos y las extrañas coincidencias se hacían más frecuentes, diversos individuos e instituciones empezaron a proponer una serie de posibles causas de la alteración a la que se veía sometida la tranquila campiña inglesa, con señales más típicas de *Star Trek* que de John Constable. Como era previsible, los caprichosos medios de comunicación se inclinaron por la teoría de los hombrecillos verdes. Los círculos de las cosechas ahora estaban evolucionando hacia configuraciones más complejas, pero Terence Meaden insistía en su teoría de los vientos estacionarios, a pesar de que las adiciones surgían en alineamiento geométrico con las formaciones existentes o se superponían a ellas. Pero ¿cómo podrían los vórtices de viento ser suficientemente conscientes para volver al mismo lugar con precisión milimétrica?

Como para poner a prueba la resolución de Meaden, los Creadores de círculos (término colectivo usado para designar a los arquitectos del fenómeno genuino) crearon un círculo de 18 metros de diámetro en Headbourne Worthy. Giraron las plantas en el sentido habitual, el de las agujas del reloj, pero esta vez las dirigieron hacia el centro, dejando que una fina banda en torno al perímetro girara en el sentido contrario y apuntara lejos del centro. Además, cuando se levantaron los tallos, debajo había una segunda capa, aplanada contra la capa superior. Meaden continuó tenazmente con la explicación meteorológica, argumentando que el remolino había cambiado abruptamente su sentido de rotación (T. Wilson, 1998). Posteriormente los Creadores de círculos replicaron a esta explicación creando una formación con dos anillos angulares alrededor de un círculo: cada uno de estos elementos giraba en un sentido diferente.

Los asombrados granjeros cuyas vidas se estaban viendo afectadas por la creciente frecuencia de estos fenómenos decidieron que debían llevar el problema al Parlamento. A pesar de que Andrews y Delgado habían descubierto que se estaba manifestando un fenómeno sobrenatural, posiblemente de origen extraterrestre, el gobierno británico decidió, al menos externamente, alinearse con la teoría de la causa meteorológica. En otras palabras, según la versión oficial no había razón para alarmarse: todo era normal en la campiña inglesa.

Las que no eran normales eran todas las teorías alternativas que fueron surgiendo: borrachos con cuerdas, jóvenes granjeros descontrolados, estudiantes de arte desilusionados, periodistas en paro, desinformadores militares, exceso de fertilizante, interferencias procedentes de los teléfonos móviles, bandadas de cuervos con un don geométrico e incluso erizos locos por el sexo.

En algún momento de 1987 los globos de aire caliente se añadieron a la lista de probables formas de entrar en el medio de un campo sin dejar huella. Maniobrar un globo a baja altura y mantenerlo inmóvil durante unas horas mientras los autores hacían su trabajo sin ser detectados habría sido un hecho sobrenatural en sí mismo. Pero, como las plantas empleadas hasta ese momento —fundamentalmente trigo y cebada— eran flexibles y relativamente fáciles de imprimir por un objeto descendente, algunas personas se sintieron seriamente obligadas a extender esta idea, de modo que los Creadores de círculos decidieron cambiar de planta y utilizar como lienzo la colza.

Teniendo en cuenta la naturaleza de las plantas de colza, era de esperar que el granjero David Steiner accediera a la realización de un estudio científico sobre un círculo descubierto en su campo amarillo brillante. Los tallos de colza son muy quebradizos y al doblarse se rompen como el apio; las plantas en la formación de David estaban dobladas claramente por la base, casi como si se hubiera usado vapor. Como en todos los círculos anteriores, las plantas estaban dobladas casi en ángulo recto, unos tres centímetros por encima del suelo y justo debajo del primer nudo, por los «nudillos» de la planta. Cualquier daño causado a la planta de colza hace que sus flores amarillas mueran, y sin embargo en este caso todas las delicadas flores estaban intactas.

Como si esto no fuera un rompecabezas suficiente, Andrews y su padre estaban midiendo el círculo cuando se vieron rodeados por una luz brillante seguida por un fuerte crujido. El sonido fue tan intenso que lo oyó hasta la madre de Andrews, sentada dentro del coche en el borde del campo,

Figura 1.6
Círculo simple en colza

con las ventanillas subidas y a más de treinta metros de distancia (Andrews y Delgado, 1991).

Estos extraños ruidos se convirtieron en un hecho cada vez más común, particularmente cuando Andrews visitó un nuevo enclave en Kimpton: un inusual anillo oval de unos diez metros de diámetro. «Nunca he visto nada parecido», exclamó el granjero, el señor Flambert, cuando lo vio. Cuando volvían hacia el coche, dos muchachos jóvenes que no sabían que Andrews era un investigador le dijeron que habían visto un brillante objeto de color naranja suspendido sobre el área que estaba examinando. Más adelante, una pareja mayor preguntó espontáneamente a Andrews si había ido a investigar los «zumbidos» que habían salido de aquel campo unos días antes (Andrews y Delgado, 1991).

Mientras seguía tomando medidas y notas, a Andrews le asustó una repentina sombra negra que «ocultó el sol por un instante». Posteriormente, aquella misma tarde, el perro de sus padres correteó por el campo hasta que se quedó congelado en un punto al lado del anillo. En unos minutos el animal estaba vomitando, y sólo recuperó su vitalidad cuando se le alejó de la zona. A pesar de esta letanía de sucesos enervantes, Andrews se sintió obligado a volver por la noche; al llegar, miró al cielo con

desesperación callada y dijo en voz alta: «Dios, si me dieras una pista sobre cómo se crean estos círculos...». En menos de diez segundos obtuvo una respuesta.

Según el relato de Andrews, «un crujido eléctrico empezó a llegar desde un punto situado a unos tres metros de distancia. Se volvió más intenso, alcanzando un tono que me hizo esperar la explosión subsiguiente. Atemorizado, miré hacia el pueblo para identificar la ruta más corta de salida del campo. Luché por controlar mi pánico y quedarme quieto. El ruido se detuvo tan repentinamente como había comenzado. Duró unos seis segundos, aunque pareció más tiempo. No vi nada y nada se movió» (Andrews y Delgado, 1991).

En el verano de 1987 las noticias sobre círculos en los campos aumentaron a un ritmo desmedido. En un periodo de veinticuatro horas aparecieron 24 círculos tan sólo en Warminster, acompañados de un torrente de nuevos descubrimientos. En algunas de las formaciones, las alteraciones magnéticas desviaron las brújulas y, en términos de diseño, se crearon nuevas formaciones superpuestas o solapadas sobre pequeños círculos, mientras que otras exhibían cada vez mayor complejidad y detalle en sus remolinos.

En un incidente memorable, la noche después de que los testimonios de avistamientos de ovnis desbordaran a la policía de Wiltshire, apareció un gran "quintupleto" en Upton Scudamore, con un notable remolino en forma de «S» en cada uno de sus satélites, que giraba en el sentido contrario a las agujas del reloj en tres de ellos y se invertía en el cuarto. Entre tanto, en Westbury, tres kilómetros al norte, apareció un círculo que contenía un remolino de media revolución tan impresionante en su precisión que los investigadores sintieron que habría sido sacrílego caminar sobre él.

La familia Wingfield, de Somerset, también vio inusuales destellos de luz similares a los descritos por Andrews. Cuando permanecía sola en lo alto de una colina mientras su familia investigaba el círculo, la señora Wingfield vio una luz azulada que parecía brillar en el suelo frente a ella, pulsando aproximadamente cada segundo, como si reflejara una superficie brillante que estuviera girando encima. Alarmada, corrió colina abajo para reunirse con su marido que, como Delgado y Andrews, estaba a punto de ser picado por la adición a los círculos de las cosechas.

Los testimonios se acumulaban. El granjero Geoff Cooper se levantó una mañana para ser saludado por su propio conjunto de círculos: «Aquella noche nuestro perro se puso a ladrar rabiosamente. Acostumbraba a detenerse cuando le dábamos una orden firme, pero esa noche no. Continuó ladrando interminablemente... Estaba muy disgustado. Ahora pienso que ojalá hubiera echado una mirada, porque, cuando salí por la mañana, vi que habían aparecido cinco círculos en el trigo durante la

noche. No sé qué los causó. No creo que los haga la gente. Hemos intentando hacerlos con cuerdas, bastones, etc., pero lo cierto es que no hay manera de copiarlos» (Andrews y Delgado, 1991).

Un descubrimiento llevaba a otro, y daba la impresión de que detrás del fenómeno había un plan ordenado, incluso premeditado. Al acercarse el fin de agosto de 1987, la lista de acontecimientos anómalos se multiplicaba cada semana, como lo hacía el ritmo de los testimonios, que ahora se contaban por cientos. Pero se estaba preparando otro episodio más que acabaría el año con una nota dramática.

A poca distancia por la carretera de Stonehenge, sobre la llanura de Wiltshire intermitentemente arbolada, la pequeña ciudad de Winterbourne Stoke acogió un enorme círculo anillado de 25 metros de diámetro, con tres satélites externos en su periferia. Tenía unos diseños de remolino tan apretados y comprimidos que, cuando se miraban desde el aire, parecían girar. A pesar de haberse materializado en un terraplén elevado, junto a la frecuentada autovía A303 de Londres a Exeter, no se informó de ningún otro incidente fuera de lo común hasta dos meses después.

El 22 de octubre, a las 5:06 de la tarde, el Ministerio de Defensa descubrió repentinamente que le había desaparecido material por valor de 20 millones de euros. Poco después de que el piloto informara de que no había «nada anormal», la base aérea militar de Boscombe Down perdió contacto radiofónico con uno de sus aviones Harrier. Esta «pérdida de contacto radiofónico» ocurrió en el lugar exacto donde habían aparecido los círculos unas semanas antes.

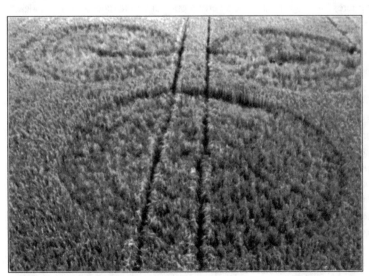

Figura 1.7
Los tallos antes aplanados se han elevado selectivamente siguiendo un diseño radial de cuarenta y ocho líneas y siete anillos concéntricos dentro de cada círculo; los daños en el centro de los dos círculos superiores fueron causados posteriormente por visitantes. Más adelante se descubrió que el alineamiento triangular de la formación refleja un teorema geométrico.

Entre tanto, a unos 150 kilómetros al sudoeste de la costa de Irlanda, la tripulación de un avión de transporte americano se llevó la sorpresa de su vida al divisar al Harrier volando tranquilamente sobre el Atlántico, sin piloto y sin la cubierta de la cabina. Al día siguiente, un equipo de rescate descubrió el cuerpo del piloto, junto con su paracaídas de reserva y una pequeña balsa salvavidas, a unos 200 metros de distancia de los misteriosos círculos.

Parecía haber dos preguntas sin respuesta: ¿por qué había saltado el piloto de un avión que funcionaba perfectamente? ¿Por qué se había desviado el avión varios grados de su curso programado justo en el punto donde se perdió el contacto radiofónico? El asiento eyector nunca fue recuperado (ibíd.).

Con este tipo de episodios socavando su cinismo, el interés de los medios de comunicación por los círculos de las cosechas empezó a caldearse, y con él la curiosidad del público. Este aumento del interés continuó durante el verano de 1988, mientras los diseños de los círculos seguían evolucionando; una de las innovaciones fue la aparición de pares de círculos en el mismo campo en distintas ocasiones. De particular interés fue un grupo de tres círculos de diez metros de diámetro perfectamente alineados en un triángulo equilátero invisible. Exactamente una semana después, las tiernas y previamente aplanadas plantas de cebada empezaron a recuperar su postura erguida, y lo hicieron de la manera más exquisita.

Según un informe de campo, las plantas se elevaron selectivamente por sus nudos dentro de un área oblonga que medía aproximadamente unos 60 centímetros por 30. El primer grupo de plantas se irguió por el nudo más cercano al suelo, el segundo grupo por el nudo medio, y el tercero por el nudo más cercano a la espiga. Seguidamente, el proceso se repitió de manera radial, creando un patrón compuesto por siete anillos concéntricos, y cuarenta y ocho radios, como si las plantas hubieran sido programadas para volver a erguirse de una manera

predeterminada. Los círculos eran idénticos. Según el doctor Mark Glover, experto en agricultura, estas características no pueden ser resultado de los fertilizantes, de los tratamientos agroquímicos, de enfermedades, de plagas, del tipo de suelo, ni siquiera de la conducta de las plantas (Andrews y Delgado, 1991).

Con la teoría meteorológica en un aprieto, el modelo de Terence Meaden de los vórtices modificados ahora exigía características topográficas específicas para permitir la aparición de los círculos. Es decir, los círculos sólo podían surgir en las vertientes de sotavento de las colinas. En pocos días llegaron dos informes de la ciudad de Langenburg, en la llanura de Saskatchewan, Canadá, donde en 1974 el granjero Edwin Fuhr avistó cinco brillantes discos plateados suspendidos sobre su cosecha de colza que hacían que las plantas se balancearan. Quince minutos después aquellos discos salieron disparados hacia el cielo, dejando cinco círculos tras de sí; un incidente similar ocurrió posteriormente en las praderas de Manitoba. De vuelta en Inglaterra, las nuevas formaciones también contradecían las teorías de Meaden al trasladarse al paisaje abierto y ondulante que rodea a la «pirámide» de fabricación humana más grande de Europa, la colina de Silbury, en Wiltshire.[3] En julio de 1988, había 51 formaciones dentro de un arco de diez kilómetros

Figura 1.8

de este enigmático monumento prehistórico, y desde su cima de 130 metros de altura, los agrupamientos con forma de cruces célticas parecían reunirse como apóstoles para recoger un mensaje que

---

3. A diferencia de las pirámides egipcias, la colina de Silsbury es un montículo cónico truncado, construido como pirámide de seis niveles, a partir de capas de tiza, alternadas con capas de arcilla y piedra.

después extenderían por el mundo (véase la figura 1.9).

Uno de estos mensajes llegó en la forma de un libro, *Circular Evidence*. A estas alturas Andrews y Delgado poseían tantos datos que decidieron que ya era hora de que al público se le ofreciera una alternativa a las explicaciones de «borrachos con cuerdas», o a la teoría meteorológica favorecida por los portavoces oficiales, aunque el doctor Meaden había refinado su hipótesis atribuyendo la responsabilidad a columnas de aire supercaliente denominadas vórtices de plasma.[4]

Su teoría revisada también sugería que dentro de estos vórtices había columnas de aire contrarrotante que podrían explicar el comportamiento de las plantas dentro de los nuevos círculos rodeados por un solo anillo, en los que las plantas del círculo giraban en la dirección de las agujas del reloj, pero las del anillo externo seguían la dirección contraria (Meaden, 1985).

Los Creadores de círculos le contradijeron creando nuevos círculos de un solo anillo en los que las plantas seguían una única dirección (véase la figura 1.8).

Figura 1.9
La llegada de los "quintupletos" a la base de Silbury Hill, 1989.

Con las pruebas que ahora habían llegado a las librerías, el interés público por los círculos de las cosechas aumentó enormemente, con el consiguiente aumento del escrutinio científico y de los medios de comunicación. *Circular Evidence* y sus autores recibieron críticas positivas de periódicos como *The Wall Street Journal* y *The Times*; un comentarista del *Daily Mirror* dijo del libro: «Al menos ha dejado sin respiración a este lector escéptico». Pero la gran pregunta presente en la mente de todos seguía siendo: ¿quién está detrás de esto?

Para averiguarlo, cincuenta científicos, ingenieros y otras personas interesadas aunaron sus fuerzas en verano de 1989 para lanzar la Operación Cuervo Blanco. Este proyecto de investigación acumuló camiones enteros de equipos de alta tecnología, y planeó delimitar durante dos semanas una zona de Cheesefoot Head, cerca de Winchester, en

---

4. El plasma es un gas supercaliente en el que los átomos neutrales se dividen en electrones cargados negativamente e iones cargados positivamente. A veces se hace referencia al ion de plasma. Entre los ejemplos de este fenómeno están las auroras boreales, las columnas espirales de los tornados y los tubos fluorescentes utilizados en la iluminación del hogar.

Hampshire, un lugar prolífico en círculos conocido localmente con el nombre de «Cuenco del Diablo».

A lo largo de los bordes de este gran anfiteatro natural se colocaron cámaras infrarrojas e intensificadoras de las imágenes. Una cálida brisa soplaba desde los dorados campos circundantes, coqueteando con el expectante grupo de investigadores.

A las tres de la mañana de la segunda noche del proyecto, una brillante bola de luz naranja apareció repentinamente sobre el enclave, donde permaneció prácticamente inmóvil durante unos cinco minutos, hasta que las luces de un camión que pasaba parecieron alejarla. Tras este prometedor comienzo no hubo más episodios notables, y el último día se hizo evidente que no habría nuevas grabaciones. Los científicos empezaron a guardar sus equipos, pero había un pequeño grupo que no estaba dispuesto a rendirse. Junto con la clarividente Rita Gould, decidieron caminar hasta un campo cercano que albergaba un par de viejos círculos, sentarse en silencio dentro de ellos y esperar lo que pudiera venir.

Sólo hicieron falta diez minutos para que el familiar sonido vibrante los rodeara. Fue oído por todos los presentes moviéndose a poca distancia del grupo de manera azarosa y no lineal. El ruido orbitó el círculo dos veces. Rita se comunicó con él: «Si entiendes nuestra intención, por favor, párate». El ruido obedeció durante unos segundos y después volvió. Ahora los investigadores se habían convertido en investigados. No se sentían amenazados, pero sí un poco asustados, y decidieron irse del lugar.

Sin embargo, tenían mucha curiosidad. George Wingfield tomó una grabadora y cinco minutos después volvía a estar dentro del círculo junto con Andrews; y también volvió el ruido, que parecía disfrutar de aquel encuentro. «¿Por favor, puedes hacernos un círculo?», solicitó Wingfield con la grabadora preparada. Pero en la investigación de los círculos de las cosechas las cosas nunca son

tan claras y directas. Al amanecer, se acercó por allí un coche de policía para informar al cansado grupo de investigadores que acababa de aparecer una nueva formación en un campo al este de donde se hallaban. A pesar del intenso escrutinio, era evidente que el caprichoso genio constructor de círculos quería comunicar, aunque no tenía el menor deseo de ser visto.

Parecía que 1989 iba a ser el «año del ruido». Después de que el zumbido grabado hiciera su debut en televisión, la BBC envió un equipo a Beckhampton, lugar donde había aparecido un nuevo círculo de unos 40 metros de diámetro, para entrevistar a Andrews y Delgado. Mirando atrás, este conocido canal de televisión habría hecho bien en cubrir sus equipos con un seguro extra. En el momento en que la cámara de vídeo de alta tecnología valorada en más de 50 000 euros fue llevada cerca del círculo y sus anillos satélites, aparecieron barras de ruido indicadoras de interferencias, seguidas por una agónica serie de luces rojas. De repente, el ingeniero de sonido pareció irritado por un zumbido agudo y penetrante, y la cámara se paró. Aunque

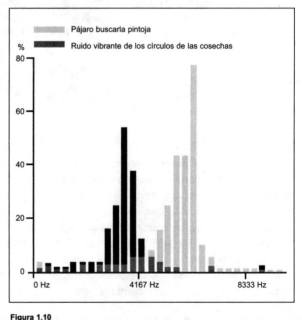

Figura 1.10
Claras discrepancias entre la frecuencia del «ruido» de los círculos de las cosechas y la buscarla pintoja, analizado en ordenador por Paul Vigay.

asombrada, la BBC retransmitió toda esta secuencia de sucesos a un público incrédulo.

Después de que el sonido confundiera a los ingenieros de sonido de la BBC y a los técnicos reparadores de cámaras, se le hizo un análisis gráfico en la Universidad de Sussex. Allí se concluyó que contenía una frecuencia armónica de 5,0-5,2 kHz, idéntica a la grabada anteriormente en la Operación Cuervo Blanco en Cheesefoot Head. Se sugirió la idea de que lo

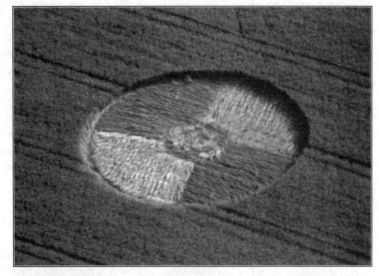

Figura 1.11
Con su patrón cuarteado y entretejido, esta «esvástica» acabó con la teoría meteorológica. Winterbourne Stoke, 1989.

que estos «investigadores chiflados» habían captado en su cinta era un ave, la pequeña buscarla pintoja, aunque a los escépticos parecía no preocuparles el hecho de que este pájaro raro frecuenta los humedales más que los ondulantes campos de cereal.

Los sonidos fueron sometidos a un análisis comparativo y se probó no sólo que el del pájaro oscilaba a una frecuencia 2 kHz superior a la del sonido alienígena, sino que ambas improntas sonoras son audiblemente diferentes (como muestra el análisis del experto informático Paul Vigay). Comparando estos sonidos con todos los disponibles de insectos y pájaros, un análisis independiente realizado por el doctor Robert Weiss (que analizó las cintas de Nixon) en un laboratorio de la NASA llegó a las mismas conclusiones: no era una anomalía de la cinta magnética ni de la naturaleza, sino un ruido de origen *artificial* (Andrews y Delgado, 1990).

El debate de los círculos de las cosechas llegó al Parlamento británico el 11 de julio de 1989, cuando Teddy Taylor preguntó al secretario de Estado para la Defensa, el señor Neubert: «¿Qué progresos se han hecho en las investigaciones iniciadas por los helicópteros del ejército con base en el sudoeste sobre el origen de las áreas aplanadas en los

campos de trigo?», a lo que el señor Neubert respondió elusivamente: «El Ministerio de Defensa no está llevando a cabo ningún análisis sobre el origen de las áreas aplanadas que surgen en los campos de trigo. No obstante, nos satisface saber que no están causadas por la actividad de los helicópteros de servicio».

Es extraño que en las páginas 73 y 82 de *Circular Evidence*, se ve claramente un helicóptero del ejército reconociendo círculos de las cosechas en Westbury, y éste es tan sólo uno de los muchos incidentes similares. Y lo que es aún más extraño es que, en un artículo publicado dos días antes del debate parlamentario, el *Sunday Express* declaró que la entonces primer ministro Margaret Thatcher había «aprobado fondos solicitados por el Ministerio de Defensa».

Seguidamente el punto de enfoque volvió a los campos que rodean Winterbourne Stoke, y a un nuevo círculo de 20 metros de diámetro que presentaba el patrón más complejo. Fue apodado la «esvástica» porque sus plantas estaban distribuidas en cuatro cuadrantes alineados con los cuatro puntos cardinales magnéticos. Superpuesto en el centro había un remolino de tres metros de diámetro cuyas plantas cambiaban de dirección abruptamente tres veces antes de llegar a los cuadrantes. Alrededor del perímetro, una banda de un metro de ancho que seguía el sentido de las agujas del reloj quedaba en parte debajo de los cuadrantes, dando la impresión de que las plantas habían sido trabajadas hacia atrás y hacia el centro. Teniendo en cuenta este efecto entrelazado, aparentemente el parche circular de plantas había sido sincronizado para plegarse simultáneamente. Este efecto no tenía precedentes.

A pesar de la montaña de pruebas que ya no dejaban lugar a seguir creyendo en la causa humana o meteorológica, el doctor Meaden se mantuvo impertérrito: «El efecto de un vórtice energético descendente desde la atmósfera, un vórtice que está ionizado hasta el punto de ser una especie de plasma frío de baja densidad que produce un campo electromagnético» era responsable de las marcas más simples y no falseadas, dijo. Según parece, esta masa de aire cargado eléctricamente se forma bajo ciertas condiciones, y preferiblemente en la base de las colinas. «Tales vórtices —añadió— han sido vistos por numerosos testigos, y en el caso de producir un torbellino de verano, los campos electromagnéticos han sido medidos por los científicos atmosféricos que trabajan en Estados Unidos y en el norte de África» (Meaden, 1989).

Pero esta explicación no tenía en cuenta los círculos que aparecen en todo tipo de condiciones topográficas y atmosféricas, ni los dos círculos que aparecieron en los campos de arroz de la isla Kyushu, en Japón. Además, las condiciones atmosféricas crean desastres, no círculos y aros perfectamente trazados.

A primeros de la década de los noventa, el lenguaje de los círculos de las cosechas dio un salto que supuso una serie de golpes mortales para la teoría meteorológica. Un círculo aparecido en Bishops Canning Down, de 100 metros de diámetro y orbitado por tres anillos, cada uno de 20 centímetros de ancho, desarrolló un cuarto anillo varios días después, formando un diseño de 300 metros de ancho (véase la figura 1.12). Era improbable que un vórtice de plasma atmosférico descendente *volviera* para añadir otro detalle geométrico perfectamente situado a un diseño que ya tenía una semana.

Otro dato aún más significativo para repudiar la teoría convencional vino del extremo opuesto de Wessex. En Chilcomb Farm, un círculo contenía un camino central que parecía trazado con una regla de menor anchura, que conducía a un segundo círculo

Figura 1.12
Siete días después de aparecer, a este gigantesco círculo «le salió» un cuarto anillo externo. La cosecha previamente aplanada se alzó en anillos radiales concéntricos. Bishops Canning Down, 1990.

desvinculado. El diseño estaba flanqueado por cuatro cajas rectangulares separadas por pedazos de cosecha virgen. La escritora Ruth Rees planteó seguidamente una serie de preguntas relevantes al Servicio Meteorológico: «¿Podría algún tipo de vórtice atmosférico crear círculos de las cosechas con líneas rectas y rectángulos?».

La respuesta de un miembro de la junta de la Real Sociedad Meteorológica dijo: «Tales diseños no pueden ser el resultado de vórtices atmosféricos, debido a los afilados ángulos que parecen estar presentes en las formas, y también por la naturaleza elaborada y organizada de los diseños mismos. Los verdaderos vórtices poseen bordes más bien indistintos... El aplanamiento de la cosecha en línea recta podía ser resultado de un vórtice viajero, pero entonces esperaríamos que la anchura de la línea fuera similar al diámetro del círculo» (Delgado, 1992).

El difunto lord Zuckerman, que fue consejero científico del gobierno británico entre 1964 y 1971, y consejero científico de la familia real británica, también se mostraba escéptico ante la explicación de Meaden:

Figura 1.13
Chilcomb,
1990.

Es inconcebible que un vórtice circular descendiendo en espiral pudiera crear pictogramas agraciados con rectángulos nítidamente dibujados de maíz aplanado. Y como la hipótesis del doctor Meaden exige que estos supuestos vórtices dirigidos generen efectos sólo en condiciones topográfica y meteorológicamente determinadas, tampoco es aceptable que un pictograma elaborado pueda repetirse prácticamente con la misma dimensión a muchos kilómetros de donde fue visto originalmente, y en un paisaje totalmente diferente del primero (Zuckerman, 1991).

Sorprendentemente, el artículo de lord Zuckerman para el *New York Review* no tenía el tono sarcástico y despectivo característico de los comentarios de los científicos. De hecho, el artículo le dejaba a uno con la clara impresión de que Zuckerman veía este misterio como no humano y creado por una gran inteligencia.

La teoría meteorológica murió y nació el pictograma.

Adornado con halos y recorridos semicirculares, los pictogramas de las cosechas (símbolos que representan una idea, como los de los primeros escritos y los jeroglíficos) se identificaron rápidamente con los petroglifos, las tallas en piedra del mundo antiguo.

Un pictograma hallado en Longwood, cerca de Cheesefoot Head, contenía un sendero marchito

y cuatro arroyos colgantes, y recordaba a un planeta llorando, protestando en silencio porque la humanidad ha roto el delicado equilibrio natural.

Una cosa parecía clara: después del contacto inicial a través de diseños simples que contenían puntos y anillos, los Creadores de círculos ahora estaban transmitiendo un mensaje en forma de símbolos reconocibles.

El interés del público se hizo insaciable. Personas de todas las procedencias y profesiones empezaron a acudir a los círculos de las cosechas, y con esta marea de visitantes ocurrieron nuevos incidentes en los que los equipos electrónicos se veían afectados por la energía de los diseños en los sembrados de cereal. En una ocasión,

Figura 1.14
Longwood,
1990.

el obturador de una cámara de fotos se quedó en una posición inverosímil que los expertos en cámaras fueron incapaces de explicar. A esto le siguió una alteración en una cámara de vídeo, que no volvió a funcionar correctamente hasta que la sacaron del círculo.

Noticias de tipo más científico llegaron del laboratorio HSC, en el sur de Inglaterra. Este laboratorio realizó análisis microscópicos de plantas sacadas de los círculos y los comparó con muestras de plantas procedentes de otros puntos del mismo campo. Cuando se cotejaron los resultados, las disparidades halladas probaron que lo que creó los diseños también alteró la composición de la estructura cristalina de ciertos minerales en las plantas afectadas (véase el capítulo 8).

Otra cosa que estaba a punto de alterarse era la vida cotidiana de los habitantes de Alton Barnes, en el corazón de Wessex. En las primeras horas del 12 de julio de 1990 se oyó un sonido lejano, como de truenos, procedente del Valle de Pewsay. Los perros ladraban incesantemente y se negaban a callarse. A las 2:20 de la madrugada, el propietario de la granja, Tim Carson, decidió dar una vuelta por sus campos para ver si se había producido alguna alteración. Mientras patrullaba el perímetro de su campo oriental, creyó ver un contorno indistinto entre el trigo.

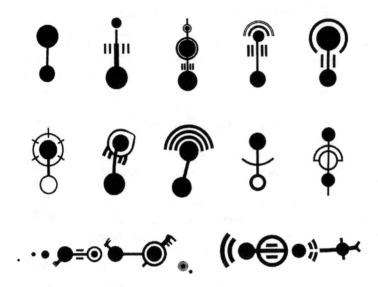

Figura 1.15
Selección de pictogramas de los círculos de las cosechas del año 1990.

Wiltshire rural. La confianza del público y de los medios en las explicaciones oficiales se evaporó, y empezó la fiebre de los círculos de las cosechas.

En las proximidades del pictograma de Alton Barnes se fundió la tradicional reserva británica, puesto que desconocidos de todo tipo y procedencia comenzaron a conversar animadamente entre ellos. Algunos incluso bailaron dentro y alrededor de los círculos. El lugar se convirtió en un carnaval improvisado. Miles de personas se sintieron aliviadas en contacto con los círculos, como si se hubieran quitado un peso de encima, aunque nadie tenía la menor explicación sobre el porqué. ¿Cuántos eran conscientes de que el gran «tridente» que sobresalía de la cabeza de la formación podía interpretarse como el tridente de Shiva, un símbolo hindú asociado con la transformación? Ésta era una firma muy apropiada teniendo en cuenta lo que se estaba desatando a medida que el pictograma empezaba a recibir la atención del público. Con esta elegante demostración, ¿estaban los creadores de los círculos uniendo en armonía a las tribus de la Tierra?

Para asegurarse de que las autoridades no dieran sus triviales explicaciones a este evento, durante esa misma noche, los Creadores de círculos realizaron un diseño prácticamente idéntico en un campo situado a kilómetro y medio de distancia (véase la figura 1.18 en la página II, en la sección a color). El granjero que estaba cosechando el cereal maduro dijo que ya se había encontrado anteriormente con el fenómeno, pero nunca a semejante escala. «[El dibujo] no estaba cuando pasé ayer tarde por aquí, ha aparecido durante la noche. No puedo pensar en nada que haga algo así; ¿puedes tú?».

La luz del día reveló un pictograma de 200 metros de largo, una ciclópea colección de anillos, cajas y tridentes, todos ellos conectados por dos avenidas rectas (véase la figura 1.17 en la página II de la sección a color). Para complicar las cosas todavía más, había doce puntos de «metralla» en medio de la cosecha que había quedado erguida entre los surcos creados por las ruedas de los tractores. Esta formación contenía una energía inusual, porque algo de origen desconocido descargó las baterías de los automóviles locales.

Un aldeano contó al periódico local que al amanecer había intentado entrar en la formación, pero fue rechazado por un campo de energía invisible. De hecho, cuando más adelante Tim Carson escoltó hasta el círculo a un equipo de televisión, fue testigo directo de que tuvieron que dejar sus aparatos fuera. Cada vez que cruzaban el perímetro, las interferencias electromagnéticas les impedían grabar.

Por fin la aparición de un círculo de las cosechas llegó a los titulares de las noticias internacionales, y los artículos aparecidos en los grandes periódicos permitieron que las fotos atravesaran el globo, atrayendo a decenas de miles de visitantes de países tan lejanos como Japón a peregrinar por el

2 Bienvenido a la máquina

Uno se pregunta qué pasaría por la mente de las autoridades al comprobar que el reservado público británico continuaba reaccionando fielmente a los círculos de las cosechas, y coches cargados de familias enteras llenaban las estrechas carreteras para echar una mirada a los nuevos pictogramas. Lo cierto es que parecía estar produciéndose un despertar, y Wessex, y especialmente la zona de Silbury Hill, volvía a ser, como hace miles de años, un lugar de peregrinación.

En la cumbre de Milk Hill, una joven pareja de peregrinos se sentó a contemplar el encantador paisaje. Cuando uno de ellos, Steve Alexander, empezó a grabar en vídeo el enorme pictograma que se divisaba debajo, un pequeño objeto plateado reflejó la luz del sol. No mucho mayor que una pelota de playa, se mantenía suspendido en el aire a la altura de la cintura, rozando las espigas de trigo mientras se deslizaba perezosamente pero con toda intención hacia un tractor que trabajaba los campos. El disco pulsante se acercó al tractor, ganó altitud y desapareció repentinamente en el cielo. Después, cuando le entrevistaron, el joven conductor del tractor describió cómo el objeto con forma de disco había volado muy cerca de él, pero sus amigos y la gente del pueblo le ridiculizaron al oír su historia. La película de cuatro minutos tomada por Alexander demostraría que tenía razón.

Evidentemente, éste no era el único objeto que volaba por los campos de Wiltshire. Este condado tiene grandes campamentos de entrenamiento militar, principalmente en las llanuras de Salisbury, y aunque la mayor parte de la actividad relacionada con los círculos tiene lugar a cierta distancia de ellos, los helicópteros militares camuflados, volando bajo dentro y alrededor de campos de propiedad privada, se convirtieron en una visión familiar y fastidiosa para los visitantes de los nuevos círculos de las cosechas. Técnicamente, el ejército británico no altera sus procedimientos habituales al volar bajo sobre propiedades privadas, pero resulta difícil comprender por qué la maquinaria militar, que tiene que seguir unos programas de vuelo muy estrictos, permitiría a sus tropas interesarse por los círculos y tomar fotografías, a menos que se estuvieran dedicando a escrutar las formaciones. Pero ¿cómo podían hacerlo? Después de todo, el gobierno ya había negado categóricamente la implicación del ejército. Teniendo en cuenta todas las pruebas que demostraban lo contrario,

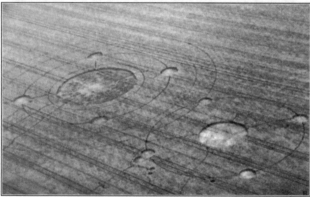

Figuras 2.1a y 2.1b
Tres horas antes de que esta cruz celta con cuatro anillos apareciera debajo de Morgan's Hill (superior) se vio un tubo de luz descendiendo del cielo. Tres semanas después un segundo círculo se superpuso sobre el primero (inferior). Nótese que las formaciones sólo han sufrido daños donde los visitantes han pisado las plantas. Morgan's Hill, 1990.

continuaron con su grupo, Investigación del Fenómeno de los Círculos, que más adelante pasó a ser el CPRI (Investigación Internacional del Fenómeno de los Círculos), dirigido por Andrews.

La cantidad estimada de círculos de cosechas registrados durante la estación de 1990 se aproximó a la imponente cantidad de 800, y Wiltshire contribuyó con 500 de ellos. A estas alturas apenas pasaba un día sin que la prensa británica dedicara abundante atención al fenómeno, especialmente cuando empezaron a llegar datos desde los más diversos puntos de las islas británicas, así como desde Bulgaria, Irlanda, Francia y Holanda. Los informes sobre circunstancias inusuales se multiplicaron. Por ejemplo, la noche anterior a la aparición del primero de cuarenta círculos en East Anglia se vieron luces naranja del tamaño de la luna llena. En Bickington, Devon, se informó que se había visto volar silenciosamente por la zona un objeto con forma de bala y bandas de colores; poco después apareció un círculo con siete satélites.

La mañana del 25 de julio, un fotógrafo dedicado a captar escenas de la vida natural que estaba acampando cerca de Beckhampton vio una columna de luz brillante descender desde las nubes en torno a las 2:30 de la madrugada. Poco después del amanecer se halló un círculo con un sendero curvo. A pocos kilómetros por carretera, debajo de Morgan Hill, un ruido vibrante y penetrante despertó repentinamente a unos granjeros, y unas horas después apareció una magnífica formación con el perfil de una cruz celta. Algunos de estos círculos iban acompañados por bolas o tubos de luz, y en todos los casos, por *ese* sonido.

parecía evidente que los pilotos militares estaban dedicándose a viajar por placer. En cualquier caso, no se estaban dando explicaciones serias. Como los remolinos inteligentes no llegaban a dar una explicación razonable de los sucesos recientes, el gobierno británico permaneció sospechosamente callado.

Por otra parte, ahora los investigadores tenían más razones que nunca para hablar. Hubo un grupo de investigación llamado Centro para el Estudio de los Círculos de las Cosechas (CCCS) que acumuló y difundió grandes cantidades de información procedente de cientos de individuos. Andrews y Delgado

En Lincolnshire aparecieron dos formaciones de más de 70 metros sobre las ruinas enterradas de Durobrivae, que en su tiempo fue una de las mayores ciudades de la Gran Bretaña romana. Según un reportero del *Evening Telegraph*, de Peterborough, los intrincados detalles del diseño estaban mucho más allá de la capacidad de los falsificadores, puesto que las tiras de trigo «daban la impresión de estar cuidadosamente ordenadas» (Michell, 1990). Este nivel de precisión también se aplicaba a la composición: algunas dimensiones de la segunda formación eran producto de la superposición de elementos de la primera.

Figura 2.2a
El mandala Sri Yantra está hecho de casi 20 kilómetros de líneas grabadas sobre el lecho seco de un lago. Las pequeñas figuras del centro son personas.

Figura 2.2b
El Sri Yantra mandala hindú. Los triángulos representan una serie de armonías descendentes.

A esto le siguieron informes procedentes de Canadá y Japón, y un dramático acontecimiento ocurrido al sur de Oregón, en la costa oeste de Estados Unidos. El 10 de agosto, en el lecho seco del lago Alvord, aparecieron líneas de 25 centímetros de anchura y 8 de profundidad que reproducían a la perfección el mandala Sri Yantra[5] y se extendían más de 20 kilómetros. Las líneas «rectas» que constituían la serie de triángulos tenían un ligero abombamiento de unos veinte centímetros, como si esta curvatura hubiera sido causada al ser proyectadas desde un punto elevado del cielo (véanse las figuras 2.2a y 2.2b). Posteriormente, un grupo de cuatro artistas se responsabilizó del diseño, e incluso grabaron un vídeo donde se los veía creando surcos con maquinaria agrícola. Dijeron que habían tardado diez días, del 31 de julio al 9 de agosto, en completar la obra.

Sin embargo, sus esfuerzos por reproducir con precisión la forma de la banda, con bordes redondeados en la tierra abrasada por el sol, resultaron infructuosos. En la grabación que mostraron se veía a la máquina siguiendo bandas sospechosamente oscuras, que parecían surcos preexistentes rellenados con tierra, mientras ellos trataban de convencernos de que esas ranuras estaban siendo excavadas por primera vez.

El resto de la historia parecía igualmente improbable. En primer lugar, ¿por qué motivo se desplazaría alguien varios cientos de kilómetros armado de maquinaria agrícola para pasarse diez días asándose a temperaturas de más de treinta y cinco grados? En segundo lugar, cuando el piloto de la Guardia Nacional Aérea Bill Miller descubrió el diseño sobrevolando el lecho del lago durante un ejercicio de entrenamiento rutinario, estaba completamente terminado. Según su oficial superior, el capitán Michael Gollaher del 124 grupo de reconocimiento táctico, no hubo señales de que la obra se estuviera realizando, ni huellas de neumáticos que condujeran hacia la formación o que salieran de ella. Asimismo, cuando los ufólogos Dan Newman y Alan Decker condujeron hasta el lugar, comprobaron la ausencia de huellas de neumáticos y de pisadas

---

5. *Yantra* es una palabra sánscrita que significa «diagrama de poder geométrico»; *Sri* significa «exaltado o divino». Se dice que la contemplación de este símbolo produce iluminación. Este «mandala» fue descubierto un mes después del pictograma de Alton Barnes, el 11 de julio, con su tridente de Shiva, otro símbolo de transformación.

humanas, y que su propia camioneta dejaba huellas de casi un centímetro de profundidad en la tierra que rodeaba al mandala.[6] Está claro que se puede descartar la participación humana en la creación de esa formación.

Entre tanto, en Wessex comenzó una nueva investigación. Entre las ciudades de Westbury y Bratton se alza una de las muchas figuras enigmáticas con forma de caballo blanco talladas en las laderas de las colinas arenosas. Encima de esta obra particular se sitúa la fortaleza prehistórica de la colina de Bratton, con su imponente vista sobre el paisaje. Como en ese lugar ya habían aparecido círculos en varias ocasiones, parecía el sitio ideal para llevar a cabo una operación de seguimiento de tres semanas de duración. Como en la Operación Cuervo Blanco, la finalidad de la Operación Mirlo era que Andrews, Delgado y otros investigadores y científicos captaran a los Creadores de círculos con las manos en la masa. Acumularon cámaras infrarrojas, cámaras de vídeo e intensificadores de imagen por valor de millón y medio de euros en una cabaña de la ladera.

Más allá de la antigua fortaleza prehistórica se extiende la llanura de Salisbury, con sus grandes instalaciones militares (muchas de ellas selladas), de modo que no fue ninguna sorpresa que el ejército anunciara que quería unirse a la operación. Situaron personal militar oficialmente libre de servicio en la colina adyacente, pertrechados con abundantes equipos de visión nocturna con una capacidad de penetración muy superior a los usados por los investigadores. El hecho de que los soldados llevaran puestos sus uniformes de camuflaje no concordaba ni con estar «fuera de servicio» ni con la falta de interés por los círculos de las cosechas que habían declarado los mandos militares. (Posteriormente, estas patrullas armadas se verían con creciente frecuencia en la zona de Silbury, y a veces en granjas privadas estratégicamente situadas.)

La primera noche de esta operación de supervisión transcurrió sin incidentes. Pero, durante la segunda noche, varios investigadores decidieron retirarse pronto; más adelante se arrepentirían de haberlo hecho.

Con las primeras luces del día empezó a revelarse una impronta sobre los campos a menos de kilómetro y medio de distancia de la cima de la colina, aunque teniendo en cuenta el ángulo oblicuo era imposible determinar su calidad. Cuando telefonearon a Andrews y Delgado, dos de los investigadores que se habían tomado la noche libre, volvieron corriendo a Bratton con euforia infantil. En la cabina todos se sentían muy animados. ¡Finalmente se había formado un círculo ante las cámaras del mundo! Algunos informadores televisivos temían la posibilidad de haber sido engañados, pero Colin Andrews, visiblemente emocionado, anunció a la prensa que se había producido un evento importante. Y aunque una mirada rápida al vídeo nocturno sugería que algo no iba del todo bien, no se podía hacer esperar más a la prensa mundial.

Andrews y Delgado se dirigieron a la formación seguidos por las cámaras de televisión, pero, al acercarse, empezaron a sentir un nudo en el estómago. Aquello tenía un aspecto anormal. Faltaban los característicos vórtices en remolino, y los tallos de las plantas estaban partidos. El diseño era una maraña de círculos torpes y líneas al azar. Se trataba de una falsificación.

Pero lo peor aún estaba por venir. En el centro de cada uno de estos feos círculos había un juego de mesa astrológico y una cruz de madera. Por allí cerca habían dejado unos metros de cuerda roja para que todas las cámaras pudieran captarlos; fue la primera vez que aparecieron las «herramientas de la profesión». Los medios tomaron nota entusiasmados, y anunciaron el fraude a 50 millones de espectadores al comienzo de su jornada laboral.

En la cabina, después de pasar dos horas analizando las cintas de visión nocturna e infrarrojas, Andrews volvió a dirigirse a los medios: «Supongo que ya sospechábamos algo por lo que habíamos

---

6. James Deardorff, 1991. También quiero dar las gracias a Eric Byler, ayudante del director estatal de la Investigación ovni por facilitarme información adicional.

Figura 2.3
Una falsificación supuestamente perpetrada por el ejército británico para confundir al mundo. Bratton, 1990.

Figura 2.4
Diagrama del círculo de las cosechas captado por la cámara tras el fraude de Bratton.

visto en las grabaciones de vídeo. Para empezar, los círculos tardaron en formarse unos veinte minutos, cuando nuestras investigaciones muestran claramente que los verdaderos círculos se forman en segundos... Los equipos han llegado a detectar el calor de los cuerpos de los falsificadores». A pesar de las protestas de que habían sido víctimas de un cruel engaño, ya era demasiado tarde: las figuras clave de la investigación sobre los círculos de las cosechas habían sido humilladas ritualmente enfrente de toda la nación, que a estas alturas se reía de camino a la oficina.

Casualmente, durante la noche del engaño —y sólo durante esa noche— llamó la atención la ausencia de los soldados y dos cabos asignados a la Operación Mirlo (Wingfield, 1991b).

A pesar de este revés, un puñado de dedicados y alicaídos investigadores se quedaron en la cabaña para continuar con este proyecto aparentemente infructuoso; todos los demás salieron disparados. Y, una vez más, desearon no haberse ido tan deprisa. Diez días después del fraude, un movimiento giratorio que duró menos de quince segundos se extendió sobre el trigo; fue filmado por las cámaras de visión nocturna de Nippon TV, pero con dificultades, en el límite mismo de su visión. Era

como si los Creadores de círculos conocieran las limitaciones de los equipos y quisieran convencer a los perseverantes de que no perdieran la fe, de que éste es un fenómeno *real*.

El nuevo círculo de las cosechas —cuya forma puede considerarse un cruce entre una célula de esperma, un interrogante y una espiral equiangular— se extendía a 300 metros del fraude, pero esta vez ningún espectador compartió el espectáculo. Después del último ridículo, los círculos de las cosechas habían quedado fuera del menú de los medios.

Muy pronto quedó claro que se había llevado a cabo una campaña de desinformación muy bien planeada, convenientemente orquestada frente a la prensa mundial. Alguien se había desviado claramente de su camino para negar la obra de los Creadores de círculos. ¿Tal vez a las autoridades les preocupaba que los círculos de las cosechas se convirtieran en una nueva religión? Después de todo, existen suficientes pruebas de que la fe es una herramienta ideal para generar estados de excelente salud física y mental, e incluso de felicidad. Por suerte, varios individuos asumieron el reto de descubrir a los culpables. George Wingfield, uno de los más suspicaces, empezó rápidamente: «En torno a esa hora, recibí una llamada telefónica de un amigo que dijo que tenía un contacto fiable con un alto cargo militar, cuyo nombre no se me permite mencionar por razones comprensibles. Este hombre siempre nos ha facilitado información confidencial en el pasado, que hasta la fecha ha resultado ser extremadamente valiosa. En esta ocasión me contó que el fraude de Bratton fue ejecutado por una unidad especialmente entrenada del ejército, y que la orden llegó directamente del Ministerio de Defensa. La operación se planeó cuidadosamente, se preparó con anticipación y se llevó a cabo en completa oscuridad, de manera rápida y precisa. Mi informante llegó a hablar con uno de los oficiales que participaron en la planificación de la operación, que tenía el grado de máximo secreto».

Nuevas corroboraciones llegaron del corresponsal político alemán residente en Wiltshire, Jürgen Krönig, que estaba en una excelente posición para acumular información valiosa. Su informe sobre la primera de las tres conferencias internas mantenidas en el Departamento de Medio Ambiente, a la que asistieron miembros del Parlamento, científicos del gobierno y funcionarios de los Ministerios de Defensa, Medio Ambiente y Agricultura, resultó ser iluminador: «La tesis favorita de los escépticos, la de que los círculos son un chiste a gran escala, ni siquiera se tomó en consideración. Al ejército se le ordenó que mantuviera el fenómeno bajo observación intensiva y, si era necesario, que diera los 'pasos adecuados'. Finalmente, se comentó cómo se debería abordar el asunto en público; en esta discusión se usó el término 'desinformación'» (Hesemann, 1995).

Sin duda había mucho interés por los círculos de las cosechas en los altos niveles del gobierno, ya que tuvieron lugar una serie de reuniones entre ministros, los servicios secretos y los militares para discutir el asunto. Al final se decidió calmar externamente al público mientras se continuaba investigando con discreción. Éste es el planteamiento oficial de los gobiernos occidentales respecto a los ovnis, que sigue el «programa educativo» adoptado en 1953 por Robertson Panel en el US Project Blue Book. Su protocolo, publicado oficialmente en 1977 bajo el acta de libertad de información

del mismo año, describe que los gobiernos deberían tener «dos metas principales: educar y desprestigiar».

El plan era reducir el interés público por los platillos volantes, y esto se lograba principalmente a través de los medios de comunicación, como la televisión y el cine, donde estos fenómenos inexplicados se atribuyen al mundo de la fantasía, permitiendo que sean fácilmente ridiculizados o parodiados. Seguidamente, una serie de artículos editoriales en la prensa popular tratan de reeducar al público presentando casos históricos de acontecimientos incomprensibles que después fueron explicados racionalmente.

Sin embargo, el problema de explicar sucesos fantásticos es que en ocasiones eso exige explicaciones poco realistas, y a esta política muchas veces le sale el tiro por la culata. Sin duda, el mejor ejemplo es la explicación que ofreció el Pentágono del descubrimiento de «cuerpos alienígenas» en el famoso choque de un ovni en Roswell, Nuevo México. Las declaraciones publicadas en la prensa en 1997 afirmaban que lo que los testigos oculares habían visto eran maniquís que se lanzaron de aviones en 1950 para poner a prueba un nuevo paracaídas. Estos increíbles paracaídas parecen haber ralentizado de manera formidable la caída de su carga, porque, si creemos la explicación oficial, tardaron tres años en llegar al suelo, puesto que el accidente de Roswell ocurrió en 1947.

En cuanto a la desinformación de los círculos de las cosechas, el ex sargento de policía convertido en investigador de ovnis Anthony Dodd llamó a muchas puertas para acumular pruebas adicionales que apuntaran hacia algún tipo de operación encubierta. Comentó: «Los granjeros locales han recibido instrucciones de las autoridades para que cosechen los campos en cuestión inmediatamente, tanto si el maíz está maduro como si no... Ellos [las autoridades] quieren que las formaciones se vayan de los campos antes de que el público pueda examinarlas» (Dodd, 1991).

Un documento de la comisión secreta norteamericana Majestic 12 fue filtrado al editor alemán Michael Hesemann; mostraba que la CIA estaba muy preocupada por el efecto que los círculos de las cosechas pudieran tener en la población, y que esta agencia había reunido abundante información sobre el fenómeno (Hesemann, 1995). De acuerdo con múltiples fuentes, la comisión Majestic 12 se creó para tratar con el secreto mejor guardado por los militares norteamericanos, que a la vez es su mayor dolor de cabeza. Muchos archivos supuestamente pertenecientes a la Majestic 12 habían sido filtrados al público —si esto se hizo como información o como desinformación aún es un punto discutible—, y revelan informaciones clasificadas sobre la vida y las tecnologías extraterrestres, información considerada más importante que los datos sobre la bomba H.

En *Conclusive Evidence*, Pat Delgado describe el extraordinario esfuerzo llevado a cabo por las fuerzas militares norteamericanas para tapar las huellas de una formación aparecida en un campo de maíz en Kansas. «Poco después del suceso acudieron a la pequeña ciudad varios vehículos del gobierno sin distintivos, se establecieron controles de carreteras, hombres vestidos con traje y corbata interrogaron a los residentes, aparecieron en el lugar tres grandes vehículos preparados para retirar residuos peligrosos y una valla electrificada, y hubo un intento de labrar la formación y de extender sobre ella cereal troceado» (Delgado, 1992).

En otro incidente, una fuente confidencial contactó conmigo desde el norte del estado de Nueva York y me dijo que un granjero cercano había sido abordado por un oficial de policía que le había ofrecido 500 dólares para que segara inmediatamente un círculo aparecido en su campo.

Extrañas conductas, como mínimo.

Pero volvamos a Bratton, en Wessex, Inglaterra. Es ciertamente posible que el gobierno estuviera involucrado en cierta medida en la planificación del fraude, porque a pesar del intenso interés del público y la presión de los medios de comunicación sobre las autoridades para que encontraran la verdadera causa de los círculos de las cosechas, no se había producido la respuesta deseada. Simplemente no podían explicar lo que estaba sucediendo en términos racionales. Se supone que las plantas no tienen que comportarse así, de modo que la salida

más fácil era hacer que todo el fenómeno pareciera una serie de actos fraudulentos perpetrados por vándalos.

George Wingfield sugirió que el fraude, que no era del todo convincente, tenía que llevarse a cabo al principio del proyecto de investigación por temor a que las cámaras captaran una impronta auténtica, especialmente porque había representantes de televisiones de países tan lejanos como Japón. Pero parecía que un círculo falso no era suficiente para las autoridades, y así, para hacer que el estado de ánimo del público pasara del debate al ridículo, se añadieron los horóscopos y las cruces, que apuntaban de manera descarada a la gente «Nueva Era» u ocultistas; esto generaba un ambiente que desacreditaba todavía más los intentos serios de encontrar explicaciones. Si se podía crear sospechas sobre la validez general del fenómeno, la consecuencia era que todos los círculos debían de haber sido realizados por la mano humana.

«Si un falsificador quería conseguir una falsificación magistral, no dejaría signos evidentes de que los círculos estaban hechos por la mano humana —escribió Wingfield—. Al informar sobre la falsa formación de las cosechas, la BBC dijo que los objetos sugerían algún tipo de ritual... pero ningún ritualista se dedicaría a hacer sus rituales en tales circunstancias, frente a una masiva operación de supervisión y seguimiento... Y, después de todo, ¿quién tendría a mano seis juegos de mesa del horóscopo a menos que todo estuviera preparado con antelación?» (Wingfield, 1991b).

Con el uso de los juegos de mesa se aseguraron de que Delgado y Andrews declararan que el círculo no era auténtico, de modo que se trataba de una estrategia astuta.

Mirando atrás, un relajado comentario a la prensa realizado por uno de los cabos del ejército antes del fraude de Bratton parecía resumir la situación perfectamente: «Nosotros estamos aquí para probar que la gente fabrica los círculos. Los científicos están aquí para probar lo contrario».

No es ninguna sorpresa que los militares demostraran una gran falta de interés en el estudio y análisis de los círculos de Bratton, pero el conjunto de círculos que aparecieron aquella misma noche a 25 kilómetros de distancia fueron sometidos al intenso escrutinio de un pelotón militar, que incluía un WISP, un helicóptero en miniatura dirigido por control remoto. La supervisión militar de los nuevos círculos continuaría durante tres semanas.

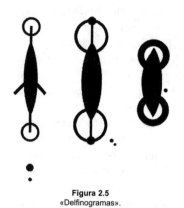

Figura 2.5
«Delfinogramas».

Las formaciones continuaron llegando. Un pictograma de 200 metros se materializó a unos 15 kilómetros de Bratton, cerca del montículo largo de East Kennett. De hecho, a medida que las cosechadoras recogían los cultivos encontraron docenas de formaciones; cuando todos los campos de grano del sur de Inglaterra habían sido cortados, los del norte aún exhibían todo tipo de diseños.

Pero, en cualquier caso, el objetivo de desinformar había sido conseguido con eficacia. A partir de entonces, en los medios apenas se oía hablar de círculos de las cosechas. No se pedía ninguna explicación al gobierno y todo volvía a estar bajo control.

La primavera de 1991 llegó acompañada por un tiempo anormalmente húmedo en el sur de Inglaterra que dejó las cosechas en un estado de relativa inmadurez, haciendo que la nueva estación de círculos de las cosechas tardara hasta junio en tomar fuerza.

Los nuevos diseños parecían inconsistentes con la progresión ordenada y fluida que el lenguaje de los Creadores de círculos había tenido hasta ese punto. Estas formaciones eran «insectogramas»: diseños basados en combinaciones de círculos conectados por caminos de los que salían «antenas», así como piernas y escaleras, dando la impresión de que se trataba de bailarines o insectos. Mientras que algunos consideraban que estos diseños contenían

mensajes serios, para otros eran una broma, una especie de intento de contrarrestar la seriedad que empezaba a rodear todo el tema. Entre junio y agosto se materializaron cinco insectogramas: tres en puntos equidistantes, casi lineales, de Hampshire; un cuarto localizado en la misma latitud que Stonehenge, y el quinto a más de 30 kilómetros al oeste, frente a Stonehenge, en el mismo campo que posteriormente acogería al «Julia Set».

Otras impresionantes formaciones llegaron en forma de pesas largas o alargadas, de 100 metros de longitud, algunas con un anexo que recordaba una llave (véase la figura 2.8 en la página IV, en la sección a color), y otras sugerían formas de ballenas, tortugas y delfines. Ciertas formaciones vinieron en pares prácticamente iguales, que, según precisos estudios realizados sobre el terreno, mostraban unas mínimas discrepancias entre ellas equivalentes a un 0,6 o un 0,9%.[7] Estas medidas precisas llevadas a cabo por los investigadores llegaron a ser cruciales para estudios posteriores: una pesa aparecida en Beckhampton tenía codificado el diámetro de la Luna, así como la proporción entre las masas de la Tierra y la Luna; una segunda pesa, esta vez en Silbury Hill, tenía codificado el número 19,47°, la latitud en la que la energía emerge en «puntos calientes» en muchos planetas de nuestro sistema solar (véase la figura 2.9).[8]

En junio, un operador de radio llamado Dilling que vivía en Bulberry Down, Devon, estaba escuchando Radio Moscú y la Voz de América cuando la emisión quedó repentinamente interrumpida por una serie de sonidos breves y muy agudos. Dilling conocía el origen de esos sonidos porque los había oído antes, durante la aparición de círculos de las cosechas. A la mañana siguiente, un nuevo círculo

---

7. A partir de los meticulosos estudios de John Langrish, de la base de datos del CCCS.
8. Curiosamente, dos tercios de la Tierra están cubiertos de agua, y cualquier objeto que se mueva por el agua genera una onda que forma un ángulo de 19,47°. Lo que este número implica en términos de latitud se comenta extensamente en el libro de Myers y Percy, *Two-Thirds*.

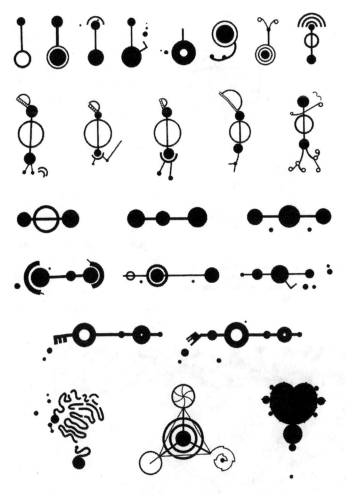

Figura 2.6
Selección de círculos de las cosechas de 1991. Segunda fila: «insectogramas».

de 25 metros de diámetro y con anillo era visible en un campo cercano.

En Lapworth, a unos 120 kilómetros al norte del área de círculos habitual, un granjero se quedó sorprendido al descubrir que el 25% de sus ovejas habían conseguido cruzar la valla de alambre y estaban deambulando por el lugar agitadamente. El gran roble que se alzaba junto al nuevo círculo de la cosecha también empezó a mostrar un comportamiento inusual: las hojas que miraban hacia el círculo habían empezado a cambiar de color abruptamente, pasando del verde del verano al amarillo de comienzos de otoño. El granjero comentó que a pesar de su juventud las plantas estaban perfectamente aplanadas, aunque tienen una tendencia natural a erguirse. Un investigador encontró líneas de energía electromagnética que conectaban el círculo de la cosecha con sesenta iglesias cercanas (Delgado, 1992).

Así, a pesar del extraño fraude, los Creadores de círculos seguían estando activos e innovando, y la continua actividad provocó otro proyecto más de observación y vigilancia. En Morgan Hill, Wiltshire, el nuevo grupo de investigación preparó equipos especializados que incluían una cámara operada por control re___ y micrófonos direccionales u___ bles. Los campos monitoriz___ ron una nueva invasión de

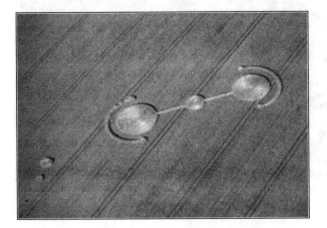

Figura 2.7
Triple «pesa». Froxfield, 1___

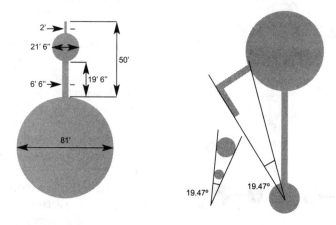

al tener su perímetro rodeado por un sistema de alarmas que detectaba la presencia de intrusos.

Hacia las 3:30 de la noche, las nubes húmedas crearon una fina niebla que ocultaba todo el campo. Cuando poco después amaneció, el sol deshizo rápidamente las tiras de niebla para revelar una formación prístina, pero nada había sido filmado por los equipos de observación. La primera persona que llegó a la formación tenía la ropa mojada por el rocío y las botas llenas de barro. Pero, una vez más, no había ni huellas, ni daños, ni barro en las plantas. El investigador Mike Currie comentó: «Era como si un mago hubiera

Figura 2.9
Izquierda: Myers y Percy descubrieron medidas clave relacionadas con la Tierra y la Luna codificadas en esta pesa. Beckhampton, 1991. Derecha: en este diseño encontraron una referencia a la medida 19,47°, la latitud en la que brota la energía en muchos planetas de nuestro sistema solar. Silbury, 1991.

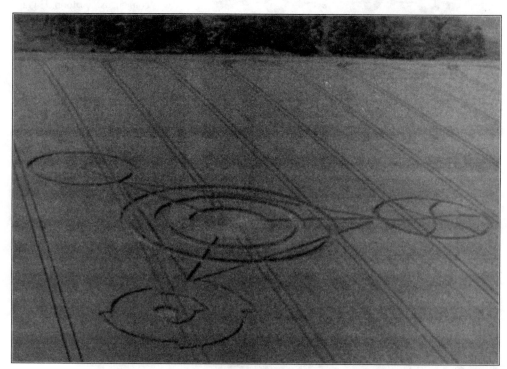

Figura 2.10
«Ahora explicad ésta». El tetraedro de Barbury Castle.

Figura 2.11
«Para crear un conjunto Mandelbrot, se necesita un ordenador.» Bueno, esto fue así al menos hasta agosto de 1991. Ickledon.

extendido un gran pañuelo de seda sobre la mesa, hubiera movido sus manos, apartado el pañuelo y producido, por arte de magia, un conejo blanco» (Wingfield, 1991b).

Elevando las apuestas, los Creadores de círculos decidieron que ya era hora de hacer una visita al primer ministro británico en su residencia de Chequers. Esta casa señorial está rodeada por un perímetro de seguridad en lo mejor de la campiña de Buckinghamshire, y está guardada por equipos de élite y tecnología de última generación. Uno puede imaginarse la reacción de los guardias al descubrir el diseño parecido a una gran cruz celta que apareció a la vista de todos dentro de la propiedad, apenas a cien metros de la casa. Uno de sus cuatro círculos había sido sustituido por una flecha que apuntaba directamente hacia la residencia, que en ese momento era ocupada por John Major, del partido conservador. De una de las avenidas emanaba un tridente a modo de firma. ¿Recordáis el símbolo hindú, el tridente de Shiva?

Exhibiendo un rostro valiente ante la prensa local, el equipo de John Major se deshizo de las críticas que lo acusaban de un fallo en la seguridad y dijo que las marcas simétricas se debían a un fenómeno meteorológico. Esto suponía ir un punto más allá que la administración anterior, pues la igualmente conservadora Margaret Thatcher había echado la culpa de los círculos de las cosechas a las malas condiciones del suelo.

De vuelta a Wiltshire, la ciudad de Wroughton también tuvo su dosis de emoción. Durante la noche del 16 de julio, la ciudad se encontró repentinamente sin electricidad. Una base militar cercana también sufrió un apagón total, y tuvo problemas con sus helicópteros. Al mismo tiempo, los residentes del cercano fuerte de Barbury Castle fueron testigos de un espectáculo, a estas alturas bastante habitual, de pequeños objetos voladores de vivos colores, seguidos por lo que muchos describieron como un sonido grave y retumbante, parecido al percibido el año anterior en Alton Barnes. A la mañana siguiente, después de haber renunciado al interés por los círculos de las cosechas, la prensa británica volvió a despertar: «Ahora explicad esto», exclamaban los titulares.

Apareció un diseño laberíntico que ocupaba más de 10 000 metros cuadrados: una colección de círculos, anillos y curiosos rasgos circulares conectados

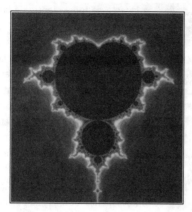

Figura 2.12
Un fractal es una figura generada por ordenador en la que se repite un motivo a escala cada vez más reducida. Uno de los objetos matemáticos más complejos, el conjunto de Mandelbrot, marca la frontera entre el orden y el caos. Paradójicamente, los matemáticos dicen que también marca los límites de la ciencia clásica.

glifo contenía otra referencia codificada al número 19,47°.

Los Creadores de círculos estaban dispuestos a incorporar al juego a los eruditos ortodoxos, y esto quedó demostrado por otro gran acontecimiento ocurrido en la otra punta de Inglaterra, en esta ocasión en el corazón del territorio de la comunidad científica. No lejos de la Universidad de Cambrigde, donde el matemático francés y teórico de los fractales Benoit Mandelbrot había enseñado anteriormente, dejó su marca otro notable glifo de las cosechas. A los matemáticos no les cabía duda de que era una representación del conjunto de Mandelbrot, un patrón fractal descubierto por el profesor francés que forma parte de un modelo matemático usado para explicar la teoría del caos. La formación aparecida en la cosecha era matemáticamente perfecta.

De hecho, era increíblemente perfecta para algunos de los matemáticos universitarios, que se sintieron llamados inmediatamente a participar en el debate. Las reacciones abundaron: «Los círculos de las cosechas o bien son fraudes o están formados por vórtices de aire», afirmó el destacado físico Stephen Hawkings.[10] Otros científicos achacaban todo aquello a una travesura estudiantil. Pero *New Scientist*, un respetado semanario científico británico, aportó cierto equilibrio y objetividad al drama, y admitió que era imposible construir algo así, el objeto matemático más complicado, sin contar con mucho tiempo y la ayuda de un ordenador.

Según escribió *New Scientist,* la precisión de este conjunto de Mandelbrot fue estudiada cuidadosamente sobre el terreno por un agrónomo y biólogo local llamado Wombwell: «Es increíblemente preciso. Cada círculo era perfecto, el trigo estaba aplanado en el sentido de las agujas del reloj y, en la base, la forma de corazón se estrechaba hasta un único tallo de trigo. Todos los tallos estaban aplanados dos centímetros y medio por encima del

por senderos que daban la forma de un triángulo. Esta forma, que llegó a ser conocida como el tetraedro de Barbury Castle (véase la figura 2.10), marcó un salto cuántico en la evolución de los círculos de las cosechas, porque se trataba de un símbolo inequívoca e identificablemente alquímico y filosófico que representaba la creación misma de la materia universal.[9] No puede sorprender a nadie que el poder hipnotizante del glifo sacudiera a la prensa, sacándola de su cansado escepticismo; esto provocó una reacción refleja del ejército británico, que bloqueó el acceso al círculo por las carreteras locales, un acto que va claramente más allá de sus competencias en tiempo de paz.

El simbolismo de la formación, reforzado por su estratégica ubicación en medio del paisaje neolítico, no pasó desapercibido a los eruditos del esoterismo, que se mantendrían ocupados con su análisis durante años, o a los estudiosos de la conexión entre geometría y energía, pues el diseño de este

---

9. El tetraedro, una pirámide de cuatro lados, es un diseño fundamental usado por la energía para transformarse en materia, específicamente en el caso del cuarzo, que supone hasta un 90% de los minerales terrestres. También es una forma geométrica que subyace al universo físico.
10. *Evening News*, del condado de Cambridge, 30 de septiembre de 1991.

suelo. No había huellas de pisadas, ni signos de haber empleado maquinaria» (Davis, 1992).

Beth Davis, historiador y cofundador del CCCS, que examinó la formación pocas horas antes de su rápida «decapitación» a manos de un granjero desafiante, observó un nuevo rasgo en la disposición de las plantas: «...el estiramiento o expansión de cada banda de trigo tumbado para adaptarse a la asimetría de la forma, siguiendo varios radios que partían del nodo central. Los patrones de los dos círculos suspendidos van respectivamente en la dirección de las agujas del reloj y en la contraria» (Davis, 1992). Como en el caso de anteriores formaciones, ésta se encontraba a un tiro de piedra de túmulos y muchos otros elementos prehistóricos.

La noche en la que apareció la formación, una mujer de un pueblo cercano iba conduciendo por las proximidades con su hijo hacia la 1:00 de la madrugada. El coche fue seguido por una esfera de luz azul-plateada que voló a diez metros de los dos asombrados ocupantes del vehículo antes de desaparecer. A la mañana siguiente, un piloto que seguía su ruta regular hacia el trabajo descubrió el conjunto de Mandelbrot. El día anterior no estaba allí.

En una coincidencia increíble, esta formación había aparecido exactamente un año después de la publicación de un artículo en *New Scientist* que decía: «Cada verano las formaciones de las cosechas se hacen más complejas. ¿Cuánto tiempo pasará antes de que veamos un diagrama Mandelbrot completo?» (Hughes, 1990).

3 De creadores y falseadores de círculos

Con su cartera reforzada por complejos diagramas matemáticos, 1991 había demostrado ser un buen año tanto para los círculos de las cosechas como para el puñado de individuos dedicados que intentaban llevar este fenómeno al público. Al menos las discusiones sobre los círculos volvían a llenar los foros públicos. Aunque los incidentes de Bratton habían dejado la impresión de que los «adoradores paganos» eran responsables del mal uso que se estaba dando al cereal nacional, y aunque periódicos como el *Observer* afirmaban que «los círculos de las cosechas británicos son causados por disputas entre pájaros», las últimas formaciones de las cosechas nos habían dejado una serie de logros que estaban más allá de la capacidad humana.

La fiebre de los círculos resurgió, por lo que, el 9 de septiembre, el periódico británico *Today* ofreció un antídoto: «Los hombres que embaucaron al mundo». Doug Bower y Dave Chorley, de sesenta y siete y sesenta y dos años respectivamente, deben de haber sido los sexagenarios más activos del mundo, puesto que el popular diario publicó su notable pretensión de ser los creadores de *todos* los círculos de las cosechas. En este informe (publicado durante tres días consecutivos), el dúo describió

que se había pasado trece años haciendo círculos de las cosechas sin mayor esfuerzo, con una plancha de madera, un trozo de cuerda y algo de ayuda de la luz lunar.

Aún más increíble era el dispositivo de fabricación casera que habían montado con un casco de béisbol y un marco de alambre que, según decían, los ayudaban a trazar líneas perfectamente rectas en la oscuridad usando como referencia objetos lejanos. Pero el investigador George Wingfield apuntó sabiamente los fallos de esta teoría: «Para hacer líneas verdaderamente rectas, uno necesita dos puntos de mira, uno hacia delante y otro hacia atrás, adosados al instrumento con el que traza las líneas. Y éstos tendrían que mantenerse alineados con el objeto remoto. Aunque la cabeza de Doug estuviera rígidamente hundida en cemento, el método del casco de béisbol nunca le permitiría trazar líneas rectas, aunque pudiera divisar un objeto remoto de noche» (Wingfield, 1990).

El artefacto sonaba tan absurdo como el resto de la historia. También había otras pretensiones igualmente increíbles: cuando más adelante se les preguntó por la técnica que habían empleado para crear las cuatro cajas rectangulares en el primer

Figura 3.1
Un círculo de las cosechas realizado durante una demostración ante los medios de comunicación por Doug y Dave para demostrar su capacidad de recrear con precisión las formas aplanadas y espirales. Morestead, 1991.

Figura 3.2
Se usan líneas rectas para marcar el perfil inicial de un círculo de las cosechas fraudulento. A continuación se rellena el resto, de manera muy parecida a los primeros dibujos de los niños. Overton Hill, 2000.

pictograma de Chilcomb sin signos de entrada, Bower y Chorley dijeron que daban saltos libres o con pértiga, y que algunos elementos eran el resultado de sus aterrizajes. Por desgracia, saltando en posición erguida desde la línea del tractor, tendrían que haber dado un salto olímpico de casi cuatro metros, o un improbable salto de siete metros en el caso de los círculos «metralla», que ambos declararon haber realizado con la misma novedosa técnica.

Aparentemente habían conseguido mantener sus actividades nocturnas en secreto y ocultas a sus esposas durante más de una década (supuestamente debido al hecho de que ellas dormían profundamente). Esto, además del colosal kilometraje que habrían tenido que añadir a sus vehículos, el barro y la ropa manchada de polen... En apariencia sus esposas no habían notado ninguna de estas señales de conducta anormal durante los primeros trece años de su actividad, y de repente se habían vuelto muy suspicaces en 1991.

Por lo que parece, el fraude Bower-Chorley fue producto de una noche aburrida en el *pub* en 1978; lo hicieron «para divertirse». Su motivación autoconfesada de mejorar los diseños año tras año era su desafío a la creciente seriedad de los «denominados» investigadores de los círculos. «Era como estar colocados, no podíamos parar», añadieron en sus declaraciones al diario *Today*.

Pero ahora ya eran demasiado viejos, y manipular miles de metros cuadrados de trigo los dejaba agotados. Además, sus conciencias les remordían y ya no podían seguir mintiendo a sus esposas: «Cuando oímos que el gobierno quería destinar fondos a seguir investigando el fenómeno –dijo Doug–, ambos sentimos que había mejores maneras de usar ese dinero en riñones artificiales y transplantes de corazón».

Su sincera preocupación habría resultado conmovedora de no ser porque, a lo largo de la década de los ochenta, el gobierno británico había seguido una política de recortar fondos a la atención médica y otros servicios públicos esenciales. Parece increíble que el dinero ahorrado mediante la eliminación de autobuses y camas de hospital se destinara a financiar lo que el gobierno había afirmado en todo momento que no era más que un fenómeno meteorológico.

Los debates sobre la historia de Doug y Dave se extendieron durante mucho tiempo. El público que no estaba familiarizado con los aspectos prácticos del fenómeno se tragó su historia como si fuera vino de Oporto. Finalmente aparecía un rostro humano que parecía explicar todo el embrollo. No había hombrecillos verdes, ni mensajes de inminente condenación enviados por Dios, sólo dos ancianos excéntricos y bromistas.

Pero el propósito inmediato de este fraude parecía ser el descrédito constante de la comunidad de investigadores. Después del ridículo nacional sufrido en Bratton, Andrews había decidido trasladarse a Connecticut para continuar sus investigaciones en paz; sin embargo, agentes secretos intentaron infiltrarse en su casa, en su familia, y en la mayor base de datos sobre los círculos de las cosechas. Meaden y Taylor fueron engañados ante las cámaras para que declararan genuino un círculo fraudulento. Como miembro clave del CCCS ante el público, Wingfield fue arrinconado progresivamente al tener que afrontar mentiras y acusaciones desde todos los ángulos, dejando a Pat Delgado como la última figura de los investigadores de círculos que quedaba por ser humillada.

«Venga, Pat, ¡admite que te han engañado!», decía un titular. Pat había dedicado su tiempo y dinero desinteresadamente durante más de una década a educar al mundo sobre el evento más increíble en el recuerdo viviente de la Tierra. Había llevado el asunto a Buckingham Palace y mantenido al Parlamento británico al tanto de las últimas investigaciones, todo ello por el bien de la humanidad.

Su sacrificio había sido total, pero ahora le había llegado el momento de ser puesto en la picota.

El hombre que dio a conocer a Doug y Dave, el reportero Graham Brough, del diario *Today*, una tarde invitó a Delgado a examinar un nuevo círculo aparecido en un campo de Kent; era una repetición de los insectogramas que estaban apareciendo ese año. El ex ingeniero de la NASA comentó informalmente al periodista que estaba bien formado y a primera vista parecía genuino. El reportero desapareció de la escena y Delgado continuó examinando el diseño con muy poca luz. Pero después de hacer algunas pruebas electromagnéticas, se sintió menos seguro de su autenticidad.

Posteriormente Brough llevó a los dos «artistas de campo» a casa de Delgado, afirmando que ellos habían hecho la formación, y también todas las anteriores. Agredido por este montaje mediático y la batería de preguntas estilo Gestapo, Delgado se defendió diciendo: «Si esto es un fraude, entonces sólo es un ejemplo más de que a alguna gente se le puede engañar parte del tiempo. No debemos olvidar que los expertos han sido engañados muchas veces a lo largo de la historia, y probablemente lo seguirán siendo».

Pero no sirvió de nada. El montaje funcionó a pesar de la escasez de pruebas presentadas. Increíblemente, el fotógrafo del periódico ni siquiera se molestó en hacer fotografías de las distintas etapas de la construcción o de tomar referencias de la topografía local mientras supuestamente la pareja «realizaba» la formación; así, por lo que sabemos, el círculo podría haber estado ya en la cosecha. Brough consiguió extraer suficientes declaraciones de su víctima para contar una historia en el periódico, cuyos lectores cayeron en el burdo engaño. Seguidamente *Today* publicó una edición a nivel mundial que afirmaba que Delgado había declarado que todos los círculos de las cosechas eran engaños, un mentira completa. Inexplicablemente la historia llegó a países donde la gente nunca había oído hablar de círculos de las cosechas, y mucho menos los habían visto (Delgado, 1992).

Un ser humano absolutamente dedicado fue humillado de manera innecesaria por el fraude Doug y Dave. Seguidamente, Pat Delgado se caló su gorra y continuó adelante con sus investigaciones lejos de la mirada del público.

Es curioso que dos insectos puedan hacer tanto daño al cereal.

Sin embargo, parecía que no todo el mundo había sido embaucado. La gracia salvadora vino de un periódico británico de calidad, *The Independent*: «Me resulta más fácil creer en hombrecillos verdes que en esta historia de Bower y Chorley», dijo un columnista, y un diario suizo se mostró igualmente escéptico con todo el episodio. Estos periódicos se referían a la demostración ante la prensa llevada a cabo seguidamente por *Today*, en la que Doug y Dave se dispusieron a mostrar al mundo ante las cámaras sus habilidades en este arte campal. Los resultados de su primera hora de trabajo fueron un completo desastre, sin remolinos y con plantas dañadas. De modo que volvieron a intentarlo, esta vez durante dos horas.

Y obtuvieron el mismo resultado: bordes indistintos, alineamientos imprecisos, etc. El trabajo de arte cósmico de Doug y Dave parecía el lugar de encuentro de dos elefantes en celo, con el debido respeto a los elefantes.

Algunos periodistas estaban perplejos, pero muchos otros sintieron que aquella patética demostración era la prueba que necesitaban para dedicar nuevo espacio informativo a pésimos artículos. Los medios de Estados Unidos aceptaron la historia tal cual. La revista *Time* regurgitó los artículos de *Today*, y Peter Jennings, de ABC, dijo lo mismo a millones de espectadores, sin ningún cuestionamiento respecto a la autenticidad de la historia. Cuatro semanas después el mismo presentador anunció que la Unión Soviética iba a vender el cuerpo embalsamado de Lenin, declaración por la que tuvo que disculparse poco después. Curiosamente, nunca tuvo que retractarse por haber contado la historia de Doug y Dave, aunque sus testimonios empezaron a caerse en pedazos con rapidez.

A pesar de que hubieran disparado figurativamente a su mejor amigo, Colin Andrews se mantuvo estoicamente objetivo a lo largo del incidente. Tomando elementos de su base de datos que aún

no se habían divulgado al público, cuestionó algunas de las declaraciones de Doug, Dave y Brough.

¿Habían construido los primeros círculos de las cosechas en 1978?

«Sí», respondieron.

Un repaso a *Circular Evidence*, la referencia más autorizada que el público tenía a su alcance, dejaba claro que ésta era la fecha del primer círculo de las cosechas analizado en el libro. «Y, entonces, ¿quién hizo todos éstos?» Andrews los confrontó con una serie de fotografías tomadas en 1972. De hecho, los círculos de las cosechas no son un fenómeno moderno; hay 298 casos registrados antes de 1980, y uno de ellos data de 1590. Esta información sólo se ha publicado recientemente (T. Wilson, 1998).

No, aquéllos no los habían hecho ellos.

¿Habían falsificado los 200 círculos desde 1978?

«Sí», fue la contestación.

Entonces, ¿quién había hecho los aproximadamente 2000 restantes?

No hubo respuesta.

¿Habían estado activos en torno a la zona de Avebury? Esta pregunta daba una sensación ominosa.

«No, no habían estado allí».

Ambos empezaron a mover los pies. Averbury había sido el área más activa desde 1988.

¿Cómo habían evitado consistentemente la detección por parte de granjeros, campistas, investigadores, vigilantes, perros guardianes, cámaras nocturnas, detectores infrarrojos y sistemas de alarmas? ¿Cómo habían trazado los rasgos inusuales de la cruz céltica que se presentaba en la cubierta de *Circular Evidence*? Como cabía esperar, afirmaron con claridad cristalina que aquella formación era suya, pero la disposición de las plantas en el anillo externo pasaba de un flujo lineal a una inusual onda sinusoidal. ¿Y qué había del colosal tetraedro de Barbury Castle? ¿Cómo habían hecho el pictograma de Alton Barnes y otro idéntico un kilómetro y medio más allá en la misma noche?

A esto le siguieron una variedad de respuestas que iban del «no» al «no estoy seguro» (¿cómo podrían no estar seguros de lo que habían hecho?), con un balbuceo final de «no, nosotros no hicimos ése».

Durante el interrogatorio, Peter Renwick, el granjero que acogió la exhibición de Doug y Dave patrocinada por *Today*, comentó sobre la obra de esta pareja: «Puedes ver, por cómo está tumbado el maíz, que esto ha sido causado por algo mecánico, ha sido causado por pisotones de personas. Los que yo he visto no son así; son mucho más planos, planos como una torta. Es posible que esto sea parte de la respuesta, pero no la totalidad de ella» (McNish, 1991).

Sin embargo, en aquel momento no había verdaderos círculos de las cosechas que la prensa pudiera usar para comparar. Como era de esperar, el desenmascaramiento de *Today* había ocurrido en un momento muy propicio, en septiembre, cuando todos los campos habían sido cosechados.

La historia de los falsificadores seguía perdiendo credibilidad a medida que nuevas revelaciones procedentes de la base de datos de Andrews deshacían sus pretensiones. Supuestamente la pareja había hecho una formación anual en Cheesefoot Head durante los últimos catorce años, y sin embargo los registros indicaban que esta afirmación era falsa; en un momento dado, el dúo empezó a atribuir obras que había reivindicado previamente a otros grupos de falsificadores e imitadores. El paciente y siempre caritativo Andrews continuó dando a la pareja acorralada el beneficio de la duda cuando declararon haber realizado el círculo simple de Headbourne Worthy en 1986, aunque Andrews juró con la mano en el corazón que el trazado del suelo era tan complejo que tenía que ser genuino. Le había costado dos días tan sólo dibujarlo.

Ésta es la descripción que hizo Andrews de los detalles:

El giro de la superficie sigue la dirección contraria a la de las agujas del reloj y va hacia el centro, lo cual en sí mismo es inusual. La mayoría de los círculos empiezan en el centro y se desplazan hacia la periferia, y todas las plantas se tumban a la vez. Pero éste tenía dos capas de plantas fluyendo en distintas direcciones. Las plantas superficiales creaban un efecto «cepillado» y consistían en una fina

banda externa que fluía hacia la periferia; en el borde interno de la banda, las plantas giraban en dirección contraria, fluyendo internamente hacia un centro perfecto. El punto donde las plantas divergían, unas hacia el centro, las otras hacia la periferia, formaba un ángulo de diez grados. Cuando levanté las plantas superficiales encontré dos ondas sinusoidales, con un desfase de 180 grados, y cada una de ellas emergía del pico de una única onda sinusoidal alrededor de la banda externa (Andrews y Delgado, 1990).

Entonces, ¿eran ellos quienes habían hecho éste? «No».

Nada de esto llegó nunca al público.

Nadie dudó de que aquellos hombres habían hecho un puñado de círculos. Como resultado del incidente de Bratton, empezaron a aparecer copias llevadas a cabo por imitadores, cínicos, sociópatas y timadores en general, totalizando una cantidad aproximada del 15% de las formaciones conocidas en esa época. El incremento significativo de los engaños parece haber surgido después de 1990, promovido por el intenso interés de los medios. Por tanto, parece irracional e improbable que Doug y Dave, o cualquier otra persona, hubieran perseverado en el trabajo cuando la mayor parte de sus obras no había recibido reconocimiento durante casi dos décadas, y estaban situadas en lugares tan oscuros que sólo la observación casual de un piloto atento delataba su existencia. Merece la pena recordar que ser artista no tiene otro sentido que el de dar a conocer la propia obra.

Si hubiera que buscar el resultado positivo de los fraudes, podríamos decir que al menos proporcionaron una norma con la que comparar el producto genuino.

Pero, en este caso, la gran pregunta era la siguiente: ¿quién es la mente que ha ingeniado y dirigido esta farsa tan eficaz? Andrews detectó cierto tufillo a engaño en todo el incidente. Recordó que un colega, un reportero de la CBS, fue advertido por un científico del gobierno francés de que el gobierno británico pronto presentaría a dos personas ante la prensa como los creadores de todos los círculos de las cosechas.

Durante una conferencia en la Asociación de la Prensa Extranjera, Delgado pidió a Brough que explicara una línea de derechos de autor (*copyright*) que aparecía discretamente en la base del original sobre Doug y Dave: «*Today* no ha pagado dinero. MBF Services». El reportero, nervioso, añadió que estas palabras habían sido añadidas a modo de chiste; si esto era cierto, suponía una violación de las normas periodísticas.

Wingfield decidió que ya era hora de hacer algunas indagaciones serias. Con el editor Lloyd Turner de *Today* al teléfono, Wingfield hizo referencia a la extraña línea de los derechos de autor. «Es sólo una agencia que ha comprobado los detalles por nosotros... Una agencia de prensa totalmente independiente, nada más, una agencia de prensa que va por libre –replicó la voz al otro extremo–. Pero ellos nos pusieron en contacto con esta gente, y por tanto tienen los derechos de autor». (Turner declaró posteriormente que se había inventado el MBF únicamente para proteger los derechos de autor de la historia de *Today*. Como esto contradecía su anterior afirmación, es evidente que en uno de los casos no dijo la verdad.)[11]

Graham Brough, por su parte, no tenía una actitud tan caritativa a la hora de dar información. Cuando Wingfield le pidió la dirección y el teléfono de MBF, Bough colgó el teléfono.

Parecía que iba a ser necesario indagar un poco más.

Finalmente se pudieron extraer dos pepitas de información relativas a estos misteriosos individuos. La primera estaba relacionada con MacFarlane Business Forms, Ltd., de Escocia, una compañía que abastecía de sellos de caucho al gobierno británico. ¿Estaban sellando también una operación para desacreditar los fenómenos sobrenaturales? La segunda estaba relacionada con la consultoría MBF, una empresa dedicada a investigación y desarrollo con base en Somerset; éste parecía un candidato más probable.

Wingfield recordó una conversación sobre métodos de desinformación que había mantenido con otro de sus conocidos, un amigo que había trabajado para el MI5 (un departamento del Servicio Secreto Británico). «Yo estaba implicado cuando el MI5 hizo circular desinformación por todo el mundo con respecto al conflicto de Irlanda del Norte. Contamos para este fin con una agencia de prensa aparentemente privada, en cuyos asientos se sentó nuestra propia gente... Teníamos que evitar [dar un número de teléfono] a toda costa. Si esto demostraba ser imposible, se dispuso un número especial al final del cual se sentaba uno de nuestros hombres.»

Wingfield perseveró. Siguió la pista hasta Somerset y se enteró de que la consultoría MBF era una empresa de investigación científica y desarrollo cuyo copropietario, el doctor Andrew Clifford, era un científico con un doctorado en ingeniería mecánica y metalurgia. En la conversación subsiguiente, el doctor Clifford explicó a Wingfield que su trabajo era de naturaleza confidencial, que su principal cliente era el Ministerio de Defensa y que parte de lo que hacía estaba relacionado con el programa militar norteamericano «Guerra de las Galaxias». Pero cuando le preguntó por su relación con Doug y Dave, con el periódico *Today* o con la mítica agencia de prensa MBF, el doctor Clifford negó categóricamente tener alguna conexión con ellos.[12]

La pista acaba aquí; no ha sido posible establecer ninguna otra conexión entre el gobierno británico y las tácticas de desprestigio de Doug y Dave. Y como estamos hablando de una institución que mantiene en secreto hasta el número de bolígrafos que circulan por sus oficinas, es poco probable que la situación cambie.

---

11. De comunicaciones personales con Pat Delgado y George Wingfield. La historia también está detallada en el artículo de Wingfield, «El fraude de Doug y Dave», 1991.
12. De una comunicación personal con George Wingfield.

4 Rasgos físicos de los círculos de las cosechas

Mientras continuamos explorando los sucesos que han conformado el fenómeno de los círculos de las cosechas, tomemos un momento para analizar los rasgos físicos que definen a los auténticos círculos y en qué se diferencian de los fenómenos naturales o de los causados por la mano del hombre.

Dobleces: una marca registrada de los Creadores de círculos es el anómalo doblez que causa que las plantas hagan lo que hacen. Este tipo de pliegue nunca ha podido ser imitado por la gente; les es extraño a los granjeros, y los biólogos especializados no pueden explicarlo. Se trata de un misterio creado por una técnica que, en su mayor parte, actualmente nos es desconocida.

El hecho de que las plantas se doblen hacia el suelo contradice su función natural, de modo que el efecto es aún más misterioso en plantas como la colza. La colza es carnosa y quebradiza por naturaleza, y la parte más dura de su tallo es el segmento fibroso de su base. Por tanto, cualquier intento de doblarla hace que se parta como el apio. Lo mismo es aplicable a las cosechas canadienses de maíz indio, cuyos tallos tienen entre tres y cinco centímetros de grosor, y hace falta todo el peso de un hombre tan sólo para aplanarlos (T. Wilson, 1998). Las cosechas de maíz canadiense a veces son tratadas químicamente para incrementar su resistencia a los grandes vientos de las praderas; sus tallos son parecidos a cañas, y, como sabrías si siendo niños tu hermano pequeño te hubiera pegado con una en la cabeza, son inflexibles. Sin embargo, grandes porciones de los campos canadienses han sucumbido a este efecto, como si hubieran sido dobladas por todo un autobús de Uri Gellers.

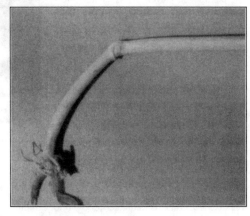

Figura 4.1
Doblez en el trigo.

Figura 4.2
Cebada joven levantándose a causa del fototropismo seis días después de haber sido aplanada. Sugar Hill, 1999.

Figura 4.3
A pesar de requerir radios de dos tamaños diferentes, la precisión de la punta de esta forma es como de rayo láser. Danebury, 1998.

El pliegue a menudo crea otra anomalía. Cuando se desliza la mano bajo una sección de tallos aplanados, se descubre que están rígidos y se resisten a ser levantados, dando la sensación de que hubieran sido reblandecidos como cristal fundido en un horno, lo que les permite ser trabajados suavemente, y reendurecerse en su nueva y muy permanente posición. A pesar de esta experiencia aparentemente traumática, las plantas siguen vivas y en buen estado.

Si no son aplastadas, las plantas aplanadas vuelven a elevarse en un plazo de entre dos y siete días después de haber sido tumbadas (dependiendo de su madurez) como resultado del fototropismo, el proceso natural que hace que las plantas se eleven hacia el sol. No obstante, como este fenómeno natural generalmente opera en los nudos de las plantas más cercanos al sol, los casos en los que se alzan selectivamente por distintos nudos, o siguiendo configuraciones geométricas (como los 48 radios y los 7 anillos concéntricos de Corhampton) sugieren que, a algún nivel, una fuerza externa ha manipulado el proceso natural y programado las plantas para que se eleven siguiendo pautas organizadas.

Los Creadores de círculos han doblado plantas de trigo, colza, cebada, centeno y lino. También han usado libremente el sorgo y las hierbas de las

Figura 4.4
Un par de «círculos metralla» bien definidos.

praderas (en el medio oeste americano), el arroz (Japón), y árboles (Winconsin, Estados Unidos, y Ontario, Canadá). Otras investigaciones recientes añaden a la lista la hierba, el tabaco, las coles de Bruselas, las patatas, la remolacha azucarera y las plantas de fresa (T. Wilson, 1998), pero no está

Figura 4.5
Paredes curvas dirigiéndose con precisión a un tallo erguido. «Escorpión», 1994.

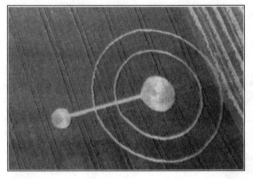

Figura 4.6
Los falsificadores suelen tener dificultades para imitar la precisión circular. Sussex, 1992.

Figura 4.7
Escasa definición de un círculo falsificado. Overton Hill, 2000.

claro si todas ellas forman parte del mismo fenómeno. Yo las he incluido en interés de posibles referencias y para mantener una actitud abierta. Entre las sustancias no vegetales que parecen haber recibido la misma energía formativa se incluyen la nieve (Afganistán), el hielo (Rusia, Estados Unidos, Canadá), la arena endurecida (Egipto) y el lecho seco de un lago (Oregón, Estados Unidos).

Paredes: aparte de los dobleces en los tallos y el contorno de las cosechas mismas, la fuerza creadora de los círculos no deja tras de sí ninguna otra impronta visible. Esta fuerza es capaz de grabar pictogramas que contienen más de mil elementos con precisión quirúrgica, cubriendo áreas de hasta 16 000 metros cuadrados, y con una exactitud tan libre de error que, a veces, lo único que separa un círculo de otro son «cortinas» de trigo de un tallo de anchas. Las paredes del perímetro se parecen a la curva continua de un tambor, y cuando dentro de un diseño se encuentran paredes curvadas

Figura 4.8
Algunas de las miríadas de distribuciones del suelo: (a) remolino espiral de un solo giro en proporción áurea; (b) Multirremolino; (c) remolino en «S»; (d) remolino en la dirección de las agujas del reloj con banda externa en contrarrotación; (e) estallido radial inusual, que a veces comienza como un pequeño remolino; (f) pauta radial con banda externa rotatoria; (g) la «esvástica» de Winterbourne Stoke; (h) pautas multirremolino de 1987, precursoras de las posibilidades de diseño aparecidas en la década de los noventa; (i) capacidad selectiva y direccional de las formas geométricas posteriores. (Los diagramas del «e» al «h» han sido adaptados de los estudios de Andrews y Delgado.)

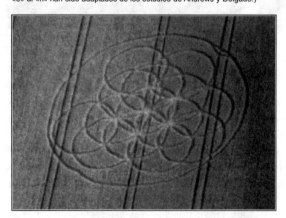

Figura 4.9
Ejemplo de cómo un error en la medición repercute en toda la obra, produciendo un completo desorden. «Flor de la vida falsificada», Alton Priors, 1997.

hacia dentro, el punto central puede ser tan preciso y definido como un único tallo (véase la figura 4.5).

En comparación, los círculos de confección humana tienden a dejar zig-zags y ondulaciones a lo largo de la pared perimetral, pronunciándose más el efecto cuanto mayor es la longitud de la cuerda o del alambre empleado. Esto es particularmente cierto si se permite que la cuerda se estire o se caiga, o si el polo central es inestable, y a menudo se produce una superposición de áreas donde los círculos se tocan debido a imprecisiones en las medidas.

Suelos: antes de la llegada de los pictogramas complicados, el lenguaje pictórico de los círculos de las cosechas consistía en círculos simples o múltiples. Aunque son relativamente poco inspiradores según los estándares actuales, la simplicidad de su diseño nos permite apreciar lo intrincado de sus suelos. Si todas las formaciones hubieran seguido el mismo formato, probablemente las indagaciones no habrían ido más allá de la teoría de los vórtices de viento de Meaden (Meaden, 1991). Pero el hecho de que las plantas de los primeros círculos exhibieran todo tipo de flujos organizados y direccionales confirma que estaba operando una fuerza dirigida e inteligente.

El ejemplo más básico de configuración de un suelo (el alineamiento de plantas a lo largo del suelo después de haber sido aplanadas) —y el fundamento de casi todos los círculos de las cosechas— es la espiral, una forma fundamental en la naturaleza. La espiral natural se expresa matemáticamente en la proporción *Medio Dorado* (y su analogía numérica son las series de Fibonacci). En los círculos de las cosechas esta espiral requiere una cantidad de movimiento espiral que puede ir de 9/10 de una rotación hasta seis rotaciones completas antes de tocar la pared externa; el número de espirales depende del tamaño del círculo. Al examinar de cerca esta espiral podemos ver que está hecha de tiras finas, no de bandas de un metro de ancho, éstas últimas pruebas del uso de planchas o rodillos de jardín por parte de los falsificadores. Como la forma espiral sigue con absoluta precisión leyes naturales específicas, es prácticamente imposible imitarla con éxito en los círculos de las cosechas.

La figura 4.8 muestra ejemplos de diseños del suelo; algunos fueron anotados meticulosamente en las primeras investigaciones de Andrews, Delgado, Meaden y Mrzyglod (Andrews y Delgado, 1991). Con el desarrollo de los pictogramas, las configuraciones de los suelos también dieron una serie de diseños cada vez más complejos, pero siempre con la humilde espiral como punto de partida. A medida que iba aumentando la complejidad de los diseños de las formaciones, también lo hicieron las espirales. En el año 2000, una formación octogonal en Silbury Hill tenía una espiral central de 20 metros de diámetro sobre la que se superponían en

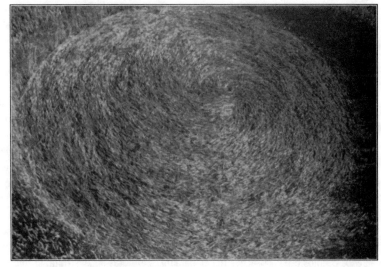

Figura 4.10
Círculo intacto con una única revolución en espiral siguiendo las agujas del reloj. Nótese que el centro está desviado hacia la derecha. Callington, 1993.

diversos puntos cuatro dobles espirales menores, creando cada una de ellas el símbolo de la eternidad.

La complejidad de la configuración del suelo continúa debajo de la superficie. Si eliminas la primera capa, es probable que encuentres debajo una segunda, situada en contraflujo y entretejiéndose de manera única.

El pictograma de Alton Priors exhibía tres capas de contraflujo, mientras que una formación en Jaywick, Essex, tenía cinco capas de profundidad.

Cuando al falsificador de círculos confeso Jim Schnabel se le pidió que crease un patrón que imitara este efecto por capas en una cosecha inmadura, se negó diciendo que era imposible realizarlo en plantas subdesarrolladas. Evidentemente, no sabía que el día anterior tal efecto había sido observado en una preciosa formación en Goodworth Clatford que, según un informe, era «el entretejido de tallos más abrumadoramente complicado, puesto que el trigo extendido radialmente salía del círculo, encontrándose con el anillo externo y creando un entramado muy elaborado en la intacta cosecha primaveral» (Pringle, 1993a).

Detalles: como mi profesión siempre ha sido la de director artístico, uno de los grandes deleites

Figura 4.12
Remolino hecho por la mano humana. Overton Hill, 2000.

que los círculos de las cosechas tienen para mí es el modo en que las plantas se arremolinan intrincadamente en los paquetes centrales. Éstos son toques de habilidad que recuerdan a los antiguos artesanos, como lazos que adornaran la cordada con que se ata un paquete, transmitiendo una sensación de cuidado.

La formación «Triple Julia Set» es el ejemplo perfecto, puesto que todas las posibilidades de

Figura 4.13
El aumento de complejidad de los glifos requiere configurar las plantas de maneras cada vez más complejas. Aquí se ha abierto un camino en el sentido de las agujas del reloj hacia la derecha, y la cosecha se peina gradualmente produciendo un efecto túnel, formando un estrecho pasaje entre dos paredes verticales. Liddington hill fort, 1996.

ordenamiento de plantas se exhiben en cada uno de sus 198 círculos, una especie de tienda de caramelos para los estudiosos del cereal. La «corona» (véase la figura 4.17) es exactamente lo que su nombre indica: una tira de plantas tensamente giradas, de unos diez centímetros de ancho, cuyos tallos están densamente entretejidos alrededor de un núcleo central y se elevan por encima de la configuración circundante.

El ángulo de rotación extremo significa que las espigas acaban encontrándose con las raíces. Cualquier intento forzado de levantar estas plantas las destruirá; el «nido de pájaro» (figura 4.18) es una variante de lo anterior. La «cabaña de cañas» (figura 4.19) es simplemente encantadora: plantas en una zona circular de aproximadamente 30 centímetros de ancho se hunden hacia la periferia, aproximadamente 15 centímetros por encima del suelo, creando un espacio cerrado que recuerda una cabaña africana.

El tamaño del cúmulo central erguido puede variar desde una medida tan reducida como 15 centímetros hasta los 10 metros de diámetro, pero a veces está compuesto únicamente por siete u ocho tallos solitarios en torno a los cuales se despliega todo un círculo (véase la figura 4.20). Otro de los rasgos inusuales que se producen en el proceso de creación de círculos es la «aleta dorsal» (figura 4.21), en la que un montón de hierbas fluyen hacia dentro (donde el suelo va hacia el centro), y de repente se levantan del suelo y se envuelven en un movimiento de giro muy apretado que recuerda a la espiral logarítmica. La «lágrima» recuerda mucho a la «corona», pero está rotada, de manera que asume la forma de dos imágenes especulares de las espirales que siguen la proporción áurea (figura 4.22).

El proceso de aplanamiento: otra característica habitual de los círculos de las cosechas genuinos es que su proceso de creación deja a las plantas intactas, sin daños ni abombamientos. Estas señales distintivas pueden comprobarse sobre el terreno, y ayudan a diferenciar las falsificaciones de los círculos verdaderos.

A pesar del aplanamiento, generalmente es posible insertar la mano entre las capas de plantas y el suelo, y donde la espiga de cereal toca el suelo no hay rastros de semillas aplastadas contra el terreno. Las plantas de los círculos genuinos también

Figura 4.15
En los auténticos círculos de las cosechas la línea recta suele ser una ilusión conseguida distribuyendo las plantas en suaves movimientos ondulantes. «Pentagramas», Beckampton, 1998.

son flexibles como muelles, hasta el punto de que al caminar sobre una cosecha tumbada puedes sentir cómo comprimes el aire que queda entre el remolino y el suelo, oyendo un sonido crujiente de aplastamiento bajo los pies.[13]

Teniendo en cuenta que la participación de seres humanos o de equipos mecánicos comprimiría el suelo bajo las plantas, debe recordarse que una característica interesante de la superficie de Wessex (compuesta predominantemente de arcilla arenosa) es la abundancia de pequeñas bolas de tiza que hasta los niños pequeños pueden desmenuzar entre los dedos. No obstante, cuando se levantan las capas de plantas, se comprueba que estos glóbulos están intactos. Alternativamente, cuando aparece una formación sobre un terreno que contiene pequeñas rocas afiladas como el pedernal (un elemento común a lo largo del sur de Inglaterra), los tallos perpendiculares descansan sobre las rocas sin dejar marcas de arrugas, lo que, una vez más, no suele ser el caso cuando hay peso involucrado, como acostumbra a ocurrir en los círculos fraudulentos.

Cuando se las deja, las plantas continúan creciendo y madurando. Esto es particularmente importante en el caso de la colza, ya que cualquier magulladura mata las delicadas flores amarillas o impide que florezcan.

Figura 4.16
El efecto «rueda Catherine» muestra una mitad de la espiral montándose sobre la pared circular en nueve segmentos. «Fractal Koch», Silbury, 1997.

---

13. Históricamente, este tipo de observaciones se han llevado a cabo en círculos nuevos, en los que no se habían detectado señales de entrada o éstas eran mínimas.

Figura 4.17
Corona.

Figura 4.18
Nido de pájaro.

Figura 4.19
Cabaña de cañas.

Figura 4.20
Montón central extendido.

Figura 4.21
Aleta dorsal.

Figura 4.22
Lágrima.

Cuando aparecen formaciones en una cosecha madura, se suelen ver filas de plantas más verdes erguidas verticalmente, junto con otras aplanadas que las atraviesan y las rodean como los dedos entrelazados de dos manos extendidas (véase la figura 4.24). Estas plantas, que generalmente crecen en los bordes de los surcos creados por las ruedas de los tractores que extienden el fertilizante arriba y abajo, no pueden crecer por estar en suelo compactado. Es un misterio cómo el proceso de aplanamiento es capaz de

Figura 4.23
Las flores de colza intactas indican que no han sufrido daños. Glifo «eclipse», Nether Wallop, 1999.

discriminar entre la madurez de las plantas, y también lo es la capacidad que tienen los Creadores de círculos para seleccionar entre especies de plantas, porque es habitual observar amapolas rojas erguidas y rodeadas por un flujo de cebada aplanada.

Esta extraordinaria selectividad en cuanto a lo que queda aplanado y lo que no también se extiende a plantas del mismo tipo y con idéntico grado de maduración, de modo que a veces quedan en pie tallos sueltos en medio de un mar de plantas

aplanadas (véase la figura 4.26). Esta técnica ha sido utilizada cada vez más a partir de 1998, particularmente en los símbolos que incluyen diseños lineales, en los que el terreno queda salpicado por miles de tallos erectos distribuidos al azar. Una consecuencia de esta selectividad es que descarta el uso de planchas o rodillos. Para complicar las cosas todavía más para los falsificadores, a partir de 1999 los Creadores de círculos a veces arquean la configuración, de modo que las partes de las plantas que

Figura 4.24
La fila de plantas menos maduras se alza sin haber sido afectada por el proceso de aplanamiento. «Pentagramas», Beckhampton, 1998.

Figura 4.25
Amapola intacta y erguida en medio de una cosecha aplanada. El mismo efecto puede
verse en los cardos altos y otras hierbas que crecen esporádicamente en los campos.
Alton Priors, 2000.

Figura 4.26
Miles de plantas sueltas que han quedado en pie entre la cosecha aplanada. East
Kennett, «cubos», 2000.

tienen más probabilidades de estar aplanadas son las que quedan más *lejos* del suelo.

A las espigas tampoco les afecta la suave fuerza aplanadora, y permanecen adosadas a los tallos. Cuando uno tiene suerte y tropieza con una formación recién hecha, puede ver que las espigas están ordenadas en nítidos paquetes o en filas, alineadas como si se exhibieran en la vitrina de un museo.

Evidentemente, estos rasgos son inconsistentes con un «aterrizaje», sea el de una nave alienígena o de planchas de madera. Las plantas planchadas quedan tumbadas desordenadamente o, en el caso de que sean inmaduras, tumbadas en montículos caprichosos que rebotan como mechas raídas de pelo grasiento y despeinado. Cuando se aplica fuerza para aplastar las plantas maduras, se ven semillas desparramadas por todo el suelo del círculo, puesto que el peso hace que salgan de sus espigas protectoras.

Figura 4.27
Configuración precisa de plantas. Donde se encuentran dos o tres secciones que fluyen en distintos sentidos el efecto es parecido al que crean las aguas de un afluente al entrar en el río principal. Roundway, 1999.

5 Días de desconfianza

Raras veces se escuchan los presagios de catástrofes inminentes hasta que el edificio empieza a temblar, de modo que nadie pudo prever todo el daño que produciría el epicentro creado por Doug y Dave.

Ante la incapacidad de invalidar las pruebas concluyentes que indican la autenticidad del fenómeno, se aplicó abundantemente la más cruda de las soluciones políticas —la destrucción de la credibilidad personal— a la mayoría de las figuras públicas de las organizaciones de investigadores de los círculos, como una especie de moderna Inquisición. Tal vez aún más siniestra que el desprestigio público fue la infiltración en estas organizaciones de agitadores y empleados de bajo rango de los servicios secretos, que extendieron rumores y desinformación en un esfuerzo aparentemente deliberado por destruir las relaciones operativas. Una vez desestabilizado el núcleo de sus operaciones, muchos grupos de investigación hicieron implosión.

En un momento dado, dos americanos muy conectados con miembros de la CIA (uno de ellos relacionado con la investigación del fenómeno ovni) acudieron a la casa de Wingfield, en Somerset. El plan previsto era que los tres asistieran juntos a una de las conferencias de Wingfield. Sin embargo, minutos antes de partir, los dos «agentes» se excusaron, haciendo que Wingfield afrontara su compromiso en solitario y quedándose en su casa, llena hasta rebosar de archivos de ordenador sin blindar y papeles confidenciales. Unos días más tarde, tras su regreso, Wingfield descubrió que algunas de las notas manuscritas de los agentes se habían deslizado inadvertidamente detrás del sofá, y los contenidos confirmaban la implicación de ambos en actividades relacionadas con los servicios de inteligencia.

Jim Schnabel, que después admitió haber falsificado círculos de las cosechas, demostró la facilidad con que se habían llevado a cabo las escuchas de los servicios de inteligencia. En el punto álgido de la disrupción creada por Doug y Dave, Schnabel reveló descuidadamente detalles de conversaciones mantenidas por Andrews en privado con su teléfono móvil.[14] Por lo que sé, sólo los militares tienen la capacidad y el permiso de captar llamadas realizadas con teléfono móvil.

Andrews mismo recibió una oferta para vender su base de datos por una pequeña fortuna a

---

14. Comunicación personal con Paul Vigay y Colin Andrews.

cambio de renunciar públicamente a apoyar el fenómeno, pero se negó y aún se sigue negando. El CCCS, en ese momento dirigido por Ralph Noyes, un antiguo vicesecretario del Ministerio de Defensa y miembro de la Sociedad para la Investigación Psíquica, estaba acribillado por las luchas intestinas. Engaños, suspicacias y mentiras estratégicamente situadas obligaron a gastar los escasos recursos de la organización en rechazar acusaciones. En efecto, se estaba aplicando la vieja regla de «divide y vencerás», usada históricamente por los déspotas para controlar distintas naciones europeas.

Para aumentar todavía más el caos, los medios crearon un ambiente de censura hacia los defensores de los círculos, dando a los saboteadores acceso ilimitado al público, e impunidad para bombardear la prensa nacional e internacional con artículos llenos de maquinaciones y escepticismo. Se publicaron libros y vídeos con sesgos negativos, influyendo en los que antes habían mantenido una actitud de simpatía para que cambiaran de opinión. La investigación seria carecía de fondos, mientras que los periodistas y editores no hacían caso de manuscritos saturados de pruebas sólidas del fenómeno genuino. Este clima persiste hasta nuestros días.

Con la debacle de Doug y Dave aún plenamente operativa, quienes seguían dedicados al tema afrontaron otro obstáculo: los engaños a gran

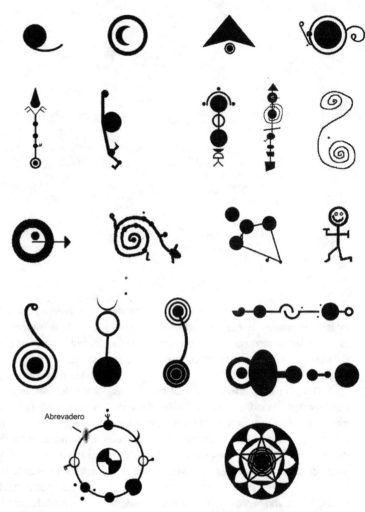

Figura 5.1
Selección de círculos de las cosechas de 1992-1993.

escala. Una estimación conservadora revela que hasta el 90% de las formaciones surgidas en el periodo 1992-1993 parecían haber sido hechas por la mano humana. En estos años se vieron pálidas imitaciones de diseños existentes, palabras obscenas, incluso un pene, junto con garabatos, figuras de palos y muchos otros elementos plasmados en el lienzo de las cosechas para enfado de los granjeros; al menos el verdadero fenómeno creaba obras de arte sin dañar las plantas.

Se añadieron subrepticiamente apéndices a los diseños existentes, las falsificaciones se extendían junto a los diseños genuinos, y las verdaderas formaciones eran saboteadas y desaliñadas, todo ello en un esfuerzo coordinado para engañar a los investigadores con falsos indicios. Esto afectó de manera especialmente intensa a los biólogos, pues les llegaron muestras recogidas en formaciones manipuladas, y al aplicarles las pruebas de laboratorio, inevitablemente revelaron datos conflictivos. Deprimidos, desconfiados, confusos...; estas palabras resumen el estado de ánimo general de los investigadores durante este periodo.

«Si uno se dispusiera a dirigir una campaña para desacreditar el fenómeno de los círculos, ¿cuál sería el mejor modo de proceder? —escribió Wingfield—. En el pasado, los gobiernos en guerra han falsificado grandes cantidades de la moneda enemiga para devaluarla y así arruinar su economía. Quien quiera que dirija una campaña de desinformación podría usar la misma estrategia contra los círculos» (Wingfield, 1992b).

El creciente número de visitantes extranjeros a las formaciones debe de haber sido la primera diana de los desacreditadores. Desde un punto de vista autoritario, tendría sentido animar a que se falsificasen formaciones con tanta precisión como fuera posible, forzando de este modo a los investigadores a dedicar más tiempo y esfuerzo a realizar sus análisis de campo. Sin embargo, si los campos estaban contaminados con *graffiti* descaradamente humano, los turistas se llevarían a casa una impresión negativa del fenómeno, preguntándose por qué causaba tanta expectación. Esto es publicidad negativa en su máxima eficacia.

Es cierto que las falsificaciones estaban astutamente planeadas. Los fraudes más complejos se hallaban situados lejos de los lugares habituales y más observados, confusamente ubicados junto a asentamientos neolíticos, precisamente allí donde aparecían los círculos auténticos. Los fraudes también compartían elementos característicos a pesar de estar dispersos por varios condados del sur de Inglaterra, lo que sugería que el grupo actuaba coordinadamente. Un valiente compañero que consiguió infiltrarse en estas bandas de delincuentes descubrió que les pagaban grandes cantidades de dinero por hacer su trabajo sucio.

El selecto equipo de falsificadores de Jim Schnabel y Robert Irving también sufrió una infiltración, esta vez del ufólogo Armen Victorian, que llamó a Schnabel para proponerle un negocio. En la conversación grabada, y después publicada en *Magazin 2000*, el sorprendentemente cándido (y, mirando atrás, descuidado) Schnabel reveló que las autoridades estaban tomando medidas para desacreditar el fenómeno; y no sólo las autoridades británicas, sino también las alemanas, las americanas y el Vaticano (Hesemann, 1993). Pero la revelación más inquietante de Schnabel era que él y su compañero estaban siendo apoyados para «difundir información» y «tomar medidas activas» por un grupo que estaba muy por encima de los presidentes de los gobiernos nacionales, por una «organización sobrenatural» (ibíd.).[15]

A quién o qué se refería aún queda por descubrir, pero las hipótesis plausibles apuntan a la Comisión Trilateral.[16]

Resulta interesante señalar que los mayores esfuerzos por desacreditar el fenómeno de los círculos hasta la fecha se han producido fundamentalmente en el Reino Unido, Alemania y Estados Unidos, donde, incluso a día de hoy, la vieja y anacrónica filmación de Doug y Dave se sigue pasando repetidamente por televisión.[17] Pocas veces se emite una inspección detenida de sus círculos de las cosechas hechos para la televisión porque, finalmente, estos fraudes tienen tanto parecido con

---

15. Otros análisis de los motivos de Schnabel e Irving se resumen en el artículo de George Wingfield «Las obras del diablo», 1993.
16. La Comisión Trilateral es un grupo secreto de financieros de élite y figuras políticas. Fue formado en torno a 1973 por David Rockefeller.
17. Otra película muestra a gente sorprendida haciendo un círculo de las cosechas por la noche. En ella se muestra a individuos pagados, y fue filmada con conocimiento del granjero implicado, un punto que su creador, John McNish, dejó claro. Sin embargo, los canales de televisión ocultan estos hechos a su audiencia, pretendiendo que la película muestra a individuos a los que se les ha atrapado haciendo clandestinamente un círculo de las cosechas.

el fenómeno real como una caja de galletas con la catedral de Chartres. En cambio, injertan en su historia preciosas tomas aéreas de los círculos más auténticos. «Implicación por asociación» o «seducción por sugestión» son astutas técnicas de márquetin, y sabemos que sería posible manipular de tal modo una imagen de Doug y Dave apilando ladrillos en el Empire State Building que al verla se infiera que ellos podrían haber construido todo el rascacielos.

Puede sonar ridículo, pero exactamente ésta es la técnica por la que lo ridículo llega a ser aceptado.

Las dudosas prácticas de Doug y Dave fueron suficiente para plantar las semillas de la duda y la sospecha en la mente del público, animándolo a alejarse del tema esencial, puesto que no había una explicación racional. De este modo, cuando los investigadores presentaban su caso, no sólo afrontaban unos medios de comunicación hostiles, sino que sus resultados se hicieron más difíciles de aceptar por un público que se había vuelto cauto, escéptico e incluso condescendiente con los que aún creían en el «cuento de hadas» de los círculos hechos por fuerzas no humanas.

El engaño forma parte de la naturaleza humana —para obtener beneficios, por celos o para llamar la atención— y sería miope sugerir que el fenómeno de los círculos de las cosechas ha escapado a su cuota de adulteraciones. El campo de la investigación ovni está igualmente repleto de imágenes manipuladas, tal como la industria médica tiene su cuota de «matasanos» y lo mismo ocurre con cualquier otro negocio o profesión. Los primeros datos registrados sobre círculos de las cosechas se remontan varios siglos atrás, pero es probable que sólo empezaran a abundar las falsificaciones después de que los medios nacionales prestaran masivamente atención al fenómeno a finales de la década de los ochenta.

Por definición, un engaño es una imitación, y las imitaciones deben imitar los originales existentes, de modo que en esta época era habitual ver que elementos de diseño aceptados como genuinos influían en los intentos humanos, que en el caso típico mostraban distorsiones e imprecisiones inexistentes en los modelos originales. No obstante, hubo un incidente divertido en el que estos trucos se volvieron contra los bromistas, y tuvo que ver con Busty Taylor. Sus nuevos compañeros de trabajo decidieron que sería divertido enviar al conocido buscador de círculos a perderse por los cerros dándole las coordinadas exactas de un campo que contenía «un nuevo evento». Ellos sabían que Butsy podía llegar en avión en cuestión de minutos, de modo que habían conspirado para hacerle volar sobre un campo que habían revisado el día anterior y no contenía ninguna formación.

Al regresar del campo, Busty se encontró con las risitas de sus compañeros, que le preguntaron qué le parecía la nueva formación. «Sí, es muy impresionante, gracias», replicó el experimentado piloto, que incluso había tomado imágenes aéreas de este «nuevo» círculo de las cosechas.

Sus compañeros de trabajo, perplejos de que hubiera encontrado algo donde ellos sabían que no había nada, reconocieron mansamente su intento de tomarle el pelo.

Tal vez en resonancia con los eventos o por simpatía con los investigadores, los Creadores de círculos parecían reaccionar al estado de ánimo prevaleciente, ralentizando el flujo de información y reduciendo drásticamente el número de eventos genuinos.

Tal vez frenando el impulso podrían permitir que la gente comparara los círculos auténticos con los vanos intentos humanos, promocionando el fenómeno sin hacer nada.

A pesar de la situación, una serie de incidentes se añadieron a la larga lista de «ocurrencias». Encima de un campo situado en las afueras del pueblo de Chilbolton, el piloto de una nave ultraligera notó que, para horror suyo, su motor se detenía abruptamente. Después de un aterrizaje milagroso hizo que varios mecánicos revisasen el motor averiado, pero no se halló ningún fallo. Se encontraba en perfecto estado.

Al día siguiente, a un segundo piloto montado en una máquina similar se le volvió a parar el motor sobre el mismo campo. Por suerte, él también pudo aterrizar, aunque superando algunos baches, en un vecino campo de cebada.[18]

Parecía que el aire situado encima de esta parcela de tierra concreta no era amistoso con los pilotos.

A la mañana siguiente, el granjero propietario del campo descubrió un círculo de doble anillo en el mismo punto sobre el que los pilotos habían tenido dificultades. Al principio creyó que sería una coincidencia, pero poco después un hombre montado en un globo de aire caliente que pasaba por allí contó que había sido desviado repentinamente de una corriente natural de aire y su nave había sido llevada a una ruta que le condujo directamente sobre el diseño recién formado. Seguidamente el globo aterrizó en un campo de cebada cercano.

Entre tantos patrones artificiales y primitivos, los pocos ejemplos auténticos que se materializaron se ocultaban en lugares inusuales, de modo que cualquiera que estuviera interesado en perseguir estas elusivas fuerzas y buscar la verdad fuera agradablemente recompensado. En lo que sí se podía confiar era en la llegada inevitable del evento final, un diseño que no sólo coronaba el final de la estación de círculos, sino que destacaba por sus contrastes y detalles, resumiendo los temas del año en una obra maestra. En 1992 este honor fue otorgado a un campo situado al noroeste de Silbury Hill, a través de la cual fluye una de las corrientes energéticas mejor documentadas de Gran Bretaña, la línea Michael (Broadhurst y Miller 1992 y 2000; véase el capítulo 12 para más información). Como

el «tetraedro» de Barbury Castle y el «conjunto de Mandelbrot» que le precedieron, este nuevo patrón presentaba un rico simbolismo.

La formación «Rueda del Dharma» —tal como llegó a ser conocida— tenía el aspecto de una pulsera con sus colgantes, y su anillo externo de 45 metros de diámetro estaba adornado por siete símbolos, cada uno de ellos perfectamente orientado según los puntos magnéticos de la brújula. Al principio la formación parecía sospechosa, porque quienquiera que la hubiera impreso no había tenido en cuenta un abrevadero anormalmente situado en medio del campo de trigo. Pero el objeto metálico cortaba el sendero formado por el anillo de la formación, convirtiéndose efectivamente en el octavo símbolo del brazalete.

Schnabel no tardó en reivindicar la autoría del impresionante diseño, hasta el punto de que posteriormente usó una fotografía de él en la contraportada de su libro sobre los círculos de las cosechas, un libro que ridiculiza esencialmente a la comunidad de investigadores, tildándolos de chiflados

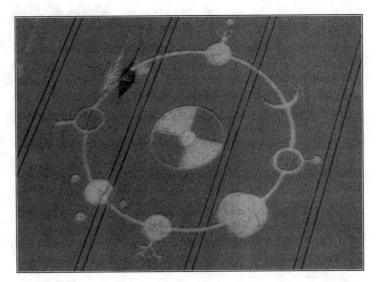

Figura 5.2
El símbolo budista la «Rueda del Dharma», que en este caso incorpora un abrevadero exactamente donde habría ido el símbolo de la purificación. Averbury, 1992.

---

18. Comunicación personal del piloto Graham King.

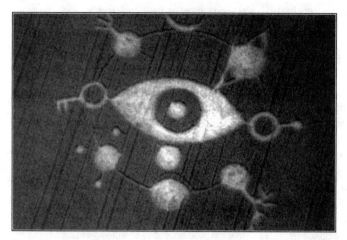

Figura 5.3
El segundo intento de Schnabel de recrear la «Rueda del Dharma», Lambourne, 1992.

correspondientes; un análisis posterior revelaría que las figuras guardaban la proporción 1:1,618, que representa el *phi* dorado o proporción áurea. Schnabel también había prescindido de la linterna porque, según decía, había suficiente luz de luna.

Pero ¿cómo había conseguido hacer que el abrevadero estuviera tan perfectamente alineado en el anillo? Aparentemente había tropezado con él por error, pues parece que la luna había sufrido un apagón momentáneo. Nuevas preguntas revelaron que no podía recordar dónde iba cada símbolo dentro del diseño. De modo que, para poner a prueba su fe en el asunto, se le pidió que hiciera una réplica del glifo.[21]

inofensivos y excéntricos extraviados.[19] Pero la «Rueda del Dharma» corresponde a una importante enseñanza budista, y cada símbolo presente en la rueda se corresponde con un sendero o comprensión que debe ser dominado por el alma para alcanzar la unión espiritual definitiva. Uno de ellos es el sendero de purificación, y en este campo tenía un significado metafórico: un depósito de agua. Curiosamente, la mañana que apareció el glifo de la «Rueda del Dharma», el nivel de agua dentro del mencionado abrevadero había caído más de tres centímetros, lo que se evidencia por la banda húmeda y oscura a lo largo del perímetro del contenedor metálico.[20]

Cuando se le preguntó por sus conocimientos de la filosofía budista, Schnabel replicó inteligentemente que el significado de estos símbolos es una «serie de tonterías». Aparentemente, lo había hecho en el impulso del momento. Schnabel también declaró que no se había molestado en usar una brújula, y sin embargo cada símbolo estaba perfectamente alineado con los puntos magnéticos

Figura 5.4
Animados por el éxito mediático de Doug y Dave, todo tipo de vándalos empezaron a usar los campos como lienzo. Devizes, 1993.

---

19. Hay una fotografía que muestra un diagrama de la formación dibujado en el suelo al lado de una cosechadora, que según Schnabel prueba su autoría del diseño. Sin embargo, Paul Vigay, que estaba al lado de la máquina junto con un grupo de investigadores, afirma que dicho diseño no estaba presente, de modo que la fotografía debía de haber sido tomada en otro lugar. Una serie de declaraciones que aparecen en el libro sobre ciertas personas y situaciones, comprobadas por mí con los individuos en cuestión, también han demostrado ser invenciones.
20. Comunicación personal de la autora e investigadora Mary Bennett.
21. Los aspectos matemáticos y geométricos de este glifo se tratan en el libro de David Myers y David Percy *Two-Thirds*.

En lo más remoto de Suffolk, lejos del escrutinio de los medios, el joven americano procedió a responder a sus críticos. Después de horas de trabajo a plena luz del día, su réplica de la «Rueda del Dharma» era una mezcolanza de símbolos pobremente ejecutados, que iban desde el logo internacional de residuos nucleares peligrosos hasta un rodillo de jardín y un platillo volante (Pringle, 1993a). Cuando acabó de masacrar varios cientos de metros cuadrados de plantas inofensivas, era evidente que Schnabel no carecía de una fértil imaginación. Por desgracia, la aplicaba a fabricar historias, y no tenía tanta habilidad práctica a la hora de construir símbolos filosóficos sobre el trigo. Un segundo intento en Buckinghamshire, en esta ocasión a requerimiento del equipo de Colin Andrews, demostró ser aún menos convincente.

Si en Inglaterra 1992 fue un año de círculos que más valía olvidar, en otros lugares del mundo la historia era más favorable. Empezaron a multiplicarse los descubrimientos por toda Europa, y la complejidad de los diseños iba en aumento tal como había ocurrido en Inglaterra: círculos simples, círculos con anillos, seguidos por algún pictograma ocasional.

En Hungría se dieron tantos casos que al mapa donde estaban señalados parecía que le hubieran disparado con cartuchos de postas. Había un curioso diseño triangular que era particularmente interesante, y los testigos comentaron que habían visto ovnis realizando extraños movimientos sobre los campos de maíz. En aquel momento en Hungría no estaban familiarizados con los círculos de las cosechas, de modo que resulta útil estudiar el caso de este país como ejemplo. Curiosamente, los húngaros creían que las formaciones de las cosechas poseían energía curativa, y los padres llevaban allí a sus hijos enfermos para curarlos. Éste era un aspecto de los círculos de las cosechas que ya había sido registrado y estudiado en Inglaterra, aunque los resultados aún no se habían hecho públicos (véase el capítulo 12).

También llegaron noticias en el mismo sentido desde Irlanda, Bélgica, Bulgaria, Francia, Alemania, Italia, Suiza, Suecia, Australia, Nueva Zelanda, Turquía, Brasil y Puerto Rico. Siempre era la misma historia: plantas dobladas, configuraciones de remolino, asociación con lugares sagrados, luces en el cielo, sonidos retumbantes y curaciones. En uno de los casos, en Rusia, cuando una mujer sostenía algunas de las plantas afectadas en las manos, sentía una presión o cosquilleo, algo que no ocurría cuando tocaba plantas tomadas de otros puntos del mismo campo.

El fenómeno comenzó a extenderse, y se empezaron a utilizar otros materiales además de las plantas. En Ucrania, el doctor Vladimir Rubtsov se encontró con un perfecto anillo de 20 metros de diámetro impreso sobre el hielo del río Mzha poco después de que fuera sobrevolado por un ovni.[22] En Afganistán un grupo de geólogos expedicionarios de la Universidad de Cambrigde, Inglaterra, informó del avistamiento de 30 anillos en la nieve «con detalles de los círculos de las cosechas».

En Egipto, el pictograma descubierto en la arena endurecida de Port Safaga era aún más misterioso porque mostraba una «F» invertida, el símbolo de los *Neteru*, los dioses del antiguo Egipto que trajeron conocimiento universal a la humanidad, y bajo cuya guía se construyeron monumentos colosales. Esta intrigante conexión tendrá implicaciones en nuestros estudios posteriores.

Teniendo en cuenta su enorme extensión, Norteamérica había permanecido relativamente libre de visitas de los Creadores de círculos. En Estados Unidos, hasta 1980 sólo se habían registrado 55 círculos de las cosechas; y en Canadá todavía menos, 44. Pero a lo largo de 1992 se manifestaron no menos de 31 formaciones a lo largo y ancho de las vastas llanuras de Alberta y Saskatchewan.

---

22. Con posterioridad se informaría de la aparición de hasta una docena de anillos en el hielo en Canadá entre los años 2000 y 2001. Paradójicamente, el Discovery Channel realizó un documental en el que presentó al doctor Terence Meaden, que afirmó que este fenómeno también era producto de los vórtices atmosféricos. Quiero dar las gracias por estos datos a Paul Anderson, de la Red Canadiense para la Investigación de los Círculos de las Cosechas, por la información.

Por toda esta región escasamente poblada los granjeros volvieron a informar del avistamiento de objetos luminosos que se deslizaban silenciosamente en los cielos nocturnos antes de descubrir los círculos. Curiosamente, los canadienses descartaron el fraude como posible causa de los círculos porque, a diferencia de Inglaterra, los campos canadienses eran rociados desde aviones, de modo que las familiares líneas de los tractores no estaban presentes: no había acceso a las formaciones durante cientos de metros, y en estos círculos no había ningún tipo de señales de entrada. Y tal como sus contrapartes británicas, las plantas de los campos canadienses afectados quedaban intactas, con improntas limpias y trazadas con precisión. Gracias al trabajo del investigador canadiense Chad Deetken, un círculo de Saskatchewan aportó algo inusual.

El granjero Rennick, de Milestone, comprobaba rutinariamente el estado de su cosecha. Un día repitió este ejercicio para encontrar una formación de 20 metros por 7 en medio de un campo; no había signos de entrada. Rennick nunca había oído hablar de los círculos de las cosechas, de modo que al principio supuso que las extrañas marcas habían sido causadas por el viento. Intrigado por los remolinos en sentido contrario a las agujas del reloj, escrutó las plantas intactas con creciente curiosidad, notando que el terreno externo a la formación estaba húmedo y pegajoso, pero el que se hallaba dentro de su perímetro estaba duro y seco como el cemento. El informe de Deetken describió que «las plantas de los campos aún estaban verdes y flexibles, mientras que dentro de la formación estaban secas y quebradizas, con las semillas arrugadas como ciruelas pasas» (Deetken, 1993).

Aún más interesantes eran las marcas de deslizamiento dejadas por púas, que empezaban en el borde de la formación y seguían la rotación del remolino hacia el centro. Al final de esta procesión de espinas oscuras había un puercoespín de unos 30 centímetros de alto, ahora aplanado como en los dibujos animados y con forma de «X», que apenas tenía cinco centímetros de altura.

El anonadado granjero examinó el estado de las plantas dentro y fuera de la formación, y dedujo que

el incidente había ocurrido entre cinco y seis días antes. Curiosamente, el antiguo puercoespín, de unos doce kilos de peso, no mostraba signos de descomposición, ni emitía un olor putrefacto, y el examen de su cuerpo no reveló heridas ni daños físicos causados por otros animales. Como las púas que quedaban en su cuerpo también estaban alineadas con la dirección de flujo del círculo, estaba claro que el desafortunado mamífero había sido arrastrado hacia el centro y después aplastado por una presión tremenda. Pero ¿qué tipo de presión era capaz de hacer esto a un animal que pesaba de diez a doce kilos, dejando intactas las plantas, que son mucho más frágiles?

No se han registrado muchos casos de muerte de animales en los círculos de las cosechas. De hecho, se sabe que los animales tienden a apartarse de las zonas que están a punto de recibir el impacto de un nuevo círculo. El granjero de Barbury Castle, por ejemplo, descubrió que su rebaño de ovejas se había ido a la otra punta del campo, la zona más alejada posible de la futura formación. Sin embargo, como Deetken observó acertadamente, cuando el puercoespín siente un peligro no sale corriendo, sino que se queda en el sitio y se cierra en una bola protectora. De modo que o bien la criatura estaba en el lugar equivocado en el momento equivocado, o había sacrificado su vida para revelar un dato importante sobre el proceso de formación de los círculos.

De vuelta en Inglaterra para la temporada de 1993, Colin Andrews fue interrogado en el aeropuerto por su taxista respecto a las últimas novedades en el estudio de los círculos de las cosechas. Mientras atravesaban la región de Surrey, que solía estar libre de círculos, Andrews le contó la historia de los curiosos diseños triangulares que habían aparecido recientemente en algunos países europeos. Apenas había terminado de hablar cuando ambos divisaron una nueva formación con forma de triángulo al lado de la frecuentada autopista.

Parecía que Surrey, un condado situado al sur de Londres, estaba mereciendo la atención de los Creadores de círculos en aquel año de escasez, porque albergó un segundo diseño compuesto por un círculo y un anillo con un triángulo equiláte-ro inscrito. Este diseño engañosamente sim-ple formó parte de la serie de círculos escru-tados por un matemá-tico que trabajaba des-de Washington D. C. y estaba descubriendo que los glifos de las cosechas contienen teo-remas matemáticos an-tes desconocidos (véa-se el capítulo 10). El perfil intelectual de los Creadores de círculos mejoraba cada año.

A lo largo de 1993 hubo muy pocos ejemplos notables del arte de los Creadores de círculos, y la impre-sión general durante ese año era que esta-ban operando fuerzas adversas. La mayoría de ellos eran variantes elegantes del diseño con forma de pesa prevaleciente en ese momento, aunque los signos delatores de anexos humanos eran eviden-tes. Es posible que la abundancia de pesas trasmi-tiera un mensaje en sí misma: en la tradición nati-va americana, por ejemplo, dos círculos unidos por una línea recta simbolizan la comunicación entre el Cielo y la Tierra, el espíritu y la carne. Entonces, ¿podría ser que los Creadores de círculos fueran conscientes de los enredos y desavenencias, y nos estuvieran animando a mantener una línea de co-municación?

La respuesta pudo venir en forma de un man-dala pentagonal, el diseño final de la temporada 1993 aparecido en Bythorn. Como la «Rueda del Dharma» del año anterior, éste es un símbolo muy antiguo y compartido por varias culturas, que para algunos representa la integración del hombre con el cosmos. También es un símbolo de curación, y

Figura 5.5
Una rara aparición de los Creadores de círculos en 1993. Se dijo que este mandala fue hecho por el hom-bre, aunque el granjero lo vio completo casi dieciocho horas antes de que su formación supuestamente comenzara. El basto sendero alrededor del perímetro fue realizado por un visitante. Bythorn, 1993.

tanto si los Creadores de círculos estaban intentan-do reparar la brecha creada por el debate sobre los círculos como si no, sigue siendo una coincidencia significativa que el granjero en cuyo campo apare-ció la formación cuidara animales enfermos. Ade-más, en las tradiciones orientales, el loto de diez pétalos dentro de un círculo representa el tercer chakra, o centro de energía sutil, asociado con la limpieza de las emociones. Una vez más, teniendo en cuenta la crisis prevaleciente en el mundo de los círculos de las cosechas, la elección del momento era significativa.

A pesar de ser un mensaje aparentemente positivo, el mandala de Bythorn generó un debate tan agrio entre los investigadores que, incluso a día de hoy, su simple mención enciende pasiones en quienes tomaron distintos bandos con respecto a su autenticidad. Éste es el ejemplo más destacado de hasta qué punto los agentes provocadores habían conseguido alterar la objetividad de la comunidad de investigadores.

Los acontecimientos empezaron cuando un falseador local, Julian Richardson, se declaró autor del mandala de Bythorn. Richardson declaró que había construido el complejo diseño durante las noches del 4 y 5 de septiembre. Supuestamente, este joven de diecinueve años había trabajado solo, trazando los senderos circulares desde las 9 de la tarde hasta las 2 de la mañana del día 4, para regresar la noche siguiente a fin de añadir el pentagrama. Cómo era capaz de sostener la cinta de medir y aplastar la cosecha al mismo tiempo es todo un misterio. Y no hace falta añadir que debe de haber tenido un dentista de primera.

Como en el caso de Doug y Dave, las preguntas que se le plantearon revelaron fallos en su argumentación. El orden de construcción declarado por Richardson era inconsistente con la configuración de la formación, que revelaba que los senderos circulares habían sido *superpuestos* sobre el pentagrama, y no al revés; la maqueta utilizada para crear la obra maestra era idéntica a una dibujada por el presidente del CCCS, Michael Green, que después admitió haber cometido un error en su dibujo realizado a toda prisa, error que también se reflejó en el dibujo de Richardson. Y aunque el joven declaraba haber realizado toda la construcción con una medida de cuerda, un análisis detenido mostró que se habrían necesitado dos medidas de distintas longitudes, con una diferencia entre ellas de unos tres metros.[23]

Y el dato más definitivo de todos era que el granjero y sus dos empleados recordaban claramente haber visto el diseño completo, y además haberlo visto la mañana del 4 de septiembre, antes de que el falsificador pretendiera haber usado su cuerda y su trípode (Keen, 1994).

Mirando atrás, y a pesar de su dañina presencia, no cabe duda de que los falsificadores nos han facilitado una especie de test de autenticidad que nos permite juzgar las características del verdadero fenómeno. Esto es particularmente cierto a la vista de las «falsas monedas» que inevitablemente contaminarían las bases de datos sobre los círculos, que iban creciendo tanto en número como en complejidad. Sin embargo, la burbuja de objetividad y claridad con la que los investigadores de la era de Meaden, Delgado y Andrews habían dirigido sus asuntos había estallado. Ahora los investigadores trabajaban en un medio en conflicto, especialmente entre sus egos. La polarización de las opiniones generada por el mandala de Bythorn eran un recordatorio de que, cualquiera que fuera la respuesta final al acertijo de los círculos de las cosechas, era importante mantener un punto de vista equilibrado y una mente abierta.

Esto es lo que Montague Keen apuntó en un artículo escrito para la revista *Cereologist*: «Debería servir como recordatorio aleccionador de que las suposiciones respecto a lo que los falsificadores pueden y no pueden hacer son siempre peligrosas, a veces arrogantes, y ocasionalmente desastrosas» (ibíd.). En último término, el mandala de Bythorn parecía pedir que se resolvieran las disensiones entre facciones, una limpieza de las mentes y de los corazones. A partir de 1993 buena parte de la vieja guardia o bien se desbandó o continuó en solitario, dejando sitio para que otros exploraran los círculos de los campos y descubrieran sus secretos.

Uno de los recién llegados era yo mismo.

---

23. Quiero dar las gracias a Paul Vigay por esta información.

6 La gente no puede hacer eso

En 1994 no se oyó nada en el mundo periodístico sobre los círculos de las cosechas. El tema parecía un gran engaño perpetrado por la gente de la Nueva Era y compinches de *pub* aburridos; este silencio mediático daba la impresión al mundo de que la historia más innovadora exportada por Inglaterra desde la música *punk* se había acabado. Sin embargo, tres años después del «retiro» de Doug y Dave, el fenómeno de los círculos no mostraba signos de acabar.

Schnabel mismo pareció sucumbir a la «obra de Satán» —a quien él atribuía el origen de los círculos— cuando admitió en una entrevista: «En realidad creo que hay un fenómeno genuino por debajo de todos los fraudes y falsificaciones. No sé cuál puede ser su naturaleza. Por desgracia, es demasiado escaso para que la gente pueda notarlo si simplemente salen al campo a esperar que ocurra algo» (McNish, 1991).

No obstante, en 1994 algo ocurrió. Hubo una abundante cosecha de 110 círculos en los que se presentaron 60 nuevos diseños de una complejidad y magnitud que a algunos escépticos les costó ignorar: medias lunas entrelazadas generando formas que parecían arañas, escorpiones y antiguos calendarios lunares. En un momento dado empezaron a aparecer seis pictogramas cada noche, abrumando a los equipos de investigadores que, paradójicamente, debido a los efectos calmantes del desprestigio, pudieron analizar las formaciones relativamente libres de la interferencia de ejércitos de visitantes curiosos.

El primero de los dos diseños que tenían un notable parecido con los mapas de constelaciones demostró nuevas técnicas en el trazado de círculos, tumbando sin esfuerzo grandes extensiones de plantas en remolinos circulares, y dejando pequeños agrupamientos de anillos, puntos y medias lunas en pie en medio de un mar de trigo aplanado. Bandas de espirales logarítmicas se desplegaban desde formas apuntadas, que se estrechaban como pinzas hasta dejar una única planta erguida; el duplicado en papel de la curva de uno de los diseños requirió 120 puntos de referencia (véase la figura 6.3 en la página VI, en la sección a color).

Una de las personas que no se dejaban impresionar en absoluto por el uso de todos esos cálculos era el granjero, que presuntamente fue visto recibiendo un gran sobre lleno de dinero antes de repasar la formación con su cosechadora, a pesar de

desde la que se divisaba una formación en el casi legendario Campo Este de Alton Priors. La formación parecía un ojo mágico. Dos helicópteros militares llegaron cargando desde un campo situado más abajo e inmediatamente se pusieron encima del grupo y procedieron a acosarlo, situándose amenazadoramente cerca de la carretera. El equipo volvió a subir a la furgoneta y avanzó unos metros más para obtener una mejor perspectiva del diseño. Tal vez se habían topado con un ejercicio militar, aunque nadie podía aventurar por qué tendría lugar en un terreno privado.

Uno de los aparatos los siguió de cerca hasta la cumbre de la colina, salvando por muy poco el borde de la carretera y un túmulo. La situación era tensa. Tomando medidas de precaución, Andrews volvió a bajar la colina. Los militares le siguieron; querían evitar a toda costa que el público viera lo que había en ese campo.

Figura 6.1
Selección de círculos de las cosechas de 1994.

que las plantas aún no estaban maduras. En cualquier caso, los Creadores de círculos creyeron que la información contenida en este original era suficientemente importante como para repetir otro patrón prácticamente igual veinte días después (véase la figura 6.6 en la página VI, en la sección a color).

Quedó probado que el ejército seguía interesado en todos los asuntos relacionados con los círculos cuando Andrews y ocho ayudantes del CPRI aparcaron su furgoneta en el bordillo de una carretera

Entre tanto, otro grupo había entrado en el campo a pie desde el sur y estaba recorriendo los surcos dejados por las ruedas de los tractores hacia el centro del círculo de las cosechas. Entonces se vio a una persona levantando en el aire un poste de cinco metros de altura para la cámara. Abruptamente, uno de los helicópteros dejó de acosar al equipo de Andrews para perseguir a sus nuevas

Figura 6.2
«Araña» compuesta únicamente por círculos y medias lunas crecientes. Barbury Castle, 1994.

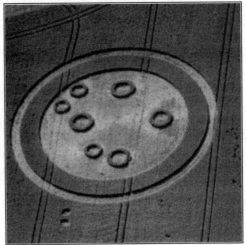

Figura 6.4
Una de las tres «Galaxias» tipo anillo. Froxfield, 1994.

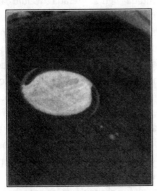

Figura 6.5
La primera formación «Galaxia», destruida por el granjero inmediatamente después de su aparición. Avebury, 1994.

presas, acercándose a estos «intrusos» hasta un punto tan peligroso que tuvieron que bajar el poste al suelo. Aparentemente, los militares tampoco permitían tomar fotografías. Por desgracia para el ejército, un miembro del equipo de Andrews filmó el incidente en vídeo. Entonces el grupo entendió repentinamente el origen de la conmoción. Según Colin Andrews:

El segundo helicóptero se alejó volando por el campo, dejándonos desatendidos por primera vez desde nuestra llegada. Cruzó rápidamente el campo hacia el sur de la formación, justo al norte de Woodborough Hill, y se detuvo como si se lo hubieran ordenado. Entonces vimos algo que parecía una pequeña luz intermitente

justo debajo y enfrente del helicóptero. Por el tamaño y la cualidad de los reflejos, este objeto se parecía al avistado y filmado por Steve Alexander en un campo adyacente en 1990. Mientras mirábamos, el helicóptero se acercó lentamente al objeto pulsante. Cuando la nave se puso justo enfrente, el objeto se zafó y reapareció detrás del helicóptero. En un momento, el helicóptero empezó a ir hacia atrás hasta que el objeto volvió a estar delante de él, muy cerca. En ese instante el objeto desapareció. Entonces los helicópteros volvieron a reunirse y volaron juntos hacia el sudeste, hacia la base militar de Upavon, dejándonos solos durante el tiempo que duró nuestra visita al lugar.

(Andrews, 1994).

Otro incidente más benevolente ocurrió en la oficina de Andrews, en Connecticut, Estados Unidos, cuando recibió la visita del anciano azteca Tlakaelel. Aunque su llegada estaba programada para las 3:00 del mediodía, el líder espiritual llegó a las 4:15, un tiempo que no era exactamente celebrado en casa de Andrews. Pero así son las coincidencias de este fenómeno.

Tlakaelel quería buscar en la base de datos de Andrews un símbolo particular, un símbolo que le había llegado en meditación en conexión con «el lugar de la última danza ceremonial». Mientras repasaba el vasto catálogo de diagramas de los círculos de las cosechas, el humilde líder nativo apuntó al diseño de una cruz celta, diseño sobre el que el propio Andrews había tenido una premonición en 1987. Pero era un diseño incompleto, y ahora Tlakaelel le añadió una cola de siete círculos y una luna creciente, un diseño que nunca había sido visto antes.

Cuando Tlakaelel se fue, en el fax de Colin se recibieron noticias de un nuevo círculo recién descubierto en Inglaterra, frente a Silbury Hill. Era prácticamente idéntico al diseño del líder azteca (ibíd.).

Figura 6.7
«El lugar de la última danza ceremonial», West Kennett, 1994.

Según un informe posterior, el perro del granjero había empezado a ladrar incontrolablemente a las 4 de la madrugada y continuó haciéndolo durante las dos horas siguientes, presumiblemente durante el tiempo en que el símbolo aparecía. Cuando el granjero se encontró con la formación al amanecer, vio varias esferas luminosas deslizándose por su banda central. Para añadir uno más a la larga lista de sucesos extraños, algunas semillas de la formación se usaron posteriormente para experimentar un remedio de naturopatía. Si bien el paciente no acusó efectos adversos por tomar el remedio, sufrió una irritación en el cuello que tenía exactamente la misma forma que la inusual formación.[24]

El premonitorio glifo de Tlakaelel se convirtió en el primero de tres imponentes diseños con forma de escorpión que fueron apareciendo, el mayor de los cuales tenía 200 metros de largo y podía ser visto con claridad por los conductores de la frecuentada carretera que va de Marlborough a Devizes (véase la figura 6.8 en la página V, en la sección

a color). Éste, junto con otros nueve diseños, estaban formados por amalgamas de lunas crecientes y círculos que simbolizan principios lunares; también recordaban extrañamente a unos pictogramas de nueve mil años de antigüedad relacionados con un calendario lunar y encontrados en una cueva española. Para probar esta vinculación, cuando este calendario fue aplicado al «Escorpión» del 23 de mayo, el contorno de la formación indicó los días transcurridos desde el último eclipse lunar hasta su aparición.[25]

Tales detalles se perdían de algún modo en la ciencia-ficción para el escritor Arthur C. Clarke. Esta respetada figura literaria decidió apoyar el fórum anticírculos de las cosechas contratando a un grupo de cinco artistas para que compusieran una flor de diez pétalos debajo de Hakpen Hill que aparecería en un documental destinado a desprestigiar el fenómeno (Clarke, 1994). La confección de la pequeña aunque hermosa flor llevó dos días al equipo de artistas, que trabajaron en todo momento a plena luz del sol y dejaron aplastadas todas las plantas del lugar, por no hablar de las docenas de agujeros dejados por postes usados para marcar el suelo arcilloso. El tiempo de construcción estableció un récord: fue el círculo de las cosechas que más ha tardado en completarse.

Ninguno de estos detalles se revelaron en el sesgado programa: treinta minutos de ausencia de pruebas y opiniones de supuestos «expertos», muchos de los cuales apenas habían tenido conexión con el tema.

Nunca se hicieron comparaciones con el producto genuino en aspectos tan anómalos como la alteración de la estructura cristalina de las plantas (como se muestra en el capítulo 1). Tampoco se destacó el hecho de que la geometría pentagonal de esta obra comparativamente simple realizada por la mano humana era imprecisa. Estos puntos hacen que uno se pregunte si Clarke, que vivía en Sri Lanka, había estudiado en absoluto las nuevas pruebas que habían ido surgiendo, e incluso por qué viviendo

---

24. Comunicación personal de Jane Ross.
25. Comunicación personal con el astrónomo y matemático Gerald Hawkins, basada en las investigaciones realizadas para su libro *Beyond Stonehenge*.

Figura 6.9
La Flor de la Vida, importante símbolo de la geometría sagrada y de la antigua metafísica egipcia. Froxfield, 1994.

No hace falta añadir que el granjero se convirtió en un defensor del fenómeno. Pero el verdadero misterio era: ¿quién o qué había poseído a Clarke para que emprendiera una acción tan sesgada?

Entre tanto, otros eventos estaban teniendo lugar a lo largo y ancho del sur de Inglaterra. Una séxtuple flor-mandala de refinada elaboración apareció a 16 kilómetros de allí, en Froxfield, y sus 110 metros de diámetro pronto dejaron pequeño el ejercicio de Clarke en escala

tan lejos se molestaría en involucrarse en un tema que las autoridades de su país estaban abordando adecuadamente. Era paradójico que el autor de *2001: una odisea del espacio* —en la que un misterioso monolito negro sobre la Luna lleva al descubrimiento de una inteligencia superior— eligiera desacreditar un fenómeno similar que se manifestaba cada año en su propio planeta.

Sin duda el esfuerzo de Clarke fomentaba aún más el escepticismo. Pero una de las personas a las que no logró convencer era el granjero que acogió el proyecto. Aquel hombre atento había experimentado el fenómeno en el pasado, de modo que cuando vio el embrollo que había dejado tras de sí el equipo de Clarke, sintió suspicacia. Y lo que es más importante, en el pasado había notado que los animales —especialmente los pájaros— se mantenían alejados de los círculos de las cosechas, a pesar de que podrían haber accedido fácilmente a las semillas caídas de las plantas tumbadas. Sin embargo, en la creación de Clarke, el lugar pronto se llenó de animales salvajes.

y en precisión geométrica. Posteriormente, el diseño más complejo aparecido en Wiltshire hasta la fecha, semejante a una tela de araña y lleno de proporciones geométricas, surgió muy cerca del círculo de piedra de Avebury (véase la figura 6.10 en la página VII de la sección a color).

A 70 kilómetros de distancia, los pacientes de un hospital que contemplaban desde la última planta el paisaje ondulante alrededor de Cheesefoot Head pudieron ver un disco plateado suspendido en el cielo poco antes de la aparición de otro círculo de las cosechas. Una bola de luz roja también anunció la primera oleada de círculos checos, tres materializaciones ocurridas en Klatovy pocos días después de que los lugareños avistaran extrañas luces del mismo tipo. Dentro de una de las formaciones se pudo notar un intenso incremento de la radiación y, como siempre, apareció en la vecindad de un asentamiento neolítico.[26]

Los falsificadores también estaban empezando a interactuar cada vez más con estos objetos voladores. Después de haber ido a casa tras completar un

---

26. Comunicación personal de Colin Andrews.

círculo, un hombre volvió con sus amigos para mostrarles su creación y se encontró con otra formación recién hecha a pocos metros de distancia, y un luminoso objeto de color naranja que se alejaba volando a gran velocidad. El incidente fue observado por el granjero.

En otro episodio ocurrido en Clatford, dos falsificadores pasaban en su automóvil junto a un círculo en cuya construcción no habían participado cuando una brillante luz naranja voló alejándose de él, y se sintieron tan atemorizados que a partir de ese momento decidieron contribuir a las investigaciones. Este segundo incidente fue observado por varias personas. El falsificador Rob Irving también estaba a punto de llevarse la sorpresa de su vida: mientras revisaba una formación, se dio cuenta de que se acercaban dos muchachas, y detrás de ellas se deslizó silenciosamente una esfera de plata siguiendo los surcos dejados por las ruedas de los tractores.[27]

Figura 6.11
Selección de círculos de las cosechas de 1995.

27. Base de datos del CPRI, Colin Andrews.

Como la actitud de los granjeros respecto al acceso del público a sus campos se crispaba más cada año (comprensiblemente, debido a la frustrante combinación de visitas constantes y a que no surgía ninguna solución al enigma), las personas que pedían permiso para acceder a las formaciones a menudo se topaban con una andanada de emociones fogosas, e incluso con una escopeta de caza.

Para mí, éste fue un dato para tener en cuenta a medida que dedicaba más tiempo a mis investigaciones

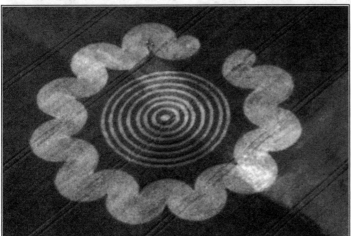

Figura 6.12
Éste es un diseño inmortalizado en joyería celta, el *torc*, del que más tarde se descubrió que expresaba un quinto teorema matemático antes desconocido. En física, el *torc* también representa una combinación de fuerzas que crean movimiento, y en óptica es un efecto rotatorio producido por cristales y líquidos sobre el plano de polarización de la luz que los atraviesa. Litchfield, 1995.

pintoresca ciudad de Hampshire para comenzar otro día de ardua investigación.

La primera de nuestra lista era una formación que apenas había aparecido hacía cuatro horas en Whitchurch. Mi reacción inicial a la «pesa» enganchada de catorce metros fue de decepción, y expresé este sentimiento a mi compañero. Había algo en ella que no me llegaba bien, y además la construcción era imprecisa. Intuitivamente todo aquello parecía... bueno, parecía normal. Después de filmar unas tomas, nos dirigimos al norte hacia otra formación recién aparecida.

Colgada en un terraplén junto a la ajetreada autopista A34 de Litchfield, el imponente ojo de buey de siete anillos concéntricos estaba dispuesto dentro de un halo de semicírculos entrelazados, creando un pictograma que se parecía a un *torc* (brazalete celta). Mientras aparcábamos en un camino vecinal a 400 metros del pictograma, sentí instantáneamente una presión en el pecho, como si tuviera los pulmones llenos de agua.

en el sur de Inglaterra en 1995. Me dediqué fundamentalmente a utilizar la fotografía infrarroja en un intento de captar esa elusiva energía de los círculos sobre película especializada. Pero, tal como ocurren las cosas en este trabajo, acabé experimentando la energía de una manera inesperada.

Rodeado por abundantes asentamientos prehistóricos como una corona cubierta de joyas, la antigua capital inglesa de Winchester se convirtió en el centro de atención de los Creadores de círculos durante esta temporada, dando a la zona de Silbury Hill/Avebury tiempo para absorber el bombardeo del año anterior. Una luminosa mañana de junio, Colin Andrews y yo nos reunimos cerca de esta

Cuando salimos del coche, la carga energética fue instantánea, y prácticamente me clavó al suelo. Me quedé inmóvil contemplando el pictograma durante unos minutos. «¿Vas a entrar?», gritó Colin, que había negociado su camino hacia el interior del campo. La presión hipnótica que me paralizaba se rompió y le seguí, aún sintiendo la presión de unas manos invisibles. Pude ver que, después de años de experiencia, Colin estaba familiarizado con lo que yo estaba experimentando, de modo que no necesitaba usar palabras para explicarse.

Apenas más joven que el rocío matinal, la formación se destacaba como si hubiera sido grabada por un rayo láser, y sus plantas estaban nítidamente tumbadas en bandas a lo largo de la carretera.

Figura 6.13
Colin Andrews admira la precisión del *torc*. Nótese que la fila de trigo inmaduro que crece a lo largo de los surcos creados por las ruedas de los tractores no ha quedado afectada por el proceso de plegamiento.

Figura 6.14
Pentagrama estrella en las tierras del compositor Andrew Lloyd Webber. Kingsclere, 1995.

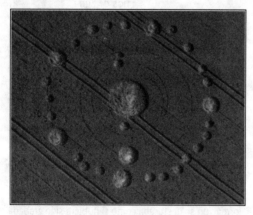

Figura 6.15
Uno de los cuatro diseños con forma de «sistema solar». Nótese la finura de los senderos orbitales. Alresford, 1995.

Éstas eran buenas señales. Alrededor del perímetro, la compleja configuración estaba entretejida, y las plantas habían sido dirigidas abruptamente en semicírculos; allí donde éstos convergían, los límites de las paredes de la formación se afilaban hacia una única planta con una precisión como de torno.

«¿Qué me dices? No es comò la otra», comenté. Colin me confirmó más adelante que, evidentemente, la formación de Whitchurch había sido falsificada.

Yo le confié las fotos infrarrojas que mostraban una clara diferencia entre las dos formaciones de la mañana.

Los Creadores de círculos retomaron su programa la mañana del 12 de julio, sin ser detectados, en medio de unos pintorescos acres de tierra pertenecientes la residencia del compositor Andrew Lloyd Webber, en Kingsclere, ahora hogar de adopción de una imponente estrella de cinco pétalos, a pesar de que la propiedad estaba protegida por un equipo de seguridad de veinticuatro hombres. Con los amplios terrenos llenos de sensores y micrófonos escondidos en los setos, un equipo que buscaba el pictograma fue aprehendido a los pocos minutos de su llegada. Pero nadie fue detectado haciendo el diseño.

La elusiva fuerza creadora de círculos ofreció a continuación una serie de diseños en los que se veían medias lunas crecientes muy parecidas a astrolabios, los instrumentos de navegación usados para situar la posición del sol y las estrellas.

Éstos vinieron acompañados por cinco formaciones que se llevaron buena parte de la atención a lo largo del año 1995, diseños que sugerían algún tipo de sistema solar y apuntaban un tema general basado en mapas del espacio. El primero, compuesto por 95 círculos con diámetros de entre 30 centímetros y 5 metros, mostraba lo complicado que se había vuelto el proceso. A medida que yo lo miraba desde el aire bajo la luz de la mañana, el pictograma bañado en rocío recordaba un «sol» central rodeado por dos anillos orbitales de la anchura

Figura 6.16
Nuestro sistema solar interno y el cinturón de asteroides, preciso en un 99%. Pero ¿por qué falta la Tierra? Longwood Warren, 1995.

Dado que la información aquí representada tenía un 99% de precisión, quienquiera que estuviera detrás sin duda era un experto en astronomía.

Los Creadores de círculos también estaban tratando de comunicar un dato importante, puesto que uno de los rasgos del diseño inquietó a los astrónomos y científicos durante años: ¿por qué se habían tenido en cuenta todos los planetas menos la Tierra, que estaba ausente?

Desde aquella fatídica mañana de junio de 1990, Polly y Tim Carson, los granjeros del campo oriental de Alton Priors, mostraban una actitud de aceptación hacia los círculos de las cosechas. Por su parte, los círculos continuaron haciendo visitas regulares a sus tierras como si estuvieran invitados a pasar allí las vacaciones de verano.

Los Carson siempre han formado parte de ese puñado de granjeros que se han esforzado por ayudar a los investigadores y científicos a detectar las fuerzas que operan tras este enigma, e incluso a comunicar con ellas. Además de permitir generosamente el acceso público a sus campos, los Carson se encargaban de supervisar sus tierras. A la 1:00 de la noche del 17 de junio de 1996, uno de los trabajadores de la granja completó un examen detenido con una linterna a prueba de ataques aéreos. Nada que informar.

Un grupo de entusiastas que hacían turnos para supervisar el área por la noche desde un lugar prominente en Knap Hill, que forma parte de la barrera norte hacia East Field, habían llegado a la misma conclusión. Siguió una noche de extraños ruidos retumbantes, y a las 5:45 de la madrugada apareció una nueva formación de 200 metros de largo. Extendidos sobre la cebada besada por el rocío, los 94 círculos estaban ordenados como una

de un puño, sobre los que había dos y tres «planetas» respectivamente. Más allá había otro cúmulo de círculos; muchos de ellos permanecían intocados entre la cosecha virgen, mientras el bajo ángulo de incidencia de la luz solar resaltaba las apretadas formas en remolino. Según un meticuloso estudio llevado a cabo por mi buen compañero Jonathan Wearn, sólo uno de los círculos del suelo contradecía el sentido general de rotación, el de las agujas del reloj.

¿Hacia dónde apuntaban los Creadores de círculos este año? ¿Hacia su hogar? Más pictogramas, más tomaduras de pelo.

Tres días después apareció un segundo patrón a pocos kilómetros al este sobre una amplia banda de tierra abierta en Longwood Warren, cuyo propietario había demostrado tener una paciencia sobrehumana, puesto que los Creadores de círculos hacían de ésta una de sus ubicaciones favoritas año tras año. En esta ocasión, el diseño de 80 metros de diámetro acabó siendo una réplica precisa de nuestro sistema solar interno que mantenía con precisión la proporción de las órbitas planetarias alrededor del Sol, indicadas aquí por una majestuosa banda de finos anillos de cebada de 25 centímetros de ancho formados por plantas erguidas. Un collar de metralla representaba el cinturón de asteroides.

Figura 6.17
Formas de media luna creciente en nido. Este tipo de diseños recuerdan a los astrolabios.
Oliver's Castle, 1995.

espiral de ADN. Los informes subsiguientes demostraron ser igualmente suculentos: una pareja de mediana edad había visto varias esferas luminosas suspendidas sobre East Field proyectando rayos de luz sobre el suelo, tras lo cual el ovni voló hacia el norte, hacia Avebury.

En ese momento, una pareja japonesa que vivía cerca del círculo de piedras de Avebury se sintió alterada por un zumbido anormal en el exterior de su casa, sonido que vino acompañado por el frenético ladrido de los perros y el balar de las ovejas. Unos objetos pasaron disparados por Avebury, haciendo que las campanas de la torre de la iglesia empezaran a sonar... en una iglesia que estaba cerrada con llave, cuyas campanas requieren que alguien tire de las cuerdas y que generalmente no se hacen sonar a medianoche.

Mientras esto ocurría en Inglaterra, en Dakota del Sur estaba teniendo lugar una reunión de tribus nativas de todo el globo. El propósito era compartir con el mundo las profecías de la tribu Nación de la Estrella, civilizaciones de fuera del planeta de las que se dice que son los antepasados y profesores de muchas de nuestras culturas indígenas.

El anciano hopi Pequeño Sol habló de que iba a ocurrir un evento solar y de cómo «el poder de los cielos desciende a la Tierra. La nueva luna representa la apertura de una puerta de conocimiento estelar».[28] Esto hacía referencia al alineamiento planetario del 16 de junio de 1996 que «atraería poderosas energías a la Tierra». ¿Era posible que estas energías se hubieran manifestado en East Field aquella misma noche?

A estas alturas el número de formaciones en todo el mundo había alcanzado las 8000.[29] Aunque aquel año se redujo el número de círculos en Inglaterra, la tendencia hacia una mayor complejidad en los diseños continuó, creando un inesperado incremento en el número de fotografías de círculos publicadas en la prensa, aunque los reporteros no estuvieran seguros de en qué lado estaban.

Históricamente se había venido desarrollando una pauta por la que cada estación contribuía a lo que parecía ser un tema central, como si se estuviera proyectando un libro celestial sobre la Tierra en el que cada capítulo era más interesante que el anterior. La naturaleza gráfica de los nuevos diseños

28. *UFO Reality*, número 5, Los Ángeles, diciembre de 1996.
29. Base de datos del CPRI.

Figura 6.18
Selección de círculos de las cosechas de 1996.

combinada con la experiencia de campo de quienes nos los tomábamos en serio permitió hacer progresos significativos en la obtención de todo tipo de información matemática, geométrica y filosófica, y, tal como había ocurrido en las primeras etapas del fenómeno, parecía que, con cada

Figura 6.19
¿Espiral ADN u onda sinusoidal? Alton Priors, 1996.

Figura 6.20
La elegancia de esta espiral resulta totalmente natural al lado de Stonehenge, monumento que contiene codificadas muchas leyes geométricas del universo. 1996.

avance en la investigación, los Creadores de círculos subían la apuesta el año siguiente.

Y como los alumnos estaban aprendiendo la lección, el escenario estaba preparado para el que sería el «año de los fractales». Ya me he referido al primero de ellos, el espectacular «Julia Set», al principio de este libro. Hasta la fecha sigue siendo uno de los ejemplos más notables y elegantes del arte de los Creadores de círculos, especialmente si tenemos en cuenta la logística necesaria para llevar a cabo tal empresa —realizada, según se informó, en un periodo de sólo quince minutos—, a la vista de uno de los monumentos más visitados del mundo, Stonehenge.

El «Julia Set» volvió a demostrar que los círculos de las cosechas son capaces de cambiar las percepciones de la gente. Por ejemplo, un granjero hostil llamado Sandell estaba empeñado en negar el acceso a la formación, diciendo que aquello era el trabajo de confabuladores borrachos, que alguien pagaría un alto precio por aquella atrocidad y exponía enérgicamente otros argumentos mientras gesticulaba

con las manos. Entonces se le mostró una reciente fotografía aérea del diseño en toda su majestad, con Stonehenge al fondo.

—¡Maldita sea —exclamó el granjero, mientras su corazón se fundía al examinar la imagen—, la gente no puede hacer ese tipo de cosas!

Envió rápidamente a su hijo al lugar. El joven tomó la iniciativa y escribió unas pocas palabras en una vieja pizarra que situó a la entrada del campo: «Vea el mejor círculo de las cosechas de Europa. Entrada 2 libras», lo cual no fue un mal asunto, porque permitió que Sandell recibiera una compensación por los daños que estaba a punto de sufrir su cosecha, y miles de individuos tuvieron la oportunidad de experimentar el fenómeno de primera mano, uno de esos raros ejemplos de beneficio mutuo que merece la pena emular.

A pesar de las circunstancias que concurrieron en su aparición, los científicos ortodoxos seguían pensando que detrás del «Julia Set» se escondía la mano humana. Sin embargo, un equipo de once personas, en el que yo estaba incluido, necesitó

Figura 6.21
El servicio de seguridad de Stonehenge y los cientos de visitantes podían ver claramente el «Julia Set», y sin embargo nadie vio aparecer el círculo.

Figura 6.22
«Huevo de la Vida». Littlebury, 1996.

radiación gamma, con las que estaba muy familiarizado. Durante el resto del día experimentó náuseas, pero después de dormir sintió un «intenso bienestar físico y claridad mental» (Pringle, 1996).

Sentí que de las otras formaciones británicas de aquel año, al menos una cuarta parte me resultaban sospechosas. Sin embargo, el resto eran estelares. Por ejemplo, debajo de los cables de alta tensión de Littlebury Green apareció un diseño de ciento veinte metros de diámetro que mostraba el «Huevo de la Vida», un oscuro símbolo esotérico cuyo doble tetraedro simboliza las tres primeras divisiones mióticas del embrión humano. Varias de las nuevas formaciones también estaban llenas de símbolos budistas; en concreto, había dos que representaban los chakras, una de ellas adosada a una avenida serpenteante de más de un kilómetro de largo, mientras que la otra retrataba el glifo del sol maya.

Sobre la fuerte pendiente de Liddington Hill, un gran diseño yin/yang representaba el ritmo solar-lunar de la pulsación universal, y la configuración del suelo parecía agua fluida. Prácticamente todas las espigas de trigo estaban alineadas con precisión en lazos concordantes. Unos pocos kilómetros al norte apareció una figura *vesica piscis* cerca del fuerte neolítico de Uffington.

En Estados Unidos surgió un grupo de marcas con aspecto de símbolos nativos en Laguna Canyon, cerca de Los Ángeles. Los tres símbolos aparecieron en un terraplén en construcción, un lugar marcadamente poco atrayente y cubierto de hierbas salvajes al lado de una autopista de peaje. Había dos formaciones con anillos concéntricos y una tercera con un diseño inusual: dos pequeños

cinco horas tan sólo para examinar la formación. A lo largo de la tarde nuestra presencia atrajo la curiosidad de docenas de motoristas y de una pequeña multitud de visitantes de Stonehenge. Para mí era impensable que un grupo de humanos pudieran haber hecho aquello sin ser detectados.

Un biólogo molecular que visitó la formación por curiosidad experimentó una sensación similar a una intensa radiación ultravioleta o exposición a la

Figura 6.23
Un gran *vesica piscis*, símbolo del Sol, acuna las cuatro
fases de la Luna al ritmo del ciclo universal. Liddington,
1996.

Figura 6.24
En esta división igual del círculo
(que representa a Dios), se
expresa el principio de alternancia, también conocido como filosofía taoísta yin/yang. Una división igualitaria mantiene el equilibrio, y sólo mediante la división
asimétrica puede producirse el
crecimiento natural en cualquier
organismo. Esta asimetría se
expresa en el glifo de la cosecha
de Liddington.

anillos centrales con catorce radios que se extendían externamente de manera en apariencia aleatoria. A pesar de la abundancia de especies de plantas halladas en el terraplén, sólo dos quedaron afectadas por el plegamiento: el plátano inglés y la avena salvaje.

Como este glifo rayado se parecía notablemente a los petroglifos de los pueblos nativos, los investigadores Ed y Kris Sherwood descubrieron que las tribus locales, los tongva y los chumash, compartían un símbolo similar llamado el bastón solar: una piedra de esteatita sobre la que inciden los rayos del sol, montada sobre un bastón que se usaba en las ceremonias de los solsticios. Después de medirlos cuidadosamente, se descubrió que algunos de los radios del círculo estaban orientados hacia los solsticios de verano y de invierno.

Asociado a este evento había un mensaje ominoso. Las historias tribales de los tongva cuentan que hace cientos de años surgió un líder espiritual, Chingichnish, para mostrar a la gente cómo vivir en armonía con el Gran Espíritu. El expolio de la tierra hizo que se recibieran tres advertencias, después de las cuales la naturaleza consideraría responsable a la tribu. Lo curioso es que la construcción

de aquella autopista había provocado muchas protestas locales, puesto que destruía lo que quedaba de vida salvaje en Laguna Canyon.

¿Era posible que los glifos formaran parte de la protesta? ¿Eran sus creadores conscientes de la situación y de la tradición nativa?

Cuando sucedió el evento, un guardia de seguridad de la empresa de construcción comentó que él y sus compañeros habían visto extrañas luces y fantasmas, y uno de los guardias pasó tanto miedo que no volvió al trabajo. Se tomaron muestras de plantas y una vez sometidas a análisis de laboratorio revelaron que las paredes celulares eran anormalmente grandes, indicando que las células habían experimentado un repentino calentamiento interno.[30]

De vuelta en Inglaterra, los círculos de las cosechas continuaron marcando distancias de todos los proyectos emprendidos por la mano humana, tanto a nivel logístico como creativo, y los últimos días de julio nos tenían preparada una sorpresa más. Tras un largo día de mediciones, de tomar muestras del suelo y reunir plantas, mis colegas del equipo de campo y yo nos retiramos tarde al campamento base. El sol estaba empezando su inevitable descenso sobre las colinas que acunan el sereno valle de Pewsey. Apenas nos habíamos sentado a tomar una pinta de cerveza cuando se nos acercó un piloto y nos dijo que acababa de ver un nuevo círculo de las cosechas desde el aire, al lado de la antigua colina Windmill, lo que hacía que tuviera la misma orientación magnética hacia el norte que Stonehenge. Esto debería habernos dado una clave

---

30. Los Sherwood han investigado ampliamente los círculos de las cosechas, particularmente el aspecto relacionado con las «bolas de luz». Contacta con ellos en Millennium Research, Santa Mónica, CA.

respecto a lo que se avecinaba.

—¿Os acordáis de «Julia Set»? —dijo el joven muy emocionado.

—Claro, ¿cómo podríamos olvidarlo?

—Éste es tres veces mayor.

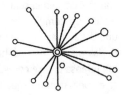

Figura 6.25
Glifo de Laguna Canyon, sur de California, 1996.

Salimos hacia allí a la carrera, atravesando carreteras vecinales de una sola dirección, pero la oscuridad envolvía la colina como si sobre ella se hubiera extendido tinta negra, por lo que volvimos insatisfechos. Nos esperaban cinco horas de sueño agonizante.

Tengo una indisposición genética a levantarme temprano, pero aquella mañana nublada hice una excepción. El despertador sonó a las 4 de la madrugada y nos desplazamos los dieciséis kilómetros que nos separaban de Windmill Hill pensando que, si éste era un círculo importante como nos habían hecho creer, necesitábamos pruebas físicas de su existencia antes de que el mundo descendiera sobre él. Sabíamos que sólo dos noches antes un grupo de gente había visto una serie de objetos muy brillantes haciendo inusuales maniobras aéreas por la zona.

La niebla persistente mantenía el sol a raya, dando al paisaje inglés ese aire de perpetuo misterio que lo caracteriza. Esta formación no estaba dispuesta a revelar fácilmente su posición, pero podíamos sentir su presencia. Pasamos junto a uno de los muchos túmulos existentes en esta colina y bordeamos un campo curvo que no podíamos ver en toda su extensión. De repente tuvimos ante nosotros una vista que dejó obsoleto todo vocabulario. El

Figura 6.26
«Triple Julia Set». Windmill Hill, 1996.

trigo extendido ante nosotros estaba marcado por círculos hasta donde la vista alcanzaba, y al principio era difícil discernir la forma que hacían porque el terreno era relativamente llano. Tuvimos que caminar por las curvas logarítmicas para dar sentido al dibujo del suelo: una batería de círculos anclados en tres brazos perezosos que fluían hacia un punto central, dando una forma parecida al vórtice que crea el agua de una bañera cuando se vacía. Este fractal parecía un «Triple Julia Set».

El verdadero desafío que nos planteábamos era cuál sería el mejor modo de caminar sobre él. La apretura de los remolinos, la prístina configuración, por no hablar de los distintos diseños del suelo en cada círculo individual... Poner el pie sobre esta obra de arte era un sacrilegio, era como pintar la Capilla Sixtina en el suelo y permitir que la gente caminara sobre ella.

Nuestra necesidad de examinarlo era abrumadora, pero nuestro deseo de dejarlo intacto era casi igual de intenso, de modo que llegamos al acuerdo de quitarnos las botas llenas de barro. Mantenerse objetivo en momentos así es todo un reto. Entramos delicadamente, con la sensación de que aplastábamos el colchón de aire situado entre las plantas tumbadas y el suelo. No había daños evidentes. Las plantas estaban dobladas por su base, pero apenas tocaban el terreno y no había signos de barro ni de pisadas; el suelo dentro de la formación estaba más seco al tacto que el del campo circundante. Entre tanto, la aguja de mi brújula se comportaba como un borracho intentando caminar en línea recta, lo que indicaba que el campo magnético estaba alterado.

Cada uno de los 196 círculos de este diseño estaba separado por un fino velo de uno o dos tallos erguidos. El formidable anillo central estaba puntuado en su centro por un fino círculo de plantas erguidas de veinte centímetros de diámetro, y no había indicaciones de que ningún ser humano hubiera colocado allí algún poste o trípode. La formación medía más de 300 metros de punta a punta.

Después de tomarme un momento para asegurarme que aquello era real, empecé a estudiar los pormenores de la formación. Los detalles de la construcción en el centro de cada círculo eran diferentes: un cúmulo circular de plantas erguidas en uno daba lugar a un nido de plantas en el siguiente; las plantas de uno habían sufrido una torsión tan intensa que se enroscaban formando una gruesa corona, mientras que las del siguiente se doblaban a quince centímetros del suelo, desde donde se abrían externamente formando una estructura que recordaba una cabaña africana en miniatura. Era como si los Creadores de círculos hubieran incorporado en este diseño todas las facetas de su arte para beneficio de alguien que se hubiera pasado los últimos veinte años atrapado en una isla desierta.

Cuando se confrontaba la teoría de «la mano del hombre» con estos detalles, se planteaban múltiples problemas logísticos. Si el círculo hubiera sido hecho por un grupo de gente, ciertamente no se quedarían por allí trazando los 196 círculos individuales; querrían irse en cuanto salieran los primeros rayos de sol para evitar que los sorprendieran.

Todo esto planteaba algunas cuestiones interesantes. Nos habíamos ido de la zona hacia las 11 de la noche. En esa época del año, dependiendo del tiempo atmosférico, la oscuridad sucumbe a la luz entre las 3 y las 4 de la madrugada. Esto deja como máximo cinco horas de noche; después, los granjeros hacen sus rondas y el juego de los falsificadores se termina. Esto dejaba 1,53 minutos para dibujar cada uno de los círculos, por no hablar del trazado de las espirales, tan perfectas como hechas por ordenador y realizadas con círculos de distintos diámetros. Es una pena que los medios que estuvieron presentes en el fraude de Bratton no se hubieran hallado en Windmill Hill aquella mañana para mostrar aquella belleza en los programas de televisión matinales.

Parecía que 1996 iba a finalizar con una nota positiva. La tarde del 10 de agosto, pocos días antes de acabar la temporada de investigaciones, me senté tranquilamente a tomar un té en Avebury. Se me acercó un desconocido y me dijo que me había conocido en el Barge Inn la noche anterior: un comentario curioso, puesto que yo no había estado allí la noche anterior.

Le seguí la corriente y se presentó con el nombre de John Weyleigh.

—¿Has venido a tomar el té? —le pregunté.

—No, sólo quería decirte hola —dijo él.

Parecía que tenía planeado pasar la noche en vela tratando de captar en vídeo algo relacionado con los círculos de las cosechas. Quería que le aconsejara sobre los lugares donde tenía más probabilidad de ver algo de acción, una petición extraña a estas alturas de la temporada. Pero pensé que su interés por este tipo de fenómenos habría despertado últimamente, de modo que le dirigí a los lugares adecuados. Además, parecía estar dispuesto a pasar la noche al raso, algo poco habitual teniendo en cuenta lo húmedas y frías que son las noches inglesas.

—Adams Grave, Milk Hill o el túmulo largo de West Kennett tienen excelentes vistas —dije, sintiéndome orgulloso de que buscara mi consejo a pesar de no ser alguien muy conocido entre los investigadores de círculos.

Weyleigh me preguntó dónde podría dar conmigo, y le dije que el Barge Inn era un lugar fiable para dejar mensajes. Seguidamente aquel joven tímido se fue, y yo pude seguir tomándome mis pastelillos. A través de mi abuela he heredado el impagable don de la intuición, y había algo en este encuentro aparentemente benigno que olía más a bacalao rancio que a crema de té fresca. No tuve que esperar mucho para que se confirmara esta primera impresión.

La noche siguiente, sobre las 10, llegué al Barge Inn con la coordinadora americana del CPRI, Jane Ross, para ver si me habían dejado algún recado. Entré en el pub casi desierto e inmediatamente se abalanzó sobre mí un hombre muy emocionado que dijo llamarse Lee Winterston:

—¿Eres Freddy Silva?

Aquella manera de abordarme me dejó anonadado. No conocía de nada a Lee —que era cámara y productor de cine— pero él saltó de su silla para saludarme como si fuera un primo al que no había visto en mucho tiempo.

Dijo que un tal John había estado llamándome desde la hora de comer, y que él mismo había hablado con John en mi nombre. John dijo que había captado un importante evento en vídeo y que quería enseñármelo. Lee tenía los números de teléfono de John y parecía esperar ansiosamente que yo contactara con él. Me pareció extraño que alguien que no me conocía respondiera las llamadas destinadas a mí, ya que lo habitual es que las conteste el barman.

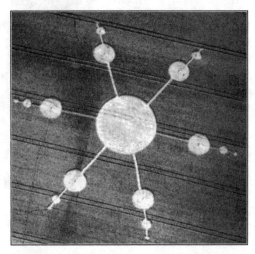

Figura 6.27
El notable engaño de Oliver's Castle, 1996.

Todo aquello parecía orquestado. En cualquier caso, llamé a John, que parecía nervioso para ser alguien que acababa de «captar un acontecimiento importante» en vídeo; yo, por ejemplo me sentiría incontrolablemente emocionado, hasta el punto de llamar a gente que no había visto desde el instituto. Le sugerí que viniera inmediatamente antes de que cerraran el pub.

Nos sentamos y esperamos. El piloto de ultraligeros Mike Hubbard y el editor Nick Nicholson se unieron a nosotros para tomar un trago. La conversación se centró en un nuevo círculo aparecido aquella mañana en Oliver's Castle; Mike había volado sobre él, pero no parecía convencido de que fuera genuino.

Unos veinte minutos después llegó Weyleigh, aprensivo y nervioso, pero con el vídeo y con un compañero de aventuras. Aparentemente había estado acampado toda la noche en Oliver's Castle y a primera hora de la mañana, despertado por un

sonido, había tomado la cámara y se había puesto a filmar.

Aquella cinta era in-
creíble. Duraba unos quince
segundos y mostraba una visión panorámica de un círculo de las cosechas plenamente formado, obviamente filmado desde Oliver's Castle.
En palabras de Jane Ross:
«De repente, dos pares de
bolas luminosas aparecieron
por la esquina inferior derecha del cuadro. El primer conjunto de bolas se movió
sobre la formación en el sentido de las agujas del reloj, el
segundo parecía estar suspendido erráticamente, como si inspeccionara o reco-
nociera el círculo. Al final,
una quinta bola de luz atravesaba disparada el centro

Fiura 6.28
A las veinticuatro horas, la confusión en la construcción de la formación de Oliver's Castle revela la
mano del hombre.

de la pantalla, entre los dos pares de bolas de luz,
cruzando de la esquina inferior izquierda a la esquina superior derecha y saliendo de la imagen. El segmento final contenía una visión general de la formación desde una perspectiva ligeramente diferente».

Nick y yo tomamos turnos para mirar por el
visor. Estábamos de acuerdo. Cinco bolas de luz
similares a las observadas por cientos de personas
olisqueando un círculo de las cosechas como sa-
buesos, y todo ello captado en vídeo. Weyleigh se
mostró reacio a pasar y rebobinar el supuesto original por temor a dañarlo. Si esta película era auténtica, podría volver a encender la pasión del público
por el fenómeno. Pero después de la excitación inicial, mi pequeña voz interna gritó: «Mantén la objetividad». En lugar de apresurarme a negociar los
derechos de autor de la filmación, dejé un mensaje
a Colin Andrews pidiéndole que le echara un vista-
zo para ver qué se podía hacer a partir de ahí. Si la
película era legítima, la noticia sonaría mucho más
convincente viniendo de alguien con tanta experiencia en el tema.

Pero cuando Andrews
vio a Weyleigh dos días después, la historia había cambiado. Weyleigh le dijo que
había estado intentando lo-
calizarle desde el primer día.
En una segunda reunión celebrada el 17 de agosto, esta
persona, aún más nerviosa,
contó una versión diferente
de la historia. Según el informe de Andrews: «Dijo que
fue a Oliver's Castle porque
Freddy le había dicho que la
gente estaría vigilando desde
allí aquella noche –yo no le
había dicho eso, puesto que
aquel no era un puesto habitual de observación para
mí–. A las 5 de la mañana le
despertó un zumbido, y vio
una bola de luz en el campo.
Al principio su cámara no
funcionó por la humedad, pero después sí. La dirigió hacia el campo donde había visto la bola de luz,
y fue premiado con el regreso de ésta. Seguidamente observó que las cuatro bolas de luz creaban
el círculo de las cosechas».

Cuando Andrews nos mencionó esto tres
meses después en Connecticut, todo quedó claro.
Jane Ross y yo nos miramos: «¿A qué formación de
un círculo de las cosechas te refieres?». En ningún
momento habíamos visto la formación de un círculo de las cosechas, con o sin la ayuda de bolas de
luz, un dato corroborado posteriormente por Nicholson y Hubbard (sin que yo se lo pidiera).

¡Había dos versiones del mismo vídeo!

Como nadie había mordido el anzuelo inicialmente, la cinta debía de haber sido manipulada para
hacerla tan fantástica que nadie pudiera rechazarla.

El engaño continuó. Cuando Andrews pidió
la cinta para hacerla analizar por profesionales,
Weyleigh evitó que conectaran con él. No respon-
día los mensajes y finalmente un contacto telefónico sugirió que no vivía en la dirección dada. ¿Qué

estaba ocurriendo aquí? ¿Un fraude para ganar dinero? ¿Un nuevo intento de tender una trampa?

Pasaron varias semanas. Weyleigh contactó
con otros investigadores y les dijo que se sentía
inseguro de los motivos de Andrews, y decepciona-
do de que no le hubiera llamado. Lo cierto era que,
sin la cinta original, el análisis del vídeo no sería
concluyente, y como el original parecía haber sido
filmado con la anchura comercial inferior del formato VHS, el análisis sería complicado de todos modos.

A pesar de tener serias dudas sobre los motivos de este cameraman, lo que después llegaría a
ser conocido como el famoso vídeo de las «Bolas de
luz» (con la formación de un círculo de las cosechas) entró en el circuito a tiempo completo, para
deleite (y beneficio) de una serie de individuos no
necesariamente «objetivos». Su respuesta ante nuestro cuestionamiento (que generalmente se barría
debajo de la alfombra) era que Ross, Nicholson,
Hubbard y yo nos habíamos perdido la formación
del círculo en la pantalla: una pobre excusa teniendo en cuenta el recuerdo de estos testigos y mis
catorce años de experiencia en los estudios de edición analizando los menores detalles en pequeñas
pantallas de televisión.

Había algo que sin duda evidenciaría la verdad, y eran las pruebas que podríamos conseguir en
Oliver's Castle. La mañana siguiente al primer
encuentro con Weyleigh había tomado la precaución de visitar el lugar.

Llegué a la cumbre de la colina a las 6 de la
mañana, y encontré la zona envuelta en una densa
niebla, por lo que temí que incluso desde aquel
punto, a 80 metros de altura, el ejercicio resultara
infructuoso. Entonces, como por casualidad, un golpe de viento apartó la cortina lechosa, y durante
quince minutos tuve una visión clara del objeto que
después daría tanto que hablar. Filmé un rato con
película infrarroja y después observé que aquel simple copo de nieve de seis radios parecía torcido y un
poco tosco incluso a distancia.

Posteriormente regresé a la escena con Jane
Ross. La decepción fue inmediata: ¿dónde estaban
los remolinos, las plantas intactas, la configuración
fluida? Todo aquello era un gran desorden, de flujo
irregular y pisoteado en cualquier dirección; los
bordes estaban mal definidos y muchas de las avenidas se hallaban claramente desalineadas. No encontramos anomalías electromagnéticas. De hecho,
habíamos visto formaciones genuinas en mejor
forma después de tres semanas de ser pisoteadas, y
ésta apenas tenía veinticuatro horas.

Las pruebas halladas sobre el terreno también desacreditaban el vídeo. Sin embargo, como
sus predecesores (la cinta de Doug y Dave, y la
«revelación» nocturna de McNish) esta filmación
acabó siendo reproducida por los medios y en Internet, aunque esta vez, paradójicamente, como
una prueba de que son los alienígenas los que
hacen cosas extrañas a las cosechas. Y mientras
unos pocos investigadores continuaban alimentan-
do la situación a la luz de estas pruebas, quiero
declarar mi respeto por aquellos que tienen suficientes principios como para no aceptar más engaños, independientemente de lo real que pudiera
parecer el vídeo de las «Bolas de Luz».

Finalmente, una investigación privada paga-
da por Colin Andrews pudo seguir la pista de
Weyleigh hasta una empresa de edición de pelícu-
las en Bristol, Inglaterra. Weyleigh —cuyo verdadero nombre era Wabe— era diseñador gráfico y socio
de la empresa, que ofrece servicios de vídeo y ani-
mación a productoras cinematográficas y de televisión. El socio comercial de Wabe admitió que John
estaba involucrado y dijo que él le había apremiado
para que aclarase las cosas. Tres años después,
Weyleigh admitió su implicación, e incluso presentó una filmación en la que se le veía recibiendo mi
llamada telefónica inicial desde el Barge Inn.[31]

---

31. De una conversación personal con Colin Andrews. El informe completo de la investigación iniciada por Andrews está detallado
en el noticiario del CPRI, volúmenes 5:2, 6:1 y 6:2, y en mi página web, «the Crop Circular», en www.lovely.clara.net.

7 Todo encaja

Diecisiete años después de que Pat Delgado se encontrara en la entrada de un simple círculo de plantas que se habían desplomado graciosamente a sus pies, los círculos de las cosechas se habían desarrollado hasta convertirse en una especie de historia de ciencia-ficción en la vida real. Sin embargo, según la ciencia ortodoxa, ésa era exactamente la categoría a la que todo el fenómeno tenía que ser relegado. En lo tocante a la ciencia, el tema no era más que un engaño recreativo para excéntricos, hippies de la Nueva Era y teóricos de la conspiración gubernamental.

Al comienzo de la estación de 1997, uno sólo tenía que mirar desde las pendientes de Barbury Castle y preguntarse qué hacía falta para que el fenómeno tuviera más aceptación a nivel académico. ¿O los círculos de las cosechas cuestionaban sus actuales sistemas de creencias? Una cosa era cierta: quienquiera que hubiera creado el círculo de seis pétalos que abría la estación en el campo anexo sabía de trigonometría, pues el trazado incorporaba el teorema de cuerdas de Ptolomeo, un elemento que actualmente no suele incluirse en los programas de la asignatura de matemáticas.

Este comienzo auspicioso señaló el principio de un año aparentemente dominado por símbolos de la filosofía esotérica y de la geometría sagrada. Varias formaciones exhibieron símbolos de la Cábala.[32] La primera, una reproducción de 50 metros de largo del Árbol de la Vida, fue acogida con opiniones divididas debido en parte su apariencia un tanto mecánica y la incorporación a los bordes del diseño de los surcos dejados por las ruedas de los tractores.

Bien como réplica, o en sincronicidad con este símbolo cabalístico, apareció un gigantesco copo de nieve en el campo anteriormente ocupado por el «Julia Set», aunque esta vez nadie fue testigo de su llegada. Ahora bien, cuanto más miraba el diseño, menos se parecía a un cristal de hielo y más revelaba una referencia codificada, puesto que cada rama del «copo de nieve» daba la impresión de ser un árbol portador de treinta y dos esferas, como los treinta y dos caminos de sabiduría contenidos en el

---

32. La Cábala da claves sobre los misterios espirituales de las escrituras y generalmente se asocia con la fe judía, aunque sus orígenes se remontan a los caldeos.

Figura 7.1
Selección de círculos de las cosechas, 1997.

diagrama del Árbol de la Vida (figura 7.3). Parecía que tal como las antiguas doctrinas velaban la información esotérica en símbolos, los Creadores de círculos habían encriptado una sabiduría superior en las plantas vivas.

También era un misterio, aunque de otro tipo, por qué el granjero había cambiado tan radicalmente de opinión este año e impedía el acceso del público al círculo de la cosecha. Los guardias de Stonehenge, generalmente dispuestos a compartir información, se mostraban igualmente reticentes, reacios e incómodos a la hora de comentar el asunto. ¿Habrían escuchado algunas palabras de precaución?

Un tercer signo cabalístico brotó en Alton Priors, una formación compuesta por doce círculos iguales que rotaban externamente y compartían una circunferencia central común: una representación bidimensional del toro tubular, un diagrama de la fuerza espiral regeneradora que subyace a toda vida. Inicialmente, una serie de personas, entre las que me incluyo, caminamos alrededor de esta formación en el sentido de las agujas del reloj, el sentido

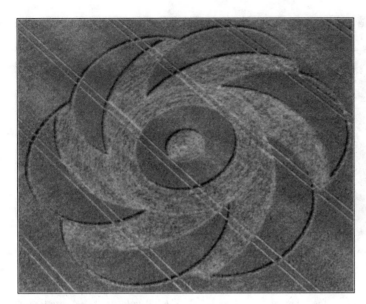

Figura 7.2
«Seis lunas». Barbury Castle, 1997.

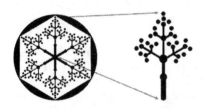

Figura 7.3
Glifo de las cosechas con forma de «Árbol de la Vida» estilizado, y una de sus seis ramas «portadoras de fruto». Stonehenge, 1997.

Otra característica del toro es el equilibrio energético que, según se dice, se siente en su centro: el poder regenerador de la creación en perfecto equilibrio. Para demostrar la existencia de este punto de quietud energético, una serie de zahoríes localizaron el centro energético de este círculo aproximadamente a nueve metros al noreste del centro físico. Durante el ejercicio, todos los péndulos rotantes se detuvieron cinco segundos, como si su movimiento natural hubiera sido absorbido en dirección descendente por alguna fuerza magnética subyacente. De hecho, la formación estaba perfectamente alineada con una banda activa de energía electromagnética que atravesaba el túmulo cercano de Adam's Grave y el cercano East Field.[33]

Como el toro, los fractales son un modo de visualizar el proceso creativo, y como el «Julia Set», el «Fractal Koch» es una figura geométrica generada por ordenador. Desarrollado por Helge von Koch en 1904 a partir de un estudio matemático de las líneas costeras (para mostrar en qué punto el orden geométrico da lugar al caos), se convirtió en el prototipo de una amplia familia de fractales basados en la repetición de una simple transformación geométrica. Por ejemplo, se toma un triángulo equilátero con lados de longitud 1, y se le añaden nuevos triángulos de un tercio del tamaño del original en el centro de cada lado; el proceso se repite indefinidamente.

contrario a la configuración; mirando atrás, era como acariciar a un gato a contrapelo. Consecuentemente, al llegar al otro extremo sentimos náuseas y desorientación. Cuatro mujeres que en distintos momentos también caminaron en el sentido contrario al flujo natural dijeron que se les había activado abruptamente el ciclo menstrual, aunque a ninguna de ellas le tocaba hasta dentro de dos semanas. Después supimos que la acción natural del vórtice va en la dirección contraria a la de las agujas del reloj, de modo que repetimos el ejercicio, y esta vez sentimos un gran vigor al seguir la dirección de rotación correcta de la estructura.

---

33. Estas líneas de energía electromagnética —las líneas geodésicas— forman una especie de trama energética telúrica, y se comentarán ampliamente en los últimos capítulos.

Por más que se am-
plíe, el patrón original
sigue siendo evidente.

Actualmente es-
ta técnica se aplica al
cálculo de incógnitas
económicas, como las
subidas y bajadas de
los mercados de valo-
res, pero la tarde del
23 de julio de 1997 se
aplicó a un campo situa-
do junto a Silbury Hill.

A las dos de la
tarde un grupo de tu-
ristas alemanes llega-
ron a la cima de este

Figura 7.4
Los doce anillos del toro tubular, rápidamente pisoteados por cientos de admiradores. Alton Priors, 1997.

montículo prehistórico, y divisaron parches de luz y
oscuridad proyectados por las nubes rotas sobre los
campos circundantes, como si la luz del sol atrave-
sara un tejido de encaje. Aparte de la vista imponente, no detectaron nada extraordinario. Dos horas después apareció el «Fractal Koch» coronado por
un perímetro de 126 círculos y tres «círculos metralla» externos, todos ellos visibles desde el cono
truncado de Silbury.

Una vez más, la belleza visual de la configuración podía apreciarse mejor desde el aire. El diseño, de unos 80 metros, crecía a partir de un vórtice circular densamente entretejido de unos 10 metros de diámetro, a partir del cual se conformaba
abruptamente su forma hexagonal, abriéndose todavía más hacia los 18 medios hexágonos menores
y creando estrellas de tres puntas en cada punta
nítidamente definida. En el suelo, la ejecución era
tan delicada que las amapolas de un palmo de altura se mantuvieron erguidas e intactas, con bandas
de trigo combado a su alrededor.

Como el «Julia Set» anteriormente, el «Fractal
Koch» ofrecía una prueba más, y creada a plena luz
del día. Esotéricamente, para algunos también fue
·una confirmación de que la mano de Dios está

detrás de los círculos, puesto que este símbolo es
el Sello de Salomón.[34] Para los zahoríes, esta formación resaltaba el papel que desempeñan las líneas
geodésicas en el fenómeno, puesto que, una vez
más, había aparecido un gran círculo sobre la invisible línea Michael.

Una semana después del impresionante
acontecimiento de Silbury Hill, a diez kilómetros de
distancia, el caso quedó reforzado sobre la prominente colina arcillosa de Etchilhampton, donde no
una, sino dos formaciones de las cosechas adorna-
ban un campo de trigo de kilómetro y medio de largo. Este lugar está atravesado por una línea de
energía geodésica que discurre por los meandros del
valle de Pewsey hasta Stonehenge, marcada por
túmulos y largos montículos dejados por nuestros
antepasados lejanos, que en este caso forman una
imagen especular de la constelación del Dragón.

Las dos formaciones de Etchilhampton eran
de diseños muy distintos. La primera era un círculo
con un cuadrado en su interior, y el cuadrado tenía
un entramado interno de 28 por 25 canales, rectos
como trazados con regla, como si un supervisor
cósmico hubiera estado midiendo el terreno. A
unos 50 metros de distancia, y en claro contraste

34. El primer ejemplar conocido de este diseño procede de Asia Menor. Para los hindúes era el Signo de Vishnú, y lo usaron como
un talismán contra el mal. Actualmente adorna la bandera de Israel.

con esta estructura rígida, se hallaba la segunda formación: una flor fluida de seis pétalos que irradiaba misterio atlante; desde el aire, la configuración semicircular de sus pétalos generaba una sensación de movimiento giratorio.

Ambas formaciones estaban contenidas dentro de la línea energética, y una medición de sus ejes también reveló un alineamiento perfecto con el norte magnético. Y lo que es más, ambos diseños podían ser superpuestos uno sobre el otro con unos dos centímetros de margen. ¿Quién podía conseguir unas mediciones tan precisas? Dentro del «Cuadrado cuadriculado», cuando el aire estaba perfectamente aquietado, pude oír un ruido crujiente que venía de todas partes y de ninguna, y que se detenía cuando salía del perímetro del círculo.

El innegable vínculo existente entre los círculos de las cosechas y las líneas energéticas quedó claro en un episodio «chaplinesco», cuando nuestro coche lleno de gente ascendía por la carretera que queda debajo de Adam's Grave. Muy abruptamente, todos los miembros del equipo sintieron una fuerte tensión en la base de sus cráneos, que precipitó un «aargh» no ensayado de todos los pasajeros; a esto le siguió una intensa presión en el pecho: acabábamos de cruzar la línea geodésica que conecta el montículo largo de Adam's Grave con varios montículos neolíticos cercanos, así como con la ahora desmelenada formación toro-tubular situada al otro lado del valle.

Sentíamos que se estaba gestando algo, como si una carga eléctrica tratara de enroscarse en un serpentín demasiado estrecho. ¿Era posible que estuviéramos sintiendo la formación de otro círculo de las cosechas y que su configuración ya estuviera programada en el suelo? Preparamos una noche de vigilancia en la cima de Knap Hill, pero no se materializó nada más que el aroma de ropa muy húmeda. A la mañana siguiente, Jane Ross y yo fuimos en coche hasta el otro lado del valle. Al atravesar el pueblo de Allington sentimos la misma presión en el cuerpo. Cuando volvimos al mismo punto por la tarde, la presión seguía estando allí. Evidentemente habíamos cruzado una segunda línea geodésica desde Adam's Grave, que esta vez recorría la base de Milk Hill.

Sentíamos curiosidad respecto a qué iba a manifestarse en ese lugar. No habíamos experimentado nunca una energía tan intensa ni una incomodidad tan grande. Nuestra curiosidad quedó satisfecha antes de que acabara la semana. A las seis de la mañana del 18 de agosto, el granjero Riley salió a comprobar el estado de su trigo maduro debajo de Milk Hill y descubrió un segundo «Fractal Koch» impreso en ella. Era muy parecido a su predecesor, sólo que en este caso el dibujo central estaba invertido.

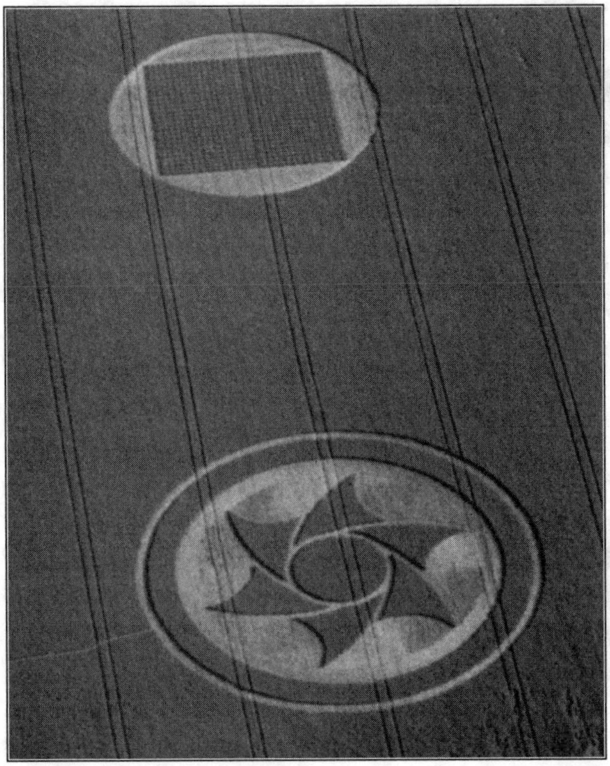

Figura 7.5
La «Flor» y el «Cuadrado cuadriculado» aparecieron la misma noche. Etchilhampton, 1997.

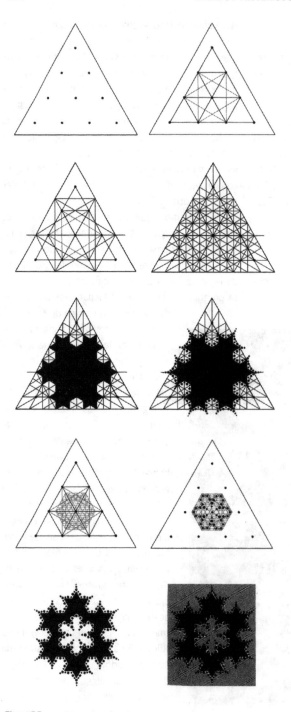

Pegados a su perímetro contamos la cifra récord de 204 círculos, todos ellos de distintos tamaños y con un pequeño cúmulo central (véase la figura 7.6 en la página VII en la sección a color). Toda la formación se alzaba sobre una línea de energía geodésica.

Con una velocidad de construcción de 1,17 minutos por círculo, la logística estaba muy en contra de la teoría de la «mano humana». Además, el lugar había sido vigilado durante buena parte de la noche y nadie había informado de la presencia de intrusos. Asimismo, el suelo de arcilla pesada estaba mojado y pegajoso porque los días anteriores habían caído lluvias intermitentes; sin embargo, en las plantas horizontales no había rastro de barro, y debajo de ellas las bolas de tiza que se aplastan tan fácilmente aparecían intactas.

Cuando posteriormente me senté a analizar el diseño geométrico del «Fractal Koch» de Milk Hill, me di cuenta de que la matriz a partir de la que había sido construido estaba basada en un diagrama triangular profundamente místico que contenía las Diez Palabras de Dios, también conocido como la tetraquis pitagórica (véase el capítulo 9). El glifo requería una trama básica que conectase diez puntos de referencia, de la que surgiría el marco hexagonal; seguidamente era cuestión de dividir cada ángulo del hexágono por su bisectriz, de modo que el entramado resultante pudiera servir de referencia a los diversos elementos del trazado. Y esto sólo cubría la parte externa del diseño.

Para crear la «isla» central se necesitaba una bisección inversa, y a estas alturas —si la formación hubiera sido hecha por la mano del hombre—

Figura 7.7
El entramado geométrico que habría sido necesario para construir el «Fractal Koch» aparecido debajo de Milk Hill.

todo el campo habría parecido una pista de patinaje después del tercer tiempo de un partido de hockey sobre hielo. Para rematar el conjunto, había que «dejar caer» el halo de círculos, con respecto a cada línea del entramado y al espacio correspondiente; finalmente, el complicado entramado requería un punto de referencia central, y sin embargo el centro quedaba claramente como unos cuatro metros dentro de la parte de la cosecha que permanecía intacta. Tal vez el trípode del falsificador había levitado.

Yo no era el único que se sentía sobrecogido ante la complejidad matemática de este arte. A un mundo de distancia, en Arizona, Rod Bearcloud Berry pidió a dos empresas de ingeniería que presentaran presupuesto para el trabajo de indicar los 346 puntos de referencia que hubieran sido necesarios antes de aplanar el trigo: cada una de ellas estimó que habría necesitado entre seis días y medio y siete días y medio de trabajo. Sin embargo, estaba claro que esta formación había aparecido en una noche. Las estadísticas no eran más bondadosas en el caso de que la investigación tuviera que haber sido llevada a cabo bajo el manto de la oscuridad, lo que habría requerido once días. Y según decían los ingenieros, no había otro modo de hacerlo: ese estudio era el único modo que tenían los seres humanos de plasmar el diseño, y, además, quien hubiera emprendido el proyecto habría recibido una factura de 5340 dólares tan sólo por los preliminares (Berry, 1998).

Apenas una semana después de la aparición de la formación, se contrató a Rob Irving para crear un círculo al lado del «Fractal Koch». Se convocó a académicos junto con un puñado de investigadores para esta confrontación decisiva, que se estaba haciendo rutinaria, en esta ocasión a beneficio de Sky Television. Después de aplastar un círculo de 30 metros de diámetro con un rodillo de jardín, Irving se quedó sin aliento y tuvo que tomarse un descanso antes de intentar hacer cuatro círculos menores e irregulares. A pesar de las claras discrepancias visuales y físicas, la prensa allí reunida dedicó más esfuerzos a examinar el pálido intento humano que su contraparte superhumana. Como todas las otras maravillas que no tienen una respuesta racional, el glifo de los Creadores de círculos fue barrido bajo la alfombra metafísica: ese cómodo depósito donde los conformistas y mantenedores del status quo ocultan del público todo lo no ortodoxo.

Sin embargo, parece que los Creadores de círculos tuvieron la última palabra. Cuando los satisfechos equipos de la televisión acabaron de filmar la falsificación, se reagruparon junto al fractal y se dispusieron a filmar al granjero conduciendo desafiantemente su cosechadora hacia el laberinto de círculos y rayos hexagonales. Según su orgulloso propietario, aquella máquina tan cara había funcionado impecablemente hasta la fecha. Se estropeó en el momento de atravesar el perímetro de la formación. Las televisiones nunca emitieron este segmento.

«Se nos pide que diseñemos una compleja formación que podría ser realizada de noche en menos de cuatro horas. La formación que diseñamos tenía más de 100 círculos aplanados y un diámetro de 100 metros, lo que la ponía a la par con algunas de las formaciones más complejas que han aparecido en los campos ingleses a lo largo de los últimos años». Ésta era la declaración del Equipo Satán,[35] un grupo de tres falsificadores que también utilizaban el nombre de «Creadores de círculos», nombre en apariencia elegido deliberadamente para crear la máxima confusión. A partir de ahora me referiré a este grupo como el Equipo Satán/Creadores de círculos; esto evitará confusiones y minimizará cualquier comparación con los creadores de los auténticos círculos de las cosechas, los Creadores de círculos.

Estos tres sujetos eran bien conocidos desde 1994 como grupo activo de falsificadores de la zona de Wessex, y se ganaron una reputación entre los «cereólogos» por reivindicar algunos de los círculos más complejos. Según las imágenes colgadas en su página web, uno pensaría que fueron los creadores del «Sistema solar», el «Triple Julia Set» y el «Fractal Koch», y, según Irving, el «Julia Set» original, que tendrían que haber creado a plena luz del día junto

---

35. John Lundberg y Rod Dickinson, la página web de los Creadores de círculos (www.circlemakers.org), abril de 1998.

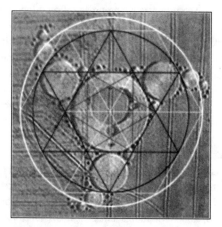

Figura 7.8
Hecho para la televisión. Fraude elaborado pero impreciso creado con luz artificial por el Equipo Satán/Creadores de círculos. La totalidad del diseño no concuerda con la geometría triangular/hexagonal. Dunearn, Nueva Zelanda, 1998.

a Stonehenge. Pero ciertamente es más fácil reivindicar el robo de un banco que hacerlo realmente, del mismo modo que es habitual que múltiples organizaciones terroristas reivindiquen el mismo atentado.

En 1998 estos individuos se hallaron en la envidiable posición de cruzar medio mundo hasta Nueva Zelanda para crear un círculo de las cosechas que saldría en un documental de televisión emitido en Estados Unidos. Puede suponerse que el Equipo Satán recibiría buenas recompensas por dedicar tanto tiempo y esfuerzo; se sabe que al granjero se le pagó tres veces el precio de mercado de su cosecha presta a ser demolida.

Cuando empezaron a surgir imágenes de este trabajo realizado manualmente, parecía que por fin el fenómeno de los círculos de las cosechas estaba a punto de ser explicado al público. A primera vista, los agrupamientos de círculos construidos para imitar el «Triple Julia Set» eran impresionantes, aunque tenían un tercio del tamaño del original. La configuración era mucho más confusa, y teniendo en cuenta su básica geometría triangular, estaba ladeada y desalineada. En su centro había un círculo con un corte en su parte superior, una pobre

representación del «Mandelbrot Set». Pero debo decir en favor del equipo que era un logro formidable, aunque sobrepasaran el límite de tiempo (les costó más de cinco horas completarlo).

No obstante, los relatos del granjero y de un periódico neozelandés sugerían que la empresa no era tan inocente como parecía a primera vista: el equipo de producción había utilizado los servicios de dos grúas de cuarenta toneladas. Nadie sabía por qué se usarían estos equipos tan pesados para trazar círculos, especialmente porque habrían tenido que ser transportados por vía aérea hasta aquella remota zona de la isla sur, donde el número de ovejas es mayor que el de personas. La respuesta llegó cuando se pasó el documental por primera vez en la cadena norteamericana NBC, en mayo de 1998.

El programa, titulado *Desenmascarados: los secretos del engaño*, sólo dedicó quince minutos a la labor del equipo. Para establecer su credibilidad como «documental serio», el programa empezó con filmaciones realizadas con cámara oculta en casinos en las que se veía a jugadores haciendo trampas. El segundo segmento trató de desmitificar las sesiones espiritistas demostrando que es posible hacer volar candelabros y otros objetos por una habitación a oscuras con la ayuda de cables ocultos. A esto le siguió un desenmascaramiento de los lectores de mentes, a quienes se acusó de engañar a sus clientes usando café negro en el que veían los diseños que los clientes dibujaban en las cartas; esta sección aparentemente inocua de desvelamiento de los misterios acabó con una denuncia de las prácticas de cirugía psíquica que se realizan en Filipinas.

Y digo inocua porque a primera vista todo esto parece creíble. Trampas de juego filmadas con cámara oculta, ¿qué podría ser más convincente? Pero los candelabros volantes y otros trucos de salón fueron usados por última vez en la era victoriana, y el café y los lectores de mentes no van de la mano, puesto que el café es un estimulante y no resulta útil para inducir la actividad psíquica, que requiere una mente relajada.

Estaba claro que el programa había sido diseñado para empezar ganándose la confianza del espectador, después de lo cual, por simple asociación, se podría concluir que todas las situaciones presentadas eran fraudulentas. Así, el escenario estaba finalmente preparado para que el elegantemente vestido presentador anunciara «el mayor de los fraudes, los círculos de las cosechas». Después de un breve repaso y una serie de hermosas imágenes aéreas, éstas son algunas de las afirmaciones que hicieron los guionistas, seguidas por mis clarificaciones: «Los investigadores dicen que no hay pruebas físicas de construcción humana..., que el suelo no está pisado, que no quedan huellas». En realidad, los investigadores dicen que los rastros de implicación humana, en forma de huellas de zapatos, suelo alterado y plantas dañadas, son signos de juego sucio.

«El suelo suele estar endurecido [dentro de los círculos de las cosechas].» No, en las islas británicas el suelo a menudo está embarrado. Tal vez los guionistas olvidaran que, ocasionalmente, llueve sobre ellos. De hecho, el 60% de los círculos de las cosechas aparecen en noches lluviosas.

Después se nos dice que los falsificadores «no estaban interesados en la geometría sagrada». Esto no es ninguna sorpresa puesto que, a pesar de su maqueta cuidadosamente diseñada, la formación de Nueva Zelanda no había sido trazada siguiendo principios matemáticos precisos. Tal declaración también es una admisión de ineptitud, puesto que a estas alturas estaba probado que las formaciones genuinas reflejan la geometría sagrada y oscuros teoremas matemáticos, y simplemente es imposible reflejar valores matemáticos fijos por casualidad (como veremos en el capítulo 9).

«Nadie ha sido atrapado nunca, hasta ahora» y «hecho por visitantes desconocidos». Sin duda, si hubieran sido pillados, se los conocería. Lo cierto es que toda la producción fue planificada cuidadosamente sobre el terreno a lo largo de tres días, y hubo gente del pueblo mirando mientras los equipos se ponían a trabajar. Por allí pasó hasta el granjero.

«Se hace otro descubrimiento cuando el sol sale sobre la cosecha», continúa el narrador, dando a entender que el equipo de filmación se tropezó con los falsificadores por accidente, de manera muy parecida a como Napoleón descubrió una mañana que gobernaba Europa por equivocación. Dejando los chistes de lado, cuando el presentador insinuó que la operación había sido llevada a cabo a la luz de la luna, entendí el sentido de contratar dos grúas.

Aparentemente, la noche neozelandesa es mucho más oscura que la inglesa, hasta el punto que hubo que suspender dos grandes luces sobre el campo para permitir que los falsificadores hicieran su trabajo. Uno podría argumentar que las cámaras de vídeo necesitan luz para grabar los detalles, en cuyo caso ¿por qué no se filmó toda la secuencia con un equipo de visión nocturna? También podrían haber esperado a la alternativa más barata, el sol. En cualquier caso, ni la grúa ni la luz artificial se mostraron en televisión.

El programa continuó diciendo que la «comunicación en el campo oscuro se había hecho mediante una serie de señales silenciosas y sosteniendo planchas de madera en el aire». Esto puede ser indiscutible, teniendo en cuenta que se puede ver hasta un dedo levantado desde la otra punta de un campo bañado en 10 000 vatios de luz. Pero inténtalo en la oscuridad, donde cualquier cosa situada a siete metros de ti tiene la luminiscencia de un pedazo de carbón, y trata de crear una forma geométrica casi perfecta coordinándote con tu compañero, que está a 100 metros de distancia. Por supuesto, uno podría pintar las planchas de blanco, pero, entonces, ¿para qué hacía falta que los falsificadores llevaran puestos trajes de camuflaje negros? Además, la altura de estas placas tendría que ser extraordinaria teniendo en cuenta que algunas de las formaciones inglesas se hallaban en pendientes curvadas con desniveles de más de diez metros. Esto también significa que el equipo estándar de los falsificadores debe incluir unos bíceps extraordinarios.

Minuto a minuto, se había perpetrado un elaborado fraude contra el público americano, matando el tema de los círculos de las cosechas definitivamente en sus corazones y mentes al desacreditar el fenómeno y a sus creyentes mediante la asociación con un tema aparentemente fraudulento. El episodio daba risa si uno conocía ambos lados de la historia, pero, por desgracia, eso excluye a la mayoría de las personas que ven la televisión en el

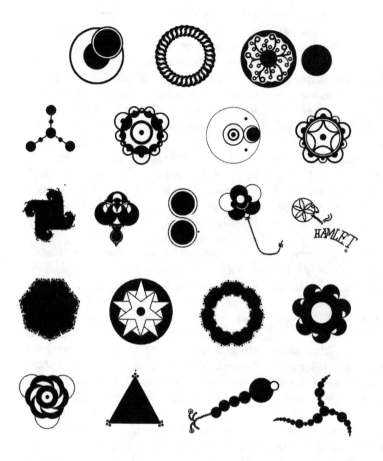

Figura 7.9
Selección de círculos de las cosechas de 1998.

filmación acabó. Sin embargo, no todas las pistas se perdieron, porque más adelante se me reveló que todo el diseño había sido marcado con estacas y cuerda antes de la filmación, por lo que no es de extrañar que al equipo de los tres «satanistas» se los viera en la película creando un patrón geométrico coherente con tan poco esfuerzo. No podrían haber hecho lo mismo en Wessex. El granjero mismo vio al equipo de producción filmando el montaje mientras inspeccionaba el campo, preocupado de que hubiera áreas dañadas de la cosecha por las que no se le hubiera pagado.[36]

Naturalmente, tal prueba incriminatoria nunca fue emitida. Para ser justo, un miembro del Equipo Satán/Creadores de círculos me pidió que contribuyera con cualquier cuestión que pudiera ser usada en los comentarios del programa, y les facilité algunas. Ninguna de ellas llegó a ser mencionada. Sin embargo, los productores de esta obra maestra del engaño dijeron una verdad al principio mismo: «Los círculos de las cosechas son uno de los fenómenos peor comprendidos». No es de extrañar con programas como éste.

Así empezó la estación de círculos de 1998.

Entre tanto, de vuelta en Inglaterra, un piloto que despegaba el 19 de abril de una pista cercana a Weyhill se tropezó con la primera formación,

mundo. Sin mostrar ni un ápice de investigación o de análisis comparativo, ni una opinión dispar de alguien perteneciente al otro campo de opinión respecto al fenómeno, los sesenta minutos de despropósitos televisados sin duda consiguieron alienar otro segmento de potenciales partidarios.

Distanciada en la otra punta del mundo y escasamente poblada, Nueva Zelanda fue el lugar cuidadosamente elegido para impedir que asistieran expertos investigadores pro círculos. Como precaución extra, la cosecha fue segada en cuanto la

36. Gracias a Doug Parker y al doctor Jonathan Sherwood por obtener la información inicial. La historia fue contada por John Cutt, «No UFO Over Dunearn», en *The Southland Times*. Referencia a *Unmasked: The Secrets of Deception*, del documental americano emitido por la cadena NBC en mayo de 1998, producido por Tri-Crown Productions, con base en California.

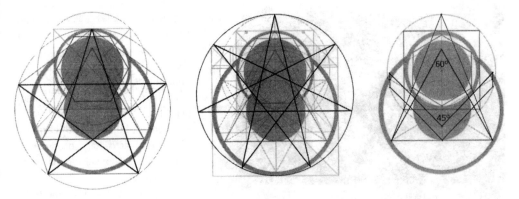

Figura 7.10
Geometría codificada. Izquierda: triangular y pentagonal; centro: heptagonal; derecha: la geometría codificada revela dos figuras asociadas con la masonería, el cuadrado inscrito y el compás. Weyhill, 1998.

un círculo no muy notorio sobre el que se superponía otro círculo con anillo. Tras haber calculado la auténtica capacidad de los Creadores de círculos de codificar el mensaje geométrico de la estación en la primera serie de diseños, me dispuse a trabajar esta primera formación y descubrí un código pentagonal que aparecería en los círculos de las cosechas a lo largo de la temporada. Pero aquella primavera mi intuición me dijo que el año estaría dominado por primera vez por la geometría séptuple. Siguiendo esta corazonada, apliqué un marco heptagonal (de siete lados) sobre el círculo de Weyhill. La figura geométrica encajó, y para finales de la estación de 1998 estaba incluida en tres importantes formaciones.

Durante un verano en que los granjeros perdieron la mayor parte de sus cosechas de cereal debido a la andanada incesante de vientos y lluvias, las falsificaciones supusieron una parte importante de las formaciones de las cosechas, tal vez el mayor porcentaje de falsificaciones desde 1992. Al menos tres grupos estaban trabajando duramente en la zona de Avebury, lo que quedaba evidenciado por la apariencia general de los diseños que, para comienzos de julio, podían ser clasificados exclusivamente por su falta de estética. La mayor parte de estos diseños desgreñados fueron atribuidos a recién llegados, posiblemente inspirados por la nueva ola de desprestigio televisivo. Una formación con forma de «raya», por ejemplo, tenía elementos de

fabricación humana añadidos al diseño original, especialmente en la cola.

Esto pareció generar una respuesta por parte de los verdaderos Creadores de círculos, en la forma de un doble pentagrama cercano que vino acompañado por una serie de incidentes relacionados con la salud. En West Woods, un patrón denominado «La reina» (véase la figura 7.12) estaba en el extremo opuesto del mismo campo donde había aparecido otro círculo anterior que era genuino; detrás de Silbury Hill también se intentó un patrón fractal crudamente ejecutado y supuestamente encargado por un importante periódico inglés.

Sin dejarse desanimar por las falsificaciones, el primero de los patrones heptagonales se imprimió en East Field a mediados de julio. Dos semanas después, el 8 de agosto, un grupo de falsificadores intentó robarle la escena entrando en el campo que queda detrás de Tawsmead Copse ocultos en la oscuridad. Según una comunicación personal mantenida con un miembro del equipo, apenas habían empezado a trabajar cuando dos bolas de luz los persiguieron. Tomándose esto como una señal de «no alteréis este campo», el grupo se fue.

Su historia parecía tener cierta verosimilitud. Un grupo que acampaba al otro lado del valle de Knapp Hill vio bolas de luz naranja volando alrededor del seto aquella noche, y también las percibió otro segundo grupo independiente que estaba sentado en el montículo largo de Adam's Grave.

Figura 7.11
«Doble pentagrama» con la «raya» anterior en el trasfondo. Beckhampton, 1998.

Figura 7.12
«La reina», una entre una serie de falsificaciones realizadas durante 1998. West Woods.

Seguidamente, a las 5 de la madrugada, un residente que caminaba en dirección del seto vio que las nubes se abrían «como si dos tubos de cristal hubieran descendido del cielo». Dos horas después apareció un elaborado glifo fractal de siete puntas. (Casualmente, otro testigo vio el mismo efecto «tubo de cristal» poco antes de la aparición de la primera formación de West Woods.)

Aunque la formación fue cortada apresuradamente, una investigación sobre el terreno del nuevo heptágono de Tawsmead reveló tres rasgos magnéticos —positivo, negativo y neutro— generados por «círculos metralla» de tres tamaños distribuidos alrededor de su perímetro. Apenas a 30 metros del heptágono se veían los comienzos del simple círculo con anillo de los falsificadores.

Cuando apareció una tercera formación heptagonal debajo del fuerte de Danebury Hill, sentí como si realmente se hubiera estado produciendo una comunicación subconsciente, sentimiento fortalecido cuando John Sayer, editor de *The Cereologist*, me reveló que él había soñado el mismo diseño, y su boceto era similar a la hermosa formación en molinete.

Otra de las personas que disfrutaban una relación íntima con los Creadores de círculos era un joven fotógrafo llamado Tony Crerar, que el 3 de mayo se dedicó a fotografiar el área de Avebury, empezando con las vistas que se divisan desde el túmulo largo de West Kennett. Hacia las 3 de la madrugada siguiente había terminado su encargo de fotografiar la puesta de luna desde aquel estratégico punto de

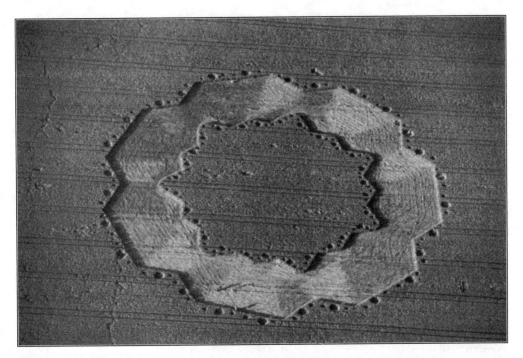

Figura 7.13
Uno de los muchos círculos de las cosechas que previsiblemente iban a exhibir una figura geométrica séptuple. Tawsmead Copse, 1998.

vista del santuario. Desde este antiguo templo, Silbury Hill se alzaba sobre el paisaje ondulante brillando bajo la pálida luz de la luna; el túmulo largo de West Kennett quedaba a la izquierda. Tony guardó sus equipos y volvió al coche para dormir un rato, pero como hacía cada vez más frío, en lugar de descansar decidió conducir un rato para calentarse.

A las 4:30 condujo hacia el oeste. El campo de colza que quedaba debajo del montículo largo tenía una apariencia prístina bajo la tenue luz del reptante amanecer. Al volver al santuario media hora después, vio que se había impreso una formidable formación de más de 80 metros de ancho sobre su superficie dorada (Crerar, 1998). El anillo de bordes ondulantes encerraba un patrón radial que abarcaba 33 «llamas» extendidas equidistantemente alrededor de la circunferencia (lo que requería calcular un ángulo de 10,90909° para cada elemento).

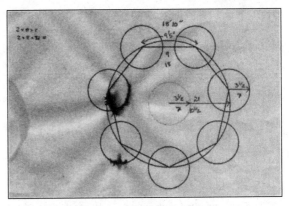

Figura 7.14
Boceto realizado por el editor de *The Cereologist* en predicción del patrón de Danebury.

Visto desde arriba con la luz reflejando el amarillo aún intacto de las flores, el diseño recordaba a un mosaico romano con su centro siete metros más adentro, donde la cosecha no había sufrido alteración.

La fecha de su aparición —tres días después del festival solar celta de Beltane— y las 33 «llamas»

Figura 7.15
La compleja geometría heptagonal se expresa elegantemente en esta esvástica curva, símbolo del sol y de las siete notas de la escala musical pura. Daneburg hill fort, 1998.

continuaron con la entrevista a 50 metros de la formación, el equipo volvió a funcionar con normalidad; después repitieron el experimento dentro de la formación y los problemas técnicos regresaron.

Más adelante, aquel mismo día, un equipo cínico de ITV Bristol Television también decidió dejarse caer por allí, de modo que los Creadores de círculos tuvieron un día de maniobras.

La noticia fue emitida aquella noche sin signos claros de alteración, aparte del hecho de que, para quienes habían estado allí, el segmento parecía muy breve con respecto al tiempo de filmación. A la mañana siguiente, Francine Blake, que había dirigido el equipo de filmación, recibió una llamada del personal técnico de la televisión explicando que la noticia televisada había sido breve porque la banda sonora había sufrido tantas alteraciones que la mayor parte de la grabación había quedado inutilizada. Tal como le había ocurrido anteriormente a la BBC, el equipo de ITV Bristol fue incapaz de explicar estos problemas técnicos (Blake, 1998).

Curiosamente, la BBC tuvo sus propios problemas cuando contrató al Equipo Satán/Creadores de círculos, y a Doug Bower, para recordar a sus espectadores que los círculos de las cosechas sólo son hermosos diseños realizados por grupos de artistas habilidosos. Aún bañados en la gloria de su aventura en la otra punta del globo, el Equipo Satán/Creadores de círculos optó esta vez por una simple ruleta de 100 círculos con el logo «Y» en su centro (anunciando la página web Yell). El resultado fue una estructura con defectos geométricos,

muestran una conexión clara. Tradicionalmente, el 33 es un número solar, y en muchas religiones está asociado con la divinidad. Cuando dividimos los 365 días del año por 33 nos da el número 11,060606; el 11 representa los años que dura el ciclo de actividad de las manchas solares, y 666 (entre ceros), es el número atribuido tanto al sol como a la «Bestia».

La familia Shilling, que había salido aquella mañana para apreciar los coros de pájaros del amanecer, también pasó en su coche junto al campo a las 4:30, cuando aún estaba intacto, pero a su vuelta, a las 5:45, el círculo de las cosechas ya estaba allí. Describieron que las plantas estaban intactas y no había huellas en el suelo húmedo bañado por el rocío, algo que ellos mismos no pudieron evitar alterar, aunque trataron de entrar con todo cuidado.

A la mañana siguiente, la unidad de sonido de la BBC de Wiltshire estaba llevando a cabo una entrevista radiofónica dentro del glifo de la cosecha cuando se estropeó una grabadora, la cinta empezó a correr aceleradamente y se detuvo. Cuando

Figura 7.16
«Rueda de Beltane» de 33 llamas aparecida en un espacio de dos horas. Los caminos centrales fueron hechos posteriormente por las personas que midieron la formación. West Kennett, 1998.

Figura 7.17
Composición geométrica requerida para generar cada una de las 33 «llamas».

comparable al «Triple Julia», pero olvidó convenientemente mencionar que la obra artística de su equipo era de un tamaño tres veces menor, geométricamente inexacta, y a diferencia de su predecesor, en ella no se registraron anomalías electromagnéticas, biofísicas ni de otro tipo.

Lo más vergonzante para la BBC fue que esta incursión en el mundo subterráneo del engaño se frustró cuando sólo llevaban una hora de trabajo, cuando el grupo fue sorprendido in fraganti a pesar de la oscuridad. Esto demostró que es mucho más difícil evitar la detección cuando intentas este tipo de aventuras en un país donde, a diferencia de Nueva Zelanda, el número de habitantes es superior al de ovejas.

A pocos metros de distancia, Doug Bower había tenido sus propios problemas por haber errado el cálculo del diámetro de su simple círculo de diez metros. De modo que, como el amanecer ya estaba encima, se reclutó a un agotado miembro del Equipo Satán/Creadores de círculos para ayudar al veterano a completar el proyecto, que había doblado su tamaño por error.

Esta grabación fue emitida posteriormente por el programa de la BBC *Country File*. Una de las cuestiones que planteaba abiertamente era: «¿Podríamos crear un complejo círculo de las cosechas por la noche sin ser detectados?». Como habían sido detectados —curiosamente por otro grupo de falsificadores—, parece que la respuesta tendría que ser «no».

presumiblemente porque no les era tan fácil ocultar una grúa de 40 toneladas para iluminar el campo, o porque el diseño no había sido dibujado con anterioridad.

En cambio, caminos circulares pisoteados marcaban la ubicación de las áreas que habían de ser aplastadas, y crearon caminos de conexión entre cada círculo, un rasgo que ciertamente no había sido evidente en el muy superior «Triple Julia Set» hasta que la gente empezó a caminar por sus laberínticos círculos. Rod Dickinson, del Equipo Satán, anunció con posterioridad que su trabajo era

Figura 7.18
Más impresionante desde el aire que desde el suelo. Éste es el fruto del
esfuerzo del Equipo Satán/Creadores de círculos. Milk Hill, 1998.

Así son las coincidencias en este fenómeno.

Sin embargo, un segundo objetivo más sutil parece haber sido el de desinformar. El programa fue emitido estratégicamente para restar credibilidad y desviar el interés ante la nueva estación de los círculos de las cosechas, y para suscitar animosidad hacia todo tipo de cosas circulares en la mente de su audiencia habitual, los granjeros. A juzgar por el rechazo y la hostilidad de éstos durante los subsiguientes intentos de acceder a sus campos, sin duda consiguieron el efecto deseado.

La completa «desaparición» de Dave Chorley también resultaba sospechosa. A lo largo de años de entrevistas, las historias de Bower y Chorley raras veces coincidían y, de hecho, se hicieron tan contradictorias que a Chorley se le mantuvo cada vez más lejos de los focos. En cualquier caso, daba la impresión de que Chorley estaba cansado de todo el montaje. En un momento dado, Paul Vigay (que se había comunicado con él ocasionalmente) sintió que quizá estuviera dispuesto a contar su historia al público. Vigay nunca sabrá si esta premonición fue exacta porque Chorley murió apenas una semana después.[37]

A pesar de las manipulaciones de los medios, los círculos de las cosechas no se evaporaron completamente de la mente del público en 1998. Al contrario, ahora que algunas formaciones de crudos perfiles anunciaban puros habanos, los círculos de las cosechas entraron a formar parte de la cultura de masas, aunque esto supusiera que lo sagrado y lo misterioso quedara adulterado por el márquetin. Como los falsificadores eran perseguidos por la ley, estos «anuncios» permitieron que algunos de sus creadores reivindicaran públicamente sus obras, y, al hacerlo, expusieran sus métodos.

Escribiendo sobre el círculo de las cosechas denominado «furgoneta», realizado por el Equipo Satán/Creadores de círculos —encargado por Mitsubishi—, Rod Dickinson dijo: «Atípicamente, la formación fue realizada a la luz del día. Nuestro equipo de tres personas tardó doce horas en completarla debido a la complejidad del diseño —que tenía muchos puntos centrales y muchas curvas compuestas que encontrar y crear— y a la necesidad de una precisión absoluta; la formación no serviría de gran cosa si no era igual al coche que supuestamente representaba».[38]

¿Necesitaron doce horas para completar un círculo a plena luz del día? Esto hace que uno se pregunte cómo pudieron completar esas perfectas curvas logarítmicas del «Triple Julia Set» (la formación tan destacadamente expuesta en su página web) en sólo cinco horas y en la oscuridad.

La comisión Mitsubishi proveyó pruebas definitivas de la participación del equipo en la creación del círculo de las cosechas. Pero, al año siguiente, el mismo equipo participó en un evento más siniestro. El 7 de agosto de 1999 apareció un artículo de tres páginas titulado «La noche que los ovnis no aterrizaron» en el periódico sensacionalista británico *The Daily Mail*. La historia de Sam Taylor y el fotógrafo Nick Holt describía que el

37. Comunicación personal con Paul Vigay.
38. Rod Dickinson, página web de Equipo Satán/Creadores de círculos.

periódico había encargado al Equipo Satán/Creadores de círculos la creación de una elaborada formación en Avebury, que comprendía una serie de círculos distribuidos en un área triangular; cada círculo tenía inscritas ciertas líneas para crear la sensación de figuras tridimensionales. La formación apareció el 28 de julio, pero por algún motivo el periódico, que siempre daba las noticias puntualmente, publicó la historia diez días después.

Dijeron que su equipo de ocho personas se había colado en el interior del campo sin ser detectados a las 11:30 de la mañana y supuestamente durante las seis horas siguientes Taylor y Holt habían observado cómo creaban la formación. Por la mañana entrevistaron a los visitantes, y reflejaron las historias más increíbles respecto a los orígenes y efectos de los círculos con el propósito de ridiculizar el fenómeno. Hasta ahí la historia parecía coherente, pero a partir de este punto empezaron los problemas.

A las 11 de esa noche, Chad Deetken, su esposa y tres amigos iban caminando a lo largo de la avenida de piedras que conduce al círculo de Avebury, aprovechando la claridad de la luz lunar. Sus amigos se fueron, pero los Deetken se quedaron hasta pasada la media noche.

El campo en el que supuestamente se estaba llevando a cabo la falsificación se halla al lado de esta avenida de piedras, y entre la avenida y el campo hay un desnivel de unos ocho metros. A las 12:30 la fabricación del círculo ya debería haber comenzado, pero los Deetken, que estaban de pie frente al lugar donde se debía estar creando, no recuerdan haber detectado ninguna alteración. Dos horas después, el insomne director de una librería situada a poco más de 200 metros miró por la ventanilla de su coche y también vio un campo de trigo inalterado. Otros dos testigos caminaron junto al lugar a las 3:00 y a las

4:00 a. m. respectivamente y tampoco detectaron nada.

Entonces, ¿dónde estaba el grupo? El artículo del periódico dice que «la luz era tan mala», y sin embargo aquella noche podía verse muy bien el paisaje porque el cielo se encontraba despejado y la luna estaba tan llena y brillante que se podía leer hasta la letra pequeña del periódico. El artículo también decía que tuvieron que saltar una puerta de ocho barras para acceder al campo, pero no hay puertas de ocho barras en el vecindario, y, además, las puertas de Wiltshire suelen ser de cinco o seis barras. Tal vez se equivocaron de condado. O, lo que es más probable, entraron en el reino de la ciencia-ficción.

Deetken llamó varias veces al periódico para hablar con Taylor o Holt a fin de clarificar las cosas, pero no obtuvo respuesta. De hecho, los intentos realizados a lo largo de los siguientes meses por varios investigadores (y yo mismo) de hablar con ellos resultaron infructuosos. El periódico ni siquiera dejó claro si esas personas existían. Finalmente, las llamadas realizadas a Sam Taylor fueron transferidas a

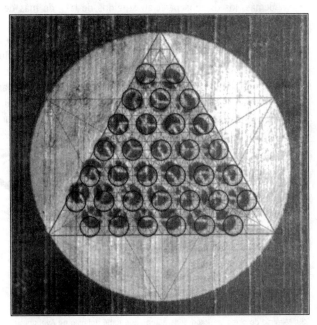

Figura 7.19
La superposición geométrica revela las discrepancias en el diseño reivindicado por el Equipo Satán/Creadores de círculos. Avebury, 1999.

un despacho del periódico sensacionalista rival, el *Daily Mirror*. Y quien respondió a la llamada al otro extremo del hilo telefónico no era otro que el mentor de Doug y Dave, Graham Brough.

Se había gestado otro fraude sobre el confiado público británico. El Equipo Satán/Creadores de círculos había reivindicado la formación de otro equipo, un ejemplo de «seducción por sugestión».[39] Pero ¿de quién era la formación? Desde el aire y desde el terreno, las pruebas no apuntaban hacia una fuente sobrenatural, pues la autenticidad del diseño dejaba mucho que desear.

En aquel tiempo, recuerdo haberme sentido confundido por dos círculos de las cosechas que no parecían tener las características habituales de los fabricados por la mano humana pero tampoco eran auténticos; estos círculos eran diferentes. Las plantas quebradizas mostraban que se había usado una cantidad de calor excesiva, y el suelo, pegajoso al tacto, estaba polvoriento por dentro, incluso más de lo que es normal en un círculo de las cosechas; las pruebas realizadas para comprobar el electromagnetismo de los enclaves no detectaron anomalías. Además, los diseños parecían surgidos de la cabeza de una máquina más que del corazón de un ser sensible: el primero era un conjunto de tres medias lunas entrelazadas junto a Barbury Castle; el segundo era el fraude de Avebury. Las palabras «microondas» y «militares» saltaron a mi mente y permanecieron allí.

Pasaron las semanas. Una tarde me encontré con una amiga, una psíquica respetada que había venido a visitarme desde América. Compartí con ella varias fotografías de los círculos de las cosechas de la temporada, deteniéndome en las formaciones de Barbury y Avebury. Sin que yo le dijera nada, a ella le vinieron las mismas dos palabras que a mí: microondas y militares.

Meses después comenté el fraude de Avebury con Marcus Allen, editor en el Reino Unido de la revista *Nexus*, y antiguo investigador privado. «Mira el campo donde se extiende la formación de Avebury

–dijo–. Mira lo poco que está creciendo allí esta temporada; de hecho, mira cómo todo lo que crece allí parece atrofiado, incluso las malas hierbas, como si el área hubiera sido irradiada con microondas y eso la hubiera esterilizado». Ciertamente éste era el caso en Avebury, de modo que volví al enclave de Barbury para ver si las sospechas de Marcus eran fundadas. Alrededor de donde había estado la formación sólo había plantas atrofiadas.

Lo que hizo que 1999 fuera un año positivo fue la extraordinaria demostración de fuerza realizada por los verdaderos Creadores de círculos. Como estudiaremos con detalle muchos de sus diseños en la parte posterior del libro, aquí sólo mencionaré algunos detalles significativos. Éste fue el año de la geometría nónuple, y un número importante de las formaciones habían sido predichas, lo que confirmaba todavía más que se estaba produciendo un intercambio entre la fuerza creadora de círculos y sus receptores humanos.

En abril, los círculos de las cosechas demostraron compartir nuestro maravillamiento por el próximo eclipse solar desplegando un pictograma de más de 200 metros en el que se veía la luna cubriendo al sol en nueve etapas. En Hapken Hill, un diseño con forma de vórtice mostraba nueve espirales fluyendo hacia dentro, tres de las cuales estaban aplanadas en sus cúspides; los investigadores tardaron casi un año en entenderlo. En East Field, el último día del antiguo calendario azteca apareció una «serpiente» con nueve vueltas cuyo

Figura 7.20
¿Se utilizó tecnología microondas en la creación de estos círculos de las cosechas? All Cannings, Barbury Castle, Devil's Den, 1999.

---

39. Mirando de cerca las fotografías aéreas que tomé del glifo de Avebury aquella misma mañana, una tomada en el camino de salida del área muestra un pequeño patrón con forma de pesa al otro lado de Woden Hill (que se alza entre Avebury y Silbury), un lugar retirado del camino cercano y cerca de una puerta. ¿Podría ésta ser la formación realizada por el grupo?

Figura 7.21
Selección de círculos de las cosechas de 1999.

trazado peinado hacia atrás recordaba la tira de ADN. ¿Se trataba de un símbolo de Quetzalcoatl, el dios azteca con forma de serpiente emplumada?

La importancia de este juego en torno al número nueve se descubrió posteriormente en las cartas astrológicas heliocéntricas de diciembre, que retrataban a los planetas y a los principales asteroides distribuidos en tres grandes trígonos alrededor del sol, creando una estrella de nueve puntas en nuestro sistema solar.

También se presentaron dos «redes» geométricas, la primera con forma de octaedro desdoblado (un sólido platónico de ocho lados) y la segunda con la forma de un cuadrado desdoblado y entrelazado que, cuando se doblaba, parecía una esvástica azteca. Era como si los Creadores de círculos se estuvieran divirtiendo con un juego de origami. Esta última formación apareció a sólo 200 metros del «lugar de la última danza ceremonial» del anciano azteca Tlakaelel.

Figura 7.22
«Nueve espirales». En la construcción de estas curvas aplanadas se usa un complejo y oscuro método matemático empleado por última vez en los círculos de piedra. No es casual que nadie reivindicara este círculo. Hakpen Hill, 1999.

El progreso temático de esta temporada por el que los dibujos pasaban de dos a tres dimensiones quedó confirmado y reforzado por la aparición de un cubo inconfundible cerca de donde se había plasmado el círculo Mandelbrot ocho años antes. Los diseños estaban adquiriendo perspectiva repentina y drásticamente.

Este cambio de la percepción dimensional siguió desarrollándose todavía más a lo largo del 2000, cuando las formaciones se enfocaron en la curvatura de los entramados y en los efectos visuales. Algunos diseños apuntaban hacia una comprensión de la teoría de la relatividad de Einstein y de la física cuántica, en las que el espacio y el tiempo están interconectados formando un continuo de cuatro dimensiones, y las partículas son consideradas más como procesos que como objetos.

El primer ejemplo de la proyección de un cuerpo tetradimensional en el espacio tridimensional —una esfera desplegándose a través de una red— apareció en el flanco oeste de Windmill Hill (véase la figura 7.27). A esto le siguió una gran trama cuadrada en East Kennett que estaba formada por 1600 porciones aplanadas y erguidas, sutilmente graduadas en cuatro cuadrados, cada uno de los cuales daba la sensación de estar compuesto por cubos alternantes que descendían hacia la Tierra o que surgían de ella (véanse las figuras 7.28 y 7.29). Por su propia naturaleza, la imagen que daba este diseño visto desde arriba dependía del ángulo de la luz, por lo que, según la hora del día,

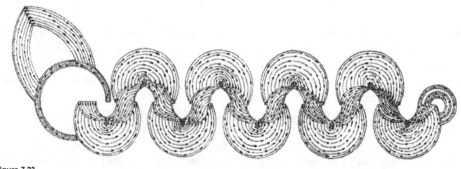

Figura 7.23
Un examen sobre el terreno del glifo «Serpiente enroscada» muestra la complejidad del trazado del suelo. Nótese el pequeño vórtice en el extremo de cada punta. Alton Barnes, 1999.

lo que parecía estar hacia «arriba» también podía estar hacia «abajo» y lo «cóncavo» se hacía «convexo».

¿Qué se nos estaba transmitiendo aquí? ¿Qué otros niveles de realidad existen más allá de la limitada percepción de nuestros sentidos? Tal vez los Creadores de círculos estaban reentrenando nuestra percepción visual, puesto que un efecto tan holográfico supone un reto para el espectador, que se cuestiona cuál es su relación con la imagen presentada; lo mismo ocurre con las paradojas visuales de artistas como M. C. Escher y Monika Bush, que enseñan al ojo a «ver» de una manera diferente.

Estos círculos «interdimensionales» recibieron el apoyo de una serie de glifos con forma de flor que hacían referencia a las ruedas de energía invisible del cuerpo humano llamadas chakras. Especialmente meritorios fueron un mandala de dieciséis pétalos relacionado con el chakra de la garganta (véase la figura 7.31); un «girasol» relacionado con el chakra coronario; y una flor de loto de seis pétalos (con el sexto pétalo doblado) relacionada con el chakra sacro.[40] (Véase

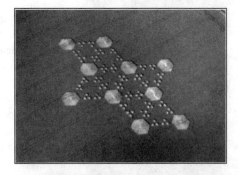
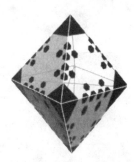

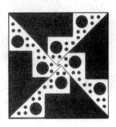

Figura 7.24
Círculos de las cosechas «Origami»: una formación aparecida en Clatford que se pliega para dar un octaedro. Casualmente, la metralla no está compuesta por círculos, sino por pequeños hexágonos. Abajo: la formación de Silbury, que cuando se pliega da una especie de esvástica azteca.

la figura 7.30 en la página VII de la sección a color.)

En el extremo sur del complejo Windmill Hill apareció una de estas «ruedas de energía». Para algunos, este diseño irradiante era evidentemente una representación idealizada del campo magnético de la Tierra; para otros guardaba similitud con la división de un cromosoma, o incluso era un dibujo estilizado de los hemisferios del cerebro humano. Independientemente de la interpretación, el impacto visual era asombroso, puesto que a pesar de la apariencia de bandas radiantes, no se había usado una línea curva ni siquiera para construir los dos dipolos. Todos los efectos estaban creados por líneas rectas, que eran producto de plantas dispuestas en patrones ondulantes. Donde las líneas convergían en cada dipolo, las tiras de trigo erguido habían quedado reducidas a cuatro o cinco plantas (véanse las figuras 7.32 y 7.33).

40. «Chakra» es una palabra sánscrita que significa «rueda girante de energía». Los chakras forman una colección de vórtices que facilitan la entrada de energía en los principales órganos, y en las glándulas endocrinas u hormonales. Seis de los siete chakras principales vienen simbolizados por flores de loto de distinta cantidad de pétalos, cada uno de ellos asociado con un sonido o vibración, y que guardan correspondencia con los sonidos de las cincuenta letras del alfabeto sánscrito. Curiosamente, hay cincuenta sonidos que el ser humano puede vocalizar. Por esta razón al sánscrito se le llama *Dev Bani*, el lenguaje de los dioses.

Figura 7.25
Glifos de las cosechas en 3-D. Beckhampton y Wimpole Hall, 1999.

El círculo «Entramado magnético» demostró haber llegado en un momento propicio. La noche anterior, Colin Andrews no podía dormir y había estado jugando con la imagen de un entramado magnético, probablemente porque este tema ocupaba un lugar destacado en su mente. A los pocos días Andrews anunció que sus investigaciones realizadas entre los años 1999 y 2000 sobre los efectos de los círculos de las cosechas y el magnetismo mostraban que en el 5% de los círculos, el entramado magnético de la Tierra se desviaba entre 3 y 5°.

Es posible que los Creadores de círculos estuvieran escuchando furtivamente sus pensamientos, porque con rapidez le ofrecieron validación en un glifo de las cosechas con forma de toro anular. El diseño estaba fraccionado en once sectores circulares (que requerían dividir el círculo en ángulos de

32,72°), y cada sector estaba desplazado entre 4 y 5°, dando a la forma de donut del toro una cualidad tridimensional (véase la figura 7.34).

A pesar de las buenas nuevas, Andrews fue tratado con hostilidad, e incluso recibió amenazas de muerte de algunos miembros de la comunidad de los círculos de las cosechas, especialmente de aquellos que habían apostado su reputación a que todas y cada una de las plantas aplanadas eran producto de alguna fuerza sobrenatural. Comprensiblemente, la siguiente revelación de Andrews de que el 80% de los círculos que él había investigado durante esos dos años posiblemente eran obra de humanos era anatema para quienes tenían opiniones fijas sobre el tema, o para quienes tenían intereses creados y esta controversia los dejaba en cueros.

De este modo, una inocua investigación científica degeneró en un debate plagado de descalificaciones sobre qué era genuino y qué era fraudulento, demostrando una vez más que la comunidad de los círculos estaba tremendamente polarizada. No cabía duda de que durante este periodo muchos de los círculos eran de fabricación humana. Uno de los ejemplos fue un diseño con forma de corazón realizado en East Kennett, construido para una boda con permiso del granjero. Otro fue una simple estrella de siete puntas, cuyo creador, Matthew Williams, fue arrestado y multado.

Otro círculo más apareció no lejos de Barbury Castle: un diseño de 130 por 150 metros que incorporaba el logotipo de *Star Trek*, una flecha, y la famosa ecuación de Einstein $E=MC^2$. Había sido encargado por el Museo de la Ciencia de Londres para anunciar una próxima exposición, y fue descrito por uno de los artistas involucrados como «una de las tareas más arduas que he realizado nunca... Nos esforzábamos por crear líneas y ángulos rectos. No va a haber modo de convencerme de que esos círculos tan complejos son fáciles de hacer o de que pueden hacerse en una noche y a oscuras... La construcción de *Star Trek* fue simple y angular, pero tardó dos días en completarse, y las plantas de su interior quedaron completamente aplastadas, rotas, totalmente destrozadas» (Cochrane, 2001).

Independientemente del alboroto humano, el verdadero fenómeno siguió adelante con su programa. A medida que el sol descendía sobre un enorme glifo con forma de «girasol» que descansaba entre las cimas de las colinas Picked y Woodborough hills, este último diseño del 2000 volvió a darnos una muestra de las maravillas que estaban por venir. En este caso los Creadores de círculos, en lugar de usar la figura del círculo en la construcción, presentaron una formación generada mediante 44 rotaciones de la propia espiral natural, la proporción áurea (también conocida como *phi*), y cada una de estas expresiones necesitaba una curva que expresara la proporción de 1:1,6180339. Junto con sus 14 anillos concéntricos, el diseño hacía referencia a la proporción 44/14 o 22/7, característica de otra constante matemática, *pi*. (Véanse las figuras 7.35 y 7.36)

Ahora que alguien explique esto.

No cabe duda de que la presencia de los círculos de las cosechas se había convertido en una espina

Figura 7.26
Selección de círculos de las cosechas del 2000.

clavada en el costado de la ciencia ortodoxa, creando incomodidad en quienes se encargan de estructurar nuestros sistemas de creencias, porque, cuanto más conversos atraían los círculos de las cosechas, más esfuerzo se dedicaban a desacreditarlos. Las instituciones convencionales —el gobierno, las fundaciones

Figura 7.27
Aunque las fuertes lluvias y los vientos lo dañaron rápidamente, aún puede verse el efecto visual de la esfera emergiendo a través de un entramado. Windmill Hill, 2000.

Figura 7.28
«Cuatro cubos». Una única medida equivocada habría arruinado el efecto visual. East Kennett, 2000.

Figura 7.29
La estructura laberíntica de los «Cuatro cubos».

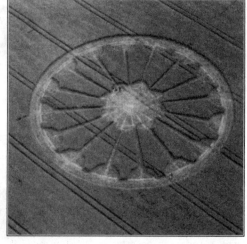

Figura 7.31
Mandala de 16 pétalos. Alton Priors, 2000

médicas, las empresas químicas o los académicos— desprestigian cualquier cosa «nueva» para darse la oportunidad de familiarizarse con las denominadas ideas no ortodoxas, adueñarse de ellas y finalmente ponerlas a disposición del público una vez que han aprendido a extraer algún beneficio político, militar o comercial de ellas. Un buen ejemplo es la actual guerra contra la medicina «alternativa».

Después de invalidar sistemáticamente la medicina holística, la industria médica se está convirtiendo en uno de los principales accionistas de las compañías que manufacturan remedios «alternativos».

Tal control centralizado a cargo de unos pocos ha demostrado ser un impedimento para el avance de cada raza, y comprender este hecho es comprender una de las principales razones responsables

Figura 7.32
El glifo de las cosechas «Entramado magnético» con sus dos dipolos, que generan cargas electromagnéticas positiva y negativa. Avebury Trusloe, 2000.

del emerger de los círculos de las cosechas, como veremos en la segunda parte.

La historia humana exhibe un triste legado de antagonismo hacia lo «nuevo», y, paradójicamente, quienes están menos cualificados para comentar un nuevo tema son quienes más activamente lo denuncian. Por ejemplo, los antiguos griegos conocían los fósiles y sabían que la vida en la Tierra era mucho más antigua de lo que se creía. El catolicismo romano vino acompañado por una actitud despectiva hacia la ciencia y la geología, particularmente si los descubrimientos no encajaban con los datos de sus escrituras corregidas. En un

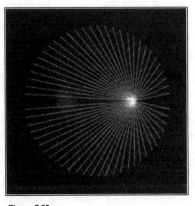

Figura 7.33
La geometría lineal del «Entramado magnético» crea el efecto 3-D de ser una esfera.

momento dado, la teología se hizo tan fundamentalista que instauró como fecha oficial de la creación el año 4004 a. de C.; incluso se discutía en qué día del mes de octubre había ocurrido. Y el rechazo personal de san Agustín hacia la astronomía contuvo los avances en el estudio de los cielos durante doce siglos, sí, mil doscientos años (White, 1896). Incluso en el siglo XVIII encontramos científicos obligados a retractarse públicamente de sus teorías, como con anterioridad tuvo que hacer Galileo.

Y como si el poder religioso no hubiera sido suficiente detrimento para el avance del conocimiento (o su redescubrimiento), el

Figura 7.34
Cada segmento del toro anular mantiene un giro de 4° sobre el entramado magnético de la Tierra. North Down, 1999.

sistema de creencias conservador que impera en la comunidad científica a veces produce sus propios obstáculos. Tomemos el caso de Johann Beringer, eminente profesor de la Universidad de Wurzburg y médico personal del príncipe-obispo. Durante la segunda mitad del siglo XVIII, Beringer también descubrió fósiles, pero la noticia fue recibida con tanta alegría como si hubiera llevado un cerdo a una sinagoga. Sus descubrimientos no estaban en concordancia con el punto de vista científico de su tiempo, y, para desacreditarle, dos compañeros suyos —el profesor Ignatz Roderique y el consejero real Georg von Eckart— falsificaron una serie de fósiles parecidos y pagaron a uno de los peones que excavaban para Beringer con el fin de que alterase los hábitos de su profesión y *enterrara* subrepticiamente las falsificaciones entre la tierra extraída.

Por desgracia para ellos, les salió el tiro por la culata, porque Beringer estaba encantado con los nuevos descubrimientos, los consideró auténticos y dio muchas conferencias sobre el tema. Roderique y Eckart, que se quedaron pensativos ante el aparente fracaso del engaño, esculpieron diseños todavía más elaborados en rocas, llegando a inscribir en

un momento dado el nombre en árabe de Jehová. Sólo cuando Beringer publicó sus hallazgos en 1872 los dos falsificadores confesaron sus actos al mundo. El escándalo subsiguiente consiguió desacreditar también los hallazgos originales y válidos de Beringer, e hizo caer en desgracia a Roderique y Eckart (John y Wolf, 1963).

El hecho de que estos dos hombres estuvieran dispuestos a arriesgar su reputación demuestra que el statu quo se toma muy en serio las amenazas a sus visiones establecidas, y el paralelismo evidente con sucesos ocurridos en la investigación de los círculos de las cosechas no requiere más explicaciones. Esto puede servir de lección tanto a los investigadores como a los desacreditadores.

La actual tendencia a ridiculizar o directamente silenciar en los medios de comunicación las investigaciones sobre los círculos de las cosechas mantiene la tendencia establecida para tratar los temas que amenazan los intereses de amplios grupos. Se podría decir que los propietarios de las compañías de televisión y de los periódicos son responsables de instigar un encubrimiento, o que los periodistas han tenido una actitud laxa a la hora de «sacar a la luz» pruebas valiosas, aunque éstas han estado a su disposición en todo momento. No obstante, es importante reconocer que actualmente la mayoría de los medios de comunicación del mundo no tienen sus destinos en sus propias manos. Muchos son filiales de multinacionales, cuyos grupos de presión cuentan con una larga historia de influenciar directamente las políticas gubernamentales.

Contando con un público confiado se fomentan estas políticas mediante la manipulación de los contenidos editoriales de los medios de comunicación, en los que estas compañías multinacionales tienen intereses económicos, o bien controlan grandes porcentajes de los presupuestos publicitarios que pueden consolidar o deshacer un periódico o

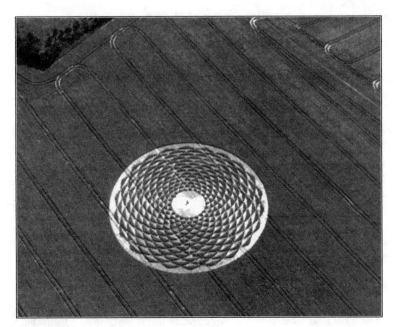

Figura 7.35
«Girasol», la gloria del 2000. Woodborough Hill.

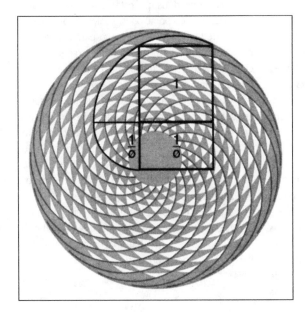

Figura 7.36
Cada espiral requiere que se conozca el número *phi*, es decir, la división de un área según la proporción 1:1,6180339, la proporción áurea.

un canal de televisión. En cualquier caso, no debemos subestimar el «poder» del sistema para influir en la opinión pública.

Claire Hope Cummings hace un comentario que viene muy al caso: «La empresa Fox, de Rupert Murdoch, que es dueña de la mayoría de los canales de televisión norteamericanos, retiró una serie que presentaba pruebas de los efectos que tenía el uso de hormonas en las granjas lecheras y mostraba conexiones entre el gigante de la biotecnología Monsanto y las agencias gubernamentales de Estados Unidos. Según los dos prestigiosos reporteros a los que se había encargado la elaboración de esta historia, la retirada de la serie llegó pocos días después de que Monsanto presionara a Fox News Network para que no emitiera la serie» (1999).

Cambiar una visión del mundo exige o bien un gran salto en el pensamiento, o un fenómeno de magnitud abrumadora, como los círculos de las cosechas. Los grandes avances en la comprensión de las masas socavan inevitablemente los intereses creados de los pocos que apuestan sus reputaciones, posiciones y medios de vida a la percepción «oficial» de la verdad. Por lo tanto, el statu quo se resistirá a todo intento de que cualquier otro agente reescriba la historia.

Ya en 1991, el corresponsal político alemán Jürgen Krönig hizo una observación sucinta y casi profética sobre este estado de cosas cuando escribió:

> Los círculos de las cosechas han puesto en marcha un fenómeno psico-social masivo. Han acelerado un proceso ya existente de cambio de nuestros sistemas de creencias. Personas de todas clases, grupos de edad y niveles de educación se sienten conmovidas por los círculos, y uno podría decir que el fenómeno ayuda a romper barreras entre personas a las que normalmente les resulta difícil comunicarse entre sí sin haber sido presentadas formalmente.

¡Entonces no resulta tan curioso que estén apareciendo tantos en Inglaterra! Continúo citando a Krönig:

> Los cambios de paradigma van acompañados de conflictos. La resistencia del viejo orden se hará más fuerte cuanto más sienta que su posición está amenazada. La ortodoxia científica cerrará filas e incrementará, con ayuda de sus aliados de los medios, el ataque sobre la «irracionalidad peligrosa». Los actuales sucesos en torno a los círculos de las cosechas nos ofrecen algunos ejemplos. La actividad de los denominados grupos de «desprestigiadores» indica la creciente irritación de los representantes de la antigua visión del mundo… Pero, a la larga, los únicos que se quedarán atrás son los que no quieren ver nada (Krönig, 1991).

A pesar de las numerosas declaraciones de que todos los círculos de las cosechas son producto de falsificaciones humanas, existen muy pocas pruebas en las que basar la participación del hombre. En realidad, cuando tienen que afrontar los hechos, los falsificadores evitan facilitar datos y se muestran reacios a hacer listas de sus diseños, o a explicar sus rasgos más notables. La recolección de fechas y lugares demuestra ser problemática, los detalles respecto al modo de operar son contradictorios y a menudo matemáticamente incorrectos.

El investigador Paul Vigay resume esta discusión sobre los fraudes:

> Los falsificadores deben ser capaces de probar que todas las formaciones son falsas, porque son ellos quienes hacen esta afirmación. Lo único que tienen que hacer es dejar de falsificar y así no habrá más círculos. El mayor problema para ellos es la existencia de un fenómeno genuino. Como no tienen control sobre los «verdaderos» círculos, no pueden hacer que el fenómeno se detenga deteniéndose ellos mismos. Por lo tanto, cada año, cuando las auténticas formaciones empiezan a presentarse, los falsificadores tienen que dar un paso al frente y decir: «Sí, nosotros las hemos hecho». No pueden limitarse a dejar de falsificar, puesto que eso revelaría las formaciones auténticas. De hecho, los falsificadores no se han dado otra opción que la de continuar falsificando mientras el fenómeno genuino persista (Vigay, 1994).

Los individuos que están a la vista del público, políticos o corporaciones, suelen aprovechar los días entre Navidad y Año Nuevo para aproximarse calladamente a los medios y retractarse de afirmaciones anteriores, cambiar de política o aprobar legislaciones controvertidas, aprovechando que el público está distraído con celebraciones y resacas. En este espíritu, el domingo 27 de diciembre de 1998 aparecieron artículos en la prensa británica con una declaración de Doug Bower en la que afirmaba que «una fuerza desconocida está detrás de los círculos del maíz», y que era ella la que le había enseñado a realizar patrones elaborados (Brownlee, 1998).

O bien el falsificador más conocido creía que detrás del escenario hay algo más que «la mano del hombre», o se estaban haciendo preparativos para la siguiente Operación Statu Quo.

Segunda parte:

Pruebas

y

propósito

   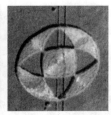

8 Pruebas vivientes

Es perfectamente natural preguntar si los círculos son falsificaciones, pero es muy difícil explicar por qué no pueden ser falsificados satisfactoriamente.

—Pat Delgado

Como hemos visto en la primera parte de este libro, el tiempo atmosférico no explica los círculos de las cosechas. Entonces, ¿quién o qué está haciéndolos? ¿Y cómo?

La otra respuesta más plausible es la de la mano humana. Sin embargo, a pesar del aumento de las falsificaciones, parece que el ser humano sólo ha imitado y se ha apropiado de un fenómeno que en principio no es obra suya.

Generalmente los falsificadores se niegan a reivindicar la autoría de cualquier diseño particular, declarando que eso arruinaría su «noción de lo que es una obra de arte» (aunque la posibilidad de ir a prisión también puede ser un factor motivador). En tal caso, ¿deberían artistas como Van Gogh haberse negado a firmar sus obras maestras, dejándose tragar por los pantanos del anonimato y permitir que sus trabajos fueran reivindicados por cualquier oportunista o estudiante de arte fracasado?

«El arte sin conocimiento no es nada», comentó el iluminado abad Suger en el siglo XI. Por tanto, examinemos los círculos de las cosechas con más detalle para tener una sensación de los mecanismos que operan y ver qué diferencia a la bella de la bestia.

Tiempo de creación

«No estaba allí la noche anterior, pero lo vi a primera hora de la mañana» es la frase característica de los anonadados granjeros que hacen sus rondas al alba, y también es el sentimiento compartido por los asombrados investigadores y entusiastas después de las largas y húmedas noches de vigilia. Entonces, ¿cuánto tarda en manifestarse un círculo de las cosechas?

Durante una vigilia vespertina en Cheesefoot Head en 1986, Don Tuersley y Pat Delgado se sentaron a observar el campo con binoculares de visión nocturna; debajo de ellos había una gran formación circular con anillo. Llegada la media noche no se había movido nada, a excepción de la fina lluvia que había empezado a impregnar toda la escena. Cuando llegaron las primeras luces a las 3:45 a. m. pudieron divisar un nuevo círculo con anillo hacia el sur, aunque no habían visto ni oído nada (Andrews y Delgado, 1991).

Cientos de otros relatos también sugieren un lapso de tiempo muy breve. Transcurrieron menos de dos horas entre el momento en que dos turistas alemanes dijeron que no habían visto nada desde la

Figura 8.1
Una espiral ha entrado en el círculo desde la izquierda, lo ha partido en dos (donde la persona está arrodillada), y ha girado en el sentido de las agujas del reloj hacia el centro, donde se le superpone un abanico central de plantas. La segunda mitad de la espiral completa la pared del círculo, y donde los flujos se funden, las plantas están plegadas por arriba y por abajo, lo que sugiere un proceso extremadamente rápido. Roundway, 1999.

cima de Silbury Hill y la aparición junto a ella del «Fractal Koch», a media tarde y en temporada alta para el turismo. Quince minutos fue el tiempo asignado al «Julia Set» de Stonehenge, también realizado a la luz del día. El resto de los círculos de las cosechas parecen materializarse calladamente entre las 3 de la madrugada y poco después de la salida del sol.

Sin embargo, el periodo estimado no es igual al tiempo real de construcción. Según su experiencia, Pat Delgado cree que posiblemente el tiempo máximo de construcción es de veinte segundos: «Concluimos que es así porque para que las plantas queden giradas y aplanadas, los tallos deben tener un tiempo máximo de transformación de vertical a horizontal, por encima del cual quedarían dañados por el efecto 'latigazo'» (ibíd.). La tesis de Delgado ha sido apoyada por múltiples relatos de primera mano, y todos ellos describen un movimiento en remolino que dura de cinco a veinte segundos, independientemente del tamaño final de la obra. Esto

queda confirmado por el evento filmado por el equipo de Nippon TV en Bratton (T. Wilson, 1998).

Terreno y agua

Era una mañana anormalmente libre de muchedumbres en la formación «yin/yang» situada debajo del fuerte de Liddington, hasta el punto de que aquella paz me concedió unos momentos preciosos para reflexionar sobre el proceso de formación de círculos.

Sin movimiento de giro nada funciona, y en la naturaleza el movimiento giratorio despliega vórtices que toman forma de espirales. Teniendo en cuenta la naturaleza espiral de los círculos de las cosechas, pensé que los Creadores de círculos podrían emplear algún tipo de principio natural, y como la naturaleza está gobernada por principios electromagnéticos, cualquiera que sea el proceso que esté detrás de los círculos de las cosechas debía dejar huellas. Así, tal como en una ocasión Colin Andrews había recibido una respuesta drástica a su petición de solucionar el enigma, mi respuesta vino en el pensamiento: «¡Huele las plantas, idiota!».

Me incliné y corté la base de algunos tallos situados dentro del glifo recién formado. Olían a malta, como si el agua de las plantas hubiera sido calentada y cocida desde dentro. Las partes inferiores de los tallos también estaban

Figura 8.2
Toma cercana de una roca encontrada en un círculo de las cosechas; sobre su superficie se ven tallos de trigo quemados.

socarradas superficialmente. Recordé que el granjero Joe Rennick, de Saskatchewan, notó que el suelo dentro del círculo estaba duro como el cemento, mientras que el resto del campo seguía húmedo y embarrado. El investigador canadiense Chad Deetken también notó estas diferencias y dijo que el 60% de los círculos de las cosechas aparecen en noches lluviosas (Deetken, 1993). Recordé que durante mi paseo por la formación «Torc» de Litcfield encontré un suelo suelto y polvoriento, que en ciertos puntos incluso estaba cuarteado, y también recordé que había encontrado un pedazo de carbón en su centro.

Compilé mis propios datos: en el 50% de los círculos de las cosechas que visité, el terreno dentro del diseño estaba notablemente más seco que el externo. Las formaciones de fabricación humana no mostraban tal discrepancia; desconté los casos en los que había llovido antes o durante la inspección y los círculos que tenían más de dos días.

En agosto del 2000 comparé dos nuevas formaciones en All Cannings que estaban una frente a otra y habían sido realizadas sobre plantas y terreno de idéntico tipo y textura. La primera formación era una

Figura 8.3
El intenso calor ha partido el interior de esta inmadura planta de cebada.

modesta estrella de nueve puntas con características de haber sido hecha a mano que no me impresionaron, y no mostraba anomalías electromagnéticas. El suelo estaba igualmente pegajoso al tacto dentro y fuera del círculo. Pero al otro lado de la carretera, el terreno dentro de la formación no sólo estaba seco, sino convertido en polvo, hasta el punto de que podía ser arrastrado por el viento.

Una pareja de mediana edad que pasaba sus vacaciones allí me contó que vio una gran nave de forma oval y con un borde de luces brillantes suspendida sobre el lugar la noche anterior, aunque por su posición detrás del seto no podía confirmar que la nave hubiera hecho el círculo. Algo era seguro: todos los tallos de esta formación estaban muy secos y quebradizos, y habían explotado entre los dos nodos más próximos al suelo. En comparación con otros círculos que yo había analizado, éste era un ejemplo extremo, porque generalmente las plantas sólo están socarradas superficialmente.

A lo largo de su historia, los círculos de las cosechas han surgido estratégicamente cerca de acuíferos, estanques, pozos o depósitos subterráneos (Andrews y Delgado, 1991). También hay un número desproporcionadamente grande de casos en que los círculos de las cosechas aparecen sobre áreas donde el agua subterránea se halla cerca de la superficie, principalmente en el sur de Inglaterra, donde el acuífero de creta, el más profundo del mundo, atrae abundante humedad.

El historiador Brian Grist he realizado un análisis detallado de la situación de los círculos de las cosechas

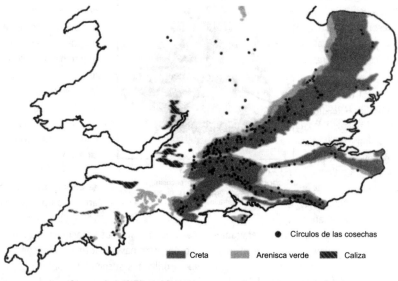

Círculos de las cosechas

Creta   Arenisca verde   Caliza

Compilado de los datos de HSMO Geological Survey y de las bases de datos de los círculos de las cosechas (CCCS, CPRI, The Crop Circular, IRCUP).

Figura 8.5
Distribución de los círculos de las cosechas en el sur de Inglaterra con relación a los estratos portadores de agua.

y muestra que la mayoría prefiere terrenos acuíferos. Esta preferencia por lugares que mantienen una relación vital con el agua quedó aún más evidenciada en los veranos secos de 1989 y 1990, cuando los círculos «parecían estar más cerca de los límites del acuífero… haciendo que uno se preguntara si su ubicación podría estar influida de algún modo por la posición relativa de los niveles de agua subterráneos en los momentos en que los eventos ocurrían» (Grist, 1991).

Steve Page y Glen Broughton llegaron independientemente a conclusiones similares diez años después cuando descubrieron que el 78,6% de los círculos de las cosechas registrados aparecían sobre creta y arenisca verde (una mezcla de arenisca y tierra verde). Cuando se toma en consideración también la proximidad a los acuíferos, el número asciende al 87,2% de los círculos (Page y Broughton, 1999).

Así, parece haber una conexión entre el agua y la energía formativa de los círculos de las cosechas, y teniendo en cuenta sus efectos sobre las plantas y el suelo, parece que dicha energía genera algún tipo de calor intenso. Con estos datos en mente, hice un pedido de película infrarroja.

La película infrarroja Kodak Color es única, y eso se debe en parte a que permite tomar fotografías con colores falsos, lo que da a los paisajes una cualidad psicodélica. Se usa fundamentalmente en medicina y arqueología por su capacidad de detectar variaciones del calor, y también se aplica en fotografía aérea para descubrir lugares enterrados o analizar la salud de campos y ríos.

Después de haber examinado fotografías infrarrojas de los círculos de las cosechas noté una línea de intensa decoloración que parecía atravesar sus límites, un rasgo que no se repetía en la misma medida en las fotografías de campos vecinos. Cuando fotografiaba plantas maduras, había líneas de color rojo oscuro que indicaban un mayor contenido de clorofila, como si una fuente energética localizada hubiera provocado un estallido repentino del crecimiento. Y cuanto más nueva era la información, más potentes eran los resultados (véanse las figuras 8.6-8.10 en la página IX de la sección a color).

Curiosamente, las fotografías aéreas de las falsificaciones conocidas no mostraban las mismas características.

Otra de mis observaciones estaba relacionada con la formación «Torc» de Litchfield. Dicha observación reveló una mancha de decoloración que recorría el centro del trigo inmaduro. Estos resultados concordaban con las observaciones realizadas sobre el terreno, que mostraban que el suelo estaba más seco, sugiriendo que la humedad superficial dentro de la formación se había evaporado.

Continué realizando pruebas durante tres años. También tomé fotografías a nivel superficial un día y una semana después de la aparición de cada formación. Los resultados indicaron una marcada reducción en la variación de la clorofila inducida por el calor a lo largo de la semana; las fotografías aéreas también mostraban menos alteraciones en el agua superficial. Apliqué el mismo protocolo a las falsificaciones conocidas: no había decoloraciones evidentes en ningún momento, y la cantidad de calor no variaba a lo largo de la semana.

Envié las imágenes a Kodak para que ellos las analizaran, pero sus amables técnicos se quedaron tan sorprendidos como yo. Las imágenes incluidas en este libro han sido escogidas de instantáneas tomadas bajo similares condiciones climatológicas y parámetros temporales. Como esta área de investigación aún se encuentra en su infancia, no puedo considerar los resultados como ningún tipo de prueba, únicamente como otra serie de anomalías. Sin embargo, la conexión con el agua subterránea persiste, particularmente tras la aparición de un círculo de las cosechas en un campo de arroz japonés que desplazó un volumen de agua comparable al volumen de la formación.[41]

El agua pura, por sí misma, no es conductora de la corriente eléctrica. Para serlo, tiene que tener disuelta una considerable cantidad de minerales que alteren su composición química, y esto es exactamente lo que ocurre en el sur de Inglaterra,

donde el agua está saturada de creta. La creta es una sustancia piezoeléctrica (acumula una carga estática bajo presión) y está compuesta por diminutas criaturas marinas prehistóricas que contienen pequeñas cantidades de magnetita, que en su momento les permitieron orientarse en el campo magnético terrestre. Al unir miles de pedazos de magnetita y someterlos a presión, junto con el agua subterránea energetizada, se crea un campo magnético de baja intensidad. Esto es particularmente cierto cuando hay una gran extensión de creta, como ocurre en el sur de Inglaterra. Esta combinación hace que esta parte del mundo sea uno de los mayores conductores naturales de energía eléctrica.

John Burke, uno de los tres miembros del equipo de investigación Burke Levengood Taylor (BLT) con base en Massachusetts, ha estado estudiando la relación entre los acuíferos subterráneos, el nivel hidrostático y los círculos de las cosechas desde 1992. Según sus investigaciones, el acuífero de Wiltshire ha tenido algunas de las mayores fluctuaciones estacionales, y éstas coinciden con un proceso por el que una carga eléctrica creada por el agua se infiltra en la roca porosa. Burke comenta:

Cuando tienes mucha agua en un acuífero subterráneo o el nivel de agua fluctúa a través de la creta porosa, se crea mucha corriente eléctrica, que pudimos medir de diversas maneras en 1993. Estas corrientes se producen bajo tierra, y crean campos magnéticos característicos. Medimos la corriente eléctrica con electrodos en los campos y lugares donde hay más actividad de los círculos de las cosechas.

En torno a Silbury Hill, en los dos días que siguieron a una tormenta, en el agua del acuífero superficial de creta se crearon estas corrientes eléctricas terrenales. Hicimos un estudio de aquel lugar y detectamos amplias variaciones en el campo magnético allí presente. Cuatro días después el lugar recibió una importante formación. Cuatro días después de

---

41. Los cálculos fueron realizados por Paul Vigay.

eso, reanalizamos aquel campo y las variaciones se habían nivelado (Burke, 1998).

Burke encontró correspondencias similares entre los círculos de las cosechas de Norteamérica y el acuífero de caliza que está debajo de las Grandes Llanuras. La caliza es el gemelo químico de la creta, y la siguiente roca más porosa.[42]

La confirmación de otro comportamiento inusual en el suelo situado debajo de los círculos de las cosechas vino de varias fuentes diferentes. En 1990, se enviaron muestras de las plantas y del terreno de una formación aparecida en Culhampton (Devon), a los laboratorios Delawarr de Oxford para hacerles un análisis radiónico. Un test comparativo reveló que la vitalidad de las plantas afectadas se había reducido en un 20%; al suelo le faltaban el 40% de los nitratos, y el 30% de los fosfatos y sulfatos; además, se registraron elevaciones en las cantidades de cobalto, carbón, molibdeno, titanio, plutonio y zinc, elevaciones que no eran evidentes en las muestras de control. El informe concluía que «un intenso y rápido calor... había desnaturalizado el suelo y destruido los elementos naturales» (Delgado, 1992).

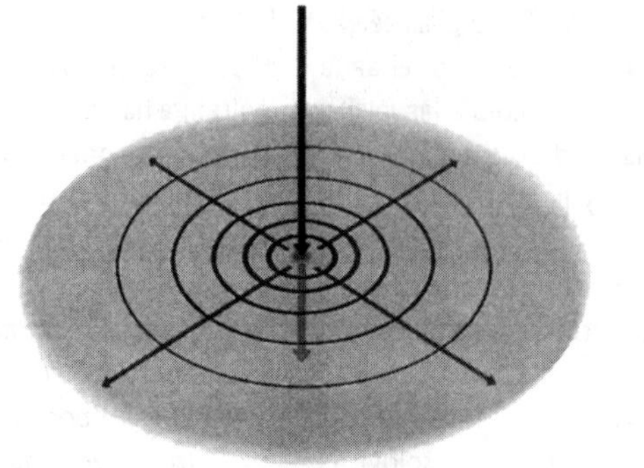

Figura 8.11
Intensidad del campo magnético alrededor de un cable portador de corriente. (Véase también la figura 8.14).

Dos años después, el médico americano Michael Chorost anunció que las pruebas preliminares realizadas sobre formaciones de las cosechas habían revelado la presencia de cuatro isótopos radiactivos poco comunes (vanadio, europio, teluro e iterbio) con una vida media corta (la tasa de desintegración de los núcleos radiactivos). Ninguno de ellos era de origen natural (Chorost y Dudley, 1992a).

Un análisis realizado con un contador Geiger reveló que uno de los «escorpiones» de 1994 tenía un nivel de radiación de fondo un 50% por debajo de los niveles normales en los bordes, y sin embargo un 150% superior a lo normal en el centro. Debajo del fuerte de Oldbury Hill, un equipo militar selló un campo mientras comprobaba la radiación de fondo dentro de un gran pictograma, que registró un valor un 300% superior a lo normal —o al menos eso afirmaron—, el único caso conocido de este tipo.

Durante el proyecto Argus, emprendido por el Centre for Crop Circles Studies que usó espectroscopia de rayos gamma y análisis de ADN para estudiar las anomalías de las formaciones, el conjunto de resultados más impresionantes vino del estudio magnético de muestras de suelo tomadas dentro y alrededor de los círculos. Las pruebas fueron realizadas por un investigador que no sabía que algunas de las formaciones habían sido hechas expresamente para el proyecto. Detectó un alto porcentaje de anomalías, demostrando que había una relación con los límites visibles de los círculos de las cosechas, es decir, que los minerales de hierro hallados en el suelo de los círculos auténticos habían sido magnetizados (Chorost y Dudley, 1992b).

Otras muestras de suelo fueron analizadas en Estados Unidos por un compañero de Chorost, el físico nuclear Marshall Dudley, y mostraron alteraciones drásticas en las radiaciones alfa, que variaban desde un 27% por debajo de la media hasta un 198 por encima (ibíd.). La radiación alfa está compuesta por pequeñísimas partículas de alta velocidad

---

42. Las pirámides de Gizeh se construyeron usando un volumen colosal de bloques de caliza. Se sabe que estas pirámides tienen la propiedad de generar anomalías electromagnéticas y acústicas, de modo que podría haber una conexión entre las pirámides y los Creadores de círculos.

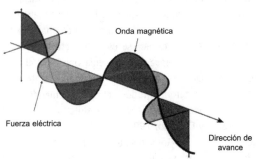

Onda magnética

Fuerza eléctrica

Dirección de
avance

Figura 8.12
Onda electromagnética transversa.

eléctricamente cargadas, y es uno de los tres tipos de radiación emitidos por las sustancias radiactivas. Dudley añadió que como la radiación era muy breve, es poco probable que exponerse a los círculos de las cosechas pudiera provocar problemas de salud, aunque él sugirió que la gente evitase visitar el círculo durante la primera hora después de su aparición, hasta que se recuperasen los niveles de radiación normales. Esto podría explicar por qué los Creadores de círculos hacen su trabajo fundamentalmente de noche, cuando la mayoría de la gente está dormida y lejos de los círculos.

Las pruebas continuaron. Entonces el CCCS encargó al laboratorio ADAS de Cambrigde el análisis de muestras de suelo tomadas en quince formaciones. Los resultados indicaron la existencia en algunos casos de niveles de nitratos en el suelo anormalmente altos después de la aparición de un círculo de las cosechas.[43] Aunque los resultados no eran concluyentes, es importante indicar que sólo hay dos modos de elevar el

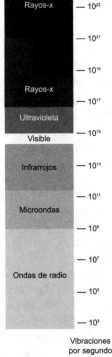

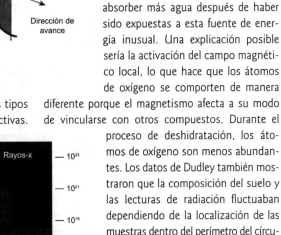

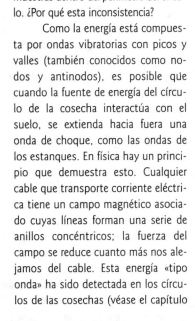

Rayos-x	10^{23}
	10^{21}
	10^{19}
Rayos-x	10^{17}
Ultravioleta	10^{15}
Visible	
Infrarrojos	10^{13}
	10^{11}
Microondas	10^{9}
	10^{7}
Ondas de radio	10^{5}
	10^{3}

Vibraciones
por segundo

Figura 8.13
El espectro electromagnético
conocido.

contenido de nitratos del suelo: mediante el abuso de fertilizantes o administrando una carga eléctrica extremadamente alta (Green, 1996).

Dudley confirmó independientemente la presencia de alteraciones químicas en otras muestras de tierra inglesa, y mostró que eran capaces de absorber más agua después de haber sido expuestas a esta fuente de energía inusual. Una explicación posible sería la activación del campo magnético local, lo que hace que los átomos de oxígeno se comporten de manera diferente porque el magnetismo afecta a su modo de vincularse con otros compuestos. Durante el proceso de deshidratación, los átomos de oxígeno son menos abundantes. Los datos de Dudley también mostraron que la composición del suelo y las lecturas de radiación fluctuaban dependiendo de la localización de las muestras dentro del perímetro del círculo. ¿Por qué esta inconsistencia?

Como la energía está compuesta por ondas vibratorias con picos y valles (también conocidos como nodos y antinodos), es posible que cuando la fuente de energía del círculo de la cosecha interactúa con el suelo, se extienda hacia fuera una onda de choque, como las ondas de los estanques. En física hay un principio que demuestra esto. Cualquier cable que transporte corriente eléctrica tiene un campo magnético asociado cuyas líneas forman una serie de anillos concéntricos; la fuerza del campo se reduce cuanto más nos alejamos del cable. Esta energía «tipo onda» ha sido detectada en los círculos de las cosechas (véase el capítulo

---

43. En el laboratorio gubernamental, el departamento responsable de las pruebas fue cerrado inmediatamente después de que se anunciaran los resultados, con la excusa de que suponía «un desperdicio de recursos gubernamentales», aunque el proyecto había sido costeado completamente por el CCCS. Para tener los detalles completos, véase Thomas, 1992.

12), y este efecto también se ve cuando se hincha el suelo después de una detonación nuclear subterránea (captada con película de cámara lenta).

¿Revelaban los resultados de Dudley una especie de huella digital electromagnética de anillos concéntricos dejados atrás como si fueran los picos y valles de una onda de choque congelada?

Una cosa es segura. La gente que pisa las plantas no afecta su estructura molecular ni la del suelo. Teniendo en cuenta estas observaciones, veamos ahora el papel que desempeña la radiación electromagnética.

Electromagnetismo y la trama energética

El universo está formado por frecuencias de luz visibles e invisibles. Cuando esta energía luminosa interactúa con la gravedad, la velocidad de giro de sus moléculas se ralentiza, la miríada de frecuencias se expresan como materia, y la forma y el color de cada organismo y de cada objeto quedan así determinados. La luz es tanto partícula como onda, y transfiere su energía mediante un campo magnético alternante que toma la forma de dos ondas: una eléctrica y la otra magnética, y esta última va un paso por detrás. Las ondas electromagnéticas son *transversas*, es decir, sus dos componentes se mueven en tándem, perpendicularmente a la dirección de avance. Las ondas transversas transportan información vital para las células de cada organismo, particularmente el ADN en el cuerpo humano.

El número de veces que la onda se desplaza en un segundo a lo largo de una longitud dada (la longitud de onda) determina su frecuencia, también denominada vibración u oscilación; esta frecuencia se mide en hercios (Hz). Consecuentemente, un hercio es igual a una vibración por segundo (1000 Hz = 1 Khz.; 1 millón Hz o 10^6 Hz = 1MHz; mil millones Hz o 10^9 Hz = 1GHz).

Esto es relevante para los círculos de las cosechas porque las ondas electromagnéticas pueden causar interferencias y calentar. Cuando Andrews y Delgado estaban midiendo un par de círculos en Bratton en 1987, se dieron cuenta de que la aguja de su brújula giraba en el sentido contrario al de las agujas del reloj. Como la brújula estaba en el suelo, en el centro del círculo y sin que nadie la tocara, no podían explicarse esa conducta errática; no había sido golpeada y no tenía objetos metálicos cerca. De hecho, cuando la aguja finalmente se paró, intentaron reproducir el efecto poniendo una cinta de acero junto a ella, con resultado negativo (Andrews y Delgado, 1991).

Años después, el profesor Charles Thomas visitaba círculos de las cosechas en Wiltshire y Cornualles, armado con una robusta brújula P11 con caja de latón usada para la navegación aérea, del tipo que en su día habían guiado con precisión a los bombarderos de la Segunda Guerra Mundial. Su objetivo era ver cómo reaccionaba un instrumento magnéticamente sensible dentro de un círculo de las cosechas.

Dentro de la formación «Llave» de Alton Priors en 1991, Thomas se sorprendió de ver una desviación de hasta 15° en la posición prevista de la brújula. Esta gran diferencia era más intensa en el centro de ambas áreas circulares del pictograma, y especialmente cuando la P11 fue colocada un metro por encima del suelo; además, la nueva posición se movía siguiendo la misma dirección que las plantas aplanadas. Cuando pusieron la P11 en el suelo, la aguja se situaba erráticamente, esta vez desviándose entre 5 y 10° al oeste antes de volver a encontrar el norte.

En compañía del vicepresidente del CCCS, George Bishop, Thomas volvió a visitar un grupo de círculos en Callington, Cornualles, donde nuevamente le sorprendieron las desviaciones de la brújula. Thomas afirmó: «En estos casos, el proceso de formación de los círculos de las cosechas parece haber producido una anomalía magnética local detectable con un instrumento fiable. Se podría añadir que la anomalía parece estar vinculada con la dirección que siguen los tallos aplanados, y que la fuerza de la anomalía parece variar con la distancia del nivel del suelo. Se sospecha que el campo magnético se crea en el momento de la formación y decrece con el tiempo» (Thomas, 1991-1992).

Yo también he hallado anomalías en las mediciones de la brújula, y sus distintos grados de desviación dependen de la edad de la formación. Dentro del «Triple Julia Set», a la aguja de mi brújula le costó encontrar el norte, y vaciló, como si estuviera confusa, durante al menos diez minutos antes de asentarse.

Desde 1927 ha habido pistas indicadoras de que el magnetismo está involucrado en los círculos de las cosechas, puesto que se magnetizaban relojes, navajas y bicicletas. Recientemente, un investigador japonés descubrió que un paquete de baterías que debía dar catorce horas de servicio se agotó instantáneamente en el momento en que tocó el suelo de un nuevo círculo de las cosechas. Yo he puesto baterías nuevas en cámaras y he fotografiado las formaciones desde fuera sin el menor problema, pero en el momento en que cruzo el perímetro del círculo, se agotan. Como bien sabe la BBC, los equipos de vídeo sufren interferencias y dejan de funcionar. A las cámaras fotográficas no les va mucho mejor: se cuentan por cientos los informes de obturadores atascados, fallos en los mecanismos y pérdidas de carga.

El año 2000, en particular, resultó caro para los equipos fotográficos. Las ominosas señales de problemas empezaron dentro de la formación «Flor de loto», debajo de Golden Ball Hill. Cualquier equipo con pantalla LCD (*liquid crystal display*) empezó a polarizarse, los aparatos de medición de Paul Vigay registraban lecturas extraordinariamente altas, y entonces mi cámara falló.

Unos días después fui al laboratorio para averiguar si mi querida Nikon se había recuperado, pero el diagnóstico del técnico no era esperanzador: «Los circuitos están fritos, algo muy inusual. Interesante. Hemos tenido un número récord de problemas idénticos este verano, y lo extraño es que todos los dueños de las cámaras declaran haber tenido este problema al llevarlas a los círculos de las cosechas. Yo no creo en estos círculos». De algún modo no parecía tenerlo tan claro cuando terminé de decirle dónde había estado mi cámara.

En Devon, la cámara de David Bishop jugó una especie de rayuela fotográfica negándose a funcionar cada vez que él entraba en un círculo y haciéndolo perfectamente fuera de ellos; un visitante de la formación «Toro tubular» tuvo una experiencia idéntica. En cualquier caso, pueden considerarse afortunados porque en 1996 a un fotógrafo profesional que estaba sacando fotografías aéreas de la formación de Littlebury le fallaron las tres cámaras simultáneamente.

Los teléfonos móviles, que dependen de frecuencias electromagnéticas para comunicar con los repetidores locales, también suelen sufrir interferencias con la energía de los círculos de las cosechas. A Paul Vigay se le cortó inesperadamente una conversación con su padre en el momento de cruzar el perímetro de la formación «Llave» de Alton Priors. El indicador del teléfono mostraba que dentro del círculo no había señal, y sin embargo tenía una señal completa en cuanto salía de su perímetro. Para demostrar que esto no era una coincidencia, siguió caminando por la totalidad del círculo, arriba y abajo de los surcos dejados por los tractores, y cruzó una carretera local. La señal sólo fallaba en la zona del interior del círculo. No es de extrañar que desde ese momento el escéptico declarado se lanzara de cabeza a investigar los círculos. Merece la pena señalar que la formación no tenía un área circular regular, sino que era una compleja pesa con apéndice.

El tamaño de los equipos no parece ser relevante para resultar afectados. Cuando la desafiante cosechadora sufrió un cortocircuito al cruzar el «Fractal Koch» de Milk Hill, desconocía que compartía incidente con muchas otras máquinas que habían entrado en los círculos anteriormente. En Warminster, un tractor que cosechaba un campo avanzó pesadamente sobre un círculo hasta que todo su sistema eléctrico falló al cruzar su perímetro. Se pidió a otros granjeros que empujaran la máquina para volver a ponerla en marcha, y finalmente la arrastraron a través del círculo. Cuando el tractor salió por el otro lado, sus sistemas volvieron a la vida. En otro incidente ocurrido en Everleigh, un tractor quedó paralizado por lo que el granjero describió como «descargas estáticas que brillaban como chispas sobre todo el vehículo». Al día siguiente, en el mismo punto del campo apareció un círculo.

Un fenómeno aún más curioso es que los granjeros también informan de ruedas perfectamente sanas que se deshinchan dentro de los círculos de las cosechas; muchas veces se trata de llantas diseñadas para durar más que la máquina misma. En todos estos incidentes no se encontraron objetos punzantes ni marcas de incisiones, y tampoco válvulas defectuosas. En Surrey, tres llantas pertenecientes a dos vehículos diferentes, que trabajaban el mismo campo en momentos diferentes, sufrieron un colapso de sus estructuras metálicas (Pringle, 1999). Recuerda que se trata de granjeros, no de personas simplonas a las que les sobra tiempo que perder en historias «sobrenaturales».

La energía electromagnética causante de estos problemas parece estar a cierta distancia del suelo, ejerciendo temporalmente un efecto debilitador sobre los motores de las aeronaves. A comienzos de la década de los ochenta, un piloto de helicóptero que sobrevolaba regularmente los círculos de las cosechas quedó tan harto del mal funcionamiento de los equipos de su aparato que a partir de entonces se ha negado a volar sobre su espacio aéreo.

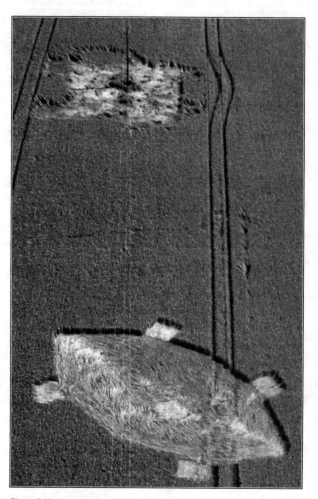

Figura 8.14
La energía electromagnética que creó el círculo de las cosechas parece haberse llevado los cables eléctricos aéreos hacia el poste cercano y haber descargado allí una versión un tanto cruda del diseño original. Froxfield, 1994.

Suena como que estos incidentes pueden resultar caros, y lo son. Y también hay otro tipo de casos que no son más benignos: a un hombre se le borraron completamente las bandas magnéticas de sus tarjetas de crédito después de visitar el círculo «Nueve crecientes», en Hapken Hill (1999), mientras que las que dejó «cociéndose» en el interior de su coche estaban intactas.

Una de las pruebas de campo más inusuales con las que me he encontrado al estudiar las alteraciones de los campos magnéticos ocurrió en el «Triple Julia Set». Allí encontré a dos hombres que estaban usando relojes digitales para investigar discrepancias temporales. Habían dejado uno de los relojes en su casa, a varios kilómetros de distancia, y mantuvieron otro dentro de la formación durante veinte minutos. Cuando después compararon las lecturas de ambos relojes, había una discrepancia de cinco minutos.

Hay diversos relatos en los que el tiempo parece haberse alterado, y tres de ellos están asociados exclusivamente con el círculo «Triple Julia

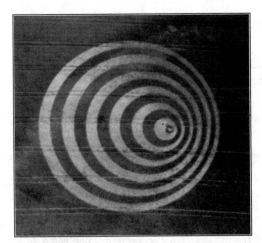

Figura 8.15
Esta formación, compuesta enteramente por elipses, parece demostrar conocimientos de la teoría dinámica del campo-onda de un imán. Cisbury Rings hill fort, 1995.

Set». Este efecto puede sentirse físicamente; muchas veces he entrado en los círculos para realizar tareas simples que sólo requerían unos minutos y después había quedado con compañeros en lugares cercanos: descubría que llegaba a mis citas *horas* más tarde. Mi experiencia no es un caso aislado, como las furiosos esposas de muchos otros investigadores se sentirán felices de contarle.

Seis investigadores de la Operación Cuervo Blanco también tuvieron problemas con el tiempo cuando comprobaron que durante lo que para ellos fue un breve encuentro con el sonido vibrante había transcurrido una hora y media. En otro incidente, un vigilante de los círculos de las cosechas explicó que había estado reconociendo regularmente un campo cuando se dio cuenta de que las sombras proyectadas por un grupo concreto de árboles a pocos metros de allí no concordaban con las proyectadas por otros árboles que rodeaban el campo. Al caminar hasta allí para echar una mirada, descubrió que había transcurrido media hora. Y aún fue más sorprendente que cuando volvió al punto original había recuperado el tiempo perdido. A la mañana siguiente regresó para continuar con sus investigaciones y descubrió allí un nuevo círculo con tres satélites.

Esta posibilidad de perder tiempo quedó realizada en Westbury en 1982, cuando Ray Barnes fue testigo de la formación de un círculo a unos metros de distancia «que no llevó más de cuatro segundos», y se dio cuenta de que las sombras que le rodeaban tenían un ángulo erróneo. En el tiempo que Barnes tardó en darse la vuelta, el granjero, que estaba trabajando dentro del mismo campo, había realizado labores agrícolas que tardan en hacerse veinte minutos.

Las alteraciones temporales en los círculos de las cosechas podrían poner a prueba nuestra credulidad, o tal vez no. La ralentización de los relojes en movimiento es un proceso probado en la física de las partículas (Capra, 1986). Con relación a los círculos de las cosechas, estos extraños efectos temporales pueden ser un indicador significativo del proceso involucrado en su creación, puesto que, en gran medida, el tiempo está gobernado por la gravedad y su capacidad de *ralentizar* la velocidad de la luz. Consecuentemente, si el tiempo queda afectado, el proceso de construcción de círculos podría interactuar con el campo electromagnético local, e incluso con el gravitatorio.

¿Podría producirse una alteración sutil del campo magnético dentro de los círculos de las cosechas? Los efectos sobre las brújulas y todo tipo de equipos electrónicos así lo sugieren; de hecho, la asociación entre magnetismo y círculos de las cosechas es uno de los hilos más largos que recorren la historia del fenómeno. En años recientes han aparecido pistas en los propios patrones de los círculos: en 1995, surgieron círculos de las cosechas con forma de «sistema solar» en la carretera A272, cerca de Winchester, y debajo de Cisbury Rings, una formación compuesta enteramente por elipses que

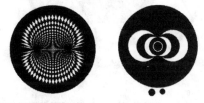

Figura 8.16
Otros diseños de tipo magnético en los círculos de las cosechas. Avebury Trusloe, 2000; East Meon, 1995.

parecía demostrar nuestro conocimiento de la teoría dinámica del campo-onda de un imán. (Véanse las figuras 8.15 y 8.16). Pero, para mí, el más iluminador fue el glifo de la «Rueda de Beltane», con sus 33 llamas.

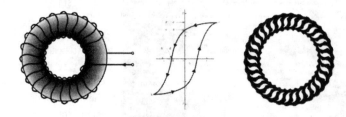

Figura 8.17
Izquierda: el proceso de magnetización de un anillo; centro: la típica curva de histéresis; derecha: ¿sugiere el glifo de las cosechas «Rueda de Beltane» este tipo de procesos?

Beltane es el festival celta de primavera para honrar al sol. Consecuentemente, las llamas de la «Rueda de Beltane» a menudo adornan los relojes solares celtas y lusitanos, tal como su contraparte de los círculos de las cosechas adornó un campo situado junto al túmulo largo de West Kennett tres días después del festival celta.

Aquí es donde las vinculaciones empiezan a ser interesantes. Como sabemos, el sol es nuestro mayor abastecedor local de electromagnetismo, y su atracción gravitatoria sobre los planetas del sistema solar es formidable. Cuando dividimos los 365 días que tarda la Tierra en completar su circuito alrededor del sol entre esas 33 llamas, nos da el número 11,060606, el número de años que dura el ciclo de las manchas solares.

El motivo de las llamas aparecido en el círculo ¿podría estar diciéndonos algo? Tal vez. En física, su forma se conoce con el nombre de curva de histéresis: la gráfica curva que describe cómo se le transmite fuerza magnética a un objeto de material no magnético, incrementando o reduciendo el campo magnético local. Aplicando este principio a las plantas (un material no magnético), ¿es posible que se aplique la fuerza de un campo magnético alterado o invertido a las plantas para inducir su caída? Las interferencias sufridas por brújulas y equipos electrónicos así lo sugieren.

Y lo que es más, un cambio tan definido en el campo magnético local puede usarse para repeler o contener energía, actuando como una valla electromagnética invisible que en un momento dado podría

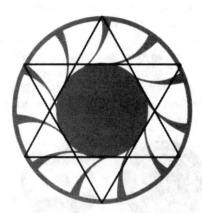

Figura 8.18
El glifo de las cosechas «Anillo toro» y su geometría hexagonal codificada. Esotéricamente, el hexágono está asociado con el sol. North Down, 2000.

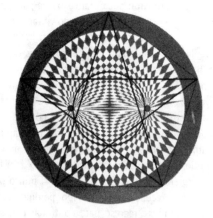

Figura 8.19
La geometría pentagonal oculta en el «Entramado magnético», aparecida a unos kilómetros. El pentágono representa a los organismos vivos, que evidentemente son afectados por los campos electromagnéticos. Avebury Trusloe, 2000.

hacer las funciones de escudo. Esto explicaría por qué los equipos electrónicos sólo se alteran cuando cruzan el perímetro de los círculos.

Hay otro elemento que también contribuiría a alterar los valores del campo magnético local: el movimiento giratorio. Antes he mencionado que todo en el universo viene a ser gracias al movimiento giratorio, y a juzgar por la forma en que las plantas quedan tumbadas, esto también es válido para los círculos de las cosechas. Un vórtice giratorio es capaz de generar un campo magnético, particularmente en el agua, que en sí misma es conductora de la energía electromagnética. Como ya sabemos, el agua tiene un papel fundamental en la ubicación de los círculos de las cosechas, y lo que podría ser aún más importante, se encuentra dentro de los tallos de las plantas.

Dos años después de la «Rueda de Beltane» surgieron más pistas sobre el papel que desempeña el magnetismo en los círculos de las cosechas. El caso más evidente fue el del glifo «Entramado magnético», en Avebury Trusloe. En este punto, Colin Andrews descubrió que el campo magnético terrestre estaba desplazado localmente entre 3 y 5° dentro de los círculos de las cosechas, una afirmación

que a las pocas semanas recibió confirmación de científicos japoneses.[44] Poco después del anuncio público de Andrews, los Creadores de círculos validaron su observación dejando caer un glifo de las cosechas con forma de toro anular a tres kilómetros de distancia, con sus once arcos girados 4°, lo que hacía que el diseño produjera una sensación tridimensional.

A estas alturas ya habían aparecido otros dos glifos con efectos tridimensionales similares. Perplejo, dibujé los cuatro círculos en mi mapa, sorbí mi café y miré los puntos. Cuando se reveló un tetraedro aplanado sobre el paisaje de Avebury, seguí la pista.

El tetraedro es la estructura geométrica fundamental de la materia, y recuerdo que en el glifo tetraédrico de Barbury Castle cada «paso» de la carraca estaba desviado 4° del norte magnético.

Con el glifo «Entramado magnético» en el centro, empecé a conectar los puntos, midiendo cada elemento con relación al norte magnético (que ese año estaba aproximadamente a 4,5° al oeste del norte nominal), y descubrí que los cuatro glifos formaban ángulos de 32,72° o bien de 19,47°. Históricamente, los círculos de las cosechas han aparecido

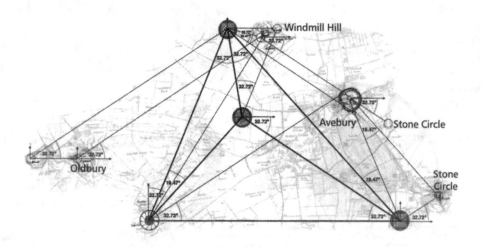

Figura 8.20
Relación entre los círculos de las cosechas seleccionados del 2000, los enclaves sagrados locales y los ángulos de 32,72° y 19,47°.

---

44. Comunicación personal con Colin Andrews.

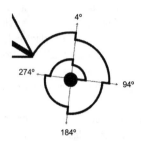

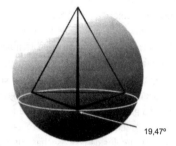

Figura 8.21
Desplazamiento de 4° respecto al norte magnético. Tetraedro de Barbury Castle.

Figura 8.22
Un tetraedro circunscrito toca la superficie de la esfera a una latitud de 19,47°. En la Tierra, este «punto caliente» energético viene marcado por los volcanes de Hawai.

cerca de lugares sagrados, de modo que extendí este proceso y hallé que estas relaciones angulares también se dan entre los círculos de las cosechas y los lugares sagrados, así como entre los lugares sagrados mismos.

Examinemos ahora el significado de estos números: un círculo de 360° dividido entre 11 da 32,7272°. Ahora bien, si tomas un tetraedro (una pirámide de cuatro lados) y lo circunscribes en una esfera, como la Tierra, sus puntos tocan la esfera a 19,47°, y en algunos planetas de nuestro sistema solar como Venus, la Tierra, Marte y Júpiter existe una anomalía magnética, un punto donde la energía emerge, y cada uno de estos puntos está situado a una latitud de entre 19° y 20°, exactamente 19,47°.[45]

¿Son estos ángulos y relaciones numéricas claves o mecanismos de intercambio entre la gravedad y la masa, tal vez entre dimensiones?

Más concretamente, ¿depende el mecanismo de intercambio de los entre 3 y 5° de desfase hallados

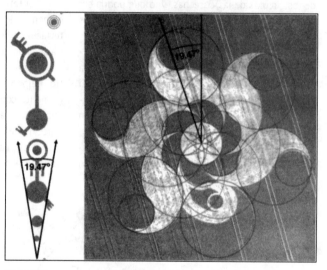

Figura 8.23
Círculos de las cosechas en los que aparece el ángulo de 19.47°: izquierda, Alton Barnes 1990, y derecha, Golden Ball Hill, 2000.

en la trama magnética, tal como sugieren estos círculos de las cosechas?

Está claro que la energía que producen los círculos es capaz de distorsionar el campo electromagnético local, y de interactuar de formas extrañas

---

45. Cuando una tetraedro queda circunscrito en una esfera, la proporción entre las superficies de estos sólidos geométricos es de 2,72, una constante transdimensional. 2,72 es el número de la «yarda megalítica», la unidad de medida usada por los arquitectos de los círculos de piedras y otros lugares sagrados, entre los que se incluyen los antiguos templos egipcios. 2,72 también es un número de transformación.
El número 32,72 está asociado con la gran galería de la pirámide de Gizeh, y 32,7 pulgadas es una de las medidas críticas halladas en esta cámara dotada de voladizos. Cuando se convierte en frecuencia da 415 Hz, la nota do. Casualmente, 32 Hz también es la frecuencia fundamental de la escala armónica musical (véase Hero, 1992).

con los objetos y con la gente. Y también deja «huellas dactilares» en las plantas.

Descubrí esto por mí mismo en 1997 mientras estaba sentado dentro de un glifo con forma de «flor» aparecido en Etchilhampton, calladamente absorbido dibujando su exquisita configuración. Cerca de mí, otros tres entusiastas admiraban la habilidad artística de los Creadores de círculos. A nuestro alrededor surgió abruptamente un fuerte ruido que recordaba el de una radio mal sintonizada; los otros también lo oyeron, porque se detuvieron a mirar de dónde venía. Se quedaron mirándome fijamente, y yo a ellos. Aquel ruido recordaba una descarga de alto voltaje, de modo que mi primera reacción fue buscar postes eléctricos... pero no había ninguno. Pegué el oído al suelo, pero el ruido tampoco venía de las plantas aplanadas, ni de las que quedaban erguidas en el perímetro.

Simplemente estaba «allí», manteniendo un nivel constante, y nos rodeó durante unos diez minutos hasta que mis colegas y yo tuvimos que irnos. Cuando crucé el perímetro de la formación, volvió el silencio. Dos años después, en Roundway, experimenté el mismo chisporroteo, sólo que esta vez a última hora de la tarde y en un campo donde ya se oía el chasquido de los cables de alta tensión, lo que me permitió comprobar que ambos sonidos eran diferentes.

Los sonidos silbantes no son inusuales en los círculos de las cosechas, y pueden estar producidos por una reacción natural de las espigas de trigo al expandirse con el calor del sol naciente. No obstante, ninguna de mis experiencias ocurrieron a primera hora del día. Diez años antes había tenido lugar un incidente similar en el campo Dog-leg, cerca de Winchester, hacia las 7 de la tarde. A pesar de la calma de la tarde, dentro del perímetro del círculo se oyó un sonido silbante y chisporroteante acompañado por un ritmo pulsante.

¿Es posible que una especie de «capa» eléctrica se adose a las plantas?

Cuando estudiaba electrónica, Paul Vigay inventó un pequeño detector electrostático para identificar cables eléctricos ocultos. Como el aparato era excepcionalmente sensible, podía detectar pequeños flujos eléctricos en plantas y personas. Un día, su madre llegó a casa con un puñado de tallos de trigo para sus arreglos florales y pidió a Paul que pusiera a prueba su invento en los tallos secos. Curiosamente, el aparato parecía registrar carga en algunos de ellos, pero otros no producían reacción. Salió de la cocina mientras su madre disponía los tallos en cierto orden, y después regresó para repetir la prueba: los resultados coincidían con los primeros. Volvió a realizarla varias veces hasta que su madre le reveló que los tallos que no reaccionaban habían sido recogidos en un círculo de las cosechas.

Vigay decidió repetir las pruebas en un círculo de las cosechas viviente en Cheesefoot Head. Mientras caminaba con su aparato por los surcos dejados por los tractores, la pantalla se activó para mostrar que las plantas estaban descargando como debían. Pero al cruzar el perímetro de la formación, no registró ninguna lectura dentro de todo el círculo; al salir por el otro extremo, las lecturas volvieron. Repitió la prueba varias veces desde distintos puntos de entrada consiguiendo idénticos resultados. ¿Se debía la falta de carga eléctrica en el círculo a que la cosecha había sido aplanada? Aparentemente no. Las pruebas realizadas en una sección del campo dañada por el viento revelaron lecturas similares a las de las plantas normales.

Surgieron nuevas preguntas cuando el análisis de otro círculo de las cosechas no mostró desviación de las plantas normales. Aquella formación había sido hecha deliberadamente por la mano del hombre y era parte del protocolo del proyecto Argus, un hecho que se le ocultó al investigador en aquel momento y que aumenta su credibilidad. Vigay concluyó que la fuerza creadora de círculos parece desviar a tierra la corriente eléctrica dentro del perímetro del diseño (Vigay, 1995).

Las plantas de cereal contienen una carga neutral durante la noche, que cambia a positiva durante el día. Si las plantas son manipuladas electromagnéticamente, es necesario aplicarles primero una carga negativa para que repelan el campo magnético normal y apunten lejos del centro; y ciertamente se han medido cargas negativas en plantas que estaban dentro de los círculos de las cosechas o junto a ellos.[46] Esta alteración se refleja en el alineamiento de las raíces de las plantas. Las raíces son geotrópicas por naturaleza, y por tanto crecen hacia abajo, hacia el centro de gravedad. Como son sensibles a los cambios en los campos magnéticos, cualquier modificación en su alineamiento constituye un claro indicador de que el campo magnético de la Tierra —y posiblemente el gravitatorio— está alterado. Éste es el caso en los círculos de las cosechas, donde se sabe que las raíces se realinean en oposición al pliegue del tallo, dando una forma de «S», algo contrario a su tendencia habitual (Audus, 1960).

En 1993, algunas pruebas realizadas usando un voltímetro electrostático estándar también revelaron que las plantas erguidas dentro de una formación estaban «envueltas» por una carga de entre 10 y 20 voltios por pulgada. Para 1999, esta carga había aumentado, y en algunos círculos se medían 30 voltios; en un caso concreto llegaron a registrarse más de 100 voltios (Hein, 2000).

No cabe duda de que dentro de los círculos de las cosechas hay energía electromagnética, y en ciertos casos puede producir alteraciones. En el pueblo de Spaldwick, Cambrigdeshire, una repentina subida de tensión hizo saltar las alarmas a las 2 de la mañana, poco antes del descubrimiento de una formación con forma de «cruz celta» en un campo cercano. Pero, después de todo, los habitantes de este pueblo no tenían por qué quejarse si tenemos en cuenta que el tetraedro de Barbury Castle colapsó la electricidad de toda la ciudad, además de una extensa área en los campos colindantes, y la formación «Rueda de Beltane» llegó a silenciar las emisoras de radio locales. Las compañías eléctricas no dan explicaciones sobre estos aumentos del voltaje, y todo parece indicar que no sólo estamos lidiando con una fuerza eléctrica considerable, sino que cuanto mayor es la complejidad del diseño del círculo y la extensión afectada, más fuerte es la descarga.

Cargas biofísicas

Si una fuente de energía artificial o electromagnética interviene en el desarrollo natural de las plantas, es natural asumir que el efecto será verificable a nivel microscópico.

En 1988, Andrews y Delgado enviaron muestras de plantas de los círculos de las cosechas, junto con otras de control, al laboratorio Signalysis, en Stroud, Inglaterra. Kenneth y Rosemary Spelman procesaron las muestras según un procedimiento de «farmacopedia para homeopatía» aprobado por el gobierno alemán para preparados espagíricos. Habitualmente este procedimiento se aplica en el análisis de muestras de sangre humana, pues permite examinar bajo el microscopio la estructura cristalina de los minerales disueltos en fluidos.

Sus resultados revelaron que los patrones irregulares en las muestras de control eran sustituidos por patrones estructurados dentro de las muestras de los círculos, y que una energía del tipo que fuera había cambiado la estructura cristalina de las plantas (Andrews y Delgado, 1990). Otra serie de pruebas realizadas por el biólogo Kevin Folta, esta vez con plantas tomadas en un círculo de las cosechas aparecido en Argonne, Illinois, indicaron que el ADN de las muestras de los círculos era considerablemente diferente del de las muestras de control (Chorost y Dudley, 1992a).

Cuando se publicó el provocador informe de los Spelman, otro individuo interesado, el doctor W. C. Levengood, de Michigan, contactó con Delgado con la esperanza de poder hacer un seguimiento de los experimentos llevados a cabo en el Reino Unido. El doctor Levengood es un respetado biólogo, y en el curso del su multidisciplinar carrera ha realizado investigaciones en áreas tales como el efecto de los rayos solares y de los rayos cósmicos sobre la reproducción de los organismos vivos, y la relación entre el transporte de iones y el grado de vitalidad de las semillas. Es dueño de seis patentes y ha escrito cincuenta trabajos revisados por compañeros de profesión.

---

46. De las pruebas llevadas a cabo por John Burke, de BLT Research, Cambrigde, MA.

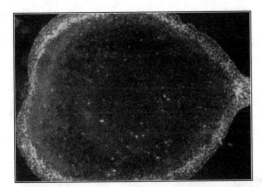

Figura 8.24
Patrones de energía cristalina: muestra de control.

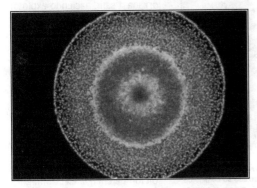

Figura 8.25
Patrón centrado procedente de un círculo de las cosechas.

La curiosidad de Levengood le llevó a investigar la posibilidad de que se hubieran producido cambios moleculares en las plantas de los círculos de las cosechas. Después de miles de horas de trabajo de campo y de analizar en laboratorio muestras de cientos de círculos, así como de haber diseñado y realizado diversas pruebas y experimentos científicos a las muestras de control, detectó una serie de anomalías estadísticamente significativas.

Uno de los primeros rompecabezas con los que se encontró Levengood estaba relacionado con las semillas. Las espigas recogidas en los círculos de las cosechas contenían semillas que a menudo estaban severamente atrofiadas, malformadas y eran de un peso o tamaño menores. Levengood atribuyó esto a su prematura deshidratación, pues su desarrollo se había detenido en el momento de la creación de la formación.[47] Estas alteraciones parecen tener un fuerte impacto cuando ocurren en las primeras etapas del desarrollo de la semilla, y el efecto no es tan visible a medida que las semillas maduran; de hecho, cuando están maduras, se produce un incremento en su crecimiento.

Para ver cómo reaccionaban las plantas al germinarlas, Levengood llevó a cabo pruebas de laboratorio de catorce días de duración y con un seguimiento exhaustivo en las que comparó su ciclo de crecimiento con el de las plantas de control. Se dio cuenta de que la reacción de las semillas procedentes de los círculos de las cosechas variaba en función de la presunta intensidad de la energía creadora de círculos y de la edad de las plantas afectadas.

Los resultados mostraron una inconsistencia con el desarrollo vegetal natural. En algunas plantas inmaduras las semillas no llegaban a germinar; en las plantas jóvenes, germinaban, pero sus raíces y tallos se desarrollaban escasamente. Las que habían sido afectadas por la fuerza creadora de círculos en la última etapa de su vida se desarrollaban de manera inconsistente con las semillas de su especie, produciéndose una germinación acelerada y un aumento del vigor en los ejemplares más maduros; estos últimos mostraron una tasa de crecimiento un 40% superior a la normal, y sus raíces tenían una estructura más pobre.

¿Qué tipo de energía es capaz de alterar la vida natural y los ciclos de crecimiento de las plantas? Para averiguarlo, Levengood hizo pruebas con una muestra de plantas en un horno microondas comercial. Y descubrió que los resultados más similares a las plantas de los círculos se producían, —incluso a nivel microscópico— cuando las muestras eran sometidas a treinta segundos de exposición a las microondas, lapso de tiempo muy parecido al que describen muchos testigos para la formación de los círculos. Este rápido calentamiento era corroborado

---

47. La germinación acelerada de semillas está asociada con la orientación de la planta hacia el polo magnético o la inducción de un campo magnético artificial durante la germinación. De hecho, plantar semillas alineadas con el norte es un ritual que cuenta con siglos de antigüedad en el folclore rural.

por el socarramiento superficial del tejido de las plantas que dejó sin afectar las capas profundas, lo que indica la brevedad de la exposición.

En su primer trabajo sobre los círculos de las cosechas revisado por otros científicos, el doctor Levengood declaró que «las plantas afectadas poseen componentes que sugieren la implicación de fenómenos como un rápido movimiento de aire, ionización, campos eléctricos y altas temperaturas puntuales combinadas con una atmósfera oxidante. Una fuerza organizada de origen natural que incorpora todas estas características es un vórtice de plasma iónico; un ejemplo de vórtice de muy alta energía es la carga de un rayo» (Levengood, 1994).

Otro de los enigmas estaba relacionado con los nudos de las plantas. Estas protuberancias fibrosas son las partes más duras del tallo y permiten que la planta sostenga su peso y mantenga su posición erguida. Levengood descubrió que los nudos de las plantas halladas en los círculos de las cosechas estaban muy agrandados y expandidos, mucho más de lo que sería explicable por un trauma, la exposición a productos químicos o una plaga. El fototropismo y el gravitropismo tienen un papel importante en el pliegue de los nudos, pero estos procesos naturales llevan tiempo y no pueden explicar el plegamiento masivo observado en los círculos nuevos. La leve extensión de la longitud de los nudos observada en las formaciones realizadas por la mano humana demostró ser estadísticamente insignificante.

El descubrimiento más importante de las investigaciones de Levengood está relacionado con el tejido bracteal, la fina membrana que sostiene la semilla y permite que los nutrientes lleguen a los embriones en desarrollo. Levengood descubrió un agrandamiento anormal en los hoyos de las paredes celulares de los tejidos; se trata de agujeros minúsculos que permiten el tránsito de los nutrientes.

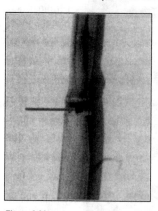

Figura 8.26
Un nudo ampliado. El agua presurizada y supercalentada ha forzado su camino de salida del tallo creando el pequeño agujero que se ve. Nótese el efecto socarrante.

Aquí el investigador encontró una serie de cavidades de expulsión o «agujeros creados», como si el líquido interno hubiera sido obligado a salir de las plantas. Una vez más, este fenómeno no se ha observado en las cosechas normales bajo ninguna circunstancia conocida.

En sorprendente contraste con las muestras de control, las cicatrices alargadas muestran que dentro de las plantas de los círculos de las cosechas se produce una rápida expansión, y esto hace que el agua de las paredes celulares se caliente *repentinamente*. Como no tiene dónde ir, el agua se ve forzada a salir, haciendo explotar las secciones más débiles del tejido y creando así las cicatrices.

Levengood concluyó que «el mecanismo energético que produce las alteraciones cuantitativas en los nudos de los tallos puede explicarse por un principio de la física evidente y ampliamente aplicado [la ley de Beer], que está relacionado con la absorción de energía electromagnética por parte de la materia», lo que sugiere muy claramente que una fuente de energía «originada en la región de las microondas» ha hecho hervir el agua dentro de los nudos de las plantas, transformándola efectivamente en vapor (ibíd.).

Michael Chorost llegó a conclusiones similares en el informe publicado para el proyecto Argus. Descubrió que la creación de círculos induce anomalías en los niveles de radiación y calienta las plantas rápida y brevemente a través de la pulsación rápida de una energía desconocida, que a veces llega a socarrarlas; también hincha los hoyos de las paredes celulares, interviene en el desarrollo de las semillas y deja restos radiactivos en el terreno (Chorost y Dudley, 1992a).

Pero si la respuesta está en las microondas, hay ciertas cuestiones que hemos de tener en cuenta. Las microondas son ondas de energía electromagnética con una frecuencia superior a 1GHz (10^9

Hz). La energía microondas se disipa rápidamente después del contacto inicial con un objeto, y sin embargo los sensores de frecuencias electromagnéticas detectan la permanencia de un residuo electromagnético en los círculos de las cosechas mucho después de su aparición, a veces durante años.

Además, en general, los efectos secundarios de las microondas son inconsistentes con las características de los círculos de las cosechas. Estudios recientes sobre las microondas y los teléfonos móviles muestran lo dañinas que pueden ser estas frecuencias para el cuerpo humano (Whitlock, 1999), del mismo modo que Marconi descubrió al comienzo de sus experimentos que, para horror suyo, estas frecuencias podían matar animales situados cerca de la fuente de radiación. No se conocen este tipo de efectos sobre seres humanos o animales en los círculos de las cosechas. Las microondas también pueden esterilizar tanto el terreno como las plantas, y en los círculos de las cosechas esto es una rara excepción.[48] Por tanto, es probable que la energía responsable de los círculos parta de otro punto del espectro electromagnético, y podría no ser la única energía involucrada.

Si nos remontamos mentalmente a los primeros tiempos de los círculos de las cosechas, Terence Meaden propuso que los responsables de la fabricación de los círculos eran los remolinos de viento estacionales y los vórtices de plasma. Y aunque la teoría basada en el tiempo meteorológico ha demostrado ser inviable, los científicos japoneses han probado en laboratorio que el plasma (que es en esencia gas ionizado y supercaliente) es capaz de organizarse en simples formas concéntricas, con capas alternantes de carga positiva y negativa, lo que recuerda los contornos y configuración direccional de los primeros círculos y anillos de las cosechas.

Por tanto, se podría argumentar que la energía que forma los círculos es natural, y que en gran medida está controlada por una fuerza inteligente.

¿De qué otro modo se puede explicar un «fenómeno natural» que evita selectivamente las casas, las ciudades, los jardines y los parques…, un fenómeno que produce cientos de contornos geométrica y filosóficamente significativos de gran complejidad…, un fenómeno que interactúa con sus observadores humanos e incluso lee sus mentes?

A lo largo de las últimas décadas, científicos japoneses han investigado la hipótesis de que la manifestación física se basa en la energía extraída del campo energético del vacío. En su libro *Paradigm of New Science-Principia for the Twenty-First Century*, el científico japonés doctor Shiuji Inomata propone que el estado de vacío es un campo energético en el que la conciencia se integra con las fuerzas electromagnéticas y gravitatorias para crear la materia. Su modelo teórico explica que las transmutaciones energéticas, como la manifestación y la disipación de la materia, podrían tener lugar de acuerdo con los mencionados principios.[49]

El tránsito de esta energía de un estado a otro parece estar relacionado con la espiral proporción áurea, la espiral de la naturaleza; el hidrógeno también parece estar involucrado en el proceso, y éste es un punto particularmente importante porque es un componente fundamental del agua, y tanto el agua como las espirales son fundamentales en los círculos de las cosechas.

Estos efectos residuales de la energía también parecen apoyar las primeras especulaciones de Delgado: que los círculos de las cosechas se crean en dos etapas; la primera prepara los tallos y los programa para moverse en una dirección predeterminada, y la segunda los hace caer a su posición (Andrews y Delgado, 1991).

En tal caso no deberíamos limitarnos a mirar hacia abajo, hacia el suelo; también tendríamos que mirar al cielo.

---

48. Si te acuerdas, esto sólo ha sido observado dos veces (por Marcus Allen y yo), en una ocasión en Avebury, y en otra en los glifos de Barbury Castle (1999). Con respecto a los animales muertos, el incidente del puercoespín canadiense aplanado es tal vez la excepción. No obstante, en el capítulo 11 se atribuye este mismo efecto al sonido.

49. Publicado en 1987 en japonés y comentado por John Davidson en *The Secret of the Creative Vacuum: Man and the Energy Dance*.

El componente aéreo

Jack Spooncer pasó treinta años en la industria aeroespacial diseñando motores para Rolls Royce y Westland, y durante ese tiempo desarrolló una mente inquisitiva y un conocimiento operativo de los polímeros. Además es un hombre suficientemente fiable como para contar con una autorización especial de la OTAN.

Una noche, durante el cálido verano de 1997, volvía a su casa de campo situada encima de un acuífero de presión inusualmente alta, en una parte de Dorset rica en asentamientos neolíticos. Al girar la curva hacia su propiedad, se encontró con algo increíble: «Una gran cúpula de luz de unos 60 metros de diámetro estaba tocando el campo de maíz. Había miles de puntos de luz, como diamantes, todos alineados geométricamente. La forma brillaba como un holograma». También oyó un sonido agudo que interpenetraba la zona circundante, pero justo cuando las luces de su coche apuntaron a la burbuja traslúcida, ésta desapareció.[50]

A la mañana siguiente muy temprano comprobó que habían aparecido dos medios anillos en la cosecha, con sus «tallos perfectamente cepillados y crujiendo bajo los pies». Jack razonó que si su coche no hubiera interrumpido la obra, tal vez se habría manifestado un patrón más complejo; también especuló sobre la posibilidad de que un alto grado de flujo magnético fuera responsable de suspender las gotas de agua para formar patrones regulares.[51] ¿Fuerzas naturales en acción? ¿O sorprendió Jack a los Creadores de círculos en plena tarea?

Atrapar a los Creadores de círculos «in fraganti» era lo último que tenía en mente cuando me senté una tarde en lo alto de una colina, mientras tomaba una comida campestre con un grupo de amigos. Me sentí obligado a tomar mi cámara y fotografiar lo que parecía un «círculo metralla» de lo más normal al otro lado del valle de Pewsey. El cielo estaba nublado y sombrío...; aquélla no era una imagen especialmente cautivadora. Dos días después apareció una formación heptagonal junto a Tawsmead Copse, en la misma zona donde yo había tomado la foto.

Posteriormente escuché relatos de dos personas que habían visto, cada una por su lado, descender un «tubo de luz» sobre ese campo, una a las 5 de la madrugada, antes de la aparición de la formación, y la otra dos días antes y a mediodía, aproximadamente la hora de la comida campestre. Cuando revelé la fotografía, mostraba dos rayos de luz solar atravesando las nubes (véase la figura 8.27 en la página VIII de la sección a color). Como fotógrafo experimentado me di cuenta de que los rayos de luz sólo pueden captarse cuando uno está mirando al sol, y en el momento de hacer la foto yo estaba mirando hacia el este y el sol se encontraba ya en el oeste. Además, los rayos de luz tienden a ampliar su anchura cuanto más se acercan al suelo, pero los bordes de los captados en mi fotografía eran perpendiculares.

El análisis de laboratorio confirmó que la luz no había enturbiado la película, puesto que los rayos no ocupaban toda la anchura del negativo, sino que empezaban dentro de la imagen del valle y se detenían en el horizonte, y lo más notable es que no recuerdo haber visto esos rayos cuando tomé la foto. Ésta no es la primera vez que se han fotografiado este tipo de rayos. En 1991, una pareja que visitaba una formación en Alton Priors tomó cinco fotografías de lo que parecía una columna de nubes blancas acompañada por pequeñas luces blancas situadas directamente encima de un círculo con forma de pesa (Pringle, 1999).

Las pruebas sugieren que estos tubos preceden a los círculos de las cosechas, y en algunos casos están directamente involucrados en el proceso. A lo largo de nuestras conversaciones, Nancy Talbott me había expresado frecuentemente su frustración por no ser capaz de ver directamente la manifestación de un círculo de las cosechas y el

---

50. La «burbuja brillante» de Spooncer es notablemente similar a los informes de testigos oculares durante la segunda aparición de la Virgen María en Fátima en septiembre de 1917.
51. Conversación personal con Jack Spooncer.

agente que lo produce. Teniendo en cuenta que Nancy es una persona terrenal y poco dada a las fantasías, su declaración no me sorprendía. En agosto de 2001 fue a Holanda para ayudar al parapsicólogo doctor William Roll a recopilar datos geomagnéticos y electromagnéticos. Roll estaba interesado en saber si en la formación de los círculos interviene la conciencia humana. En casa de los anfitriones de Nancy, los Van der Boeke, habían aparecido círculos de las cosechas; su hijo Robbert había tenido premoniciones respecto a algunos de ellos, e incluso había fotografiado luces anormalmente brillantes con orbes dentro de ellas.

En torno a las 3 de la mañana del 21 de agosto, cuando Robert y Nancy estaban mirando al campo de alubias que queda detrás de su casa desde distintas habitaciones, oyeron a las vacas del establo «mugiendo ásperamente», acompañadas por los ladridos de un perro del vecindario. Como unos quince minutos después, «una columna o tubo brillante de intensa luz blanca —de entre 20 y 30 centímetros de diámetro desde mi punto de vista— resplandeció desde el cielo al suelo, iluminando mi habitación y el cielo con un resplandor tan deslumbrante como si nos apuntasen las luces de búsqueda de un helicóptero. Mi habitación estaba tan brillante que, mirando atrás, no puedo entender cómo pude ver tan claramente el 'tubo' de luz externo con sus bordes perfectamente definidos. Pero lo cierto es que pude verlo durante todo un segundo, y los lados del tubo parecían tener un tono ligeramente azulado».

En un espacio de seis segundos se vieron dos tubos de luz más antes de que ambos salieran corriendo al campo y encontraran un círculo elíptico con un apéndice parecido a la letra «T». Un velo de vapor se elevaba tenuemente del terreno. Robbert dijo que los tubos giraban en espiral, y tenían la misma anchura desde el cielo hasta el suelo.[52]

El reciente relato de Talbott y van der Broeke es uno de tantos sobre este tipo de encuentros. En 1966, no lejos de los majestuosos acantilados de

Dover, un hombre que caminaba bajo la lluvia vio lo que denominó «un tubo de luz traslúcida» que descendía del cielo. Con la lluvia apartándose visiblemente de su superficie y el ganado cercano «aparentemente trasfigurado» por los sonidos silbantes, el tubo selló un área de hierba y creó un círculo de las cosechas (T. Wilson, 1998).

La tarde del 24 de agosto de 1990, un granjero que atendía su campo de cebada de invierno detrás de Golden Ball Hill se encontró repentinamente en una situación similar, de pie a tres metros de distancia de un tubo perpendicular rotante de un metro de ancho cuyo extremo más cercano a la tierra se detenía a corta distancia del suelo, mientras que el otro extremo se elevaba estratosféricamente hasta perderse fuera de la vista. El tubo permaneció estacionario, mientras que en su cosecha se manifestó un movimiento giratorio.

La idea de que para crear los círculos de las cosechas se utiliza energía controlada dentro de un tubo —algo parecido a un rayo láser— está apoyada por Ray Barnes. En una ocasión Ray vio una «línea» que descendía hacia la cosecha y después cruzaba el campo para llegar a un punto estacionario, donde se hundía y rotaba, generando un remolino aplanador en cuatro segundos (ibíd.). Estos tubos parecen retener algún tipo de energía residual. En Westbury, un testigo ocular describe haber visto el humo de unos fuegos cercanos extendiéndose sobre un campo y alcanzando un círculo de las cosechas para chocar con una «pared invisible» y dar un rodeo al diseño; encima del círculo de la cosecha se vio que el rastro de vapor dejado por un avión que volaba a 8000 metros de altura se rompía al cruzarse con el tubo (Pringle, 1999).

Según parece, se proyecta una masa de energía en forma de corriente autocontenida desde un punto muy por encima de la Tierra. Para que la energía o un líquido viaje dentro de un tubo es necesario que gire en espiral; los ejemplos más cercanos son la circulación de la sangre por las venas o del agua por una tubería.[53] El metafísico ruso P. D.

---

52. De una entrevista con Jeff Rense, del *Jeff Rense Show*, 19 de noviembre de 2001.
53. *Daily Telegraph*, 1998, op. cit. y A. J. Scout-Morley, citado en *In the Name of the Gods*, de David Elkington, p. 171.

Ouspensky describe este proceso en términos de luz: «El electrón se transforma en cuantos; se convierte en un rayo de luz. El punto se transforma en una línea, en una espiral, en un cilindro hueco» (Ouspensky, 1931). El filósofo describió un modelo de rayo de luz compuesto por partículas cercanas entre sí que discurren en sentido longitudinal a lo largo de «dos tipos de hilos». Tal vez se tratase de la onda electromagnética transversa, la combinación de ondas eléctricas y magnéticas, quedando estas segundas ligeramente retrasadas con respecto a las primeras.

Independientemente de cómo llamemos a la energía contenida dentro de estos tubos, parece enviar un «código» que indica a las plantas qué hacer y cuándo. En cualquier caso, este proceso produce un diseño único. Normalmente, cuando diriges una linterna sobre una superficie desde cierta distancia, el resultado no es un círculo de luz, sino una elipse, especialmente si la linterna no está perpendicular a la superficie. En el caso del rayo de luz proyectado sobre la Tierra desde las alturas, la forma inicialmente circular se encuentra con la curvatura de nuestro planeta, las capas atmosféricas cada vez más densas que actúan como lentes, y la pendiente del terreno. En consecuencia, los círculos de las cosechas toman formas ligeramente elípticas. La «distorsión» de la forma circular varía desde tan sólo unos 20 centímetros hasta unos 5 metros, y el efecto es aún más pronunciado cuando los círculos aparecen en las laderas de las colinas.[54]

La forma elíptica de los círculos de las cosechas favorece la posibilidad de que hayan sido creados o activados por un rayo. Tal rayo debe ser capaz de atravesar las nubes y la lluvia sin apenas atenuación o pérdida de energía, y dentro de los límites de nuestra tecnología actual las ondas electromagnéticas situadas dentro del rango de las microondas pueden conseguir exactamente eso.

Como confirman las pruebas, los tubos de luz se originan en un punto situado más allá de nuestro rango de visión, aunque ocasionalmente se ha sabido que estaban adosados a algo.

La noche del 13 de julio de 1988, sobre las 11:30, Mary Freeman conducía su coche en dirección sur cerca de la avenida de piedras de Avebury. Se dio cuenta de que en la parte inferior de una nube cercana a Silbury Hill había un resplandor plateado y brillante, mucho más brillante que el resplandor de la luna, que ese día no estaba llena. El contorno difuminado de un objeto oval parecía sobresalir de la nube. De repente, un rayo tubular, tan ancho como un campo de fútbol, se precipitó de la nube hacia el terreno al sur de Silbury. Freeman cambió de dirección y se dirigió a toda velocidad hacia el rayo, que se mantuvo en su lugar durante unos tres minutos.

Ella recordaba este incidente con claridad porque todos los objetos que había dentro de su coche empezaron a levitar repentinamente a su alrededor, como si el vehículo se hubiera visto atrapado en un campo energético. En el plazo de treinta y seis horas, el granjero Roger Hues descubrió la primera de las cinco formaciones «Cruz celta» en la base de Silbury Hill.

Tres años después, un joven que paseaba en bicicleta por Butleigh, Somerset, oyó un sonido agudo y vibrante. Al levantar la mirada, vio una nave detenida, de color plateado y con forma de campana, proyectando un vórtice de luz «como de aura» que descendía en espiral sobre un campo, haciendo un círculo de diez metros de diámetro en el trigo temprano, que en el mes de abril apenas tenía 20 centímetros de altura. Este suceso se produjo a plena luz del día y acabó en unos segundos (Wingfield, 1991b).

Una experiencia similar ocurrió en East Field, esta vez a medianoche. Intrigada por un sonido vibrante similar, una pareja que vivía en el vecindario salió de su casa y se encontró con una serie de luces de colores que giraban en el cielo negro como boca de lobo. Veinte minutos después las luces se agruparon en un único objeto del que salió un rayo

---

54. Este «defecto» se emplea en el diseño de columnas en los templos griegos, lo que los hace parecer rectangulares a distancia cuando de hecho son redondeados.

de luz blanca que descendió sobre el campo. Cinco horas después se descubrió el glifo de las cosechas «ADN».

Teniendo en cuenta estas coincidencias tan claras en las que están involucrados los fenómenos aéreos popularmente conocidos como objetos volantes no identificados, nos vemos abocados a postular que el agente responsable de interrumpir el flujo estacional de las cosechas de cereales es una fuente externa. Pero, pensándolo bien, ¿no es un poco ridículo hacer de los «hermanos espaciales» los presuntos culpables?

Se ha escrito suficiente material sobre los ovnis como para llenar un hangar de considerables dimensiones, y me gustaría dar una visión general de este fenómeno igualmente mal comprendido. Si quieres continuar investigando más, *The Cosmic Pulse of Life*, de T. J. Constable, ofrece una excelente introducción al tema, como también lo hace la influyente obra de Johannes von Buttlar *The UFO Phenomenon*, donde el autor presenta gran cantidad de datos fiables tanto de pilotos civiles como de las fuerzas aéreas. Hay relatos de encuentros a plena luz del día, de aviones que se han estrellado, de pilotos que han perdido la vida persiguiendo a los ovnis, y declaraciones de controladores aéreos, hombres de estado e incluso astronautas.

Como en el caso de los círculos de las cosechas, el contacto humano con los ovnis es anterior al siglo XX; de hecho, ya se menciona en el *Ramayana*, una de las sagas sagradas de la India que tiene su origen en el año 6000 a. de C. Esta obra contiene relatos de «carros celestiales de dos pisos con muchas ventanas, rugiendo como leones y emitiendo llamaradas rojas mientras ascienden al cielo como cometas»; el *Mahabharata* y otros textos védicos y sánscritos describen eventos similares. En las culturas chamánicas de toda Sudamérica se hace referencia a los ovnis como *abahambi abavutayo*, los «carros de fuego» (Dutt, 1961; Gordon, 1962).

Un papiro conservado en el Vaticano habla de la visión de un ovni en Egipto durante el reino de Tuthmosis III en el 1500 a. de C. Se describe que el objeto emitía un «olor fétido», observación confirmada por otras víctimas posteriores de encuentros cercanos. En la *Chronicle of William of Newburgh*, de 1290, se dice que el abad de la abadía Byland, en Yorkshire, estaba a punto de dar su sermón cuando «John, uno de los hermanos, entró y dijo que fuera había un gran portento. Entonces todos salieron corriendo y vieron un gran objeto plateado, no muy distinto de un disco, que volaba lentamente sobre ellos y les produjo el mayor terror»; existe un informe parecido en *Historia Anglorum*, de Mateo de París.

A pesar de las persistentes y a menudo contradictorias negativas de los militares de nuestros días, el tema de los ovnis ha estado presente en el seno de las fuerzas aéreas de muchos países del mundo desde la década de los años cuarenta. Como el general Benjamin Chidlaw, comandante de defensa aérea continental de las fuerzas aéreas de Estados Unidos, comentó en una ocasión: «Tenemos montones de informes sobre platillos volantes, y los tomamos muy en serio porque hemos perdido muchos hombres y aviones tratando de interceptarlos» (Stringfield, 1957; Good, 1987).

Esto explica por qué un notable documento sobre seguridad pública, como la segunda edición de la Guía para el Control de Desastres, del servicio de bomberos de Estados Unidos, dedica trece páginas a los ovnis y a cómo prepararse para un eventual choque o ataque. Por otra parte, la existencia de una agencia gubernamental norteamericana dedicada exclusivamente a investigar el fenómeno ovni está clasificada como «por encima de alto secreto»; el acceso a esta información se le niega incluso al presidente, y la ley federal autoriza al administrador de la NASA a encarcelar sin juicio previo a cualquiera que toque un ovni o sus ocupantes. Sin duda éste es un consejo que induce sensatez.

En cualquier caso, de vez en cuando las autoridades ofrecen al público una muestra de lo que sin duda deben saber. Durante un documental de la televisión americana emitido en 1960, el Pentágono aceptó que los ovnis eran máquinas guiadas inteligentemente cuya tecnología no procedía de la Tierra. Lord Dowding, comandante de las fuerzas aéreas inglesas, declaró: «La existencia de estas máquinas está probada». Existe una lista sustancial de avistamientos de ovnis por parte de los astronautas de la

NASA: un relato de la tripulación del *Apolo XII* indica que un ovni los siguió todo el trayecto desde la órbita terrestre hasta una distancia de 200 000 kilómetros de la Luna (Hynek y Valleé, 1975). ¿Tal vez esto explicaría por qué IBM vendió al Equipo de Seguimiento Espacial de las fuerzas aéreas norteamericanas un superordenador en el 2000 «para detectar e identificar mejor objetos voladores no identificados dentro de la órbita terrestre» (Reuters, 2000)?

Según afirman David Ash y Peter Hewitt, «el verdadero problema con los ovnis no es la falta de pruebas, sino la ausencia de una explicación científica de su existencia y conducta. Es difícil, por no decir imposible, acomodar a los ovnis en el pensamiento científico actual (Ash y Hewitt, 1990). El astrofísico Jacques Valleé también concluye que el simple hecho de que los ovnis violen las leyes del movimiento tal como las conocemos actualmente no anula su existencia (Valleé, 1975).

Personas mayores, niños, policías e incluso personal militar han informado de avistamientos de naves entre seis y treinta y seis horas antes de la aparición de círculos. Los granjeros de alrededor de Barbury Castle han avistado aviones y helicópteros militares tratando de interceptar bolas de luz u objetos voladores silenciosos, que seguidamente procedían a jugar con sus perseguidores, a veces desapareciendo y reapareciendo detrás de la nave que trataba de darles caza. Busty Taylor ha visto tantos objetos rotantes con luces parpadeantes que cuando era instructor aéreo usaba estos avistamientos como prueba fiable de que sus alumnos se mantenían alerta a los mandos del avión. Que estos objetos no son producto de la imaginación calenturienta de los campesinos británicos queda confirmado por informes idénticos de todas las partes del mundo, incluyendo testigos oculares de áreas rurales de Rumanía, Hungría y Rusia, países en los que, hasta ese momento, las palabras «cosecha» y «círculo» no estaban asociadas.

El antiguo sargento de la policía de Yorkshire, Anthony Dodd, ha escrito ampliamente sobre la conexión existente entre el incremento de la actividad ovni y el aumento posterior de la actividad en los círculos de las cosechas. En 1991 miembros de su organización sobre los ovnis investigaron un incidente ocurrido el 29 de junio en Bristol, Inglaterra, en el que docenas de testigos llamaron a la policía poco después de medianoche para informar de que un gran objeto rojo había cruzado el cielo nocturno sobrevolando la ciudad. Después de que hubiera descendido a los campos cercanos, apareció un helicóptero y empezó a perseguirlo. Cuando la nave salió disparada a gran velocidad, el helicóptero volvió al campo, peinándolo con sus poderosos focos. A la mañana siguiente, los residentes descubrieron en el lugar un gran pictograma con forma de campana (Dodd, 1991).

Las naves que presumiblemente trazan los círculos no tienen por qué ser de gran tamaño. El incremento del número de visitantes a los círculos de las cosechas desde los años noventa ha hecho que la cantidad de testigos oculares de las esferas plateadas haya crecido constantemente; uno de los mejores ejemplos es la filmación realizada a la luz del día por Steven Alexander debajo de Milk Hill; un trabajador de la granja que estaba allí cerca también pudo ver todo el evento (véase el capítulo 1).

Estos objetos parecen capaces de viajar a grandes velocidades; no hacen ruido al volar, pero emiten un sonoro zumbido cuando se mantienen suspendidos sobre un campo. Su tamaño varía entre el de una pelota de tenis y una de playa, son capaces de trazar ángulos afilados con destreza y, como los militares británicos han experimentado en Alton Priors, pueden jugar con los helicópteros a voluntad. A menudo se los ve por la noche, entre las 11 y las 3 de la madrugada, como bolas de colores de luminosidad o transparencia excepcionales.

Una mañana, mientras me servía mi primera taza de café, la anfitriona de mi hostal, Marigold Pearce, me contó una experiencia que «puede o no ser relevante para tu investigación». Ella es enfermera y, un día, cuando regresaba a casa en coche por el valle de Pewsey al acabar su turno nocturno a las 2, vio «una luz de color naranja y excepcionalmente brillante» que le seguía a gran velocidad. Creyendo que era una motocicleta que venía disparada, la señora Pearce la dejó pasar. Pero, cuando la luz pasó junto al coche, se sintió anonadada al descubrir que era una pequeña esfera incandescente no pilotada. La esfera se mantuvo suspendida sobre la carretera durante un breve trecho antes de dar una curva perezosa sobre un seto y cruzar los campos. Aparentemente, la gente local está tan acostumbrada a estas bolas de luz que, como la señora Pearce, ya no les prestan mucha atención.

Paul Vigay tuvo una experiencia similar poco después de la aparición del círculo de las cosechas «ADN». Al acercarse a una curva en la carretera situada encima de East Field, una brillante luz roja dobló la esquina a una velocidad aproximada de 100 kilómetros por hora. Creyendo que era la luz de una motocicleta que se aproximaba (aunque estaba demasiado cerca del suelo para serlo), y preocupado por la velocidad que llevaba en una carretera tan estrecha, Paul detuvo su coche. Esperaba que aquel vehículo le adelantara, pero en lugar de eso cambió de dirección y *sobrevoló* su coche. El motor se paró inmediatamente. Detrás de la esfera venía una furgoneta persiguiéndola cuesta abajo a toda velocidad, aunque le costaba mantenerse cerca de ella. Seguidamente el objeto salió de la carretera y pudo ser visto durante cinco minutos por cuatro equipos de seguimiento diferentes apostados a lo largo de los cerros que presiden el valle de Pewsey.

Jane Ross había visto algunas de estas bolas de luz antes del verano de 1997, de modo que les pidió que «se manifestaran» ante un grupo de gente para asegurarse de que no estaba perdiendo la razón. Después de una ceremonia curativa celebrada en julio dentro de la formación de las cosechas «Bourton Star», siete de estos objetos le hicieron caso y se los vio danzando silenciosamente sobre el campo vecino de Easton Hill y su túmulo. Se movían de manera no lineal, y estaban demasiado bajos para ser estrellas, eran demasiado silenciosos para ser naves aéreas, demasiado elevados para ser faros de tractores o luces intermitentes y sus movimientos eran demasiado abruptos para ser globos meteorológicos o señales militares. Resplandecían con una luz anormalmente brillante con sombras verdes, naranjas, rojas y púrpuras. Los presentes observaron (y grabaron en vídeo) el episodio, mientras las esferas se movieron tranquilamente durante quince

minutos antes de desconectar, dejando esa especie de estela característica de las bombillas halógenas. Había otros dos testigos presentes, y uno de ellos era yo.

Este tipo de bolas de luz han sido filmadas por equipos japoneses estacionados en el túmulo largo de Adam's Grave, en Wiltshire, algunas veces sólo un par de horas antes de la formación de un círculo de las cosechas en los campos (figura 8.29 de la página VIII de la sección a color). El público en general ha realizado muchas filmaciones de estas esferas a la luz del día. Un notable incidente, esta vez captado por una cámara montada en el borde de Barbury Castle, mostró una serie de estos pequeños huéspedes incandescentes entrando y saliendo del círculo de los «delfines» situado debajo. Y en uno de mis numerosos vuelos en ultraligero, mi piloto y yo fuimos alcanzados por una esfera plateada que cambió al rojo al adelantarnos a una distancia aproximada de 60 metros. El incidente ocurrió cerca de Golden Ball Hill [colina de la Bola Dorada], que posiblemente recibe su nombre por asociación con este tipo de fenómenos.

Juntando todos estos informes de objetos voladores, empieza a surgir un patrón, si bien es un tanto confuso. Grandes naves estructuradas, pequeñas esferas plateadas y aparentemente físicas, pequeñas esferas luminosas y aparentemente físicas, bolas de luz con todos los colores del espectro visible... ¿Cómo es posible que ocurran todos estos fenómenos?

El ejemplo siguiente provee una clave sobre la naturaleza de los ovnis. Mientras George Bishop, presidente del CCCS, investigaba una serie de círculos de las cosechas en Cornualles, tomó fotografías que posteriormente revelaron la presencia de un globo verde y un extraño objeto rojo; en otras fotografías aparecían globos blancos traslúcidos. Bishop tenía muy claro que aquellas bolas no eran visibles en el momento de hacer las fotos. Creyó que se había producido algún fallo en el procesamiento de la película (después se demostró que no era así), hasta que en las fotografías de otros visitantes también aparecieron idénticos fenómenos luminosos, nueve en total, algunos incluso en fotografías hechas de noche.[55]

Desde entonces se han filmado cientos de fenómenos luminosos, y no sólo dentro de los círculos de las cosechas, sino también en los círculos de piedra (véase la figura 8.28 de la página VIII de la sección a color).[56] Con excepción de personas con habilidades psíquicas, las «bolas de luz» nunca son visibles al ojo desnudo en el momento de tomar las fotografías, lo que sugiere que son formas de energía en otras etapas de manifestación.

La ciencia ha establecido que el mundo físico está compuesto por átomos que giran a altísimas velocidades. Al preguntarse por la naturaleza del universo, muchos físicos y metafísicos han desarrollado la comprensión de que los diferentes estados de la materia, e incluso distintos estados de conciencia, están gobernados por diversas velocidades de giro. Así, los ovnis, las bolas de luz y otros fenómenos «paranormales» habitan una realidad gobernada por una velocidad de giro (algunos lo llaman vibración) diferente de la nuestra. Por tanto, son tan reales en su plano de existencia como nosotros en el nuestro. Para ilustrar este punto diré que nuestro córtex visual es capaz de ver un árbol siempre que sus átomos componentes vibren a la misma frecuencia que el ojo humano y su mecanismo procesador de información. Si los átomos del árbol vibraran a una velocidad de 2 Hz por debajo de la frecuencia ocular, el árbol o bien «desaparecería» o el ojo lo registraría como un «fantasma».

Cuando objetos procedentes de otros niveles de realidad alteran su velocidad de giro, en nuestra dimensión se observan como fenómenos cada vez más físicos. Además, a medida que su frecuencia cambia a lo largo del espectro electromagnético, estos objetos adquieren distintos colores, como observó el autor e investigador del fenómeno ovni John Keel: «Cuando los objetos empiezan a moverse dentro de nuestras coordenadas espacio-temporales, descienden de frecuencias superiores, pasando progresivamente del ultravioleta al verde azulado. Cuando se estabilizan en nuestra dimensión, irradian energía de todas las frecuencias y adquieren un deslumbrante color blanco» (Keel, 1975).

Esta capacidad de transustanciar la materia exigiría, entre otras cosas, una comprensión de la ilusión temporal, de la función gravitatoria, conocimiento de las tres velocidades de la luz y de la acción de las moléculas como vórtice giratorio (Myers y Percy, 1999), técnicas atribuidas en el pasado a individuos como Jesucristo, el profeta Mahoma y el filósofo griego Apolonio de Tiana (Ash y Hewitt, 1990; Yogananda, 1996).

Los estudios de los campos de energía bioplasmáticos y de la energía orgánica llevados a cabo por personas tan notables como Rudolf Steiner, Wilhelm Reich, y Semison y Valentina Kirlian muestran claramente que estamos rodeados por una energía de vida interactiva, aunque aparentemente invisible para el limitado rango de visión del ojo humano. El pensamiento mecanicista nos ha lavado el cerebro haciéndonos creer que estas energías no existen, aunque, ocasionalmente, el mundo etérico hace acto de presencia. El doctor Alexander Cannon, un distinguido científico y afamado psiquiatra de su tiempo, observó un aura de varios centímetros de grosor alrededor del gran lama tibetano (Hall, 1937). Se suele pintar un aura alrededor de las cabezas de Jesucristo y otros santos cristianos.[57]

El padre de la teoría cuántica y ganador de un Premio Noble Max Planck indicó que esta fuerza está asociada con la conciencia: «¡La materia como tal no existe! Toda materia se origina y existe únicamente por virtud de una fuerza. Y debemos asumir que detrás de esta fuerza existe una Mente consciente e inteligente. Esta Mente es la matriz de toda materia».

Parece que hay una serie de fuerzas que contribuyen a la creación de los círculos de las cosechas.

---

55. Comunicación personal con George Bishop.
56. Muchos casos de bolas de luces por lo demás invisibles han sido fotografiadas durante experimentos controlados por los investigadores con base en Santa Bárbara Ed y Kris Sherwood, de Millennium Research.
57. Como en el caso del halo que rodea a Cristo, vemos energía o luz emanando de los dedos de muchos dioses hindúes. Se ha hecho referencia a este campo de energía o aura en al menos noventa y siete culturas diferentes.

Dado que estas fuerzas pueden reaccionar a los pensamientos de las personas próximas, debemos concluir que o bien son conscientes, o al menos están inteligentemente dirigidas. En cualquier caso, el creciente número de avistamientos y filmaciones de naves «estructuradas», bolas de luz e incluso tubos de luz que parecen originarse más allá de la atmósfera terrestre sustentan la hipótesis de la participación de algún agente externo aerotransportado.

Aun así, podemos descartar la posibilidad de que los círculos de las cosechas estén producidos por aterrizajes de naves alienígenas. Los clásicos relatos de ovnis, como los de los «nidos ovni» australianos, suelen estar asociados con plantas aplastadas, hendiduras del terreno, alteraciones electrónicas, parálisis, quemaduras y radioactividad dañina. Por ejemplo, en 1954, una serie de personas vieron que una nave aplanaba un campo de maíz en México; después del incidente en esa área circular no volvieron a crecer plantas (Randles y Fuller, 1990).

Un granjero uruguayo vio una bola rotante y brillante de color naranja aplanar la hierba de un círculo, que dejó abrasada; este incidente causó un fallo eléctrico y la subsiguiente muerte de su perro.

Las pruebas existentes sugieren que los círculos de las cosechas y el aterrizaje de ovnis son dos fenómenos diferentes, aunque comparten algunos atributos (las alteraciones eléctricas, por ejemplo). Cualquiera que sea tu postura respecto a los ovnis, las pruebas acumuladas de que alguien de origen no totalmente terrestre está asociado con un número significativo de círculos de las cosechas está más allá de toda duda, aunque menos del 20% de los círculos han venido precedidos por ovnis u otros fenómenos luminosos que se comportaran inteligentemente.

En tal caso, ¿quién o qué puede ser esta inteligencia?

9 El lenguaje de la luz

El hombre que habla con imágenes primordiales habla con mil lenguas.

—Carl Jung

Se dice que una de las señales del avance de una civilización es su capacidad de comunicar grandes cantidades de información codificándola en el menor espacio posible, como en un símbolo abstracto. No es de extrañar, por tanto, que el símbolo pueda estimular nuestra conciencia, interactuar con nosotros subconscientemente y afectar a nuestras emociones más rápidamente y a un nivel mucho más profundo que el lenguaje. Por ejemplo, un mandala puede generar paz interna del mismo modo que la esvástica invertida, empleada por Hitler, puede hacer que la gente vaya a la guerra.

Es fundamental reconocer la función del símbolo, su importancia y el uso que hacen de él las civilizaciones avanzadas para entender por qué los Creadores de círculos eligen comunicar con diseños que no sólo parecen transculturales, sino que contienen conocimientos que actualmente consideramos esotéricos. El símbolo también nos permite interpretar su rico vocabulario, y extraer la información codificada en él. En origen, este ejercicio de descifrar puede parecer intelectual, pero,

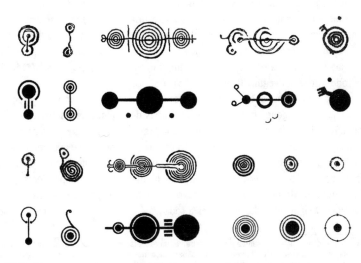

Figura 9.1
Podemos identificar los primeros círculos de las cosechas con petroglifos de diversas partes del mundo.

como el efecto último del símbolo es despertar los sentidos, el lenguaje de los círculos de las cosechas acaba hablando al corazón.

Las primeras civilizaciones eligieron comunicar usando una iconografía basada en principios naturales y universales. En todo el mundo, buena parte de su lenguaje simbólico ha sobrevivido en forma de tallas realizadas en la roca, piezas de cerámica y, en ocasiones, templos enteros dedicados al culto. Tal vez nuestros símbolos más famosos son los jeroglíficos egipcios, creados por una cultura que entendía la conexión entre la vida material y la naturaleza etérica. Sus jeroglíficos, que combinan el significado literal con el juego de palabras, comunican mucho más que las hazañas de los faraones. Al ser metáforas del mundo superior y del mundo inferior, también se usaban para elevar el estado de conciencia de la gente. Esto se conseguía inscribiendo en los glifos ciertos códigos que desvelaban información enterrada en el subconsciente, donde «el manual del usuario» permanece permanentemente almacenado, aunque en gran medida inaccesible para la personalidad del cerebro izquierdo.

El símbolo está relacionado con otro medio de comunicación primordial, el mito. La palabra mito viene de *mutus*, que significa mudo, silente, e indica esas cosas que son inexplicables para el mundo físico a menos que se expliquen mediante un símbolo «verbal». Como tal, el mito relata una historia sagrada y verdadera procedente de más allá de los límites espacio-temporales, revelando una realidad cosmológica de un modo que ningún otro método puede conseguir (Benoist, 1975). Así, los mitos son historias que explican los fenómenos naturales, los orígenes humanos y las hazañas de los dioses. Nos ofrecen las obras clave de la literatura universal, que sirven de fundamento para conducirse correctamente en la vida, y sus puntos comunes indican su procedencia de una fuente única: una fuente de conocimiento cuyos arquetipos eran, y siguen siendo, accesibles a todos.[58]

Por tanto, los símbolos preservan información durante miles de años, sin dejar que se adultere por las mareas del tiempo o por los caprichosos cambios religiosos, políticos y de costumbres. Y como su mensaje fundamental se mantiene inalterado, los símbolos sirven como recursos mnemónicos que nos ayudan a recordar.

Al igual que nuestros antepasados distantes, las culturas indígenas que comparten símbolos y mitos similares reconocen los símbolos de las cosechas como receptáculos de la verdad divina. Ven los círculos como medios de comunicación entre dos mundos. Un relato de Credo Mutwa, un sanador tradicional que vio treinta formaciones de las cosechas durante sus viajes por Sudáfrica, ilustra este punto:

A lo largo de los siglos, la gente ha descubierto que a veces los dioses se comunican con los seres humanos a través de estos campos sagrados. Una y otra vez, extrañas depresiones circulares han sido vistas en el centro de estos campos. A estas depresiones se las llamaba izishoze zamatongo, los grandes círculos de los dioses... Los dioses nunca cortan los tallos de trigo o mijo cuando crean las formaciones. Parece como si una gran fuerza circular hubiera descendido sobre el campo. Presiona el maíz firmemente hacia el suelo, sin romper los tallos ni dañar las plantas. Seguidamente la fuerza parece girar, produciendo la extraña apariencia espiral de los tallos caídos (Mutwa, 1996).

Como los jeroglíficos egipcios, los actuales glifos de las cosechas son crípticos, y generalmente requieren que se comprenda el significado oculto debajo de la primera capa de expresión externa. Son multinivel, ambiguos, metafóricos, instructivos e incluso inspiradores, pues contienen mitos no tanto para ser leídos como para ser absorbidos subconscientemente. Y como son abstractos, plantean

---

58. En griego, *symballein* se retrata como una barca, un receptáculo de lo sagrado que actúa como vehículo mediador entre la intuición, es decir, la instrucción interna, y la realidad física, despertando al individuo y transportándole a sus raíces en el reino espiritual, donde todo es orden, medida y proporción. Una iglesia o catedral servían para un propósito similar, y no es accidental que sus techos abovedados simbolicen el casco invertido de una nave, o que a sus galerías se las llame naves.

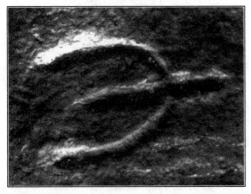

Figura 9.2
El motivo del tridente, aparecido en cuatro glifos de las cosechas de 1990 (aquí se muestra el de Allington Down), a menudo está tallado en cámaras de piedra neolíticas y otros espacios sagrados asociados con la transformación.

un desafío no sólo a nuestro estilo lineal de pensamiento, sino también a nuestro deseo de gratificación inmediata.

La evolución de los glifos de las cosechas se va desvelando como el guión de una obra de misterio, y nosotros participamos no como meros espectadores, sino como jugadores, tomando claves que acumulamos de una escena a la siguiente. La historia va emergiendo de manera sutil, configurando inevitablemente un todo místico. Este suave despliegue del argumento queda alterado por las falsificaciones, pero, para quienes están sintonizados con la trama argumental, la falsificación se hace todavía más evidente, como fallos en la lógica del guión.

La aparición en 1990 del pictograma de Alton Barnes fue el punto de la trama misteriosa en el que yo empecé a participar, y cuando entré en escena, algo se activó en mi memoria subconsciente. ¿Qué poder iluminador está detrás de este glifo de extraña apariencia?

El «círculo y tridente» que encabeza el pictograma de Alton Barnes es, en esencia, una «E» invertida adosada a una «O», u ojo; esto nos da claves respecto a la naturaleza no física de sus creadores. Un dato interesante es que la palabra *alien* [alienígena] puede dividirse de manera aproximada en dos antiguos términos hebreos: *El Ayin. El* significa «dios»; *Ayin*, es la decimosexta letra del alfabeto hebreo, tiene el valor «0» y representa el «ojo». Por lo tanto, *El Ayin* podría significar «El Ojo de Dios» o la ominipresencia de Dios; en el antiguo Egipto éste era el Ojo de Horus, la fuente última de Luz o iluminación; una de sus expresiones era la cobra o *uraeus* que el faraón llevaba sobre la frente (Elkington, 2001).

El Ojo de Shiva también está asociado con el tercer ojo, y el símbolo de Shiva es el tridente, la forma que adquiere la vigesimotercera letra del alfabeto griego, *psi*. Esto evidentemente sugiere la psique, que en esencia es una serie de patrones ondulantes también conocidos como ondas cerebrales. Como Shiva está asociado con la transformación, podemos empezar a comprender que este glifo es una poderosa herramienta de transformación: al contemplarlo, miles de personas de todo el mundo empezaron a despertar y a recordar.

En el texto sagrado hindú *Bhagavad Gita*, Krishna dice a Arjuna: «Dondequiera que el mal parece prevalecer, yo emerjo.» Parece que los «dioses» están volviendo a través de los círculos de las cosechas.

A lo largo de los años, he notado que un círculo específico puede despertar repentinamente a un grupo de personas, como si se nos llamara a subir al escenario a representar el papel que nos toca. Los círculos de las cosechas parecen despertar viejos recuerdos dormidos en nuestros genes. Siempre oigo el comentario: «Era algo que reconocía pero no podía ubicar». Esto parece ser particularmente cierto para esos individuos que están muy involucrados en la decodificación del enigma de los círculos.

La espiral: este recordar, este devolver a la mente, comienza con el elemento que todos nosotros tenemos en común con los círculos de las cosechas: la espiral.

La naturaleza se manifiesta a través del movimiento espiral, primero como luz viviente, girando y densificándose en líneas energéticas de fuerza. Estas líneas de fuerza descienden dando los cuatro estados de la materia: luz, gas, líquido y sólido. Este proceso creativo fue descrito hace mucho tiempo en términos cósmicos por Dionisio el Areopagita: «Dios es luz... El Universo, nacido de su irradiación, fue un estallido de luminosidad descendiendo en espiral, y la luz que emanaba del Ser Primal estableció a cada criatura en su lugar inmutable» (Duby, 1966). Según la ley de vibración hermética, el espíritu desciende a la materia, y, por la misma ley, la materia asciende inevitablemente hacia el espíritu; también se sabe que los clarividentes ven la energía de la persona salir del cuerpo en espiral en el momento de la muerte.

Esta esencia espiritual, ciertamente la esencia de la vida misma, está representada en la más evocadora de las espirales: la galaxia. Aquí abajo, en la Tierra, esta energía viviente puede verse dentro de las cámaras de piedra neolíticas, como la de Newgrange, en Irlanda. Cuando se administraban frecuencias de sonido a sus cámaras llenas de humo, las vibraciones acústicas eran captadas por el humo, que creaba espirales ascendentes (Jahn, Devereux e Ibitson, 1996).[59] Curiosamente, cerca de los lugares donde aparecieron las espirales, los constructores de túmulos grabaron diseños similares en los muros de piedra.

Una de las funciones de los lugares como Newgrange era la práctica del canto o «sintonía». Este uso de la resonancia tenía como objetivo alterar el estado de conciencia de los asistentes, una tradición perpetuada posteriormente en las iglesias; ésta es la razón por la que encontramos *altares* y *en-trances* [entradas] en estos templos posteriores. Las propiedades vivificantes de la espiral también se aplican en la manufactura de preparados agrícolas

Figura 9.3
Círculos de las cosechas de tipo espiral.

biodinámicos. Se ha demostrado que tales preparados potencian la salud de las plantas y del suelo antes yermo (Tompkins y Bird, 1992). En términos de diseño, la forma espiral se evidencia en el contorno de la piña de pino, del girasol o de la espiga de trigo, y se ha reflejado en una serie de círculos de las cosechas.

El producto del movimiento espiral es el humilde círculo de las cosechas. Como carece de impacto visual, la gente desprecia el simple círculo en favor de los pictogramas y glifos más complejos que se ven actualmente, pero, desde el principio de los tiempos, el círculo ha sido el símbolo del creador primordial, la fuerza divina por cuyo espíritu creativo surgió el universo. Paradójicamente, todo lo que emana de él también está contenido en él. (Por la misma regla, es habitual descubrir que un pequeño círculo almacena más energía electromagnética que un pictograma de 70 metros de diámetro.) Es notable cómo esta fuerza vivificadora —cuya explicación siempre ha eludido a los intelectuales y filósofos— se ha encarnado de manera tan limpia y simple.[60]

Como hemos visto en la historia de los círculos de las cosechas, el círculo ha evolucionado hasta dar todo tipo de símbolos; el más simple es la división del círculo en dos, el símbolo de los eternos opuestos: la luz y la oscuridad, la materia y la antimateria. Las dualidades evolucionan dando lugar a los tripletes (Padre, Hijo y Espíritu Santo). Con la aparición de los anillos, los círculos de las

---

59. Los experimentadores se quedaron sorprendidos por las similitudes entre las obras de arte talladas sobre roca dentro de Newgrange y los patrones sonoros resonantes que caracterizan sus cámaras. Por ejemplo, una serie de estos petroglifos tienen forma de círculos concéntricos y elipses no muy diferentes de los mapas acústicos. En otros, los patrones sinusoidales o en zigzag recuerdan la alternancia de nodos y antinodos. Para el espectador moderno, las grabaciones sobre las rocas son un tipo de arte, pero para el peregrino de la antigüedad eran diagramas que transmitían instrucciones.
60. En gematría, la palabra griega que significa «unidad», *monas*, suma el número 360, el número de grados de la circunferencia. (La gematría es un método cabalístico de interpretación basado en el valor numérico de las letras de los alfabetos hebreo y griego.)

Figura 0.1
La formación "Julia Set" apareció a la luz del día junto a Stonehenge. Existe un intenso vínculo entre los asentamientos neolíticos dedicados al culto y la ubicación de los círculos de las cosechas, tanto en Inglaterra como en el resto del mundo. ¿Comparten estos templos antiguos y modernos una arquitectura común?

Simbolismo en el paisaje. La telaraña es un símbolo de la Palabra de Dios, y a menudo se representa en los techos de los templos, así como en los bastones de los chamanes del pueblo Ashanti de Ghana. Este concepto de que el universo fue creado por la vibración o el sonido está presente en las leyendas hopi, que hablan de la canción de creación de la Mujer Araña que da vida a las formas de la Tierra. Avebury, 1994.

Figura 1.17
Este pictograma de 200 metros de largo produjo una fue
conmoción en los medios de comunicación y estableció rá
damente la idea de los círculos de las cosechas en las m
tes de millones de personas de todo el mundo. Alton Barn
1990.

Figura 1.18
Un segundo pictograma aparecido la misma
noche que el de Alton Barnes; posteriormente
aparecería un tercero cerca del túmulo largo
de East Kennett. Milk Hill, 1990.

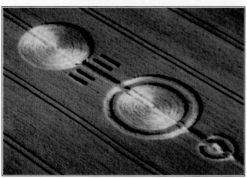

Figura 1.15
Crawley Down, 1990.

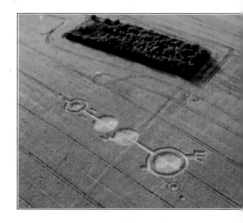

II

La luz de primera hora de la mañana revela patrones simétricos en el trigo tumbado. Existe una intensa conexión psíquica entre los círculos de las cosechas y los seres humanos: la aparición de este círculo de las cosechas se predijo con dos días de antelación. Roundway, 1999.

Precisión quirúrgica de los anillos concéntricos. Litchfield, 1996.

Figura 2.8
Uno de los dos pictogramas casi idénticos que representan una "llave". Éste apuntaba directamente a Silbury Hill. Las discrepancias entre los dos diseños permitieron el descubrimiento de dos velocidades de la luz hasta entonces desconocidas (Myers y Percy, 1999). East Kennett, 1991.

Figura 3.3
La distribución imprecisa del suelo y la falta de nitidez de los elementos erguidos son características habituales de los círculos falsos. Overton Hill, 2000.

Figura 4.11
Mirando la "columna" de este glifo "fractal" de diecinueve círculos, la elegancia de cada espiral, con sus abanicos centrales, queda acentuada por los infrarrojos. Liddington hill fort, 1996.

Figura 4.14
Distribución de las plantas que recuerda agua ondulante, típica de los glifos largos y complejos. Nótese que la cosecha está elegantemente agrupada en finos montones, como si hubiera sido guiada por un rayo. Roundaway, 1999.

Figura 6.8
El más dramático de los "Escorpiones". Bishops Cannings, 1994.

Figura 6.6
"Galaxia". West Stowell, 1994.

Figura 6.3
La distribución del suelo de la "Galaxia" de West Stowell muestra la precisión
de los Creadores de círculos.

Figura 6.10
Dos templos separados por cinco mil años. En el mito, la tela de araña está asociada con el poder creativo de la luna. Por tanto, este armonioso glifo de las cosechas apareció apropiadamente junto al templo lunar de Avebury. Esta formación también tiene cifrado un pentáculo invisible, símbolo del poder regenerador de la luna. Avebury, 1994.

Figura 7.6
El segundo "fractal Koch", enmarcado por 204 círculos. Milk Hill, 1997.

Figura 7.30
"Loto". Golden Ball Hill, 2000.

Figura 8.27
Fotografía tomada en el valle de Pewsey en la que se ven dos rayos de luz verticales. Es improbable que sean rayos de luz natural por la hora del día en que se tomó la fotografía.

Figura 8.28
"Bolas de luz" similares a las asociadas con los círculos de las cosechas suelen verse en los lugares sagrados. Éstas fueron captadas en la piedra que indica el sendero seguido por la línea de energía negativa que atraviesa el círculo de piedra de Avebury. El fenómeno luminoso no era visible en el momento de tomar la fotografía.

Figura 8.29
Bola de luz verde con leve halo deslizándose debajo de Adam's Tomb.

Figura 8.4
El calor ha decolorado y estirado el nodo, creando un doblez que forma un ángulo de 90º.

ura 8.6
persión normal del calor en el círculo falso de Whitchurch.

Figura 8.7
La formación de Litchfield muestra la gradación de la clorofila.

ura 8.8
sificación de Oliver's Castle (la mancha roja es cardo).

Figura 8.9
Efecto dentro de la formación "solar" de Liddington.

Figura 8.10
Las rayas rojas muestran las alteraciones en la clorofila alrededor
de las dos formaciones de Liddington (1996).

**ágenes infrarrojas tomadas bajo similares condiciones, sobre tipos de plantas similares y en el mismo
tado de madurez.**

Figura 9.28
"Serpiente enroscada". East Field, Alton Barnes, 1999.

Figura 9.26
Este glifo con forma de "rosa" apareció debajo de Dragon Hill. Las fotografías este glifo les salieron de color rosa a un número significativo de person Uffington, 2000

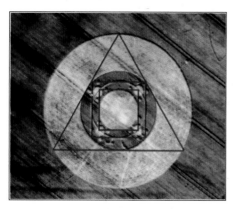

Figura 10.34
El círculo externo y el disco interno crean la nota "mi"(quinta octava). Esto se obtiene anidando figuras: cuadrado dentro de otro cuadrado dentro del triángulo. Telegraph Hill.

Figura 10.35
Cada "luna" tiene un radio igual a los lados del triángulo, y los centros de las lunas están en los vértices. Littlebury, 1996.

Figura 10.36
Por el teorema del hexágono, los círculos 1 y 2 emiten la nota "la". Los círculos 1 y 3 emiten la nota "do" porque el lado del triángulo rojo es la altura del triángulo amarillo. Littlebury.

Tangente

Torc.

2

8

7

Figura 10.37
El triángulo que encaja en los anillos 2, 7 y 8 emite la nota "mi" (quinta octava). Las tangentes al anillo 7 se encuentran en el "torc", lo que confirma la existencia de este triángulo diatónico.

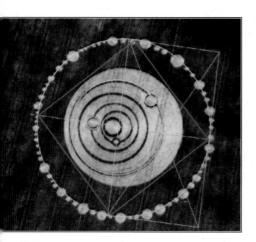

Figura 10.38
El círculo de asteroides y el círculo aplanado en el trigo emiten la nota "re" (segunda octava).

Figura 10.39
Geometría proporcional. Un pentáculo dentro de otro pentáculo significa que las áreas de los círculos externo e interno mantienen una proporción de uno a 72, nota "fa" (séptima octava). Los círculos interno y externos de color blanco emiten la nota "mi" (tercera octava) del triángulo.

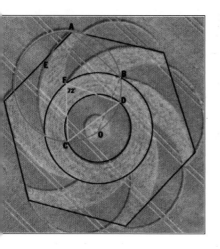

Figura 10.40
El famoso teorema de las cuerdas de Ptolomeo es aplicable al círculo ABDOC. La línea OA se halla sumando la cuerda AB (el lado del pentágono) más OB (el lado del hexágono). El hexágono crea la nota "la", mientras que los círculos a través de las cúspides de las lunas A y B crean la nota "do" (segunda octava). Barbury Castle, 1997.

Figura 11.12
Una de las imágenes cimáticas de Jenny guarda un fuerte parecido con el tetraedro de Barbury Castle.

Figura 12.17
Imagen del Brillante, uno de los guardianes de Silbury Hill, captado inesperadamente en esta película.

Figura 12.4
Dragon Hill, debajo del fuerte de Uffington, fue orientada intencionalmente para recibir los primeros rayos de la luz solar del solsticio de invierno. Este punto de acumulación de energía terrestre quedó potenciado por la llegada del glifo de las cosechas con forma de "rosa" situado en una de sus numerosas líneas de energía geodésica. Uffington, 2000.

Figura 13.4
Oldbury hill fort, Cherhill.

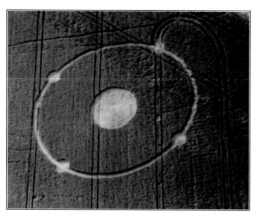

Figura 13.3
Primer diseño de "cruz celta". Éste diseño particular fue soñado por Colin Andrews la noche anterior a su aparición a poca distancia de su casa. Con los años, estas coincidencias y sincronicidades se han convertido en parte aceptada del fenómeno. Longstock, 1988.

Figura 13.18
Símbolo pitagórico del bienestar, en este glifo con forma de pentáculo se produjeron muchas curaciones. Bourton, 1997.

Figura 13.20
"Envuélvete en los pétalos de esta flor y tendrás conciencia clara de que la música se convierte en luz". Interacción entre los Creadores de círculos y el autor. Etchilhampton, 1997.

Figura 13.15
Beckhampton, 1998.

Figura 13.5
Telegraph Hill, 1995.

Barton Le Clay, 1996.

Girasol

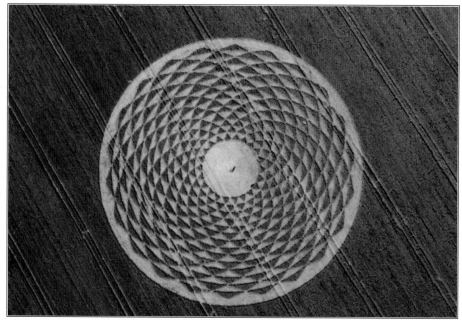

Espiral de la vida. Un vórtice de curvas logarítmicas. Berwick Bassett, 2001.

cosechas trajeron una asociación inequívoca con los elementos químicos de la vida,
en particular con las moléculas de oxígeno, agua e hidrógeno.[61]

El círculo de la cosecha
central rodeado por cuatro satélites (el quintupleto) se
convirtió en el primer logo
reconocible debido a su parecido con la cruz celta. Representa la fuerza central de
la vida, o Dios manteniendo
en equilibrio los cuatro elementos: tierra, viento, agua y
fuego, un principio fundamental en todos los modelos
de la creación de las antiguas
culturas, desde la indo-aria
hasta las nativas americanas.
En química, éste es el símbolo del átomo de carbono, el
elemento característico del
ser humano.

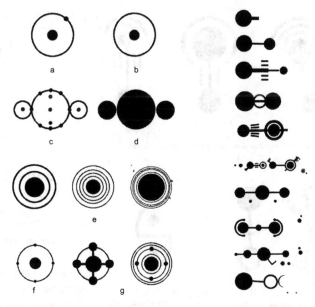

Figura 9.4
(a) y (b) molécula de hidrógeno y círculo de las
cosechas; (c) y (d) molécula de agua y círculo de
las cosechas; (e) círculos de las cosechas que
recuerdan las órbitas de los electrones alrededor
del átomo; (f) los círculos de las cosechas en
forma de «cruz celta» recuerdan la molécula de
carbono; (g) otros círculos de las cosechas con
forma de «cruz celta».

Figura 9.5
Primeros pictogramas
de los círculos de las
cosechas.

Se presenta una diferencia importante en los
círculos estilo «cruz celta» cuando uno de los elementos es asimétrico. Este patrón dinámico ilustra
un principio fundamental de la física por el que el
caos alcanza el orden, pero, en el punto de equilibrio, el orden empieza a transformarse en caos. Es
decir, es el proceso de creación, en el que cualquier
sistema vivo no puede permanecer estático (se
refleja en nuestra necesidad de inspirar y espirar).
Uno de estos patrones apareció en 1988 en Silbury
Hill, donde uno de los satélites de la «Cruz celta» dibujó la espiral en la dirección opuesta.

La línea recta: dentro de nuestra época, la
primera fase de la comunicación de los Creadores
de círculos se basó en una serie de principios cosmológicos comunes a toda la humanidad. Los Creadores de círculos empezaron la década de los

noventa desarrollando un nuevo lenguaje. La adición de la
línea recta era sin duda el ele-
mento más importante en la evolución de los círculos de las cosechas, porque es un símbolo cultural-
mente compartido.

Por ejemplo, en los petroglifos del suroeste
americano, dos círculos conectados por una avenida —la pesa— significan hablar. Dos círculos de
diferentes tamaños representan la comunicación
entre el Espíritu y el mundo físico. Cuatro cajas
flanqueando la avenida de un círculo de las cosechas sugieren que estamos en comunicación con
los cuatro elementos de la Tierra. Cuando se rompe
la conexión entre la humanidad y la naturaleza,
como ocurre actualmente, los dos círculos en ambos extremos de la avenida quedan desconectados.
La línea recta también representa el camino occidental de la lógica «recta como una regla» (en oposición a la Unidad circular de la naturaleza).

---

61. El hidrógeno es el elemento más abundante del universo y un ingrediente básico de la vida. Uno de sus signos, el anillo alrededor de un núcleo, no es diferente del jeroglífico egipcio del dios creador Atum; los egipcios se refieren al núcleo como el punto
de creación, y al anillo como al camino por el que fluye la creación.

Figura 9.6
Círculos de las cosechas que representan deidades solares.

Figura 9.7
Logos solar. Etchilhampton, 1990.

Figura 9.8
Símbolo de la diosa de la Tierra del año 2000 a. de C. y pictograma de Chilcomb, 1990.

Figura 9.9
Ceres. Fordham Place, 1990.

Muchos símbolos prehistóricos también asocian un círculo sólido con el principio masculino y un anillo o un círculo con anillo con el principio femenino. Unidos por una avenida, éstos se convierten en símbolos del matrimonio sagrado.

Medios anillos: el nexo de comunicación aumentó con la aparición de los círculos con forma de medio anillo, que dan efectivamente la apariencia de halos o deidades solares. Gracias a los petroglifos que han sobrevivido de deidades de todo el mundo, estos diseños de los círculos de las cosechas pueden correlacionarse con una expresión de la divinidad. La combinación de halos, medios anillos, cajas y pesas, por ejemplo, crea el símbolo de Inti, el dios peruano del sol, cuyo descenso a la Tierra se refleja en la línea que desciende para tocar el círculo. Como en la antigüedad el sol estaba asociado con la deidad, el símbolo que usamos actualmente para representarlo —el círculo con rayos— también se convierte en el signo del Logos solar. Un perfecto ejemplo de esto apareció en Etchilhampton, cuyo radiante sol conectó con el anillo de la Madre Tierra y la bendijo con su luz eterna.

La Madre Tierra: tal vez uno de los símbolos interculturales más conocidos del mundo es la Madre Tierra, con sus brazos extendidos en postura nutricia. Como los glifos de las cosechas aparecen fundamentalmente en el trigo —que es la base del pan y sostén de la vida—, sólo era cuestión de tiempo que el símbolo de Ceres (otra expresión para la Madre Tierra) apareciera en los campos. Ella, que es la diosa de la cosecha y la fértil unificación de opuestos, quedó retratada en un simple aunque elegante diseño de las cosechas.

Casualmente, el origen del trigo cultivado es tan alienígena como los diseños que se imprimen sobre él, puesto que no parece tener ningún ascendente entre las plantas terrícolas. Su origen está asociado con los antiguos dioses, que lo introdujeron como regalo para favorecer el desarrollo de la civilización. De los dioses Triptolomos y Quetzalcoatl en particular se dice que siempre viajan en «vehículos serpentinos» o en «carros de fuego».

El concepto «fertilidad» también ha dejado huella en los círculos de las cosechas. Un llamativo diseño aparecido en Cheesefoot Head (véase la figura 9.10) también forma parte de la imaginería rosacruz: se trata de un símbolo de la unión fértil entre el hombre y la mujer. Otro principio similar está representado en la formación «División del huevo» de Rough Down (véase la figura 9.10), cuyo diseño guarda afinidad con el del cercano círculo de piedras de Avebury. Las líneas dentro de la formación Roug Down demuestran conocimiento del trazado de las líneas geodésicas Michael y Mary en su fluir por el enclave sagrado (más sobre esto en el capítulo 12).

El tetraedro: uno de los símbolos alquímicos y herméticos más importantes de todos los tiempos es el tetraedro (la pirámide de cuatro lados), principalmente por su función como principal estructura vinculadora de la materia. La figura era bien conocida por los cabalistas y rosacruces (que surgieron de las escuelas de misterios egipcias), y sobrevivió en los manuscritos gnósticos de la Edad Media, e incluso en una curiosa obra del gnóstico alemán Georgius von Welling fechada en 1735 (von Welling, 1735; Petraeus, 1578).

Aunque a veces está velado por el oscuro lenguaje alquímico habitual en ese periodo, el tetraedro describe el proceso de creación (véase la figura 9.12). Las bolas en las puntas del triángulo representan los tres elementos alquímicos primarios: la sal, el azufre y el mercurio. Éstos han de combinarse y equilibrarse a medida que el aliento del Creador (el círculo central con los anillos que irradian externamente) activa el proceso. A veces los elementos se describen de manera más fundamental como agua, fuego y aire (también velados en la religión occidental como las tres fuentes de luz: Padre, Hijo y Espíritu Santo), que están contenidas en el triángulo de la igualdad (equilátero).

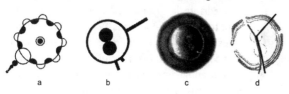

Figura 9.10
(a) Cheesefoot Head, 1995; (b) Rough Down, 1991; (c) esperma fertilizando un óvulo; (d) círculo de Avebury con sendero de las líneas de energía masculina y femenina.

Figura 9.11
Diagramas cabalísticos en las obras de Robert Fludd, siglo XVII: (a) el «Triángulo Divino»; (b) la manifestación emblemática de la naturaleza trinitaria del universo.

También se dice que el tetraedro es una fórmula «para transmutar los metales burdos en oro», una promesa que lanzó a muchos ardientes alquimistas a una búsqueda fútil de cientos de años de duración por ser los primeros en amasar grandes fortunas. Por desgracia, el significado alegórico de esta transformación a menudo se pasó por alto, porque el proceso no tiene tanto que ver con la transmutación de los metales como con la transformación interna del individuo. El tetraedro es una guía para comprender la mecánica universal de la luz, el sonido y el magnetismo, comprensión que transforma el metal burdo (el ser humano físico) en oro (ser humano espiritualmente iluminado).

Una mañana de 1991 el símbolo de este proceso de manifestación material reapareció a los pies de Barbury Castle. Como reveló el erudito John Michell, la estructura del tetraedro aparecida en los glifos de las cosechas representa una colección de armonías numéricas, musicales y geométricas que fundaron el orden prevaleciente de todas las antiguas civilizaciones. Michell explica:

> *Demuestra el principio de Tres en Uno por medio de un círculo central que contiene exactamente las áreas combinadas de los tres círculos circundantes. Además, la suma de las cuatro*

Figura 9.12
Tetraedro alquímico tomado de *Cábala en Alquimia* (1616), de Michespacher.

áreas circulares del [glifo de las cosechas] da 31 680 pies cuadrados... En la cosmología tradicional, el número 31 680 es la medida del mundo sublunar, y los primeros intelectuales cristianos calcularon que el número 31 680 era un emblema de Jesucristo. Este mismo número fue aplicado anteriormente a un principio fundamental de la religión pagana (Michell, 1991).

Michell, un brillante e intuitivo erudito de temas de la antigüedad, en particular de la gematría y de las obras de Platón, dijo que 316,8 es el número de pies que mide la circunferencia del anillo-dintel de Stonehenge, y también el área [en pies cuadrados] de la capilla de Santa María en Glastonbury; un perímetro cuadrado alrededor de la Tierra tendría 31 680 millas, y ésta es también la medida del *furlong* [medida británica equivalente a un octavo de milla o 220 pies] de su radio principal. La suma de los números divisibles por 3168 es 6660, conectando el número de Jesucristo con el de la bestia del Apocalipsis» (Michell, 1988b). Para Michell, el glifo de las cosechas de Barbury Castle representaba

nada menos que una revelación divina.

La Luna: los glifos de las cosechas de 1994 cambiaron de lo cósmico a lo astral, y tomaron la forma de «burbujas de pensamiento»,

Figura 9.13

mutando seguidamente mediante la incorporación de lunas crecientes para tomar formas de arañas y escorpiones. Varios de estos glifos con lunas crecientes tienen una sorprendente similitud con astrolabios, instrumentos usados antiguamente para medir el ángulo del sol y las estrellas, y para marcar la proyección estereográfica de esferas. Los círculos y las medias lunas crecientes eran un rasgo peculiar de los sistemas de contar lunares usados en torno al año 7000 a. de C. en toda Iberia (Hawkins, 1973); esta asociación con el calendario lunar queda reforzada por el hecho de

Figura 9.14
Arriba: glifos de las cosechas lunares; abajo, de izquierda a derecha: escorpión, uroboro, araña y telaraña.

que en 1994 hubo trece glifos de las cosechas de este tipo: el número de meses que tiene el año lunar.

Esta clave desveló uno de los significados del «escorpión» de 200 metros de diámetro. Como apareció en el momento en que el ciclo de las manchas solares de once años de duración estaba en reflujo, la cola de la formación compuesta por once círculos parecía hacer referencia a la aparición de un próximo eclipse solar en un momento en que el propio sol estaba en el signo astrológico de Escorpio. Otro de los acertijos resueltos tenía que ver con los tres «círculos metralla» situados cerca de la «cola» del glifo. Más adelante, aquel mismo año, tres planetas —Venus, Júpiter y Plutón— aparecieron cerca de

Escorpio durante la luna nueva del 3 de noviembre, cuando Escorpio estaba 11° al sur del Ecuador terrestre. Como la «cabeza» de la formación estaba compuesta por dos anillos concéntricos, con un tercero desplazado, se postuló que estos anillos representaban las órbitas de los tres planetas, y el desplazado simbolizaba la errática órbita de Plutón.[62]

La naturaleza predictiva y simbólica de este glifo es un ejemplo de que la comunicación con los círculos de las cosechas se produce a muchos niveles. También ilustra lo importante que es para los académicos de distintas procedencias mantener la mente abierta a informaciones diversas, teniendo en cuenta que para descifrar este glifo han hecho falta datos arqueológicos, astronómicos y astrológicos.

El último glifo lunar de 1994 se parece externamente al uroboro, el dragón que se come su propia cola, el símbolo griego del ciclo infinito del cosmos. Sus trece círculos vuelven a hacer referencia al ciclo lunar, y la luna creciente queda reflejada en el encabezamiento del diseño. Esotéricamente, el destino de la luna es reabsorber las formas y recrearlas —purificarlas, por así decirlo— de modo que la aparición de referencias lunares en 1994 parece atinada. Teniendo en cuenta los fraudes y controversias que se produjeron tras la aparición de Doug y Dave, 1994 marcó el momento en que los Creadores de círculos retomaron la comunicación.

En algunas culturas africanas la araña también es un símbolo de esta comunicación en los dos sentidos, de modo que no es accidental que la estación acabara con los glifos «Araña» y «Telaraña», este último situado simbólicamente junto al templo lunar de Avebury.[63]

El renacimiento de la Luna femenina suele estar simbolizado por una diosa emergiendo de una flor. Tal «flor» apareció en 1995 en Kingsclere, y sus cinco pétalos creaban un pentáculo (símbolo geométrico de la Luna) con forma de dientes de jabalí, un emblema intercultural del aspecto viril de la fuerza de vida.

Los planetas: «celestiales» es ciertamente una descripción adecuada para las formaciones de 1995, el año en que los glifos de las cosechas parecieron asumir formas de trayectorias planetarias, incluso de galaxias. De los

Figura 9.15
Kingsclere, 1995.

cuatro glifos «planetarios», el más estudiado fue la formación «Sistema solar» de Longwood Warren, y no sólo porque mostraba las órbitas de los planetas internos con un 99% de precisión,[64] sino porque la Tierra estaba ausente del esquema. Se especuló mucho en torno a esta omisión, y la mayoría de las especulaciones no eran particularmente optimistas. Sin embargo, el astrónomo Gerald Hawkins (notable autor de *Stonehenge Decoded*) ofreció una interpretación lógica y positiva.

Figura 9.16
Los glifos de las cosechas de Longwood Warren (izquierda) y otras formaciones del estilo «sistema solar».

Hawkins tomó el alineamiento exacto de los planetas indicado en este glifo de las cosechas y calculó las dos ocasiones en que estuvieron en dichas posiciones en nuestro sistema solar durante el siglo XX. La primera ocasión, el 6 de noviembre de 1903, se recuerda como el día en que los hermanos Wright probaron en Kitty Hawk, Carolina del Norte, que, si se le dan alas, el hombre puede volar. El segundo, el 11 de julio de 1971, marcó otro hito

62. Basado en la información compilada por Doug Rogers/CCCS Connecticut.
63. Los antiguos lugares sagrados se crearon para invocar energías específicas. Consecuentemente, el género es indicador del tipo de energía que fluye en el lugar. Avebury fue construido como templo lunar (energía femenina receptiva); en comparación, Stonehenge es un templo solar. Cuando los católicos romanos superpusieron sus iglesias en los enclaves paganos, continuaron con este principio al atribuirlos a un santo particular (por ejemplo, las iglesias de St. Michael descansan sobre líneas de energía positivas/masculinas).
64. Comunicación personal de Gerald Hawkins.

Figura 9.17
Relación
entre el
círculo de las
cosechas y
el patrón
creado por
los rayos X
en el berilio.

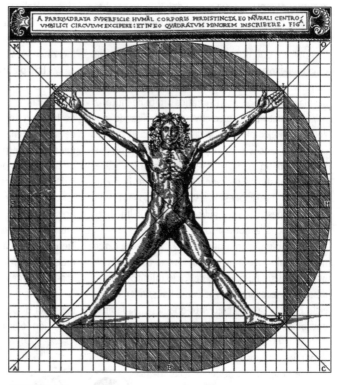

Figura 9.18
La plantilla «vitruviana» fue usada por los masones egipcios para trasladar el mundo arquetípico de Dios al plano físico.

fundamental en la historia de la navegación aérea: la nave espacial *Mariner 9*, la primera que orbitó alrededor del planeta Marte, estaba de camino hacia nuestro rojo vecino.

De modo que parecía que los Creadores de círculos habían excluido a la Tierra para indicar *nuestra* participación en actividades *no terrestres*. Y en caso de que alguien sienta la tentación de explicar esta conexión como una mera coincidencia, entre ambos sucesos transcurrió un lapso temporal de sesenta y siete años, un hecho reflejado con precisión por el número de «asteroides» y «círculos metralla» que rodeaban a este glifo de las cosechas.

Así como los glifos de las cosechas incorporan conceptos macrocósmicos, también pueden demostrar conceptos microcósmicos. A un tiro de piedra del laboratorio Harwell, dedicado a la investigación atómica, apareció un diseño de las cosechas cuya configuración exhibía la misma forma geométrica que forman los rayos X en el berilio, que a su vez guarda una sorprendente similitud con las líneas de construcción características de la geometría sagrada y los mandalas (véase la figura 9.17).

El cuadrado cuadriculado: una de las principales preocupaciones de algunas filosofías antiguas como la Cábala, el hermetismo o la filosofía masónica era el intento de medir o estimar filosóficamente las proporciones del microcosmos, lo que les permitiría reproducir una imagen precisa del orden universal en la Tierra.

La maqueta utilizada fue el círculo, símbolo del reino de Dios o macrocosmos, dentro del cual se inscribe el cuadrado que representa el mundo físico.[65] Para emprender la medición del mundo físico, el cuadrado contenía una trama o cuadrícula; existen ilustraciones de esto en *Edition of Vetruvius*, de Cesariano, y en *De Occulta Philosophia*, de Cornelius Agrippa, en las que vemos a un hombre con los

---

65. En las órdenes de los masones egipcios eran fundamentales las tres tablas, que representaban las leyes matemáticas del universo: el círculo simboliza lo «etéreo», el cuadrado la transformación de lo «etéreo» en materia, y el rectángulo contiene la proporción áurea y de él se dice que gobierna los principios del sonido y de la luz.

miembros estirados y contenidos dentro del cuadrado o fundamento del mundo, mientras el ombligo permanece en el centro (esta división diagonal del entramado tiene implicaciones más profundas que se explicarán en el capítulo 13). Además de ser usado por los masones, este símbolo del tablero de damas constituyó la plantilla de dibujo de los arquitectos dionisíacos, cuyos orígenes también se remontan a las escuelas de misterios egipcias, y cuya influencia en la arquitectura y en las artes era omnipresente en India, Asia Menor y los países mediterráneos, hasta que finalmente también se abrió camino hasta Inglaterra.

«Uno de los diseños más ilustres de este tipo es Vitruvio —escribe el filósofo Manly P. Hall—. En algunas secciones de su libro, Vitruvio (el hombre vitruviano) da diversas pistas sobre la filosofía subyacente en el principio de simetría dionisíaco aplicado a la ciencia de la arquitectura, tal como se plasma en las proporciones establecidas por la naturaleza entre las partes y los miembros del cuerpo humano» (Hall, 1932).

Los arquitectos dionisíacos también se llamaban a sí mismos los Hijos de Salomón, y su símbolo hexagonal (el sello de Salomón) está muy presente en la geometría sagrada y en los glifos de las cosechas. Esta conexión con la arquitectura reafirma la importancia de la geometría sagrada y los mensajes cifrados en los edificios de piedra extendidos por todo el mundo. Hall lo expresa elegantemente:

La suprema ambición de los arquitectos dionisíacos era construir edificios que crearan impresiones consistentes con el propósito para el que la estructura misma estaba diseñada... Trabajaron, por tanto, para producir un edificio perfectamente armonioso con la estructura del universo mismo... Como deducción lógica de las tendencias filosóficas de su pensamiento, tal edificio —en armonía con el Cosmos—también se convertiría en un oráculo (Hall, 1937 y 1928).

Tal es la importancia filosófica de la cuadrícula. Si tienes tendencia a dejarte sumergir en este tipo de pensamientos, 1997 fue un año particularmente indicado para ello. A unos 30 metros del estilizado «Sello de Salomón» de Etchilhampton apareció un segundo glifo, un gran círculo que encerraba una inusual cuadrícula cuadrada compuesta por 28 líneas paralelas por un lado y 25 por el otro (creando 29 por 26 rectángulos). Desde el aire, el diseño de 40 metros de ancho parecía el *waffle* (torta de harina y mantequilla de forma cuadrada) matinal de Dios, aunque también recordaba la descripción que Platón hace de la Atlántida en *Critias*, una llanura rectangular definida por canales de agua.

Como he mencionado antes, la cuadrícula también se usaba como maqueta sobre la que se realizaban cálculos geométricos, geodésicos y matemáticos, informaciones basadas en el estudio

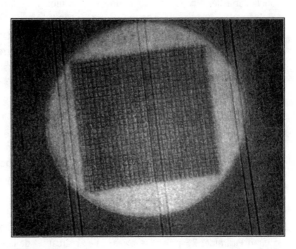

Figura 9.19
Glifo de las cosechas llamado «Cuadrado cuadriculado». Etchilhampton, 1997.

preciso de la naturaleza que constituyó el fundamento de las grandes civilizaciones, particularmente de la egipcia. El glifo de las cosechas «Cuadrado cuadriculado» no sólo hace referencia a esa información, sino que comparte enigmáticas asociaciones con la arquitectura egipcia, empezando por su edificio más famoso. Situado a una latitud de 51° 20' 05'', el «Cuadrado cuadriculado» hace referencia al ángulo de la pendiente de la Gran Pirámide de Gizeh con una mínima desviación de 0° 00' 51''. Por otra parte, la base de la pirámide tiene una desviación respecto al norte magnético de 0° 0', 0° 3', 0° 3' y 0° 0' respectivamente, y la base del «Cuadrado cuadriculado» muestra unas desviaciones prácticamente iguales de 0° 0', 0° 5', 0° 3' y 0° 0'.[66]

El «Cuadrado cuadriculado», compuesto por 28 líneas por un lado y 25 por otro, parece hacer referencia deliberadamente a otros procesos naturales: 28 es el número de días del mes lunar tradicional, el número de días necesario para que se regenere la piel exterior del cuerpo y lo que pesa el carbono del cuerpo humano medio expresado en libras. En su momento, el ciclo lunar proveyó las bases de las que se extrajeron los números del alfabeto árabe, creados de acuerdo con las mansiones lunares; al propio profeta Mahoma se le suele comparar con la luna llena, y lo mismo ocurre con el dios egipcio Osiris (Schimmel, 1993; Schneider, 1994). El número 28 también hace referencia al codo real (medida de cuatro dedos de anchura multiplicados por siete), destilación de cálculos muy precisos de las medidas de la Tierra y principal unidad de medida usada en la construcción de los templos egipcios y en el cálculo de las distancias geográficas.

El número 25 también contiene referencias importantes. Es el cuadrado del sagrado número cinco (el pentáculo, símbolo de los seres vivos). Para los gnósticos cristianos era la perfección de los cinco sentidos, y consecuentemente una medida del ser iluminado. Así, el número 25 indicaba la resurrección espiritual del individuo. Con relación a la Gran Pirámide, 25 pulgadas piramidales marcan la longitud de otro sistema de medición preciso, el codo cuadrado, una diezmillonésima exacta del radio de la Tierra.[67]

Esta unidad se utilizó en la construcción de la antecámara de la pirámide, donde está representado el número de días del año solar. La cámara

mide cinco codos cuadrados (Mück, 1958; Rutherford, 1945).

Por tanto, la elección de 28 por 25 líneas para el «Cuadrado cuadriculado» no parece «accidental», puesto que hace referencia a esta serie de relaciones universales. Lo mismo podemos decir cuando contemplamos el diseño no como líneas, sino como una serie de rectángulos, en total 26 por 29.

El 29 simboliza el mes lunar bisiesto y el número de huesos del cráneo humano. El 26 representa el número de vértebras de la columna vertebral humana, el valor numérico de «Jehová» en gematría y los días de rotación del Sol con relación a la Tierra (Gaunt, 1995). Y lo más importante de todo, 26,943 es la raíz cuadrada de la altura inclinada de la Gran Pirámide. Curiosamente, 2694 es el armónico unificado de la estructura del átomo de hidrógeno (Cathie, 1995), el elemento fundamental de la vida.

El hecho de que toda esta información esté presente en este círculo de las cosechas indica que sus creadores trabajaron con los mismos principios de sabiduría empleados por los antiguos dioses fundadores de Egipto. Teniendo en cuenta que ni los egipcios ni los Creadores de círculos han usado nunca las medidas y las metáforas de manera accidental, llevemos las asociaciones un paso más allá. Además de 28:25 y 29:26, también hay otras coincidencias numéricas entre el «Cuadrado cuadriculado» y Egipto.

Para empezar, el número total de rectángulos del «Cuadrado cuadriculado», al que se debe añadir el glifo completo, es idéntico a la longitud en pies de la Gran Pirámide, es decir, 755.

Después tenemos la proporción 55:30, el número de rectángulos que hay a lo largo de los bordes del «Cuadrado cuadriculado» y su longitud media en metros. Cuando calculaban la latitud media de sus reinos, los egipcios tomaron la cantidad 55° 30' y la dividieron por dos. La razón por la que

---

66. Quiero dar las gracias a Andreas Müller por su meticulosa investigación.
67. La pulgada inglesa y el sistema de medición imperial se derivan en gran medida del sistema codal egipcio. Livio Stecchini explora el sistema de medición egipcio y su influencia en las civilizaciones subsiguientes en el libro de Meter Tompkins *The Secrets of the Great Pyramid*.

usaron esta latitud norte era que medía lo mismo que un grado de longitud en el Ecuador. 55° 30' también marca la ubicación de lugares sagrados en la isla escocesa de Arran, un punto hermano de Avebury, que a su vez está a siete millas del «Cuadrado cuadriculado».

Un grado de latitud contiene sesenta minutos, y en el reino norteño del antiguo Egipto la longitud del minuto era de 900 *khe* egipcios; 900 también es el área en metros del «Cuadrado cuadriculado». Asimismo, la longitud del minuto en el reino sureño era de 3600 *khe*, el área del «Cuadrado cuadriculado» multiplicada por cuatro, el número de sus lados.

La única conexión numérica que muestra una gran divergencia es 29:53 (los 29 rectángulos a lo largo de un lado del «Cuadrado cuadriculado» con el total de 53 líneas). El punto de referencia geodésico para dibujar el mapa del antiguo Egipto venía marcado por la ubicación del pueblo de Sakara —el nombre del dios de la orientación—, a 29° 51' de longitud norte (Tompkins, 1988; Rutherford, 1945).

Estas conexiones implican que el círculo de las cosechas «Cuadrado cuadriculado» tiene un propósito estratégico como mapa. De hecho, parecería que alguien está midiendo algo con relación a la Tierra, tal vez la Tierra misma (esto se examinará en el capítulo 13). Sin embargo, las conexiones no acaban aquí. Curiosamente, en Sakara hay una pirámide de seis pasos que contiene una cámara de baldosas azules cuyas paredes están decoradas con segmentos rectangulares que, a primera vista, podrían confundirse fácilmente con una fotografía aérea de este círculo de las cosechas. Está claro que existe una relación entre los creadores del antiguo Egipto y este grupo de Creadores de círculos.

Sin duda hay otras correlaciones numéricas que esperan ser descubiertas. No obstante, para no complicarnos demasiado, me gustaría volver a los dos pares de números más evidentes facilitados por el «Cuadrado cuadriculado»: 28:25 y 29:26. En esta serie se nota la ausencia del número 27. Tal vez esto sea una invitación a investigar, particularmente porque este número está asociado con la energía y su movimiento en el espacio.

Construir un círculo y un cuadrado de áreas iguales (la «cuadratura del círculo») ha sido uno de los grandes desafíos para los geómetras. Un modo de conseguir un resultado preciso es utilizar la proporción 27:32. Tal «cuadratura del círculo» se plasma geométricamente en la situación de las piedras de Stonehenge. Asimismo, Stonehenge y su túmulo anexo en dirección este forman un ángulo de 27,32°, que genera su poder geodésico. Curiosamente, 27,32 también es la relación porcentual entre los diámetros de los discos girantes usados en levitación magnética (Myers y Percy, 1999).

Si vemos el «Cuadrado cuadriculado» desde el aire como un objeto tridimensional, se parece a un conjunto de cubos densamente empaquetados. Matemáticamente, 27 es tres al cubo, y asimismo se requieren 27 puntos para definir geométricamente una hiperesfera (una esfera en cuatro dimensiones), dentro de nuestro espacio tridimensional (ibíd.). Y, hablando de esferas, el periodo que tarda la Luna en dar la vuelta alrededor de la Tierra es de 27,2 días.

En la gematría del Antiguo Testamento, 27 es el número de la luz, tal como en hebreo es el número de la *iluminación* (Gaunt, 1995), algo de lo que este glifo particular no careció. Este número también marca la diferencia entre las frecuencias de las notas la y si. Aritméticamente, 27 está dividido en dos partes, la menor de 13 unidades y la mayor de 14. La minúscula región entre ambas se denomina «coma pitagórica», y está marcada por la nota *la aguda* (Levin, 1994).

Los chinos tienen un gran respeto por la nota *la aguda* por considerarla Hu, el tono o nota que emite la Tierra. Los encargados de fabricar flautas entre los nativos americanos han usado sus instrumentos para dar serenatas a la Madre Tierra con esta nota. También parece haber tenido una influencia significativa entre los constructores de pirámides del antiguo Egipto. Después de haber llevado a cabo una serie de experimentos en la Cámara Real de la Gran Pirámide, el ingeniero acústico Tom Danley identificó cuatro notas o frecuencias resonantes que quedan potenciadas por las dimensiones y los materiales usados en su construcción.

Figura 9.20
Glifo «girasol», símbolo del chakra coronario.

Las notas forman un acorde *la aguda* que, según los antiguos textos egipcios, es la nota de nuestro planeta. Además, las pruebas llevadas a cabo por Danley muestran que estas frecuencias están presentes en la Cámara Real aunque no se emitan sonidos.[68] De modo que encontramos todavía más conexiones con nuestros antepasados egipcios. (Todas las vinculaciones de la nota *la aguda* con el círculo de las cosechas «Cuadrado cuadriculado» se revelarán en el capítulo 13.)

Por virtud de su diseño —único en su época— el «Cuadrado cuadriculado» da la impresión de ser un investigador metafísico en acción, lo que tal vez es todavía más cierto a la vista de que el diseño se parece a la trama de energía geodésica que está pegada a la Tierra. Esta trama aún no ha sido descrita en este libro, pero fue redescubierta en tiempos recientes por Ernst Hartmann. La «trama Hartmann» se distribuye en líneas de 21 centímetros de grosor separadas por intervalos de 190,5

centímetros (de norte a sur) y de 244 centímetros (de este a oeste), creando una red rectangular invisible muy parecida a la utilizada en la construcción de la Gran Pirámide (Merz, 1987). Y ocurre que el rectángulo medio del «Cuadrado cuadriculado» mantiene las proporciones de la trama Hartmann, incluyendo el espacio entre cuadrados, con una desviación equivalente al grosor de una espiga de trigo.

Imágenes de las religiones orientales: la asociación entre los glifos de las cosechas y algunos símbolos y elementos de las religiones orientales han sido particularmente intensas a lo largo de los años; sin duda el ejemplo más drástico es el diseño del Sri Yantra, con sus 20 kilómetros de líneas y triángulos grabados en el lecho seco de un lago situado en Oregón, Estados Unidos. De parecido calado fue el diseño «Girasol», el punto culminante de la estación del 2000 y, teniendo en cuenta su trazado, podemos decir que recuerda al loto de los mil pétalos o chakra coronario tal como se representa en la iconografía hindú.

Cada uno de los siete chakras principales contiene sonidos-semilla que se activan tradicionalmente mediante el canto de mantras. Uno de los más poderosos es el *bija* mantra («nombre secreto»), que los textos hindúes describen como la relación entre la energía de vida y el sonido sagrado que no pertenece a ningún lenguaje. Se dice que cuando este mantra se dirige al chakra coronario, evoca la imagen de un girasol desplegándose. Es posible crear esta misma imagen cantando prolongadamente una nota elevada y dirigiendo su vibración.

El primero de los dos glifos de Windmill Hill también tiene asociaciones orientales, y su diseño se basa en la geometría fundamental de los templos dedicados al dios hindú

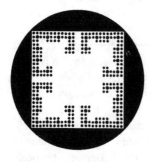

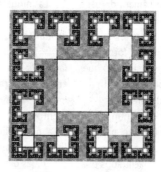

Figura 9.21
Relación del glifo de las cosechas de Windmill Hill con un fractal cuadrado, 1999.

---

68. De una entrevista realizada por Boris Said en *Laura Lee Radio Show*, Seattle, octubre de 1997; ; asimismo, *The Giza Power Plant: Technologies of Ancient Egypt*, de Christopher Dunn. Buena parte de lo que se descubrió sigue siendo un secreto bajo un acuerdo de no difusión firmado con la Fundación Schor.

Figura 9.22
La Rueda Tibetana de la Alegría y su contraparte en los círculos de las cosechas.

Figura 9.23
Arriba: el círculo de las cosechas «Chakra plexo solar/caballo», Etchilhampton. Abajo: «Chakra raíz/Anubis con hacha», Roundway, 1996.

Vishnú, el Preservador. También guarda un sorprendente parecido con la estrella de ramales cuadrados de los fractales de Koch.

Esta superposición de los fractales occidentales y la imaginería oriental es aplicable al «Triple Julia Set», cuyo motivo espiral combinado también está presente en muchas tradiciones budistas. Se dice que este motivo representa la triple naturaleza del alma, así como la estructura fundamental de la creación.

En el budismo Dzogchen (del que se dice que es la forma más elevada de budismo tibetano), esta triple espiral representa las etapas en el camino hacia la iluminación: el uso de la compasión y el conocimiento para superar las limitaciones del mundo físico, la contemplación de la mecánica de la dualidad y la liberación de la racionalidad, y, finalmente, la liberación de la existencia condicionada y el logro de la sabiduría.[69]

Chakras y lágrimas: la conexión oriental fue particularmente intensa a lo largo de la estación de círculos de 1996. Aparecieron dos extraños glifos que al principio se asociaron con caracteres sánscritos y acabaron siendo los símbolos de los chakras básico y plexo solar, aunque con formas más ornamentales de lo habitual. Los glifos de Roundway y Etchilhampton estaban marcados con una lágrima, el símbolo hindú de los chakras (véase la figura 9.23).[70]

Sin embargo, estos glifos ocultan una segunda capa de información. Si se pone la lágrima en la parte superior, la formación de Etchilhampton crea un jeroglífico parecido a una esfinge. La esfinge está asociada con el logro del conocimiento, y en Egipto esta enigmática figura descansa en lo alto de lo que supuestamente era una sala de registros, que contenía una biblioteca con información

69. En la *Mercabá* (luz-espíritu-cuerpo) egipcia existe un proceso similar que describe la disposición geométrica de la energía alrededor de cada célula, así como de la totalidad del cuerpo humano. El campo energético está compuesto por una estrella tetraédrica. Se dice que cambiando su velocidad de giro, la persona es capaz de superar el campo gravitatorio del mundo físico.
70. En esa época, canalizadores de todo el mundo compartieron el sentimiento de que la Tierra está en proceso de abrir su chakra corazón. Como esto requeriría la apertura de los chakras inferiores, estos dos glifos parecen ser una especie de validación de esta teoría.

Figura 9.24
«Loto». Golden Ball Hill, 2000.

la conciencia del cielo, trayendo con ella el conocimiento universal y a través de cuya sabiduría la Luz reafirmará su poder sobre la Tierra. Algunos podrían llamar a este proceso la «segunda venida».

El Loto: entendí este hilo espiritual en el año 2000 gracias al despliegue de un glifo con forma de loto de cinco pétalos al pie de Golden Ball Hill. Había algo fluyendo hacia un sexto pétalo aún plegado que recordaba una bola con una llama o semilla.

En la filosofía hindú, el loto es la «flor de luz», un símbolo de la materia y del espíritu, causa y efecto. Se dice que sus hojas, flores y frutos forman la figura de un círculo, de modo que se considera un símbolo de perfección. Sus pétalos representan el despliegue espiritual, y la semilla la fecundidad de la creación: el ser «superhumano» emergiendo del barro del mundo físico. Consecuentemente, la «llama» de este glifo con forma de loto representa el despliegue y la revelación espiritual.

El loto es un atributo indispensable de cada dios creativo, y su imagen se encuentra grabada en todos los monumentos construidos a lo largo del Nilo, así como en los tocados de los reyes divinos que los construyeron. Se dice que Buda también se manifestó como una llama surgida del loto. Su asociación con la creación se describe maravillosamente en un mito oriental: durante las noches de Brahma, Vishnú flota dormido sobre las aguas primordiales, tumbado sobre el lecho de un loto que crece del ombligo de Brahma. Su diosa consorte, Lakshmi, surge antes que él del loto situado debajo de sus pies. Cuando se calienta el Océano de Leche, Lakshmi se vuelve a formar de la espuma de las olas

sobre la civilización atlante y el universo. En la simbología occidental, la esfinge está representada por un caballo (descrito en este círculo de las cosechas con la cola en el aire), asociado con la transformación (como resultado de la iluminación a través del conocimiento); en el arte islámico, el caballo alado que transporta al arcángel Gabriel (el portador de la anunciación y de la verdad) lleva una lágrima sobre el pecho. Ésta es la lágrima de Isis, derramada por la transformación del mundo.

El glifo de Rounway (véase la figura 9.23), con su lágrima apuntando hacia las patas anteriores, revela a Anubis, guardián de las almas en el submundo egipcio. Sobre Anubis se cierne un hacha, símbolo ceremonial del faraón afirmando su poder; ambos anidan en un diseño con forma de pirámide. Como el círculo representa a Dios, la lágrima emanada de Él simboliza a su Hijo descendiendo al plano físico. Parece, por tanto, que estamos ante una parábola que describe el descenso de

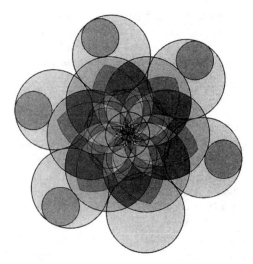

Figura 9.25
Como los pétalos externos están desviados un ángulo de 19,47° con respecto a los internos, la geometría circular de este «loto» da la impresión de girar.

y, sosteniendo un loto en las manos, aparece ante una asamblea de dioses anonadados.

En esencia, este mito representa al individuo que sale de la ignorancia, y mediante el conocimiento de su verdadera naturaleza abre sus pétalos para revelar su ser interno iluminado. A otro nivel, el mito sirve para ilustrar el constante proceso de despliegue de la manifestación. Como la esfinge y el caballo, el loto tiene su contraparte occidental en la rosa, el símbolo de la verdad (véase la figura 9.26 de la página X en la sección a color). Ésta apareció posteriormente, en el verano del 2000, en la base de Dragon Hill y del fuerte de Uffington, cerca de una enigmática figura con forma de caballo blanco tallada en la ladera de la montaña.

Conectando el hilo. La rueda de ocho radios: los glifos de las cosechas que reafirman el aspecto regenerador de la vida han contenido ocasionalmente predicciones o han indicado procesos con profundas implicaciones, particularmente cuando están conectados con otros glifos y con el tiempo se revela la imagen mayor. Empezamos con la controvertida «Rueda del Dharma» (1992), una referencia al camino

de iniciación budista. Esta figura tiene sus contrapartes en los misterios egipcios y en la cultura chamánica celta, mientras que en la cultura islámica este símbolo toma la forma del octógono, que representa el aliento de Alá.

Basándose en la octava, el alma emprende el óctuple sendero espiritual para alcanzar su nivel más elevado de Ser. Cada alma reencarna para experimentar un camino de vida específico de acuerdo con su necesidad evolutiva, asociándose a un ser físico el día anterior al nacimiento; consecuentemente, elige pasar por todo tipo de experiencias y ser ciega, pobre, rica, fiel, caritativa, y así sucesivamente, pero siempre en concordancia con un camino específico. Cuando se han dominado todos los caminos, el alma alcanza la comprensión total de su Ser y de las leyes del ser universal. Diciéndolo con otras palabras, encuentra a Dios en su interior. Si el alma no alcanza su propósito en una vida, puede repetir el proceso. Piensa en ello como si fuera una especie de prueba divina.

Cada uno de los símbolos que representan el óctuple sendero adorna un punto cardinal en este glifo de las cosechas: la banda norte está ocupada por el tridente corto del sol, el fuego central y fuente de sabiduría; en el noreste está la luna creciente, el camino de inspiración, regeneración y renacimiento; en el este, el agujero de la llave simboliza el desarrollo de la intuición; en el sudeste, el corazón de Bos, el toro, representa el camino de ascenso a través de la verdad y la fuerza; al sur, los cuernos de Cernunnos son el símbolo de nuestra naturaleza animal y el camino del alma regenerada manifestándose; al sudoeste, el cosmos está simbolizado por la tríada de cuerpo, ego y alma, armonizada por la comprensión, y al oeste se encuentra la llave de Mercurio, que representa la iluminación y el emerger de la espiritualidad que desvela los misterios dentro del individuo.[71]

Figura 9.27
«Rueda del Dharma». Silbury, 1992.

---

71. El óctuple sendero guarda correspondencia con los 8 por 8 trigramas (64 hexagramas) del *I Ching* de los chinos taoístas. Se trata de combinaciones de patrones de energía yin y yang que representan todas las posibles situaciones cósmicas y humanas (McKenna y McKenna, 1975).

Esto nos deja un último símbolo... o tal vez no, ya que en este glifo concreto el lugar que corresponde a este último símbolo está ocupado por un abrevadero. ¿Calcularon mal los Creadores de círculos o este aparente error intenta indicarnos algo?

Este símbolo restante pertenece al camino de purificación. En cierto sentido, bañarse en agua es sumergirse en el conocimiento; el conocimiento conduce a la iluminación, y la iluminación produce inevitablemente el cambio social. ¿Profetiza esta «Rueda del Dharma» los cambios que están por venir?

Si consultamos las antiguas tradiciones, nos señalan que nuestro tiempo supone el fin de un gran ciclo evolutivo y el nacimiento de una nueva era, la Era de Acuario: el signo del portador de agua, que muy bien podría estar representado por un abrevadero. Las tradiciones hopi, lakota y cherokee se refieren al nuestro como el Quinto Mundo, y también vaticinan que está llegando a su final. Pero el calendario maya de los grandes ciclos nos proporciona otra clave. De acuerdo con este sistema de medición del tiempo, de dieciocho mil años de antigüedad, el presente ciclo se completa en el 2012 d. de C.; su último subciclo de veinte años se activó en 1992 (Argüelles, 1985), precisamente el año en que apareció este glifo de las cosechas. Entonces, ¿es posible que el símbolo que falta apunte hacia la fase final de nuestra actual cadena evolutiva?

La serpiente: esta línea de pensamiento continúa en 1999 con el glifo de las cosechas «Serpiente enroscada», aparecido el día que marcaba el fin del calendario azteca. Externamente, sus nueve vueltas son un símbolo de la máxima expresión (la Trinidad, tres veces tres), de la perfección misma, mientras que su cabeza se inclina anticipando la siguiente etapa de expresión (véase la figura 9.28 de la página X en la sección a color). La serpiente representa la energía creativa universal, y es un símbolo del dios azteca/maya/tolteca Quetzalcoatl (*Coatl* simboliza la energía moviéndose en ondas o espirales, un precursor de la onda electromagnética

de nuestra ciencia); a la serpiente enroscada también se la conoce como la *kundalini*, la fuerza de vida que surge de la base de la columna, estimulando el sistema de chakras al ascender en espiral hacia el chakra coronario situado en lo alto de la cabeza.

Esto nos lleva a la cabeza del propio glifo de las cosechas, donde vemos un *vesica piscis* emergiendo de un círculo. Este símbolo puede asociarse con la punta de lanza egipcia o con la mitra del obispo católico, símbolos respectivamente de la Luz Última y del sol (Elkington, 2001). Como semilla de la Luz Última, Jesucristo suele ser retratado sentado sobre este mismo motivo. Así, en cierto sentido, este glifo representa el principio creativo esencial.[72]

No obstante, las vueltas de la serpiente también representan las polaridades positiva y negativa, las fuerzas de desorganización y transformación. Entonces, ¿qué es exactamente lo que este glifo de las cosechas transforma?

Tradicionalmente, los dioses que tenían como atributo una serpiente física o espiritual eran considerados resonancias o patrones de ondas (Elkington, 2001). Si miramos el glifo de la «Serpiente enroscada» horizontalmente, guarda parecido con un patrón de ondas en vertical, tal como se ve en un osciloscopio (véase la figura 9.30). Su «mitra» o sol ahora parece reptar sobre un horizonte. En realidad, a medida que el sol sale sobre el horizonte, los seres vivos (y particularmente las plantas de trigo y cebada) se vuelven más receptivos a la luz, dado que el ADN depende de la fuerza electromagnética de los rayos solares para activar su información. Cuando la frecuencia de la energía solar se alza sobre el horizonte, se imprime en todos los organismos vivos.

Dado que la cebada de la «Serpiente enroscada» estaba tumbada de manera única como una espiral de ADN (que había aparecido como círculo de las cosechas tres años antes y en el mismo campo), podemos especular que este glifo representaba

---

72. Los glifos de las cosechas «Serpiente enroscada» y «Loto» comparten la misma simbología «seminal», y curiosamente aparecieron en campos adyacentes en 1999. La «Serpiente enroscada» vino precedida por dos diseños similares, tres y nueve años antes, el último ubicado exactamente en el mismo campo (los pictogramas «ADN» y el de Alton Barnes). La cabeza de la «Serpiente enroscada» también puede representar la luna eclipsando al sol, y este glifo precedió el eclipse solar de agosto de 1999.

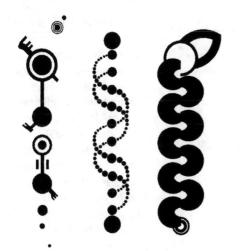

Figura 9.29
¿Está alguien tratando de decir algo? Pictogramas de East Field de 1990, 1996 y 1999.

y contenía la energía en la Tierra viviente. Si es así, ¿qué está haciendo esta energía?

ADN: una posible explicación reside en un círculo de las cosechas de extraño aspecto aparecido en 1991, que suscitó una miríada de hipótesis relacionadas con la genética, en cierta medida porque guarda parecido con la división del cromosoma (véase la figura 9.31).[73] Se lo denominó la «Serpiente de Froxfield» (por su localización). Al principio se postuló que los Creadores de círculos estaban dando información sobre el estado de salud de nuestro ADN debido al debilitamiento de la capa de ozono, pero cuando el autor Gregg Braden analizó este glifo, algo hizo que su investigación emprendiera otra ruta diferente.

Descubrió que de los 64 codones de nuestro código genético, hay 44 que no se usan (Rothwell,

Figura 9.30
Glifo «Serpiente enroscada», que representa la salida del sol.

1988; Braden, 1993). Como la naturaleza raras veces diseña cosas superfluas, estos codones aparentemente fútiles de la cadena de ADN podrían ser estructuras que esperan ser activadas. Braden tomó los segmentos de la formación, que tenían longitudes diferentes, y comparó sus medidas con las del diseño completo. Después tomó un mapa del ADN humano que contenía las ubicaciones significativas de los aminoácidos y superpuso los porcentajes relativos tomados del círculo de las cosechas. Éstas son sus conclusiones:

> *De los nueve lugares «de rotura», uno de ellos está en un área conocida como el ARN ribosomal [ácido ribonucléico], otro sobre un área conocida como citocroma oxidasa II, otro en la subunidad 6 de la ATPasa, y los restantes caen sobre los marcos de lectura no asignados (URF) números 3, 4 y 5. Si bien todas estas localizaciones son significativas, las seis localizaciones URF son particularmente interesantes. Las ubicaciones URF marcan zonas dentro de la molécula de ADN que aparentemente «no son usadas» en la actualidad en la codificación de aminoácidos. Si por alguna razón estos lugares (roturas) se cerrasen, la codificación no ocurriría. Si tienen que producirse nuevas proteínas, resultantes de nuevos aminoácidos, estas ubicaciones proporcionan escenarios para la construcción de dichas estructuras (Braden, 1993).*

Los datos de la «Serpiente de Froxfield» hacen que nos preguntemos si estamos examinando una secuencia de codificación contenida en los glifos de las cosechas. El ARN puede compararse con los datos de un disco informático que está parcialmente sin usar, como si permitiera la entrada de nuevas instrucciones. En la tableta 8 de *The Emerald Tablets of Thoth*, un antiguo texto egipcio, hay una referencia que apoya esta línea de pensamiento: «El hombre está en proceso de cambiar a formas que no son de este mundo. Él crece en el tiempo hacia lo informe, un plano del ciclo superior. Sabed que tenéis

---

73. Otras visiones se expresan en *Cyphers in the Crops*, de Beth Davis.

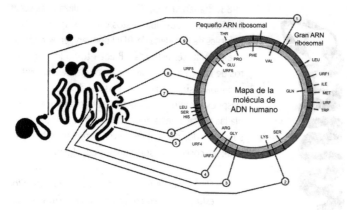

Figura 9.31
Este círculo de las cosechas, único por su forma de lazo y aparecido en Froxfield en 1991 (izquierda), hace referencia a puntos de «rotura» estratégicos del ADN humano.

que volveros informes antes de ser uno con la Luz» (Doreal, 1925).

Es demasiado pronto para proponer que es posible asociar directamente los cambios en el ADN humano con la repentina aparición de los círculos de las cosechas —aunque en una ocasión apareció un glifo ADN en el mismo campo que la «Serpiente»—, fundamentalmente porque aún no disponemos de fondos ni de los protocolos necesarios para llevar a cabo tal investigación. No obstante, el trabajo pionero del doctor Chiang Kanzhen (un científico chino que estuvo prisionero y escapó a Rusia), que investiga la comunicación bioenergética, apoya la teoría de que el electromagnetismo de los círculos de las cosechas es capaz de alterar el ADN. El trabajo del doctor Kanzhen demuestra que el ADN es un mecanismo pasivo de almacenamiento de datos compuesto por materiales transportadores activos que toman la forma de señales bioelectromagnéticas. Se trata de fotones que poseen propiedades de onda y de partícula, capaces de transmitir energía e información.[74]

Estos fotones operan en los extremos del espectro electromagnético, a saber, en frecuencias muy bajas (que excitan los fotones) y en frecuencias muy altas (la anchura de banda capaz de transmitir

gran cantidad de información). Así, cualquier excitación del campo bioelectromagnético se transmite al ADN, y en experimentos de laboratorio ya se ha logrado transferir información genética de un organismo a otro (Kanzhen, 1993).

Durante más de una década, el biólogo e inmunólogo molecular Colm Kelleher también ha investigado la estructura y propiedades del 97% de nuestro material genético no cifrado en proteínas, y ha descubierto que más de un millón de secuencias del ADN humano son capaces de «saltar» de cromosoma a cromosoma. Cuando se activan para saltar, estas secuencias o «transposones» son capaces de grandes cambios genéticos en muy breve tiempo.

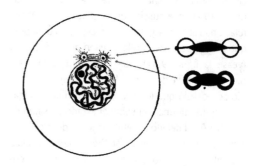

Figura 9.32
División de la célula. Nótese la similitud de los dos glifos de las cosechas de 1991 con los centrosomas (indicados por las flechas).

Kelleher propone que la activación de los transposones se realiza mediante la intensa energía espiritual que se experimenta en estados alterados, como las iniciaciones chamánicas, las experiencias cercanas a la muerte y los encuentros con ovnis. Los informes de curaciones espontáneas del cáncer, de enfermedades relacionadas con el sistema inmunológico

---

74. El campo bioelectromagnético es un transportador material de información biogenética que puede transmitirse de un organismo a otro.

y de una variedad de enfermedades crónicas durante estos estados de conciencia elevada van en aumento.[75] Como veremos en los siguientes capítulos, las curaciones y los estados de conciencia elevada también están asociados con el contacto con los círculos de las cosechas.

La tercer prueba de la conexión entre los círculos de las cosechas y el ADN viene de un informe de la doctora Berenda Fox, una terapeuta holística de Estados Unidos que investiga el sistema inmunológico. Sus análisis de muestras de sangre recogidas desde la década de los ochenta muestran que el ser humano ha desarrollado lo que parece ser una tercera tira de ADN. La gente parece estar cambiando a nivel molecular, dice la doctora Fox.[76]

Algunos síntomas asociados con estos cambios incluyen la sensación de «no estar aquí», agotamiento, la necesidad de descansar más, confusión mental, falta de concentración en las tareas rutinarias y dolores que parecen no tener ninguna causa específica. Las mujeres pasan por cambios hormonales, experimentando un adelanto o retraso de la menopausia, y los hombres sienten frustración por el agotamiento que les causa este proceso. Muchos de estos síntomas también están asociados con la exposición a los círculos de las cosechas (véase el capítulo 12).

Si tales hipótesis son correctas y se están produciendo cambios moleculares en el cuerpo humano, las consecuencias evolutivas son coherentes con antiguos vaticinios que predijeron cambios en la estructura física y espiritual de la humanidad hacia el final del ciclo. Además, las antiguas culturas indígenas mencionan que aparecerán signos en la Tierra a medida que los cambios se aceleren.

¿Son los círculos de las cosechas el «Lenguaje de Luz» descrito en The Keys of Enoch revelado a J. J. Hurtak en 1973 «con el fin de preparar a la humanidad para los acontecimientos que sucederán en los próximos treinta años del tiempo terrenal»? A Hurtak le fueron reveladas estas «claves» poco antes de que se desplegara la actividad relacionada con los círculos de las cosechas, y él las describió como «estructuras geométricas de luz usadas para transcribir conocimiento del Universo Padre al Universo Hijo» (Hurtak, 1977).

El vínculo entre estas estructuras de luz y los diseños de los círculos de las cosechas tiene cierta validez, y en los siguientes capítulos explico que la geometría, el sonido y la luz operan sincrónicamente en el proceso de los círculos de las cosechas. Las enseñanzas de Enoch también indican que estos símbolos ayudarán a la humanidad a transitar de un estado a otro, favoreciendo su desarrollo espiritual y facilitando a la ciencia la comprensión del universo. El lenguaje de luz, dijo Hurtak, se nos dará para ayudar a sobrellevar este cambio: «Son los dones espirituales del Espíritu Santo que se otorgan para que el hombre espiritual pueda trabajar con los Seres de Luz».

«Como estas enseñanzas son aplicables a las diversas ciencias —escribió el doctor Hurtak—, no todo el mundo comprenderá todas las claves igualmente, y toda la complejidad de cada clave no se revelará plenamente en este momento actual de nuestra participación... Por lo tanto, no todas las claves atraerán al mismo tipo de evolución científica y de la conciencia, porque trabajan a distintos niveles de comprensión y están conectadas con la totalidad del conocimiento, 'la Luz', que es la frecuencia primaria de la Mente Infinita» (ibíd.).

En este punto los escépticos podrían muy bien preguntarse: «Si estos seres, los Creadores de círculos, están tan avanzados, ¿por qué no se comunican de manera natural en nuestra lengua? ¿Por qué hacer que la gente supere semejante carrera de obstáculos, velando sus mensajes en símbolos y oscura iconografía filosófica?». Bueno, ¿nos molestaríamos en salir del coche para investigar un campo donde estuviera grabado el mensaje: «Buenos

---

75. *Journal of Scientific Exploration*, Nacional Institute for Discovery Science, vol. 13:1, primavera de 1999, 9-24.
76. Poco después de estos anuncios, la oficina de la doctora Fox fue invadida por agentes del Ministerio de Agricultura de Estados Unidos. Se cree que la doctora Fox, antigua consultora de Fox TV Network (sin conexión conocida) mantiene oculto su paradero. Dejo que el lector lea entre líneas. En el momento de escribir esto, mis investigaciones sobre los trabajos de la doctora Fox no pueden ir más allá.

días, terráqueos. Venimos de Marte»? ¿Nos molestaríamos en analizar las plantas y el suelo? ¿Estudiaríamos la geometría o la matemática oculta en estos símbolos y construiríamos las conexiones intelectuales? Probablemente no.

Como señala el sinólogo Sukie Colgrave al referirse a los trabajos de Confucio, el problema es que «mientras que las palabras tienen significados genuinos que reflejan ciertas verdades absolutas del universo, la mayoría de la gente ha perdido contacto con estas verdades, y por tanto usan el lenguaje a su propia conveniencia. Según Confucio, esto conduce a un pensamiento laxo, a juicios erróneos,

Figura 9.33
Comunicación de los Creadores de círculos en latín. Milk Hill, 1991.

acciones confusas, y finalmente a que la gente equivocada acceda al poder político» (Colgrave, 1979).

Así, las palabras no poseen la misma capacidad de transmitir mensajes que los símbolos, y cualquier libro de etimología muestra que el significado de cientos de palabras usadas en nuestra comunicación cotidiana se ha corrompido en el curso de tan sólo cien años. Y no es únicamente que las palabras dependan de las habilidades de quienes las usan, sino que también son vulnerables a malas traducciones de un idioma a otro. Además, la palabra hablada o escrita sólo es una aproximación a la realidad, mientras que la forma de un símbolo generalmente expresa su función de manera directa (véase el capítulo 11).

Los Creadores de círculos usan símbolos basados en principios universales, y todos ellos están contenidos en el cuerpo humano. Los símbolos que imprimen en los campos son capaces de pasar por

alto la razón del hemisferio cerebral izquierdo, permitiendo que el intercambio de información se produzca a nivel celular. A su vez, esto permite que los individuos, si así lo eligen, incrementen su frecuencia vibratoria, lo que los prepara para recibir este lenguaje de luz a través del corazón. El planteamiento de los constructores de círculos muestra una profunda comprensión de la psique humana porque los símbolos son misteriosos, y los misterios despiertan nuestra curiosidad, impulsándonos a revisar nuestros conocimientos, lo que nos lleva a adquirir comprensión y sabiduría.[77] Como dijo una vez Thomas Carlyle: «En el símbolo se esconde la revelación».

Los símbolos son intemporales y se mantienen intactos aunque durante miles de años transcurran los ciclos cambiantes de la religión, la política y las ideologías. Parecen haber sido filtrados cuidadosamente para no provocar antagonismo en ningún segmento de población. Y como ningún símbolo de las cosechas significa una única cosa u ofrece una única solución, resultan elusivos y difíciles de aceptar para la mente racional.

Dicho esto, el 2 de agosto de 1991, durante la celebración del Lammas (festival celta de la cosecha), los acontecimientos impulsaron a los Creadores de círculos a enviar un mensaje en otro formato diferente. A estas alturas, las falsificaciones y la contaminación de las pruebas se habían puesto en marcha para desprestigiar el fenómeno y minar la confianza pública en todo lo relacionado con los círculos. Sobre este trasfondo de engaños, los Creadores de círculos dejaron caer una serie de marcas sobre un fértil campo situado debajo de Milk Hill. El texto escrito era tan inusual que al principio se consideró una falsificación, pero un análisis detenido demostró que no era así.

El texto de Milk Hill, como llegó a ser conocido, parecía estar escrito en algún tipo de lenguaje. Estaba compuesto por dos palabras separadas por

---

77. La palabra misterio procede del griego *muo*, «cerrar la boca, estar en silencio».

tres líneas verticales, y tenía dos anillos, uno a cada extremo, que sugerían el principio y el final. ¿Se trataba de una especie de código Morse de los Creadores de círculos? Gerald Hawkins creyó que el mensaje era suficientemente importante para reunir a un grupo de doce eruditos y descifrarlo. Varios meses, 18 000 frases comunes y 42 idiomas después, llegaron a una solución aceptable.

Alcanzaron el acuerdo de que los círculos de cada extremo marcaban los límites del mensaje; las líneas creadas por las ruedas del tractor indicaban la parte baja o base de las letras, y las líneas gemelas verticales separaban las palabras. El mensaje, por tanto, contenía dos palabras o números sin abreviaturas. Para tener sentido, debía contener un código que permitiera la sustitución letra por letra, y tenía que ser reconocible.

Hawkins y sus colegas finalmente averiguaron que el mensaje estaba escrito en latín posagustiniano: la primera palabra, *OPPONO*, fue traducida como «yo me opongo». La segunda proveía al verbo de un complemento, *ASTOS*: «actos de artificio y astucia». «Me opongo a los actos de artificio y astucia».

En el contexto del engaño orquestado por Doug y Dave, esta interpretación del mensaje llegaba en el momento justo, e indicaba directamente su disgusto por los sucesos que tendrían lugar en breve. Por otra parte, el uso del latín posagustiniano, además de que seis de las siete letras del texto hacían uso de un oscuro alfabeto de los caballeros templarios, volvió a elevar el perfil intelectual de los Creadores de círculos.[78]

Por supuesto que podrían haber comunicado en nuestra lengua, pero ¿quién los habría creído?

«Desde 1991 no han vuelto a escribirse mensajes en este oscuro lenguaje de los caballeros templarios. Y nadie reivindicó su creación —dijo Hawkins—. En realidad, si se presenta algún falsificador, tenemos un pequeño acertijo latino que nos gustaría proponerle.»

---

78. La decodificación del texto de Milk Hill procede de una conversación personal con Gerald Hawkins. Las referencias a los alfabetos rúnico y templario provienen de la obra de Nigel Pennick *The Secret Lore of Runes and Other Ancient Alphabets*.

10 La geometría de los círculos de las cosechas

Sabe, oh hermano... que el estudio de la geometría perceptible conduce a adquirir habilidad en todas las artes prácticas, mientras que el estudio de la geometría inteligible conduce a tener habilidad en las artes intelectuales, porque esta ciencia es una de las puertas a través de las cuales llegamos al conocimiento de la esencia del alma, y ésa es la raíz de todo conocimiento.

—Ikhnân al-Safâ

Existe un profundo malentendido respecto a por qué la geometría sagrada merece este calificativo. Algunos creen que a los pueblos antiguos les faltaba sofisticación e inteligencia, por lo que observar líneas que creaban patrones geométricos ordenados les parecía «mágico». Otros argumentan que era sagrada por su asociación con los templos y edificios en los que se adoraba a los dioses y se realizaban sacrificios de sangre para apaciguar su ira.

«La geometría sagrada o canónica no es un oscuro invento de la mente humana —escribió Paul Devereux, uno de los grandes escritores sobre los misterios de la Tierra—

sino una extrapolación de las pautas naturales que enmarcan la entrada de energía en nuestra dimensión espacio-temporal. La formación de la materia y los movimientos naturales del universo, desde la vibración molecular y el crecimiento de las formas

Figura 10.1
Stonehenge.

orgánicas hasta la rotación y el movimiento de los planetas, estrellas y galaxias, están gobernados por configuraciones geométricas de fuerza. Uno puede diseccionar una planta o un planeta y no encontrar la huella del Hacedor por ninguna parte, por supuesto, ya que es inherente» (Devereux, 1992).

La geometría sagrada es un espejo del universo, y, como tal, es intemporal. También es una forma de comunicación a la que se puede acceder en antiguos lugares. Como dice Devereux: «Es el lenguaje definitivo». En este capítulo vamos a ver que dicho lenguaje se está redescubriendo en los círculos de las cosechas. Sin embargo, establecer la presencia de la geometría sagrada en los círculos sin antes comprender su propósito e impacto en la sociedad, e incluso en el estado de conciencia humano, es omitir una función esencial de los glifos. Por tanto, examinemos brevemente la geometría sagrada y su lugar en el esquema mayor de las cosas.

Podemos experimentar todas las cosas hermosas y reaccionar a ellas por nuestra capacidad de diferenciar el orden del caos. Cuando reconocemos la belleza inherente en un templo griego o en un cuadro de Da Vinci, estamos respondiendo subconscientemente a las proporciones delimitadas por las leyes universales de la geometría. Citando al geómetra Robert Lawlor: «La práctica de la geometría era una aproximación a cómo el universo se mantiene y ordena. Los diseños geométricos pueden ser contemplados como momentos de aquietamiento que revelan una acción continua, intemporal, universal, generalmente oculta a nuestra percepción sensorial. Así, una actividad aparentemente matemática puede convertirse en una disciplina para desarrollar la comprensión intelectual y espiritual» (Lawlor, 1982). Hallamos un notable conjunto de pruebas de estas afirmaciones en la fuente más improbable, la religión.

Como se afirma en el islam (particularmente entre los sufíes, sus místicos) —y también existen resonancias en las religiones judía e hindú—, la geometría sagrada permite a la humanidad ver el mundo arquetípico de Dios. En su esencia, la religión musulmana todavía conserva una instantánea no adulterada de esta verdad primordial en las figuras geométricas que adornan sus mezquitas y otras formas de arte. Consecuentemente, el islam ha servido como conservador y preservador, manteniendo la pureza de la filosofía geométrica, «de manera similar a la tradición pitagórica-platónica de la antigüedad, pero en un universo totalmente sagrado, y libre del nacionalismo y del racionalismo que finalmente sofocaron y destruyeron las tradiciones esotéricas de la intelectualidad griega», citando al eminente historiador árabe S. H. Nasr (Critchlow, 1976).

No se sabe con certeza cuál es el origen terrestre de estos conocimientos, puesto que las formas de la geometría sagrada aparecen tanto en el arte celta como en el tibetano y budista, e incluso en las obras de los pueblos nativos americanos. En otras palabras, la geometría sagrada es un arte universal compartido por culturas que aparentemente no tuvieron contacto entre sí.

Uno de los primeros pueblos en emplear la geometría sagrada fueron los antiguos egipcios. Sus proporciones se reflejan en los planos de sus templos, en sus frescos y en la Gran Pirámide de Gizeh, cuya estructura incorpora muchas leyes matemáticas atribuidas a Pitágoras. Pero aunque los egipcios iluminados usaron la geometría para todo tipo de aplicaciones terrenales —de ahí la palabra geometría, «medición de la tierra»—, sus objetivos eran metafísicos. El egiptólogo John Anthony West postula: «La totalidad de la civilización egipcia estaba basada en una comprensión completa y precisa de las leyes universales. Y esta profunda comprensión se manifestó en un sistema consistente, coherente e interrelacionado que fusionó la ciencia, el arte y la religión en una sola unidad orgánica» (West, 1993).

El lenguaje simbólico de Egipto, junto con sus textos sobre medicina, matemáticas y ciencia, demuestran que los egipcios conocían cómo funciona el mundo, y lo lograron sin disponer de ordenadores ni microscopios electrónicos, probando que no se necesita la tecnología avanzada para acceder a los reinos más sutiles de la vida y comprenderlos. Y al reconocer la geometría sagrada como el mecanismo que operaba en los cielos, los egipcios la aplicaron liberalmente en el paisaje durante milenios para establecer el orden universal en la Tierra, un

Figura 10.2
Muchos antiguos templos fueron diseñados para cifrar las figuras de la geometría sagrada. El plano de Stonehenge es único en el sentido de que contiene muchas de estas figuras (la cuadratura del círculo, el pentáculo, el hexagrama y el heptagrama se muestran aquí por su simplicidad).

iluminados, y posteriormente se erigieron expresiones permanentes de este conocimiento en toda Europa que tomaron la forma del Partenón, el templo de Delfos, la catedral Aachen (el plano de su capilla tiene las mismas medidas que Stonehenge) y la catedral de Chartres, uno de los himnos más impresionantes a la geometría sagrada. El conocimiento se abrió paso hacia el norte, hasta las islas británicas, porque quedó inmortalizado en Stonehenge. De hecho, la tradición geométrica «pitagórica» ya era conocida y usada en Gran Bretaña unos tres mil años antes del matemático griego, como lo demuestran las fórmulas empleadas en la construcción de los círculos de piedra (Strachan, 1998; Thom, 1967).

concepto contenido en la máxima hermética: «Como arriba, así abajo».[79] Estos beneficios tan evidentes no pasaron inadvertidos para otros grupos

Evidentemente, los principios de la geometría sagrada eran tan importantes para los eruditos y arquitectos que realizaron grandes esfuerzos por

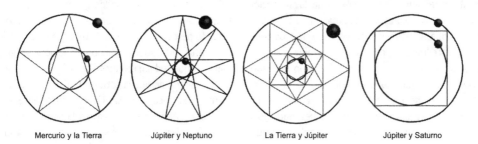

| Mercurio y la Tierra | Júpiter y Neptuno | La Tierra y Júpiter | Júpiter y Saturno |

Figura 10.3
Según los geómetras Critchlow y Martineau, las órbitas medias relativas de los planetas están definidas por la geometría sagrada.

---

79. El principio «como arriba, así abajo» se menciona en el evangelio gnóstico de Tomás: «Cuando hayas hecho de los dos uno, lo interno como lo externo, lo de arriba como lo de abajo, y hayas unificado lo masculino y lo femenino, entonces entrarás en el reino de Dios».

preservarlos para las siguientes generaciones. Bien, al menos ésa era la idea. Estas prácticas y estudios fueron abolidos por orden el emperador Teodosio en el 399 d. de C., y el efecto neto de esta prohibición precipitó los tiempos oscuros de la Edad Media. Lenta y corrosivamente, los códigos usados para vivir en armonía con el universo dejaron paso a la predilección por la violencia, la intolerancia, el terror y la persecución. Las últimas grandes corrientes de pensamiento basadas en la geometría sagrada —a saber, el gótico y el primer Renacimiento— se mantuvieron vivas a través de Platón, las obras de Vitruvio, y los escritos y filosofías herméticos y cabalísticos que sobrevivieron a la represión de la emergente Inquisición católica. Al avanzar hacia una visión analítica del mundo, se cortaron las conexiones con las prácticas holísticas y metafísicas, y cuando Newton y el secularismo científico del siglo XVII empezaron a prevalecer, la lógica racional adquirió tal predominancia que todo conocimiento esotérico era condenado como ocultismo.[80]

En el siglo XX, esta visión del mundo masculina y racional alcanzó su punto culminante. El hombre puso la naturaleza contra las cuerdas, extrayendo su poder, domesticándola y despilfarrando sus recursos en nombre del «progreso». La dudosa cumbre de esta cultura nos ha introducido en la era nuclear, dejando tras de sí algunos efectos secundarios, como la urbanización global, el agotamiento de los recursos y la intoxicación de la Tierra, lo que, según apuntan los científicos sociales, ha alimentado un aumento meteórico de la alienación humana y de la conducta criminal. A nadie le sorprende que actualmente se visiten nuestros templos y catedrales no para buscar iluminación, sino para tomar una instantánea y llevarse un recuerdo. Estos templos han quedado relegados a ser meras curiosidades de una era pasada, y consecuentemente nuestra fascinación ante lo desconocido y nuestra conexión con lo sagrado se ha desvanecido.

Y así emerge una pauta repetitiva: cuanto más nos desconectamos del orden universal, más disfuncional se vuelve nuestra sociedad. Y cuanto más tiempo permanece cortada nuestra conexión umbilical, más confiamos en el racionalismo para explicar nuestra razón de ser, y más nos alejamos de la espiritualidad. El círculo vicioso se agrava por el hecho de que nuestro lenguaje occidental es un lenguaje separatista. Como explica Lawlor: «El pensamiento moderno tiene un difícil acceso a la idea de lo arquetípico porque las lenguas europeas requieren que los verbos, las palabras que expresan acción, estén asociados con nombres. Por lo tanto, no disponemos de formas lingüísticas con las que imaginar un proceso o actividad que no implique un soporte material» (Lawlor, 1982). Sin embargo, en las lenguas orientales, sujeto y predicado son uno. Los amantes japoneses no se declaran uno al otro «te quiero», sino que se dicen *aishiteru*, «amando». Sujeto y objeto se funden en una totalidad y tal base lingüística es probablemente lo que permite a los orientales aceptar el aspecto místico de la vida con más facilidad que a los occidentales.

Afortunadamente, el universo se mueve por oleadas, y el ciclo de oscuridad avanza inevitablemente hacia la iluminación. Por un lado, la ciencia está redescubriendo la geometría en la naturaleza. Durante una demostración realizada con microscopio electrónico ante la Asociación Americana para el Avance Científico en 1937, se descubrió que la estructura cristalina del tungsteno está compuesta por nueve átomos ordenados geométricamente en forma de cubo. Desde entonces, la ciencia ha continuado descubriendo que la estructura física de los elementos está gobernada por disposiciones geométricas que rodean un punto central. Así, la suposición general de que la estructura física de los elementos está compuesta fundamentalmente por partículas sólidas ha dado paso a la física cuántica, que nos muestra que a nivel subatómico la materia

---

80. Por definición, oculto es «aquello que está escondido de la visión», tal como esotérico significa «eso que está oculto y reside dentro del individuo». La verdadera fecha en que empezó la represión del esoterismo es un asunto complejo, porque sus prácticas continuaron en pequeños grupos a lo largo y ancho de Europa después de la Inquisición, una organización genocida creada por un acuerdo entre Felipe de Francia y el papa Clemente V durante los siglos XIII y XIV. Es justo decir que sus efectos han contribuido al desprestigio del conocimiento esotérico.

está vacía, y su núcleo se compone de patrones de energía. Paradójicamente, al reconocer la geometría como la base fundamental de la materia, la ciencia ha adoptado la postura asumida por las antiguas culturas, elevando a los supuestos primitivos, tallando piedras en taparrabos, al más alto nivel de refinamiento cultural.

Por tanto, no es de extrañar que estas leyes de la armonía fueran tan importantes para los constructores de templos: se trata de las leyes que ordenan el universo. Y como el universo fue creado por Dios, pensaron que reproduciendo las proporciones armónicas que gobiernan el movimiento de los cielos en estructuras físicas, el poder y el conocimiento del firmamento serían atraídos a la Tierra. Así, los templos se convirtieron en puertas que conectaban la mecánica del mundo físico con el mundo interno de la conciencia: estos puntos de encuentro permitían acceder a los niveles sutiles de conciencia.

En nuestro días, cuando la alienación de todas las maravillas espirituales y universales alcanza proporciones epidémicas, las expresiones de la geometría sagrada y los símbolos portadores de las claves de la antigua filosofía armónica se están manifestando en nuestros campos. Hasta los más escépticos admiten que los diseños de los círculos de las cosechas exhiben una armonía que resulta agradable de ver, produciendo un efecto parecido al de los antiguos templos o las pinturas clásicas. Sus proporciones son equilibradas, sus formas rítmicas y los símbolos tienen dinamismo; incluso los «círculos metralla» desperdigados alrededor del patrón central parecen alzarse como centinelas en sus remotas localizaciones, situados allí de manera premeditada. Analizando los círculos de las cosechas mediante las leyes de la geometría sagrada y sus múltiples expresiones, uno comienza a apreciar la maestría de la mente responsable de su concepción.

Círculo: en los diseños de los círculos de las cosechas vemos estructuras geométricas recurrentes, generalmente generadas a partir de una forma circular central, expandiéndose externamente de manera proporcional, un principio regenerador fundamental para la vida orgánica. El círculo representa el principio creador, la vida cósmica, desde el menor de los átomos hasta el mayor de los planetas. No tiene principio ni fin; todas las cosas se dividen desde su interior y, paradójicamente, todas las cosas están contenidas dentro de él. El círculo ha sido usado por todas las culturas, antiguas y modernas, como un símbolo de lo incognoscible, del espíritu y del «aliento» del universo. También es el fundamento de todo el enigma de los círculos de las cosechas; incluso el «Fractal Koch», con sus mosaicos hexagonales en expansión, comienza con un gran círculo central de plantas que giran en espiral siguiendo el sentido de las agujas del reloj.

Cuadrado: si el círculo simboliza el cielo, el cuadrado representa la materia y la Tierra. Los mayas, por ejemplo, consideraban nuestro planeta como un organismo vivo inseparablemente conectado con la humanidad; y en la cosmogonía maya, Hunab Hu es el creador de las medidas, del movimiento y de la estructura matemática del universo. Esta divinidad se

Figura 10.4
«Cuadrado cuadriculado». Etchilhampton, 1996.

representaba mediante un cuadrado dentro de un círculo, que simboliza al éter rodeando los cuatro elementos naturales: aire, agua, fuego y tierra. La versión de las cosechas de este símbolo apareció en Etchilhampton en 1996.

Círculo cuadrangular: cuando se crea un círculo y un cuadrado de la misma área y se superponen, el símbolo resultante representa la fusión de espíritu y materia, o la armonía sobre la Tierra. Las proporciones del círculo cuadrangular se utilizaron, por ejemplo, en los planos de los templos y ciudades tradicionales de la India, basados en principios cosmológicos.

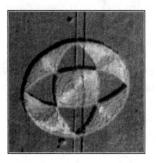

Figura 10.5
El círculo cuadrangular, utilizado en los planos de los templos hindúes tradicionales. Wherwell, 1995.

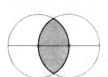

Vesica piscis: la superposición de dos círculos iguales da lugar a una figura de profundo contenido simbólico denominada *vesica piscis*. Es un símbolo del encuentro entre el mundo superior y el inferior, de la conjunción de espíritu y materia. La figura está asociada con Jesucristo y con la Era de Piscis; de ahí la correspondencia entre esta figura, el pez cristiano y la forma de la mitra obispal. Como

Sancta Santorum, esta figura tiene asignado el número 2368 en gematría —un número también asignado a Jesucristo— (Michell, 1988a). La arquitectura gótica usa esta forma en su característico arco ojival, y también apareció en un círculo de las cosechas cerca del túmulo largo de Weyland Smithy, en Wiltshire, en 1996.

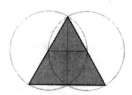

El triángulo equilátero: todos los polígonos regulares de la geometría sagrada nacen del «útero» del *vesica piscis*. El más simple de ellos es el triángulo equilátero, la forma del ciclo completo, puesto que tiene un principio, un medio y un final, simbolizando de este modo la fuerza y la estabilidad. Por lo tanto, no es accidental que muchos de los símbolos más llamativos de la ciencia, la religión y el comercio sean triangulares; la Trinidad y los tres colores que generan el espectro de la luz visible son ejemplos de dos extremos polares que se mantienen en equilibrio por la presencia de un tercero.

El triángulo es el rey de la iconografía cristiana, y Dios es la única figura retratada con un halo triangular. La «huella» tridimensional del Creador aparece en el tetraedro, cuya geometría está presente en las moléculas vivas, así como en los mejores minerales conductores de calor, el cuarzo y el diamante. No puede sorprendernos que uno de los glifos de las cosechas más duraderos, el tetraedro de Barbury Castle, tuviera esta forma.

Espiral: la espiral es la medida de las fuerzas creativas. Tanto la espiral de una galaxia como los

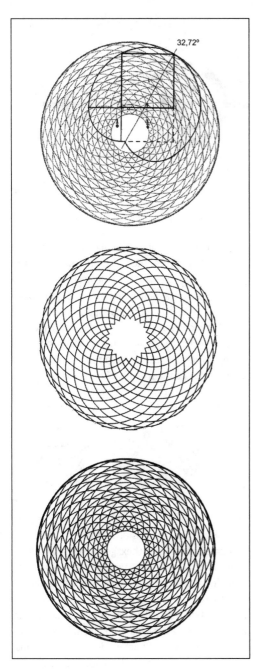

armónicos de los organismos vivos de la Tierra están gobernados por un principio denominado proporción áurea (o *phi*). Esta proporción se ve reflejada geométricamente en los patrones de crecimiento de las hojas, de las conchas nautilo, de los cuernos de los carneros y de los huesos de la mano humana. Sus proporciones gobiernan las medidas de los templos griegos y egipcios, así como las catedrales góticas, y su elegante movimiento quedó retratado en el «Triple Julia Set» y en el «Girasol» de Woodborough Hill en el año 2000.

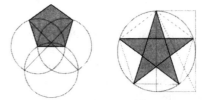

Pentáculo: la proporción áurea se extrapola a partir del pentágono y el pentáculo, las figuras más asociadas con la humanidad, puesto que la figura humana con los miembros estirados está contenida en la estrella de cinco puntas. A partir de ahí, el pentáculo se convirtió en el símbolo de la ciencia pitagórica humanista, y en un talismán de buena

Figura 10.6
La construcción de una espiral «proporción áurea» o *phi* exige dividir geométricamente según la proporción 1:1,6180339, algo que ya es difícil de hacer sobre papel. El círculo de las cosechas «Girasol» está compuesto por 44 de estas espirales, y cada dos de ellas forman un ángulo de 32,72°.

Figura 10.7
Composición de geometría pentagonal. «Estrella», Bourton, 1996.

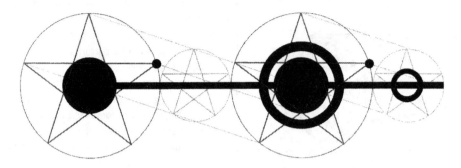

Figura 10.8
Geometría pentagonal oculta en el pictograma de Alton Priors, 1991.

salud. Esta figura está muy presente en el simbolismo de los nativos americanos, mientras que los cristianos la asocian con Jesucristo, porque representa al ser humano arquetípico (cinco sentidos), el humano-Cristo que ha dominado las fuerzas ocultas de la naturaleza para alcanzar la soberanía sobre el mundo material. Dos lados consecutivos de un pentágono forman un ángulo de 108°, y como el 1080 es el número lunar en gematría, las cualidades del pentáculo son lunares, femeninas e intuitivas (Michell, 1988a).

Existen muchos ejemplos de pentáculos en las formaciones de las cosechas. Uno de ellos fue la «Estrella de Bourton», cuyo diseño engañosamente simple ocultaba una compleja composición geométrica. Pero así como un círculo de las cosechas puede contener formas geométricas, las formas geométricas también pueden contener círculos de las cosechas, y algo en este pictograma de Alton Priors provocó la fascinación de los estudiosos (véase la figura 10.8). Donde muchos no vieron más que círculos conectados por una línea, John Martineau pudo discernir un ritmo invisible. En un momento visionario, observó que sus elementos podían enmarcarse en pentáculos invisibles. Pero ¿era esto sólo una coincidencia? Después de todo, cualquiera puede dibujar un pentáculo alrededor de un círculo. No, la clave residía en la posición estratégica de los

dos pequeños «círculos metralla» que dan los primeros puntos de referencia. Posteriormente, yo amplié el trabajo de Martineau demostrando que la trama geométrica podía extenderse proporcionalmente hasta abarcar todos los aspectos del diseño.[81]

De modo que lo que originalmente parecía un simple círculo de las cosechas proveyó horas de «comprensión intelectual y espiritual», tal como los eruditos de la antigüedad habían predicho.

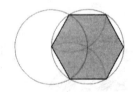

Hexágono: la división natural del círculo en seis partes produce el hexágono, que contiene la estrella de seis puntas, también conocida como Sello de Salomón. Las cualidades del hexágono son racionales y solares; están gobernadas por sus seis triángulos de 60°, reflejo del número solar 666 en gematría, y no (como los fundamentalistas cristianos argumentarán) el número de matrícula del diablo. Las características y el simbolismo ocultos en

---

81. Véase *Crop Circle Geometry*, de John Martineau. Debo señalar que conocí el brillante trabajo de Martineau después de realizar mis propias investigaciones, sobre todo porque sus libros estaban (y siguen estando) agotados. Lo interesante es que algunos de los primeros círculos de las cosechas hacia los que me sentí atraído también fueron elegidos por Martineau.

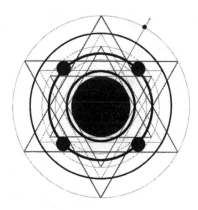

Figura 10.9
La geometría hexagonal define cada elemento de este simple círculo de las cosechas. El anillo externo es una circunferencia imaginaria relacionada con su único «círculo metralla». Esta circunferencia externa define la estrella de seis puntas más amplia. Upton Scudamore, 1990.

Figura 10.10
La simplicidad de la formación de Whiteparish, que se muestra en gris, oculta un marco hexagonal (izquierda) y el Tambor de Shiva, que contiene las frecuencias y proporciones de la escala musical pura.

torno a una decimotercera, de tal modo que cada una de ellas toca el núcleo y a cuatro de sus vecinas, produciendo la imagen geométrica de los doce discípulos agrupados en torno al maestro. Cristo, Osiris y Mahoma, entre otros, son representados mediante una esfera central con otras doce a su alrededor» (Michell, 1988a). Michell descubrió nuevas pruebas de la veneración de las antiguas culturas por el Sello de Salomón cuando encontró la figura cifrada en el plano de planta de Stonehenge.

Los Creadores de círculos han mostrado un gran interés por la geometría hexagonal, particularmente en 1990 en Upton Scudamore, aunque al principio la estructura de seis lados no era aparente (véase la figura 10.9). Martineau miró el punto solitario, situado exactamente a 30° del eje magnético de la formación, y se preguntó qué ocurriría si trazara una línea a través del «círculo metralla» con ese ángulo. Para su sorpresa, la línea dividía los dos anillos internos exactamente en los puntos desde los que se podían dibujar las líneas del hexágono contenedor.

Los puntos de las dos estrellas de seis puntas revelaron que los Creadores de círculos usan la geometría tangencial para casar una matriz invisible con el diseño visible, revelando por qué los satélites y «círculos metralla» están situados estratégicamente. En cuanto al «círculo metralla» de Upton Scudamore, también marcaba el sendero de un anillo externo invisible que contenía la totalidad de la formación y su plan hexagonal. Este tipo de relaciones no se consiguen accidentalmente.

Para mostrar lo críticas que son las proporciones entre elementos en los círculos de las cosechas, yo diseccioné un diseño simple. La formación aparecida en Whiteparish en 1987 fue uno de los

esta figura son vastos, de modo que aquí sólo abordaré algunos puntos significativos.

La división natural de un círculo permite que seis círculos encajen exactamente alrededor de la circunferencia de un séptimo círculo de igual tamaño. Doce esferas también pueden encajar en torno a una decimotercera. John Michell, que ha estudiado estas figuras y sus asociaciones y relaciones, concluye: «Simbolizan el orden del universo, en el sentido de que doce esferas iguales pueden colocarse en

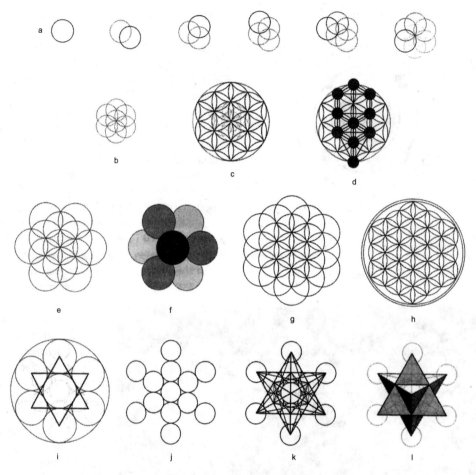

Figura 10.11
La expresión externa del círculo en seis movimientos (a) es una metáfora de los días de la creación. El «día de descanso» de Dios se refleja en la figura completa de los siete círculos (b). La siguiente expresión externa crea la Semilla de la Vida (c). Dentro de la Semilla está el Árbol de la Vida (d). La siguiente expresión externa (e) crea el Huevo de la Vida, que puede simplificarse así (f). La que viene a continuación crea (g) la Flor de la Vida (h). Una vez más, esta figura puede simplificarse en seis círculos agrupados en torno a un séptimo (i). Dentro de la Flor están los trece círculos del Fruto de la Vida (j). Conectando los círculos se genera el cubo de Metatrón (k), que contiene todos los patrones geométricos necesarios para crear los sólidos platónicos (l): la estrella tetraedro que se muestra aquí. Los sólidos platónicos son los patrones básicos vinculantes que estructuran el universo físico.

primeros círculos en incorporar un anillo además de un ramal tan recto que parecía trazado con regla, como si sugiriera: «Ven a verme». Y eso es lo que hicimos Martineau y yo independientemente. La simplicidad del diseño oculta un complejo laberinto de hexágonos y hexagramas. Pero aún quedaban más cosas por descubrir.

Mientras buscaba conexiones entre los círculos de las cosechas y el sonido, me topé con el Tambor de Shiva, una diagrama hindú del instrumento pulsante de la creación. Sus dos triángulos equiláteros tocándose en un vértice contienen una serie de patrones tonales recíprocos hallados en la escala musical pura. Para generar estas proporciones, se necesita un marco hexagonal. Superponiendo esta figura sobre el círculo de las cosechas de Whiteparish y su marco hexagonal, se mostró que los elementos guardan una correspondencia y mantienen un alineamiento perfectos.[82]

Diez años después de Whiteparish, volvió a quedar clara la importancia de la figura hexagonal. Al final de la agotadora estación de 1997, yo estaba dibujando las estructuras geométricas aparecidas aquel verano a partir de exámenes directos y fotografías aéreas. En esta ocasión, mi trabajo profundamente concentrado daba la impresión de ser más como una iniciación a los misterios, pero el procedimiento demostró ser muy meritorio. De las cuarenta formaciones que hubo en Inglaterra durante ese año, trece tenían una base hexagonal, y trece es el número de círculos que encajan dentro del hexágono, lo que indicaba una asociación con un misterioso diagrama egipcio.

Flor de la Vida: para apreciar plenamente la importancia que daban los egipcios a la geometría sagrada, considera que para ellos era un prerrequisito de las matemáticas, de las que derivaban las leyes de la física, e incluso la estructura morfogenética que se halla detrás del mundo físico. Era el código universal. Esta filosofía fue atribuida a Thoth,[83] dios fundador del aprendizaje y de las medidas egipcias, que «dio a los sacerdotes y filósofos de la antigüedad secretos que han sido preservados en mitos y leyendas hasta nuestros días. Estas alegorías y figuras emblemáticas ocultan las fórmulas secretas de la regeneración espiritual, mental, moral y física conocidas comúnmente como la química mística del alma. Estas verdades sublimes fueron comunicadas a los iniciados de las Escuelas de Misterios, pero se mantenían ocultas a los profanos» (Hall, 1928).

La escuela egipcia de misterios ponía especial énfasis en un símbolo geométrico omniabarcante

Figura 10.12
Los aminoácidos esenciales en relación con la Flor de la Vida.

llamado la Flor de la Vida, descrito en las *The Esmerald Tablets of Thoth* como el entramado infinito de la creación. La Flor de la Vida (también llamada Flor de Amenti) se construye a partir de un círculo dividido en numerosas repeticiones del *vesica piscis*. El proceso se repite siete veces y rota externamente para crear una «célula»; con cada octava división, comienza una nueva expresión externa y el proceso se repite ad infinítum, generando una matriz (véase la figura 10.11).

Aunque en dos dimensiones aparece como una serie de círculos, en realidad el diagrama representa un proceso tridimensional de esferas dentro de esferas. Consecuentemente, guarda cierto parecido con la división meiótica de la célula humana, lo que convierte a la Flor de la Vida en una metáfora geométrica del proceso evolutivo de la naturaleza, proceso al que se alude en los siete días de la

Figura 10.13
Representación del toro tubular tridimensional.

83. También escrito Djehuti, del que se deriva el nombre David. Thoth fue conocido por los griegos con el nombre de Hermes, del que procede el adjetivo hermético.

82. Esto también valida el duro trabajo emprendido para analizar las formaciones llevado a cabo por Andrews, Delgado, John Langrish y, recientemente, el dedicado joven alemán Andreas Müller.

creación del Génesis y que queda reflejado en la octava de la escala musical (cuyo significado se mostrará en el capítulo siguiente). Como cada una de sus «células» contiene el patrón de la matriz total, la Flor también funciona como un holograma, y como tal es análoga al universo: se dice que sus ramales describen la geometría de la luz interactuando como material genético en las células del cuerpo humano, el ordenamiento del código genético en el ADN e incluso los ramales de los aminoácidos esenciales (Braden, 1993).

Figura 10.14
«Semilla de la Vida», Froxfield, 1994; «Huevo de la Vida», Littlebury, 1996.

La rotación externa de la Flor se realiza por medio de la acción generadora del toro tubular con forma de donut, una forma fundamental para la generación y la regeneración de la materia que muestra cómo la energía fluye dentro y fuera de sí misma; los campos magnéticos que existen alrededor de la Tierra y en cada ser humano se rigen por un principio similar.

En su original trabajo sobre los orígenes y parámetros geométricos del Antiguo Testamento, Stan Tenen situó un toro tubular tridimensional dentro de otra forma primordial, el tetraedro, y a partir de la estructura combinada descubrió 27 posiciones primarias simétricas de las que extrajo el alfabeto hebreo exactamente en el orden en que las letras se originaron. Tenen también extrapoló los alfabetos griego y árabe de matrices geométricas similares (Tenen, 1992). Ahora es fácil entender por qué se considera que estas figuras son sagradas.

La Flor de la Vida es la culminación de una serie de rotaciones externas, y cada rotación es una forma en sí misma. La primera es la Semilla de la Vida, y dentro de ella hay una serie de círculos conectados por senderos conocidos por los discípulos de la Cábala como el Árbol de la Vida. Cientos de libros se han dedicado a explicar este símbolo, ya que su comprensión produce un punto de equilibrio espiritual en el ser humano. Se dice que los diez círculos del Árbol (cada uno de ellos contiene uno de los diez primeros números) más las 22 ramas que los conectan constituyen las claves de todo conocimiento, los senderos de sabiduría. El diagrama codifica un sistema secreto tal que sólo disponiendo los senderos en el orden correcto pueden revelarse los secretos de la creación, un conocimiento oculto en el grado 32 de la masonería (Hall, 1932).[84]

La rotación externa de la Semilla de la Vida produce el Huevo de la Vida, un patrón que combina las armonías musicales con el espectro electromagnético y subyace en todas las estructuras biológicas. A partir de la rotación externa del Huevo se despliega la Flor de la Vida. Este diseño ha sido hallado «grabado a fuego» sobre las paredes de piedra del complejo de templos dedicados a Osiris en Abidos, Egipto, mediante un proceso que nadie puede explicar, puesto que el templo está construido con algunas de las rocas más duras de la Tierra. En la tableta 13 de *The Emerald Tablets of Thoth* se hace referencia a él como el código de la fuerza de vida: «En lo profundo del corazón de la Tierra yace la flor, la fuente del espíritu que liga todo en su forma. Porque has de saber que la Tierra está viviendo en un cuerpo, así como tú estás viviendo en tu propia forma. La Flor de la Vida es como tu propio lugar espiritual, y fluye por la Tierra tal como tu espíritu fluye por tu forma» (Doreal, 1925).

84. La Cábala es un antiguo sistema de sabiduría teórica y práctica, un mapa simbólico de la creación, que provee al alumno de caminos o comprensiones que le conducen al crecimiento espiritual a través del descubrimiento del conocimiento oculto. Uno de los significados de la palabra Cábala se halla en el término portugués *cavalo*, caballo, usado por los caballeros templarios cuando llevaron la sabiduría de los Misterios a Portugal. Se dice que cuando el estudiante «se monta en el caballo», se embarca en una búsqueda del conocimiento y de la verdad universal. Curiosamente, de la palabra *cavalo* también se deriva el verbo cavar, y cueva (símbolo del útero y de ir hacia dentro). En Occidente, el caballo es el equivalente simbólico de la esfinge, debajo de la cual se dice que está enterrada la Sala de Registros, que contenía toda la sabiduría universal de la Atlántida y otras altas civilizaciones. Curiosamente, en Inglaterra, grandes concentraciones de círculos de las cosechas y de incidentes relacionados con los ovnis ocurren cerca de colinas marcadas con figuras de caballos talladas en arenisca blanca.

Lo maravilloso de las proporciones rítmicas de la Flor de la Vida es que es posible dibujar un hexágono en cualquier punto del diseño, lo que confirma la importancia asignada a este símbolo en muchas antiguas culturas, visiblemente conservado en el seno de la religión judía. De hecho, la Flor de la Vida fue considerada un símbolo clave por sociedades iluminadas, como los cátaros y los caballeros templarios, miles de los cuales prefirieron sacrificar sus vidas a la Inquisición católica antes que consentir que sus conocimientos fueran mal utilizados. Esto no es una sorpresa si tenemos en cuenta que la Flor puede contener las secuencias matemáticas del código de la creación (Braden, 1993).

Inscrito en la Flor de la Vida está el «Fruto de la Vida» que, como su nombre indica, es la suma y aplicación

Figura 10.15
Trece formaciones de 1997 y su relación dentro del entramado de la Flor de la Vida.

de este conocimiento manifestado en la forma física, y como tal contiene trece sistemas de información que gobiernan los aspectos geométricos subyacentes a nuestra realidad (Melchizedek, 1996; Essene y Kenyon, 1996).

Cinco de estos sistemas emergen cuando conectamos los centros de las esferas mediante líneas rectas. Así se asocia la naturaleza regeneradora y femenina de la flor (circular) con el principio masculino (línea recta). El producto neto de este matrimonio es el «Cubo de Metatrón», de cuya matriz hexagonal emergen los sólidos platónicos, las cinco cristalizaciones de los pensamientos creativos de Dios, los patrones vinculantes de la naturaleza (Frissell, 1994).[85]

Lo que hace que estos datos sean relevantes para los círculos de las cosechas es la aparición de una imagen de más de 80 metros de diámetro de la Semilla de la Vida en 1994, seguida dos años después

por un enorme Huevo de la Vida, ejecutado con divina precisión. Era como si alguien nos estuviera preparando para algo.

Y ese «algo» vio la luz en 1997 con la aparición del «Toro tubular», seguido por otras trece formaciones basadas en la geometría hexagonal aparecidas en

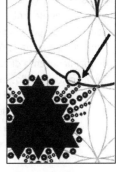

Figura 10.16

Inglaterra. Se me ocurrió que todas estas formaciones podrían agruparse, entrelazarse y superponerse sobre la trama de la Flor de la Vida. Pero ¿por dónde empezar?

La energía que llega a la Tierra entra en el planeta en el sentido contrario al de las agujas del reloj

---

85. Curiosamente, aunque llevan el nombre de Platón, otro sabio griego, Pitágoras, usó estas figuras doscientos años antes. Pitágoras, junto con los intelectuales griegos de esa época, había sido iniciado en las escuelas de misterios egipcias. El conocimiento de los sólidos platónicos parece ser muy anterior, porque se han desenterrado modelos en piedra de estos sólidos en enclaves neolíticos de más de ocho mil años de antigüedad, y en lugares situados tan al norte como Escocia.

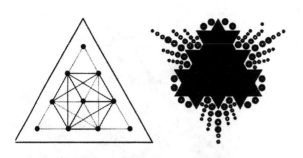

Figura 10.17
Izquierda: la tetraquis con las Diez Palabras de Dios conectadas para formar un cubo y un hexágono; derecha: como glifo de las cosechas. Hakpen Hill, 1997.

y a continuación emerge en el sentido contrario. Puedes hallar esta información tallada en las piedras de las cámaras neolíticas de todo el mundo, aunque la ciencia tuvo que esperar ocho mil años hasta que los físicos rusos descubrieran que los sistemas que rotan de manera natural en el sentido contrario al de las agujas del reloj toman energía, y los que giran en el sentido opuesto la liberan (Kozyrev, 1968). Consecuentemente, si los patrones de las cosechas se generan en dos etapas (primero se programan desde arriba, después se ejecutan desde abajo), la superposición de cada formación sobre la trama de la Flor de la Vida debería realizarse secuencialmente en la dirección de las agujas del reloj. Cuando coloqué todos los diseños sobre esta trama, sólo quedaba un elemento desalineado: uno de los 96 «círculos metralla» del espinoso diseño central. En el diagrama (véase la figura 10.16), este «círculo metralla» anómalo está reflejado en el anillo externo de una formación anterior. Si esto es una coincidencia, parece que alguien se tomó un montón de molestias para provocarla.

La tetraquis: este triángulo espinoso se basa en otro símbolo de la geometría sagrada, la tetraquis. Aunque atribuida a Pitágoras, la tetraquis también está presente en la antigua cultura hindú, y tal vez más allá, aunque esto sólo es una conjetura. Como en el caso de la Flor de la Vida, de lo que

estamos seguros es de la asociación de esta figura con el proceso de creación material.

Teón de Esmirna, un reconocido erudito de la antigüedad, declaró que los diez puntos de la tetraquis representan las Diez Palabras de Dios. Para los cristianos estas «palabras» eran los Diez Mandamientos; para los hebreos, las diez esferas del Árbol de la Vida. En cualquier caso, el simbolismo numérico de la tetraquis también guarda correspondencia con el modelo hindú de las nueve cobras alrededor de Brahma, la gran enéada egipcia alrededor de Atum y las nueve legiones de ángeles alrededor del Dios Oculto de la Cábala.

En la tradición esotérica, si uno tiene tendencia a seguir el camino de iluminación, la tetraquis le revela los misterios de la naturaleza universal. Esto es lo que hizo Pitágoras, y fue recompensado con el descubrimiento de que la figura contiene las relaciones musicales 4:1 (doble octava), 4:3 (la cuarta), 3:2 (la quinta) y 2:1 (la octava), las armonías que gobiernan la creación. Así iluminado respecto a estas fuerzas y procesos universales, Pitágoras dedujo de la tetraquis teorías relacionadas con la música y el color: vio los tres puntos superiores como los tres elementos de la Suprema luz blanca,[86] o esencia divina; los siete puntos restantes representan los colores del espectro visible, así como los intervalos de la escala musical diatónica.

Cuando conectas los puntos de la tetraquis ocurren algunas cosas interesantes. Además de crear nueve triángulos equiláteros, también creas un hexágono que incorpora una estrella de seis puntas, y una visión bidimensional de un cubo; y si continúas dividiendo los ángulos por su bisectriz, puedes producir el entramado necesario para crear dos círculos de las cosechas «Fractal Koch».

86. Los colores cian, magenta y verde, de los que se generan todos los demás, incluyendo el blanco. Actualmente se utiliza este sistema en los aparatos de televisión.

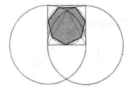

El Heptágono: a diferencia de otras figuras geométricas, el heptágono o polígono de siete lados se ha mostrado elusivo a lo largo de todo el fenómeno de los círculos de las cosechas. En el año 2000 había exactamente siete ejemplos. Pero, teniendo en cuenta que es la única forma geométrica cuyos ángulos no pueden ser divididos por dos, dando un número entero, no es tan sorprendente. Cada ángulo mide 51,428571...° y, al ser el único polígono que no puede ser dibujado con perfección matemática, es tan misterioso como las asociaciones filosóficas que rodean al número siete.

Este número evoca las siete edades del hombre, los colores del arcoíris, el día en que Dios descansó, la cantidad de orificios de la cabeza humana, los pilares de sabiduría, el conjunto de días que —multiplicado por cuatro— regula tanto el ciclo femenino como el lunar, el número de abominaciones, de velas, de ciudades, limpiezas, continentes, alianzas, maldiciones, grados de sabiduría, eunucos, gabletes, generaciones, cielos, hogazas, misterios, pecados capitales, pasos, templos, velos, virtudes, maravillas del mundo, etc. Siete trompetistas rodearon siete veces las murallas de Jericó, tal como los peregrinos que van a La Meca dan siete vueltas en espiral alrededor de la Ka'aba. Siete es equilibrio, de ahí que Libra, el séptimo signo del zodíaco, sea la unión del tres espiritual con el cuatro elemental, lo que queda demostrado inmaculadamente en la base cuadrada y la elevación triangular de la Gran Pirámide de Gizeh, cuyo ángulo básico mide aproximadamente 51° 51'.[87]

Y lo que es más importante, particularmente a la luz de nuestra investigación, es que el heptágono es análogo a las siete notas que componen la escala musical diatónica, que comentaré posteriormente en este capítulo.

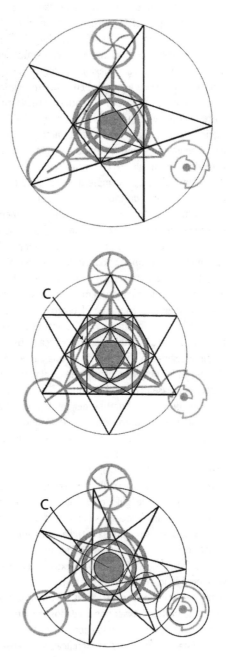

Figura 10.18
La geometría oculta del tetraedro de Barbury Castle: pentagonal, hexagonal y heptagonal. Nótese la leve torsión en el punto C.

87. Gizeh (simplificado como Giza en Occidente) se deriva de Dijseh o Jeesah, que dio lugar al nombre Jesús (Elkington, 2001).

El tetraedro de Barbury Castle es un ejemplo inusual de la geometría séptuple, fundamentalmente porque es triangular. Y como coincidencia significativa comentaré que tardé exactamente siete años en descubrir la conexión séptuple desde la fecha de su primera aparición. En los siete segmentos que conforman la extraña carraca situada en la parte inferior derecha del glifo reside una clave numérica. Pero, de algún modo, la geometría heptagonal simplemente no encaja sobre el glifo. Lo que necesitaba era un punto de partida.

Un detalle que siempre destacó en el por lo demás meticuloso diseño de este glifo era que uno de los brazos del triángulo estaba ligeramente doblado. Esto me hizo recordar un oscuro hecho de los tejedores de alfombras persas, que siempre dejan un elemento imperfecto cuando crean sus obras maestras porque «sólo Dios es perfecto». ¿Estaban los Creadores de círculos demostrando su humildad? Tal vez. Pero ¿por qué el brazo torcido está justo enfrente de la carraca? Decidí usar esa torsión para proyectar una línea hacia la carraca, y usar su séptimo segmento como borde de una circunferencia. Así pude encajar un heptágono en el glifo de las cosechas (véase la figura 10.18).

Lo que no es habitual del tetraedro de Barbury Castle —y, como veremos, de algunos otros glifos de las cosechas «especiales»— es que también contiene cifradas dos formas adicionales de la geometría sagrada, a saber, el pentáculo y el hexágono. La clave del pentáculo oculto reside en la bola inferior izquierda del glifo, cuya fina avenida penetra exactamente cinco doceavos del diámetro. Desde el diagrama, puedes ver que la estrella pentagonal alineada sobre esta bola enmarca con gran precisión el círculo central del glifo y el anillo externo. En cuanto al hexágono, numéricamente se hace referencia a él por la bola superior y sus seis segmentos. Aquí una serie de tres hexágonos anidados enmarcan el círculo y los anillos del glifo central.

Esta relación 5:6:7 es significativa en el sentido de que el cinco representa la geometría de la vida orgánica y el seis la geometría de las cosas no orgánicas. Juntos, la proporción 5:6 simboliza la proporción del ciclo retrógrado de la Tierra con relación

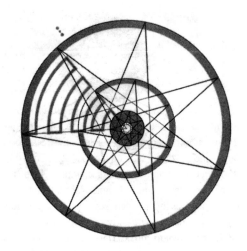

Figura 10.19
Geometría heptagonal. Cow Down, 1995.

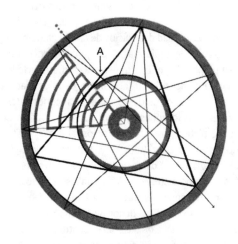

Figura 10.20
El área definida por un triángulo equilátero da una proporción de 4:1, una doble octava musical. El contacto entre el triángulo y el heptágono está en el punto A.

a la circunferencia en el Ecuador medida en millas náuticas, y esta armonía permite que la vida exista en nuestro planeta. El siete representa la geometría del alma, una clave que la conciencia imprime en el cuerpo físico (Myers y Percy, 1999). Este proceso de manifestación creativa tendrá grandes implicaciones en capítulos posteriores.

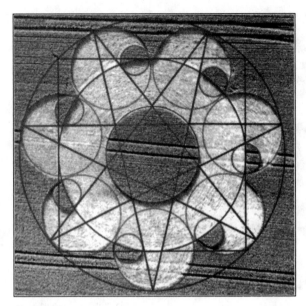

Figura 10.21
El círculo de las cosechas heptagonal muestra una segunda relación gobernada por un cuadrado perfecto. Esto crea una proporción de 2:1, una octava musical. Danebury, 1998.

En junio de 1995, en Cow Down apareció una formación portadora de otro tipo de carraca diferente. Aquí vemos que el patrón en forma de zigzag está claramente enmarcado por la geometría heptagonal invisible que define el anillo externo (véase la figura 10.19). En cualquier caso, los puntos centrales del heptágono no parecen guardar relación con el anillo medio de la formación, lo que normalmente no es una buena indicación. Sin embargo, los dos pequeños heptágonos internos definen claramente el resto del diseño. Como su predecesor de Barbury Castle, este glifo me confundía, e inicialmente traté de encontrar algún elemento que estuviera deliberadamente fuera de lugar, pero no tuve suerte.

Un par de años después encontré una fotografía de la misma formación tomada desde otro ángulo. Se mostraba que el grupo de tres «círculos metralla» estaba claramente alineado con otra cosa. Pero ¿qué era esta otra cosa? El del medio, visiblemente menor que sus hermanos, sugería que el foco de interés estaba en el anillo medio de la formación misma.

La relación geométrica entre los anillos externo y medio venía definida por un triángulo equilátero perfecto. Esto significa que la proporción entre estas dos áreas es de 4:1, una doble octava. Si se traza una línea recta a través del eje del «círculo metralla», se establece un punto de contacto entre el triángulo y el heptágono externo, lo que sugiere la existencia de una conexión entre las *proporciones musicales* (el heptágono) y la *luz* (el triángulo) en el proceso de construcción de círculos.

En el círculo de las cosechas de Cow Down había siete elementos en total, y el zigzag ocupaba un séptimo de su superficie. Siete días después de su aparición, se observó una desviación de 90° del norte magnético en una brújula situada en el centro de la formación. Así son las coincidencias que se producen en el estudio de este fenómeno.

Pero en 1998 los heptágonos aparecieron masivamente, y el más subestimado de ellos surgió en la base del fuerte de Danebury Ring. Para mí, este patrón sigue siendo uno de los ejemplos más perfectos del arte de los Creadores de círculos, y no sólo por su elegante demostración de una geometría compleja, sino por la elocuencia y simplicidad de su ejecución. La proporción entre el área de la circunferencia que recorre el centro de los semicírculos y la circunferencia que define los bordes externos de la formación es exactamente de 2:1, una octava.

Llevando aún más lejos la coincidencia musical, una línea de energía electromagnética atraviesa el área conectando el fuerte y el círculo de las cosechas de Danebury con una iglesia situada a unos tres kilómetros de distancia en Middle Wallop, antiguo hogar del gran compositor y director de la Orquesta Filarmónica de Londres, el difunto Leopold Stokowski.

Figura 10.22
El diseño octogonal de primer plano es visualmente desorientador: en realidad se trata de dos octógonos superpuestos, lo que da a los bordes un efecto ligeramente arqueado. La formación del trasfondo apareció la misma noche. Silbury, 2000.

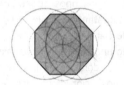

El octógono: cuando uno mira cara a cara la figura del octógono, está observando esencialmente la consumación y el rejuvenecimiento del ciclo universal, representado por la figura horizontal del 8, el símbolo del infinito. «Yo soy Uno que se transforma en Dos, yo soy Dos que se transforma en Cuatro, yo soy Cuatro que se transforma en Ocho. Después de eso, Yo vuelvo a ser Uno», dice el mito egipcio de la creación. Ya he abordado la representación budista del ciclo cósmico, la Rueda del Dharma y su óctuple sendero hacia la iluminación, así como el glifo asociado a ella. En la estación del 2000 se produjo otra manifestación de la geometría óctuple. En este glifo de las cosechas aparecido junto a Silbury Hill, vemos el octógono, y a través

de él una sugestiva conexión con el islam (véase la figura 10.22).

En el islam, el nombre pronunciable más elevado de Alá es «el compasivo», y su aliento crea, mantiene, disuelve y renueva periódicamente el universo. El despliegue de las ocho esquinas del octógono representa la exhalación o expansión del Aliento Creador, y esta forma se manifiesta mediante el intercambio de las polaridades del aliento. Por eso la geometría octogonal domina en la cultura islámica.

Asimismo, la tabla periódica de los elementos está formada por grupos que progresan de ocho en ocho. Incluso la partición de la célula humana se compone de ocho etapas, por lo que no es ninguna sorpresa que el octógono también sea uno de los antiguos símbolos de la Tierra Madre, a la que a veces se retrata como una araña de ocho patas manifestando el mundo y creando los hilos del destino humano. Dicho destino indica la posibilidad de transformación. ¿Se hallaba la humanidad en un punto de renovación periódica cuando apareció este círculo de las cosechas? ¿Se nos estaba invitando a elegir entre repetir los mismos patrones de conducta o tratar a la Madre con más cuidado y atención?

El tiempo dirá cómo elegimos responder a este momento crucial, pero, tradicionalmente, el octavo paso supone un salto que aporta elevación espiritual. Por ejemplo, las letras del nombre de Jesús suman 888 en gematría griega; el ocho representa la batalla entre las polaridades de sombra y luz, sabiduría e ignorancia. La geometría óctuple forma el fundamento del templo místico de Shiva, el transformador. Los ángulos de 135° del octógono suman 1080, el radio de la Luna, cuyas ocho fases

Figura 10.23
Nónuple formación con seis vórtices lunares aparecida debajo del fuerte de Oldbury. Cherhill, 1999.

influyen en las masas de agua terrestre; éste es un punto que no ha descuidado la Iglesia cristiana, que hace uso de fuentes bautismales octogonales para «purificar el inconsciente».

Figura 10.24
La cebada inmadura que fue aplanada se ha vuelto a alzar, haciendo que esta formación de 150 metros de diámetro parezca estar repujada. Sugar Hill, 1999.

El nonágono: en enero de 1991 predije la aparición en los círculos de las cosechas de la geometría nónuple. Conté esta información a tres personas de confianza y no revelé los detalles hasta el final de la estación. Y, en efecto, aparecieron.

Técnicamente, el nonágono está fuera de las ocho expresiones geométricas del universo, pero sigue siendo una figura importante, puesto que identifica el límite alcanzado por los principios numerales regeneradores, como muestran el triángulo y la tetraquis. Compuesto por tres trinidades, es la expresión última de la tríada, y representa el logro más elevado en cualquier tarea. Posiblemente ésta es la razón por la que los griegos consideraban a

Thoth como Hermes Trimegisto, «el tres veces sagrado», y por la que el nonágono era la estrella del Espíritu Santo para los primeros cristianos.

Nuestras expresiones culturales posteriores siguen atestiguando el poder del nueve: amén, el final de la oración, se reduce numéricamente a nueve en la gematría griega. Los dioses también están asociados con el nueve: Odín se escondió nueve días en el Yggdrasil antes de alcanzar la sabiduría; a Démeter, la diosa de la fertilidad, se la retrata con nueve espigas de trigo, y también eran nueve los dioses egipcios de la creación, los *Neteru*. Sin duda ellos eran conscientes de que la cola del espermatozoide humano está compuesta por nueve tubos paralelos, y que el tiempo de gestación del embrión es de nueve meses.

Cuando empezaron a aparecer las formaciones nónuples, lo hicieron con una variedad de disfraces. Hay tres ejemplos geométricos que son impagables por su hipnotismo armónico: el vórtice de nueve «lunas crecientes» de Hakpen Hill (véase la figura 7.22), la estrella y vórtice de Cherhill y una formación estelar aparecida debajo de Sugar Hill (que se muestra aquí). Este último diseño es único en el sentido de que contiene prácticamente todas las formas de la geometría sagrada, que no son evidentes hasta que la figura se estudia en ordenador.

La geometría de los fraudes: tras haber aplicado las reglas de la geometría sagrada a los círculos auténticos, era justo aplicarlas a los fraudes.

Como la mayoría de ellos son de un nivel artístico de *kindergarten*, resulta fácil seleccionar algunas «gemas». Tomando el ejemplo hexagonal de Oliver's Castle (la formación pisoteada subrepticiamente para el vídeo fraudulento), apliqué un marco hexagonal basado en el círculo central y las seis avenidas. A partir de la observación sobre el terreno sabía que algunas formaciones estaban fuertemente desalineadas. Vistas desde el aire no mejoraban su aspecto, y tampoco les iba mejor a otros elementos del diseño, muy pocos de los cuales encajaban con precisión en el marco geométrico básico.

La flor de 30 metros encargada por Arthur C. Clarke muestra discrepancias entre el diseño y el resultado deseado, demostrando lo difícil que es imitar un círculo de las cosechas y alcanzar el alto grado de simetría de los círculos genuinos (véase la figura 10.27). El Equipo Satán/Creadores de círculos estaba orgulloso de sus logros en Milk Hill en 1998, por lo que les hice el favor de analizar su patrón nónuple. Para ser un grupo que insinúa haber realizado el «Triple Julia Set», las discrepancias halladas en esta formación relativamente simple y tres veces más pequeña son considerables. No es de extrañar que los falsificadores consideren el descubrimiento de la geometría sagrada en los círculos de las cosechas como «una coincidencia» y como algo «insignificante».

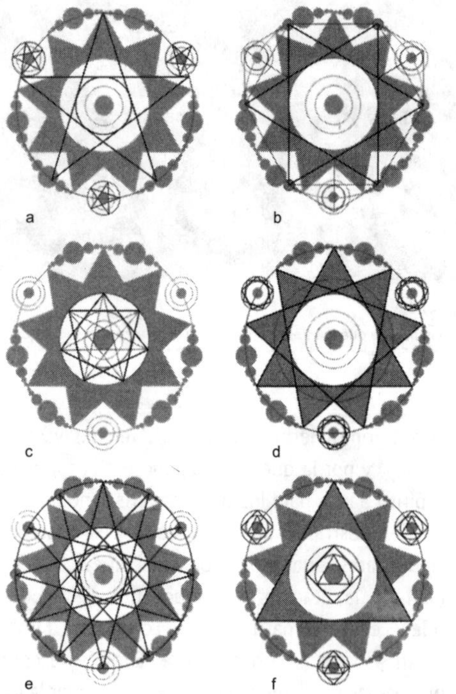

Figura 10.25
Aunque externamente es una formación nónuple, este diseño contiene una serie de relaciones geométricas ocultas: (a) pentagonal; (b) hexagonal; (c) heptagonal; (d) nónuple; (e) dodecaédrica; (f) diatónica.

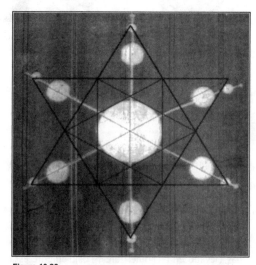

Figura 10.26
La falsificación de Oliver's Castle y su tosca geometría hexagonal.

Figura 10.27
Círculo encargado por Arthur C. Clarke: el dibujo geométrico del suelo (blanco) se desvía claramente de las proporciones necesarias para dar un formato pentagonal (negro). Hakpen Hill, 1994.

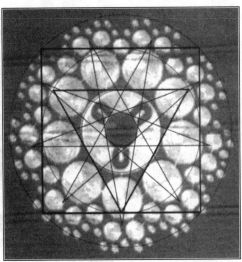

Figura 10.28
El dibujo superpuesto muestra la geometría inexacta de esta falsificación. Milk Hill, 1998.

En junio de 1995, me encontré volando sobre el paisaje de Hampshire, en el pequeño asiento de un avión Cessna. Como mido 1.95 metros, me costaba encajar el cuerpo en el planeador. A unos 150 metros más abajo estaba el círculo de las cosechas de Litchfield «Torc», con su hipnotizante ojo. Pero, de algún modo, eso no era lo que yo veía: lo que yo veía era música.

Poco después de aterrizar fui en coche hasta la formación de las cosechas con Colin Andrews. Al entrar en su laberíntico diseño, aprecié un flujo rítmico que mis pies hallaron fácil de seguir. Posteriormente, cuando nos retiramos al pub a revisar las notas de la semana, compartí mi intuición de que en esta formación parecía haber una conexión musical. «Oh, debes ponerte en contacto con un buen amigo mío cuando volvamos a Estados Unidos», sugirió Andrews. Este buen amigo era el profesor Gerald Hawkins.

Me encontré por primera vez con el profesor Hawkins en el Club Cosmos de Washington D. C. Ejemplo destacado de buena educación y de una

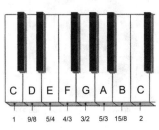

Figura 10.29
La octava y sus proporciones matemáticas correspondientes. Mi, fa, sol, la, si, do, re, mi.

vida dedicada a la erudición, Hawkins me impresionó durante la comida, y me ha seguido impresionando con su revolucionario descubrimiento de que ciertos círculos de las cosechas contienen proporciones musicales diatónicas. Se trata de las leyes matemáticas que gobiernan la escala musical occidental.

Astrónomo de profesión (y antiguo presidente del departamento de astronomía de la Universidad de Boston), Hawkins obtuvo una licenciatura en matemáticas puras en la Universidad de Londres y escribió los innovadores libros *Stonehenge Decoded* y *Beyond Stonehenge*, que abrieron nuevos horizontes en el campo de la arqueoastronomía. Posee una mente inquisitiva y un ojo afilado para los detalles: en una ocasión, mirando la galaxia proyectada en el techo del planetario de Boston, notó la ausencia de la estrella Rho Geminorum, de modo que resultaría difícil discutir la precisión sus observaciones.

El análisis de los círculos de las cosechas realizado por Hawkins fue llevado a cabo con mente

abierta y disposición analítica, inicialmente pa-
ra averiguar si había si-
militudes entre su geo-
metría y la de Stone-
henge. A pesar de no
haber encontrado co-
nexiones inmediatas,
todo el tema tenía un
aire misterioso que pro-
vocó su curiosidad.

En 1990 leyó *Cir-
cular Evidence* y sus
meticulosos datos to-
mados de observacio-
nes directas. Al estu-
diar las medidas, Haw-
kins recuerda: «Des-
cubrí que la primera formación
del libro contenía la proporción
1:1, la siguiente la proporción 3:2,
y las siguientes 5:3 y 4:3. Le
dije a mi esposa, Julia: 'Parece
que estuviera afinando tu arpa.
Aquí tengo una serie de proporciones diatónicas'».

Las proporciones diató-
nicas son lo que los musicólo-
gos denominan intervalos «perfectos» de la escala musical, las
teclas blancas del piano.

Hawkins comenta:

*Una proporción de la esca-
la diatónica es el aumen-
to de tono de una nota a
la siguiente. Si tomas la
nota mi en el piano, por
ejemplo, y después vas a la nota si, has incrementado la frecuencia de la nota (el número
de vibraciones por segundo, su tono) 1,5 veces, es decir, 3/2. En el sistema perfecto, cada
una de las notas guarda una proporción perfecta, representada por la división de dos
números enteros, acabando en 2, que sería la*

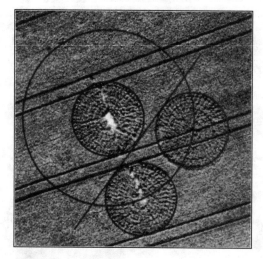

Figura 10.30
El teorema de la tangente. Corhampton, 1988.

Proporción (r) = (diámetro 1 / diámetro 2)

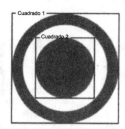

Proporción (r) = (área cuadrada 1) /
(área cuadrada 2)

Figura 10.31
La regla de Hawkins 1 (arriba), para círculos
separados, y la regla 2 para círculos concéntricos.

*octava mi. Para hallar
las proporciones pue-
den seguirse dos reglas,
la lineal y la cuadrada:
para los satélites, la
proporción viene de los
diámetros, y para los anillos circulares de las
áreas o de los diámetros
al cuadrado [figura
10.31]. Los creadores
parecían conocer estas
fracciones, y se tomaron
la molestia de cifrarlas
en las formas para que
pudieran ser descubier-
tas por alguien que hu-
biera estudiado las fo-
tografías aéreas.*

Y dieciséis de los veinticinco círculos de las cosechas que
aparecen en el libro de Andrews
y Delgado contenían estas fracciones en sus diseños. Según
Hawkins, las posibilidades de
que esto hubiera ocurrido accidentalmente eran de una entre
400 000. Su descubrimiento
cerraba la puerta a una serie de
causas posibles para los círculos, puesto que las proporciones diatónicas son un modo de
responder al sonido característico de la mente humana. «El
único lugar donde puedo encontrar proporciones diatónicas
en la naturaleza –dijo pasándo-
me el pan –son las llamadas de los pájaros y las
canciones de las ballenas. Y no creo que ni los pájaros ni las ballenas hicieran los círculos.»

Esto eran malas noticias para Doug y Dave, y
para cualquiera que pretendiera haber hecho los círculos por «diversión».

—Si los hicieron por diversión —comentó Hawkins— no encaja que contengan una información tan esotérica. Les escribí para preguntarles por qué habían incluido las proporciones armónicas.

—¿Y cuál fue la respuesta de estos «hombres de inteligencia media», como en una ocasión los describieron los periódicos? —pregunté.

—¡Ja!, no han contestado —respondió él—. Creo que podemos eliminarlos. Es tan difícil hacer una proporción diatónica, y todavía más en la oscuridad... Tiene que ser planeada con una precisión de pocos centímetros en un círculo de 15 metros de diámetro, por ejemplo.

Y ya en 1995, círculos de las cosechas que medían hasta 100 metros contenían proporciones diatónicas con una holgura de pocos centímetros.

Curiosamente, lord Zuckerman, antiguo consejero del gobierno británico, había sugerido a Hawkins que para hacer que los científicos se interesasen por el fenómeno de los círculos de las cosechas, él debería intentar probar que son producto de la solución más apetecible: falsificadores humanos. Esto demostró ser un movimiento acertado. Al descubrir que los círculos contienen todo tipo de proporciones matemáticas, Hawkins ha elevado inevitablemente el perfil intelectual de los responsables, estrechando el campo de los candidatos probables a individuos que conozcan el aparato matemático de la escala musical. Y estas observaciones le impulsaron a buscar

Teorema I

Teorema II

Teorema III

Teorema IV

Teorema V

Figura 10.32
Los teoremas de los círculos de las cosechas de Hawkins están basados en sus estudios de la geometría euclidiana: (I) el teorema de la tangente; (II) el teorema del triángulo; (III) el teorema del cuadrado; (IV) el teorema del hexágono; (V) el teorema general, donde los círculos concéntricos en expansión y contracción dan todas las proporciones diatónicas.

relaciones *geométricas* entre los círculos. Entonces entró en escena Euclides.

Euclides fue un matemático griego del siglo III a. de C. cuyo tratado matemático de trece volúmenes estableció las reglas y técnicas básicas de la geometría que ahora lleva su nombre. La suya es la geometría *pura*. A la luz de los teoremas de Euclides, Hawkins volvió a examinar detenidamente los patrones de los círculos de las cosechas. Los tres círculos alineados triangularmente de Corhampton, donde las plantas formaban 48 radios de una rueda, fueron su primer objeto de estudio. Hawkins descubrió que todos los círculos podían ser tocados por tres tangentes, creando así un triángulo equilátero, y que añadiendo un gran círculo con el centro en uno de los círculos menores y que envolviera a los otros dos, la proporción entre las áreas del grande con respecto a los pequeños era exactamente de 16:3.

Hawkins había encontrado el primer teorema contenido en los círculos de las cosechas, que estaba sólidamente basado en la geometría euclidiana. Animado, aplicó las mismas reglas a otros diseños notables y descubrió que contenían otros tres teoremas. El perfil intelectual de los Creadores de círculos aumentaba por momentos.

—Éstos son teoremas euclidianos —comentó Hawkins—, pero no están en los libros de Euclides. Creo que él los pasó por alto, y te voy a enseñar el punto de su largo tratado donde deberían hallarse: en el libro 13, después de la proposición 12. Allí propone un complejo teorema triángulo-círculo, y éstos son una consecuencia natural. Una de las razones por las que no los derivó es que, al desconocer el valor de pi, probablemente no se sentía cómodo con el área de los círculos. Otra de las razones por las que no los derivó es que estamos muy seguros de que en el año 300 a. de C. no conocía toda la serie de proporciones diatónicas.

Esto resultó ser significativo porque los teoremas de los círculos de las cosechas también contienen proporciones diatónicas en su geometría. La consecuencia lógica de lo anterior era que quienquiera que hiciera los círculos estaba intelectualmente a la par de Euclides, o incluso era superior a él.

La reacción de la siempre escéptica comunidad científica a los descubrimientos de Hawkins fue que estos teoremas podían ser probados fácilmente por algún brillante estudiante de secundaria. «Probar un teorema es una cosa, especialmente después de que te lo han explicado, pero crearlo es una labor mucho más difícil», argumentó Hawkins. Y entonces, casi de manera accidental, descubrió un quinto teorema más general, del que todos los demás se derivan.

Para demostrar lo difícil que es concebir un teorema matemático, en 1992 Hawkins propuso su rompecabezas a los 267 000 lectores de la revista *Science News* en todo el mundo. Su idea era retar a los científicos y matemáticos a crear el quinto teorema dándoles los cuatro primeros. Nadie pudo deducirlo. Un nuevo reto planteado a los lectores de *Mathematics Teacher* demostró ser igualmente insoluble. Posteriormente, en 1995 apareció una versión cifrada del teorema en el círculo de las cosechas «Torc» de Litchfield.

Mi tenedor parecía sentirse solitario, ya que apenas había hecho excursiones del plato a la boca.

Hasta este punto, Hawkins y yo nos habíamos centrado en la precisión de los Creadores de círculos y en el hecho de que sus obras habían sido ejecutadas con una tolerancia de un 1% aproximadamente. Pero ¿qué ocurría con este margen de error? ¿Podían invertirse las reglas y aun así conseguirse las mismas proporciones? Para averiguarlo, Hawkins aplicó la regla lineal a los círculos concéntricos y la regla cuadrada a los satélites; las proporciones diatónicas desaparecieron estadísticamente. Esta simple prueba demuestra que a pesar de las suposiciones, no es fácil que las proporciones musicales se presenten en patrones estructurados.

—Los diámetros medidos muestran una leve tendencia a agrupar sus valores en metros —comentó Hawkins—. Esto suscita una pregunta: ¿podrían los Creadores de círculos haber dado con las proporciones 9:8, 5:4, 4:3, etc., al azar usando una medida de longitud fija? La respuesta es no. Tomando al azar todas las fracciones formadas entre los números 1 y 16, la proporción no diatónica 7:4 debería darse frecuentemente, pero no aparece en

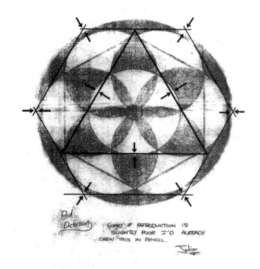

Figura 10.33
Copia de un dibujo supuestamente usado por los falsificadores para realizar el glifo «Semilla de Vida». Cuando Hawkins lo sometió a las pruebas euclidianas, este simple ejercicio escolar no cumple las proporciones halladas en el auténtico círculo de las cosechas de 120 metros de diámetro.

los datos. Sin embargo, la proporción 15:8 está presente en los círculos, aunque aleatoriamente debería ocurrir con menos frecuencia que la 7:4. También cabría esperar la presencia de las proporciones de las notas negras, como 16:9, pero no se halló ninguna de éstas.

Uno de los casos relevantes para esta discusión es el elegante círculo «Semilla de Vida» de Froxfield, del que se rumoreaba que había sido hecho por la mano humana. La plantilla de la formación enviada anónimamente a la oficina de *The Cereologist*, firmada por Rod Dickinson (líder del Equipo Satán/Creadores de círculos) y un tal «Julian», es el conocido ejercicio escolar de dibujar seis círculos alrededor de un séptimo círculo de igual tamaño, pero no da una proporción diatónica (véase la figura 10.33).

Ahora bien, en la formación de Froxfield se halló una discrepancia crítica: el círculo central era más pequeño; le habían retirado una amplia banda para poder generar geométricamente la proporción diatónica exacta 16:3. Entonces, ¿habían sido controlados los falsificadores por una extraña fuerza

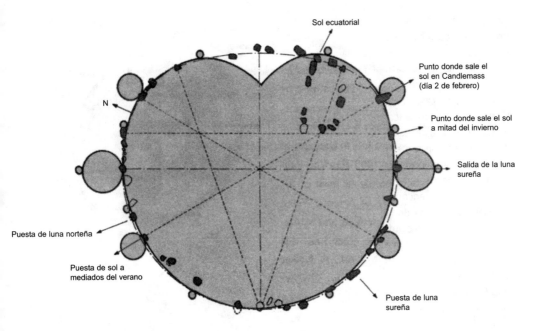

Figura 10.41
La notable coincidencia entre la forma del glifo de las cosechas «Mandelbrot Set» y los círculos de piedras con forma de corazón de las islas británicas (aquí se muestra el de Castlerigg).

aquella noche, o habían enviado una plantilla falsa? Después de todo, el cálculo habría resultado mucho más fácil de hacer sobre el papel que sobre el trigo.

Como los trabajos publicados por Hawkins cubrían la primera etapa de este fenómeno, resultó reconfortante descubrir —en el curso de nuestra comida sin probar bocado— que los diseños más recientes, ahora mucho más elaborados en naturaleza y tamaño, siguen conteniendo proporciones diatónicas y demuestran teoremas euclidianos.

Hasta ese momento Hawkins había estado trabajando con datos de campo muy precisos, superponiendo los trazados geométricos sobre fotografías aéreas tomadas desde diversos ángulos. Este método dejaba cierto margen a las críticas de los escépticos, y como yo tengo experiencia en la corrección de fotografías informatizadas, me ofrecí a eliminar este problema. Por suerte, ya había hecho fotografías con gran angular de las formaciones más importantes sin saber que tendrían un papel crucial. Pero así son las coincidencias... Los ejemplos de las figuras 10.34-10.40 (véanse las páginas X y XI en la sección a color) ofrecen una selección de los descubrimientos de Hawkins sobre fotografías corregidas de los círculos de las cosechas.

Me he acostumbrado a recibir la llamada telefónica de un buen amigo al final de cada estación: si parece muy emocionado, significa que ha encontrado nuevas proporciones, lo que para mí representa pasarme días mirando píxeles en la pantalla del ordenador. Pero esta tarea ha dado muchos frutos. La técnica de Hawkins es tomar el diámetro de una fotografía y aplicar las reglas inalterables de los teoremas. Seguidamente, yo recibo un conjunto de mediciones precisas que encajan o no. Aunque aún no he visto un cálculo suyo que no encaje. Este proceso de fotometría resulta útil para peinar los círculos de las cosechas de los últimos años en busca de nuevas pruebas matemáticas. Conforme los diseños se van estilizando más, sobre el terreno no suele quedar claro inmediatamente si contienen alguna información geométrica; esto sólo lo revela la observación de las fotografías aéreas, de manera

muy parecida a lo que ocurre con las líneas Nazca en
Perú.

   Uno de estos casos
fue la salva de apertura de
1997. En este caso, Haw-
kins descubrió un encaje
perfecto con el cuarto teorema, así como con dos pro-
porciones diatónicas, con
un margen de error de un
0,1%. También encontró
pruebas del teorema de las
cuerdas de Ptolomeo (del
año 150 a. de C.), un hito
histórico porque es el punto
de partida de la trigonometría. Por artístico que fuera
el círculo de Barbury Castle,
su diseño contenía relaciones matemáticas, y, según
Hawkins, ningún «artista» anterior había usado las matemáticas como tema. Entre
los ejemplos más cercanos
se halla el monumento his-

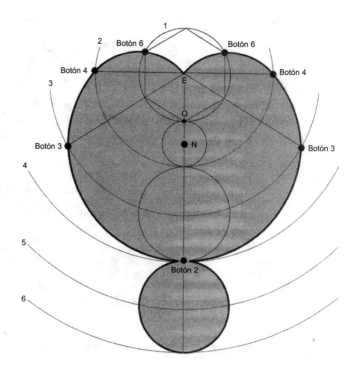

Figura 10.42
Las proporciones diatónicas de Hawkins aplicadas al círculo de las cosechas «Mandelbrot Set».
Los botones encajan en los círculos igualmente espaciados del quinto teorema de la geometría
euclidiana. El remolino de la cosecha comienza en N.

tórico de Stonehenge, que, según Hawkins ha probado, es un complejo calendario astronómico
(Hawkins, 1965).

   Aunque Hawkins no encontró la conexión
que buscaba entre los círculos de las cosechas y
Stonehenge, aún es posible que el «Mandelbrot
Set»[88] proporcione un vínculo entre los círculos de
las cosechas y las estructuras megalíticas. Esta
forma de corazón descubierta en 1691 por Jacques
Ozanam encaja notablemente bien en los planos de
planta de importantes edificios neolíticos, como el
círculo de piedras de Castlerigg, en Cumbria, y el
túmulo de Newgrange, en Irlanda. Hawkins aplicó
las normas euclidianas a su gemelo en los círculos
de las cosechas y descubrió que contenía las proporciones diatónicas 5:2, 2:1, 3:1 y 4:1.

En cualquier caso, la proporción 5:2 no se
halla en la versión computarizada del «Mandelbrot
Set». Quienquiera que imprimiera el diseño en el
campo incluyó deliberadamente esta información
en un símbolo reconocible, pero retocó artificialmente el diseño moviendo el punto de origen de
iteración informática (indicado por el remolino de la
cosecha), haciendo que quedara cifrada la proporción 5:2. Curiosamente, los Creadores de círculos
también dejaron fuera el quinto botón, ¡tal vez porque no era diatónico!

   A veces me pregunto si Gerald conoce la
siguiente cita del biólogo del siglo XVII Nehemiah
Grew: «A partir de la contemplación de las plantas,
los hombres pueden sentirse invitados a realizar
investigaciones matemáticas».

---

88. Myers y Percy ofrecen otro nivel de comprensión del «Mandelbrot Set».

La próxima vez que te sientes junto a un lago, toma un palo largo e introdúcelo en el agua. Date cuenta de que el palo parece torcerse, aunque sabes perfectamente que está recto. Estás observando la desviación de la luz al pasar de un medio más sutil (el aire) a otro más denso (el agua); ésta es una simple analogía de cómo se comporta la energía al pasar de un estado sutil a otro más denso.

En el año 2000, una serie de glifos de las cosechas apuntaron un alejamiento de la geometría euclidiana lineal, y parecieron introducir el concepto de espacio cuadridimensional, aunque ya habían dejado caer varias pistas en este sentido a lo largo del año anterior. Si bien una explicación pormenorizada de la física cuadridimensional escapa al ámbito de este libro, siento que aportando mi comprensión sobre el tema otras mentes podrían sentirse atraídas a continuar investigando.

En el espacio de cuatro dimensiones no existe la perspectiva tal como nosotros la entendemos. Los objetos se ven desde todas las partes a la vez. Evidentemente, la capacidad de nuestro cerebro para comprender este concepto es limitada, de modo que para visualizar un espacio cuadridimensional tenemos que reentrenar el cerebro.

En la década de los ochenta, C. H. Hinton escribió una serie de libros en los que propuso diversos ejercicios. Uno de ellos requería memorizar conjuntos de cubos de colores dibujados en diferentes posiciones, y después visualizar sus distintas combinaciones. La idea de Hinton era acostumbrar la mente a percibir el universo desde un punto de vista «total u holístico», más que desde una visión basada en el «yo». El efecto que pretendía conseguir es similar al que se aspira con la contemplación de mandalas: educar la mente para que vea las cosas tal como son, y no tal como nosotros las percibimos. Así se disuelven las limitaciones físicas y las preconcepciones como arriba, abajo, derecha, izquierda, delante y detrás. Esta técnica también refuerza la visión budista de que el mundo es *maya*, una ilusión, una proyección sobre el plano físico.

En 1915 la teoría de la relatividad de Einstein se amplió para incluir la gravedad. Esta teoría abolió la idea de que el espacio y el tiempo son marcos de referencia absolutos, y propuso que la gravedad es capaz de distorsionar la materia y la energía: en esencia, que el espacio se curva alrededor de grandes masas como los planetas. En este espacio curvado ya no es aplicable la geometría euclidiana, y para representar dicha curvatura se requiere un nuevo tipo de geometría. Parte de estas comprensiones también se ven reflejadas en las paradojas visuales del matemático griego Zenón, y en los conceptos abstractos del matemático del siglo XIX Georg Riemann (Feynman, Leighton y Sands, 1966; Capra, 1986; Rucker, 1985).

Las paradojas visuales, en las que los planos dimensionales son al mismo tiempo lineales y circulares, horizontales y verticales, resultan útiles para entrenar el córtex visual y el cerebro a fin de que acepten más fácilmente información en términos de lo redondo y lo espiral, que son las formas naturales; en otras palabras, nos ayudan a procesar la información espacial lejos del perpetuo surco en el que ha quedado atascada: un mundo comprimido de líneas y ángulos rectos y planos lisos.

Esta evolución de nuestra percepción dimensional es evidente en el arte y en el modo en que los seres humanos intentamos retratar el mundo que nos rodea. Puedes verlo en los dibujos lineales de animales realizados por los hombres de las cavernas, en el desarrollo de los cuadros bidimensionales, en la falsa perspectiva característica de la Edad Media y hasta en los retratos más «realistas» del espacio realizados después del Renacimiento. Actualmente somos capaces de construir imágenes 3-D creíbles usando hologramas. Tal desarrollo no sólo representa nuestro progreso cultural, sino que es un síntoma de nuestro cambio de conciencia respecto al mundo que nos rodea y del modo en que el cerebro ha ampliado su capacidad de procesar información.

No obstante, cualquier intento de describir el espacio 4-D es, en el mejor de los casos, una aproximación. Somos criaturas que habitamos un mundo 3-D y nos falta la herramienta de traducción necesaria, aunque los elementos de cualquier dimensión están presentes en las demás: en otras palabras, el espacio 4-D es relativo al 3-D, del mismo modo que el 3-D es relativo al 2-D, y éste al 1-D (véase la figura 10.43).

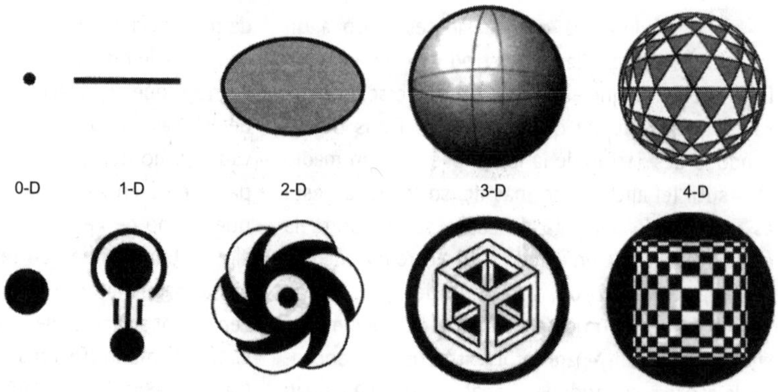

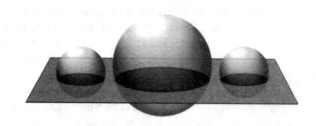

En 3-D podemos apreciar la curvatura de una esfera porque somos capaces de percibir su profundidad; sin embargo, si tratas de representar esta esfera en un plano 2-D (una hoja de papel),

Figura 10.43
Arriba: cómo se percibe la esfera en diferentes planos dimensionales. Abajo: posibles equivalentes en los círculos de las cosechas.

esencialmente estás retirando su profundidad, y ahora la esfera se convierte en una representación de un objeto 3-D en un plano 2-D. Al retirar la profundidad, la esfera se convierte en un círculo plano 2-D; y retirando otra dimensión más, este círculo se convierte en una línea 1-D. Seguidamente, podemos llevar la analogía un paso más allá comprimiendo la perspectiva de la línea hasta que se convierte en un punto 0-D.

Figura 10.44
Las esferas 4-D, al penetrar en nuestro plano 3-D, por ejemplo en un campo de trigo, serían percibidas por nosotros como círculos (áreas oscuras).

Usando esta misma analogía, si alguien quisiera plasmar una esfera 4-D en la Tierra, sólo veríamos su representación: un círculo (véase la figura 10.44). Para transmitir la idea de profundidad, este círculo tal vez contendría algún dispositivo visual, como el sombreado usado para hacer que parezca una esfera sobre el papel. En *Flatland*, Edwin Abbott hizo una descripción alegórica de los distintos planos dimensionales, y esto es lo que dijo: «Tu país de dos dimensiones no es suficientemente espacioso para representarme a mí [una esfera], un ser tridimensional, y sólo puede exhibir una tira o sección de mí, que es lo que llamas un círculo» (Abbott, 1983).

Asimismo, si una esfera 4-D penetrara en nuestro mundo 3-D, sólo la percibiríamos como un círculo, y sin duda argumentaríamos que no era otra cosa que eso. Si mostráramos una esfera a seres bidimensionales, ellos también hallarían el concepto inexplicable; o bien negarían la existencia de la esfera o, en el mejor de los casos, la etiquetarían de «misteriosa».

Esto no está muy lejos del modo en que hasta el momento hemos percibido los círculos de las cosechas.

Una esfera 4-D recibe el nombre de *hiperesfera*. Su *hipersuperficie* es un espacio tridimensional curvado situado en un espacio 4-D. Un método de visualizar tal esfera es dibujar un plano infinito compuesto por líneas rectas. Dividiendo sucesivamente cada área por dos, se consigue una perspectiva que se va reduciendo, lo que nos hace tomar conciencia lentamente de que lo que estamos contemplando es una esfera.

Creo que el círculo de las cosechas «Red», de Windmill Hill, trata de ilustrar este concepto.

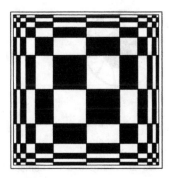 

Figura 10.45
Paradojas de Zenón: plano infinito representado sobre un cuadrado y una esfera, donde la perspectiva curva es un efecto creado por las líneas rectas.

En el curso de su ilustre vida, el filósofo ruso P. D. Ouspensky habló de la cuarta dimensión en estos términos:

O bien poseemos una cuarta dimensión, es decir, somos seres de cuatro dimensiones, o poseemos sólo tres dimensiones, y en ese caso no existimos en absoluto. Si existe la cuarta dimensión y nosotros sólo poseemos tres, eso significa que no tenemos existencia real, que sólo existimos en la imaginación de alguien, y que todos nuestros pensamientos, sentimientos y experiencias tienen lugar en la mente de otro ser superior, que nos visualiza... Si no queremos estar de acuerdo con esto debemos reconocernos como seres de cuatro dimensiones. Cuando dormimos, ¿no vivimos en un reino fantástico donde todo puede transformarse, carente de la estabilidad propia del mundo físico... donde las cosas más improbables parecen simples y naturales... donde hablamos con los muertos, volamos por el aire, atravesamos paredes, nos ahogamos o somos quemados, morimos y seguimos vivos? (Ouspensky, 1931).

Ouspensky también escribió extensamente sobre las dificultades asociadas con la representación del espacio de cuatro dimensiones en el tridimensional. Afirmó que nuestra representación de él, incluso geométrica, es, en el mejor de los casos, tan sólo una representación, y que este nivel de vibración es «inaccesible en un estado puramente físico». En esencia, Ouspensky consideraba que las cuatro dimensiones son un tipo de conciencia, y que la mayor parte del ser humano vive en 4-D, aunque sólo es consciente de la parte 3-D, un concepto no muy diferente de la enseñanza de Buda: «Todas las cosas compuestas son impermanentes», dijo, y nuestro sufrimiento surge de la tenacidad con que nos aferramos a personas, ideas y bienes materiales, en lugar de aceptar la naturaleza transitoria de la realidad. Por lo tanto, estar iluminado es fluir con la vida y no resistirse a ella. «El pasado, el futuro, el espacio físico... y los individuos no son sino nombres, formas-pensamiento, palabras de uso común, meramente realidades superficiales» (Murti, 1955).

Estas percepciones del plano cuadridimensional nos ofrecen una comprensión de los círculos de las cosechas. En primer lugar, la idea de que el círculo de la cosecha es meramente un objeto plano cambia considerablemente, porque si es una proyección de un objeto cuadridimensional en el mundo tridimensional, lo que vemos en los campos es la porción circular plana de una esfera penetrante que nos resulta invisible. Y como demostré en el capítulo 8, este concepto es algo más que una conjetura ociosa. Por otra parte, según la teoría de la relatividad, las distorsiones causadas por un cambio en las relaciones espaciales cuadridimensionales afectan al flujo temporal y, como ya sabemos, el tiempo se comporta erráticamente dentro y alrededor de los círculos de las cosechas (véase otra vez el capítulo 8).

Segundo, para místicos como Buda, Jesucristo, Mahoma y Zoroastro, el espacio y el tiempo, e incluso la totalidad del mundo, eran una ilusión,

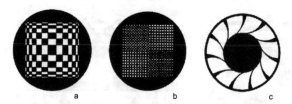

Figura 10.46
¿Ejemplo de círculos de las cosechas cuadridimensionales? (a) Windmill Hill,
2000; (b) East Kennett, 2000; (c) North Down, 2000.

una invención mental. Superando los lazos del mundo físico (fundamentalmente la gravedad), el espíritu queda liberado para ascender a otros planos de conciencia y alcanzar la omnisciencia. Estos estados son muy similares a las descripciones que ofrece la física relativista de las características espacio-temporales que gobiernan el plano cuadridimensional.

Parecería que los Creadores de círculos no sólo nos piden que nos cuestionemos nuestro concepto de la realidad, sino que nos están preparando para aceptar y desarrollar un nivel de ser cuadridimensional. Si es así, se trata probablemente de nuestro siguiente paso evolutivo; después de todo, como raza, hemos creído durante mucho tiempo que habitábamos un espacio plano y bidimensional llamado Tierra. Ahora estamos preparados para observar nuestra realidad desde otro punto de vista.

Examinando el desarrollo del fenómeno de los círculos, parece que hemos estado siguiendo un programa educativo que nos enseña progresivamente a ver de manera diferente, del círculo a la pesa, al pictograma, a los glifos tridimensionales y al espacio 4-D. Estas expresiones geométricas no euclidianas nos permiten distanciarnos de la linealidad y entender los círculos de las cosechas como enseñanzas que expanden nuestra conciencia, retirando los límites que hemos impuesto a la realidad, lo que en último término nos conduce, en mi opinión, a una mayor conciencia.

No puede sorprendernos que se hagan grandes esfuerzos para impedir que la gente crea en los círculos de las cosechas.

11 Alquimia acústica

Al principio era Brahmán, con quien estaba la palabra. Y la palabra era Brahmán.
—*El Rig Veda*

Al principio era la Palabra, y la Palabra estaba con Dios, y la Palabra era Dios.
—*Juan 1,1*

Si hay un punto en el que coinciden tanto las religiones orientales como las occidentales es en que el sonido estuvo presente al principio de la creación. Desde el Popol Vuh hasta el Corán y la Biblia, los relatos de Dios creando la materia mediante la emisión de la palabra forman la piedra angular de cada fe y cosmología.

Una palabra es esencialmente una vibración, y la vibración crea sonido. Del sonido audible surge el tono, una vibración de altura constante. Como los tonos son parte integrante de las leyes armónicas de las frecuencias sonoras, ¿es posible que los círculos de las cosechas, con sus proporciones diatónicas y geometrías armónicas, sean expresiones de dichas leyes?

Como la geometría sagrada, las leyes del sonido fueron muy importantes para expresar el propósito vital en las antiguas civilizaciones. Apreciando la importancia del sonido en la antigüedad se nos revela cómo y por qué es un ingrediente primordial en la manifestación de los actuales círculos.

Cuando los egipcios representaron el nombre de Dios y la Palabra creadora, eligieron hacerlo

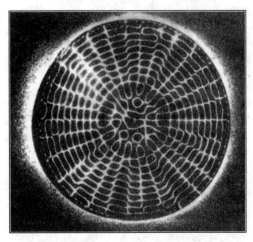

Figura 11.1
El sonido audible refleja un orden geométrico cuando hace vibrar polvo de licopodio sobre un plato de acero. Las figuras del centro guardan un notable parecido con el símbolo del sonido OM, así como con los tridentes de Neptuno y Shiva.

encapsulando ambos en el jeroglífico de una boca —en esencia un símbolo *vesica piscis*— similar a la forma que toma una cuerda vibrante. Tal como las formas de la geometría sagrada emanan del útero

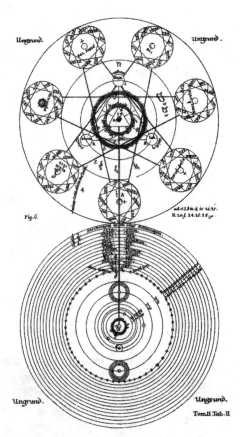

Figura 11.2
Dibujos alquímicos del siglo XVII realizados por Von Welling donde se ven los siete rayos emergiendo del tetraedro primordial o Sagrada Trinidad. El heptágono representa los intervalos de la escala musical pura; el triángulo, la triple naturaleza de la luz. Se dice que la materia «desciende» de estas vibraciones.

del *vesica piscis*, se dice que del tono de la creación emergieron siete dioses, los Elohim bíblicos, cada uno de ellos asociado con una tarea específica en la creación del universo.[89] Se representa a estos dioses como rayos emanados de un triángulo de luz blanca, un principio que encuentra eco en diagramas

tales como la tetraquis, donde la triple naturaleza de la luz da lugar a los siete colores del espectro visible y a las notas de la escala musical diatónica.

En el 4000 a. de C., la geometría y el sonido se hallaban inseparablemente vinculados, y ya entonces

Figura 11.3
Jeroglífico de la «boca» egipcio.

estaba establecido que las leyes de la geometría gobiernan los intervalos matemáticos que constituyen la escala musical. Este vínculo inseparable sin duda fue enseñado en las escuelas de misterios egipcias, puesto que muchos de los templos asociados con el conocimiento y la transformación contienen cifradas en sus estructuras las proporciones armónicas halladas en la música (Schwaller de Lubicz, 1977; West, 1993). De hecho, hasta tal punto se comprendía la relación entre la forma y el tono que estructuras tales como las colosales estatuas de Memnón emitían un tono audible cuando eran golpeadas por los rayos del sol naciente.

Los conceptos de la vibración divina ciertamente eran comprendidos en Oriente. Si mencionas el sonido OM a muchas personas de nuestros días, te responderán sarcásticamente que es el sonido que los cabezas rapadas amantes del incienso farfullan cuando se sientan con las piernas cruzadas sobre alfombras orientales. Pero es un asunto más serio para los hindúes y los budistas. Para ellos, OM es el sonido cósmico, la causa del toda la materia universal, porque es la fuente misma de la materia.[90] De ahí que se retrate al dios hindú Krishna conteniendo la totalidad del universo en su boca. Así, ciencia y la filosofía hindúes están basadas en esta ciencia de la vibración, expresada en la frase *Nada Brahma* (Sonido Dios).

89. «El» es un término usado por los fenicios para designar a Dios; los Elohim se describen óptimamente como «los dioses de luz». Hay muchos «Els», cada uno de ellos asociado con un principio creador particular. Por ejemplo, los cuatro ángeles guardianes de la Tierra son: Uri-el (tierra/humanidad), Mika-el (fuego/fuerza/protección), Rafa-el (aire/curación), Gabri-el (agua/comunicación). Tanto al sonido como al Elohim se les atribuye el mismo valor numérico de 86.
90. El sonido OM se refleja en el egipcio *amun*, adaptado posteriormente por la fe cristiana como amén. La frecuencia del OM se origina en el centro plexo solar. Como la fe occidental ha desplazado su centro demasiado hacia arriba, hacia el pecho y la cabeza, la vibración de amén no llega a producir el mismo efecto. Consecuentemente, se considera que ése es el núcleo de la debilidad de las religiones occidentales (Berendt, 1991).

Como todos los sonidos, el OM genera formas geométricas, y a partir de estas formas surgen los elaborados patrones geométricos llamados mandalas, que a su vez se usan como ayudas visuales para que los meditadores accedan al mecanismo de memoria remota de la mente. Experimentos recientes demuestran cómo surge la forma a partir de la vibración: cuando se toman las cinco notas de los acordes finales del *Aleluya* de Haendel, se dibujan como ondas y se superponen una sobre otra, crean un pentáculo.[91]

Como los hindúes, los chinos creían que el sonido audible de la Tierra era una vibración suprafísica, uno de los subtonos prevalecientes en todo objeto celestial, a los que los griegos llamaban las «armonías de las esferas». De modo que no es casual que a los dioses griegos se los llamara los *akousmata*, los «resonantes».

Se considera que el sonido es una vibración que se transmite en el aire, pero, en el vacío del espacio, el sonido es *pensamiento*. A medida que el pensamiento entra en el plano material de la Tierra, es influido por la gravedad y las capas más densas de la atmósfera, donde incorpora masa; en otras palabras, se hace más físico, adquiriendo así las características físicas del sonido. Se dice que mediante este proceso la Palabra «desciende» del cielo, para «hacerse carne».[92]

Sin embargo, esto es mucho más que una buena descripción de la creación de la materia, porque también describe el descenso de la conciencia. Cuando el sonido se encuentra con las sustancias físicas, como la arena, manifiesta en ellas formas geométricas que, si recuerdas del capítulo anterior, son una expresión de la conciencia. En la tradición sufí se relata una preciosa historia de Dios impartiendo la relación entre el sonido y la conciencia a un atento Moisés en los riscos barridos por el viento del monte Sinaí:

«¡Musa, ke!» («¡Moisés, oye!»), dijo Dios. Moisés escuchó a Dios decir cómo había hecho al hombre del barro y después invitó al alma a entrar en él. Al ser libre por naturaleza, el alma temía quedarse atada a un vehículo tan denso y limitante, y por eso se negó a introducirse en el cuerpo físico. Entonces Dios pidió a los ángeles que cantaran, y con su encantadora melodía el alma fue guiada a entrar en el cuerpo. No hace falta añadir que Moisés tuvo la revelación de un universo construido por el sonido que él denominó *musake*, término del que se deriva la palabra música.

Según la cosmología etíope, los primeros humanos se comunicaban únicamente a través de sonidos y canciones, pero gradualmente olvidaron las melodías y se quedaron con las palabras. Asimismo, las tribus navajo norteamericanas hablan de tiempos antiguos en que los chamanes podían hablar a la arena y crear imágenes. Las antiguas escuelas de misterios, desde el Mediterráneo hasta el Tíbet, entendían que este concepto del sonido o la vibración era el primer catalizador del universo y consideraban el conocimiento del sonido como una ciencia refinada, hasta tal punto que muchos de sus profesores (uno de ellos Pitágoras) eran músicos además de sacerdotes.

Como las leyendas tibetanas, las de los mayas y aztecas también describen que los pueblos antiguos usaban el sonido científicamente, y que eran capaces de partir grandes láminas de piedra, de tallar con habilidad algunas de las rocas más duras y de moverlas por el aire con la destreza de una bailarina, colocándolas con precisión milimétrica. Como dice Laurence Blair: «Así fueron construidos y trazados los vastos y precisos templos de Uxmal y Machu Pichu, según la leyenda, en sinfonías de sonido. Su religión reconocía que cada individuo tiene un tono o nota particular» (Blair, 1975).

El hecho de que tantas culturas compartan la misma creencia es en sí mismo una prueba sustancial.

---

91. La investigación fue llevada a cabo por los laboratorios Delaware, Oxforshire, Reino Unido.

92. El lenguaje es una imitación de los sonidos que se oyen en la naturaleza, y cada palabra contiene el patrón de energía de aquello que nombra. La resonancia es la transferencia de esa energía. Por ejemplo, el grito de lucha del samurái *kiai* induce un miedo catatónico en el oponente, creando una parálisis parcial que reduce la presión sanguínea. Esto demuestra la importancia de las palabras y los nombres, y por qué el poder de los encantamientos y sortilegios no debe tomarse a la ligera (Andrews, 1966).

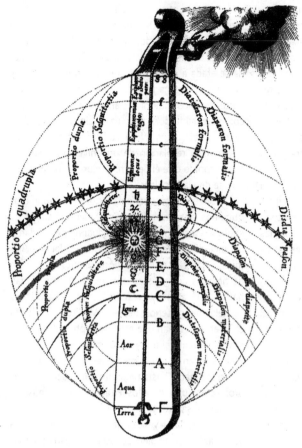

Figura 11.4
El Monocorde Celestial, una ilustración del siglo XVI que describe la relación entre los armónicos planetarios y la escala musical.

de armónicos, la escala tonal natural de toda música (Keyser, 1970). En química, el oxígeno, con su número atómico ocho, representa la octava, mientras que el núcleo del átomo de oxígeno está compuesto por doce intervalos, siete llenos y cinco vacíos: exactamente la configuración de las teclas blancas y negras del piano.

En décadas recientes, el científico alemán Hans Keyser descubrió que las relaciones expresadas en la tabla periódica de los elementos (que refleja nuestra comprensión de la estructura de la materia) se parece a la estructura de los armónicos musicales (Blair, 1975). Wilfried Krüger vinculó la tetraquis con la estructura del átomo al descubrir una asociación entre sus intervalos musicales y los ingredientes físicos fundamentales de la vida orgánica: los ácidos nucleicos (Krüger, 1974). Finalmente, el científico y padre jesuita Andrew Gladzewski, después de una compleja investigación sobre el hilo subyacente que vincula las armonías sonoras, los átomos, las plantas y los cristales, concluyó que «los átomos son resonadores armónicos» (Gladzewski, 1951).

Si bien la base de estas relaciones y correspondencias puede parecer esotérica, se expresa en la ley de la octava, la mutua interrelación entre el sonido y el color por la que las notas de la octava se corresponden con los colores del espectro visible. Por ejemplo, la nota *mi* se asocia con el color rojo en el punto más bajo del espectro visible, porque ambos necesitan una frecuencia de 24 Hz para ser sentidos por el cuerpo humano. El violeta (la nota *re*), en el extremo superior de la escala, requiere aproximadamente 800 trillones de Hz (Babbitt, 1878; Hall, 1928). Cada octava está compuesta por una serie de notas, y cuando una octava se completa, comienza la siguiente. La única diferencia es que ahora cada nota vibra el doble de rápido que

No obstante, esta antigua comprensión de la vibración también prevalece actualmente entre la comunidad de físicos iluminados, que ahora son capaces de considerar que las frecuencias, los ritmos y los campos magnéticos del mundo invisible son los principios fundamentales que sustentan nuestra realidad. Los datos del siglo XX nos muestran que nuestro sistema solar es un instrumento musical armónicamente interrelacionado y compuesto por más de cuarenta octavas: la banda de frecuencias comprendidas entre el sonido audible y la luz visible.

Asimismo, la Tierra está modelada como un acorde gigantesco, y cada una de sus capas geológicas corresponde a una nota principal de la escala

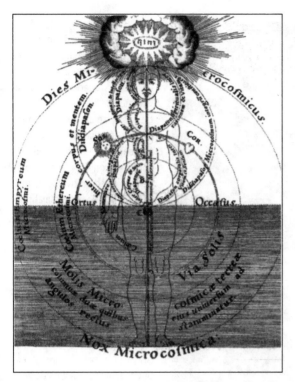

Figura 11.5
La relación entre las armonías planetarias y musicales y el cuerpo humano. Este principio de alternancia rítmica, de flujo y reflujo, es inherente a la danza de la Tierra y la Luna alrededor del Sol, y quedó expresado en el glifo de las cosechas de Liddington.

las de la octava previa, y el proceso continúa en espiral hacia el infinito. La ley de las dimensiones funciona de igual manera, y cada cual percibe la realidad en función de su limitada anchura de banda. Los planos de existencia están interconectados por grados de vibración, el más denso de los cuales es la materia (una analogía muy conocida es el modo en que el vapor se enfría para dar agua, que se congela y forma el hielo). Como el propio cuerpo humano es un conjunto de átomos que vibran a una frecuencia determinada, nuestra capacidad de distinguir conscientemente las notas, los colores y otras dimensiones es limitada, y como un aparato de radio moviendo su dial, sólo detectamos aquellas vibraciones que entran dentro de nuestra reducida banda de frecuencias. Un buen ejemplo de la limitación de nuestra percepción ocurrió en 1985 en el círculo de las cosechas de Kimpton...

«Dios, si me dieras una pista sobre cómo se crean estas cosas»... rogó al cielo Colin Andrews aquella tarde. El penetrante sonido que el ingeniero investigador recibió seguidamente como respuesta echó a perder algunas piezas muy caras de sus equipos fotográficos, pero esta pista facilitada por los Creadores de círculos cayó en oídos sordos, puesto que en aquel tiempo no se hicieron nuevos progresos que vincularan la pregunta con la respuesta. Seis años después, dejaron caer una nueva pista, esta vez en forma de un grupo de formaciones de las cosechas que algunos etiquetaron con el nombre de «delfinogramas» —un *vesica piscis* con un anillo radiante en cada esquina—, representación del jeroglífico egipcio «Divina Palabra» (véase la figura 11.6).

A estas alturas, Andrews había acumulado en su extensa base de datos varias docenas de testimonios que decían haber oído este sonido antes

Figura 11.6
Uno de los «delfinogramas». Froxfield, 1990.

Otro testigo corroboró la repentina ausencia del habitual coro de pájaros e insectos, reemplazado por un vacío sónico justo antes de que el volumen de la vibración aumentase, que se detuvo en cuanto las plantas de la cosecha se tumbaron. El sonido puede jugar al «escondite» con los presentes; puede moverse de manera no lineal y situarse abruptamente a 100 metros de distancia ante la menor intrusión de, digamos, una persona que entre en el campo o un coche que se acerque por una colina. Por tanto, citando a Andrews, este tono penetrante «exhibe cualidades de conducta, posiblemente tiene un componente de interacción psíquica, puede emitir a muchos decibelios y es capaz de transmitir en frecuencias de radio, causando interferencias con los equipos electrónicos. Nada de esto guarda relación con los cantos de los pájaros» (Andrews y Delgado, 1991).

O de los insectos. Para complicar más las cosas, los aborígenes australianos tienen

de la formación de los círculos. Durante una vigilia nocturna en Wandsdyke, cerca de Silbury, hubo un caso en el que se pudo grabar este sonido penetrante. Tenía un tono muy agudo y una cualidad muy hermosa «como de campana», y según el testimonio de uno de los presentes, John Haddington: «Este sonido no se ha grabado bien en la cinta, puesto que sale mezclado con un ruido crepitante, parecido a las interferencias radiofónicas, presumiblemente causado por las descargas de alta energía» (bases de datos del CPRI y del CCCS, T. Wilson, 1998).

un sonido similar a éste. Durante las ceremonias que realizan para contactar con los «espíritus del cielo», atan un *bora* (una pieza de madera de forma especial) a una larga cuerda y la hacen girar, creando un ruido prácticamente idéntico al zumbido de los círculos de las cosechas. ¿Se trata de una coincidencia? En cualquier caso, en Australia se ha informado de la presencia de círculos de las cosechas desde comienzos de la década de los sesenta (T. Wilson, 1998). Su llegada solía estar asociada con el avistamiento de objetos voladores anormales, y muchos de ellos estaban ubicados cerca de lugares

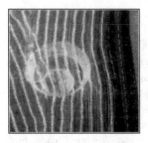

Figura 11.7
El círculo cosechado está gobernado por la relación entre el triángulo 3-4-5 y la proporción áurea, una fórmula que produce proporciones musicales.

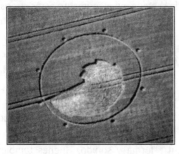

Figura 11.8
Glifo de las cosechas «carraca». Stockbrigde Down, 1995.

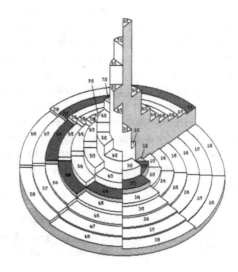

Figura 11.9
El lambdoma circular de Pitágoras.

sagrados cuyas rocas están cubiertas de petroglifos parecidos a los diseños de los primeros círculos.

Según comentan los investigadores, los Creadores de círculos han demostrado una curiosa capacidad de responder a las solicitudes bien intencionadas de quienes trabajan cerca de ellos. En cuanto me puse a considerar la idea del sonido como posible causa de los círculos de las cosechas, empezaron a aparecer pistas en los campos. En 1996, en St. Neots, no lejos del lugar donde apareció el «Mandelbrot Set», había un círculo de las cosechas que estaba siendo cosechado. Su diseño era simple, un gran círculo con otro más pequeño en su interior.

Al principio no le di mucha importancia y simplemente noté que el trazado era armonioso. Seguidamente, por casualidad, me topé con un diagrama basado en la fórmula del matemático A. E. Huntley para combinar dos figuras importantes: el triángulo 3-4-5 y la proporción áurea. La relación matemática entre ambos crea un diagrama que genera proporciones entre números enteros, proporciones

que son fundamentales en la escala musical diatónica (véase la figura 11.7).

En el plazo de un mes aparecieron otros dos glifos que también sugerían un tema musical. El primero, en Stockbrigde Down, contenía una carraca central similar a la espiral inferior derecha del tetraedro de Barbury Castle. Esta investigación me llevó a estar dos años hojeando libros y haciendo llamadas telefónicas hasta que al final de una de mis conferencias tuve el placer de conocer a una fascinante investigadora americana llamada Barbara Hero.

Hero ha trabajado con un diagrama denominado «lambdoma» durante más de veinticinco años. Si bien esta figura posiblemente tiene su origen en las escuelas de misterios egipcias, también se la conoce como la «tabla pitagórica». Es un diagrama que define la relación exacta entre las armonías musicales y las proporciones matemáticas. Traduciendo a pies [medida de longitud que equivale aproximadamente a un tercio de metro] las frecuencias sonoras (en Hz) relativas a cada intervalo musical, es posible construir una matriz circular que contiene todas las proporciones armónicas relativas. Hero usa esta simple fórmula $v = fw$, lo que significa que la velocidad del sonido en el aire a la temperatura ambiente (v, aproximadamente 1130 pies/segundo, 340 m/s) es igual (=) a la frecuencia (f, expresada en Hz) multiplicada por la longitud de onda (w, expresada en pies; esta medida se basa en las dimensiones de la Gran Galería de la Gran Pirámide de Gizeh). Como ejemplo, una frecuencia de 34 Hz da una longitud de onda de 33,24 pies.[93]

Los segmentos oscurecidos que indican las octavas en el diagrama lambdoma guardan correspondencia con la carraca del círculo de Stockbridge, cuyos ocho círculos externos son una prueba más que sugiere la relación con la octava.

Figura 11.10
Algunas de las figuras generadas por la voz de Margaret Watts-Hughes.

El potencial de esta explicación estaba suspendido seductoramente ante mí, como un presente esperando ser desenvuelto, cuando me llegó la noticia de la aparición de una nueva formación en Goodworth Clatford que contenía un remolino identificador, y sus plantas tampoco estaban dobladas de la manera típica; de hecho, lo estaban justo por debajo del primer nodo, a unos 30 centímetros del extremo superior (véase la figura 11.11). Recuerdo que, en el pasado, los Creadores de círculos habían creado otros patrones infalsificables similares para hacer que la gente prestara especial atención, como en los tres círculos de Corhampton que condujeron a Gerald Hawkins a formular su primer teorema.

Ahora teníamos muchos metros cuadrados de robusta cebada inmadura donde se había grabado un emblema tipo rosa similar a un patrón que es muy familiar en cimática, una disciplina que estudia los patrones sónicos.

Hacia 1770, el físico húngaro Ernst Chladni tuvo el mérito de ser la primera persona de la era moderna en mostrar el efecto de las vibraciones sobre las formas físicas cuando extendió arena sobre discos metálicos y observó que los granos vibraban al pasar sobre ellos el arco de un instrumento parecido a un violín. Él llamó a sus experimentos cimática, el efecto que producen las ondas sonoras al atravesar sustancias físicas. Aunque Chladni hizo muchos dibujos cuidadosos de sus experimentos en los que mostraba las formas geométricas que adquiría la arena, en el momento estas curiosidades no levantaron mucha expectación.[94]

Un siglo después, en Inglaterra, Margaret Watts-Hughes publicó la primera de una serie de fotografías que mostraban la misma conexión entre forma y sonido. Hughes también creó sus imágenes colocando polvo o un líquido sobre un disco y dejándolo vibrar al sonido de una nota musical sostenida. Después de haber experimentado con una serie de instrumentos musicales, logró su mayor éxito usando su propia voz. Una vez más, las partículas se distribuyeron en figuras geométricas, tomando gradualmente la forma de flores como pensamientos, narcisos, geranios y rosas; en algunos casos, se creó la forma inimitable del helecho, y también la de un árbol. Los patrones parecieron aumentar en complejidad al agudizarse el tono, hasta el punto de que una nota intensa y sostenida produjo una impronta con forma de espiga de trigo. Cuando se cambió el medio receptor y en lugar de arena se usó un líquido de gran viscosidad, emergió sobre el disco una margarita perfecta.

En el prefacio del primer libro de Hughes, Walter Besant escribió proféticamente: «Esperamos que se considere que su trabajo merece ser asumido

93. Comunicación personal con Barbara Hero. Para más información, véase su libro *Lambdoma Unveiled*.
94. En física, el trabajo de Chladni ha sido usado para demostrar la función onda. En una repetición posterior de sus experimentos, se reprodujo una frecuencia sonora de 30 Hz emanada de la nebulosa del Cangrejo y grabada por el radiotelescopio de Jodrell Bank en Inglaterra, sobre un plato metálico cubierto de fina arena. La arena vibrante recreó la forma de la galaxia que había generado esta señal casi infrasónica.

y dirigido por algún líder del mundo científico» (Watts-Hughes, 1891).

Tuvo que pasar medio siglo para que dicho líder se materializara en la persona del científico suizo Hans Jenny. En 1967, Jenny publicó el primero de sus laboriosos estudios de los efectos vibratorios sobre medios físicos como el agua, el polvo, el aceite y la arena. Emitió frecuencias sonoras y fotografió los patrones armónicos y geométricos que se formaban al atravesar cada sustancia.

Jenny observó que los cambios de vibración (frecuencia sonora) alteraban las formas y la geometría del medio receptor. Las frecuencias bajas producían simples círculos centrales rodeados de anillos; las superiores incrementaban el número de anillos concéntricos. A medida que la frecuencia aumentaba, también se acrecentaba la complejidad de las formas, hasta que aparecieron tetraedros, mandalas e imágenes de los cinco sólidos platónicos. Jenny consiguió «fisicalizar» el sonido, permitiéndonos observar música congelada y revitalizando así las enseñanzas de varias docenas de antiguas civilizaciones. En cuanto a mi investigación, los experimentos de Jenny me ofrecieron la conexión entre el sonido y los círculos de las cosechas que había estado buscando, puesto que muchos de los patrones vibratorios hallados en sus fotografías aparecen en los diseños de los círculos de las cosechas (véase la figura 11.12 de la página XII en la sección a color).

Parece haber algunas correspondencias evidentes entre sus patrones y los círculos y los anillos concéntricos típicos de la década de los ochenta, el tetraedro de Barbury Castle, e incluso fractales con forma de estrella hexagonal de reciente aparición. Otras imágenes revelan formas geométricas

Figura 11.11
Patrón cimático sobre cebada. Las plantas están dobladas a unos 15 centímetros de su extremo superior. Goodworth Clatford, 1996.

cifradas en los círculos de las cosechas que sólo saltan a la vista al analizar las fotografías aéreas en un ordenador, resaltando también la importancia que se daba antiguamente a la geometría cuadrada, pentagonal y hexagonal.

Continuando con sus demostraciones, Jenny construyó un tonoscopio para traducir la voz humana en patrones visuales sobre una pantalla. Para probar, hizo que se cantara el OM al aparato, y esto produjo un círculo que después se transformó en un triángulo, a continuación en una estrella de seis puntas y posteriormente, a medida que se disipaban los últimos tonos de la sílaba sagrada, en varias formas piramidales como las que se encuentran en el Sri Yantra. Cuando se entonó la letra «O» sola, produjo una figura con forma de «O».

Tales relaciones entre las formas geométricas de la cimática y los símbolos de la geometría sagrada demuestran que el orden subyacente tanto en el universo físico como en la naturaleza de la conciencia no es una abstracción de la mente humana, sino una matriz real y estructurada que vincula todas las cosas como si fuera el pegamento de Dios. Pero hay otra conexión importante con los círculos

Figura 11.13
Imagen cimática asociada con el «Fractal Koch» de Silbury.

Figura 11.14
El primer «Fractal Koch». Nótese que el remolino central adopta abruptamente una forma hexagonal.

de las cosechas: la proporción directa entre la frecuencia emitida y la creciente complejidad de la geometría cimática de Jenny también coincide con el desarrollo histórico progresivo de los diseños de los círculos de las cosechas, cuya complejidad ha crecido exponencialmente, pasando del simple círculo a los intrincados pictogramas de nuestros días. Por lo tanto, si la frecuencia es determinante (o al menos forma parte) de la complejidad espiral de los círculos de las cosechas, dicha frecuencia debe de estar aumentando.

En años recientes, Paul Vigay ha realizado experimentos para medir las diferencias de frecuencia entre el interior y los alrededores de los círculos. Él camina arriba y abajo por los campos anotando las lecturas de la vibración de fondo que registran sus aparatos y se da cuenta de que cambian abruptamente en el momento en que cruza el perímetro de un círculo. Fuera del «Fractal Koch» de Silbury, por ejemplo, las lecturas de la vibración de fondo estaban en el rango de los 150 MHz, pero, en cuanto entró en el perímetro, las lecturas se dispararon

hasta 260 MHz, alcanzando los 320 MHz cuando se colocó en su centro.[95] Esto ocurrió en 1997. Cuando la complejidad de los diseños de los círculos aumentó dos años después, las lecturas saltaron a 540 MHz (en comparación con la vibración de fondo habitual de 150 MHz); en las «Nueve lunas crecientes» de Hakpen, Vigay detectó la colosal medida de 650 MHz.

En el año 2000 resurgió la complejidad de los diseños de los círculos de las cosechas, y lo mismo ocurrió con las lecturas. Como el granjero restringió la entrada del público a la formación «Loto» aparecida debajo de Golden Ball Hill, este círculo nos pareció un buen lugar para llevar a cabo un análisis detallado. Mientras nos acercábamos, el equipo de Vigay registró una medida constante de 180 MHz, que pronto aumentó a 320 MHz cuando llegamos al perímetro y se disparó hasta los 650 MHz al entrar en la formación, cuyo suelo estaba anormalmente desordenado. Cuando Vigay se detuvo y giró 90°, la lectura cayó a 170 MHz. En ese momento todas las baterías alcalinas de nuestros equipos se

---

95. Comunicación personal con Paul Vigay. Detalles en la revista *Enigma*, número 15, Portsmouth, Reino Unido, 1998, p. 8; www.cropcircleresearch.com.

descargaron; sin embargo, las de litio no se vieron afectadas. El juego había empezado.

También registramos señales electromagnéticas extraordinariamente altas de 1,5 GHz, las más altas que Vigay había registrado nunca;[96] sin embargo, pequeñas variaciones de frecuencia de 1Hz por encima de los 1,5 GHz producían una señal clara. La interferencia también se manifestó en una serie de bandas que se repetían aproximadamente cada quince centímetros, como si Vigay estuviera caminando sobre las ondas de un estanque agitado. Mientras ocurría esto, yo avanzaba junto a él llevando mis varillas de zahorí, y estas herramientas de cobre registraron idéntico efecto.

Las anomalías continuaron. Todas las pantallas LCD [de cristal líquido], incluyendo la de un reloj, empezaron a oscurecerse, pero cuando les dimos un giro de 90°, volvieron a la normalidad. Estaba claro que se estaba produciendo un efecto polarizador en el cristal líquido (silicio), tal vez porque estas frecuencias afectaban al material mismo. Una posible confirmación de esta hipótesis reside en el hecho de que los circuitos eléctricos de mi cámara, también de silicio, se quedaron «fritos». De modo que, tal como Jenny había descubierto, el aumento de frecuencia parece guardar relación con el incremento de la complejidad de los diseños. La posibilidad de que los círculos de las cosechas fueran improntas residuales de algún tipo de vibración ahora se estaba convirtiendo en una proposición factible. Pero ¿cómo funcionaba el proceso?

Como una ballena embarrancada en una playa seca, la gran extensión de creta de Etchilhampton está rodeada por dos depósitos de agua y un pozo, de modo que no es ninguna sorpresa que allí hayan proliferado todo tipo de círculos de las cosechas. El lugar ha ofrecido exquisiteces tales como el «Logos solar» y el «Cuadrado cuadriculado». En 1996 apareció un extraño glifo que evocó en mí una conexión hindú. En un principio, el glifo representaba el chakra raíz, y dos días antes había surgido otro que representaba el chakra plexo solar dos millas al norte, en Roundway.

Se considera que el sánscrito (como el antiguo egipcio, el arameo, el tibetano, el chino, el alto javanés y el hebreo) es una lengua sagrada por ser fiel a la Palabra de Dios, el «lenguaje de la Luz». De ahí que sus sonidos fueran considerados «sonidos de Luz». Se creía que sus sílabas contenían vibraciones geométricas que utilizaban el poder de la Luz y de las octavas de sonido para crear la materia. Por tanto, alterar las características de este alfabeto era un delito castigable. Se cree que la música clásica india, la raga, tiene características similares, y hace uso de esta cualidad para elevar las vibraciones y conducir al oyente a un estado de elevada conciencia espiritual. Se han realizado experimentos con ese tipo de música que han dado nuevas pistas respecto a la formación de los círculos de las cosechas.

En 1969, cuando sus hijos dejaron el nido para ir a la universidad, Dorothy Retallack se vio ante la posibilidad de convertirse en un ama de casa aburrida, y respondió matriculándose en Temple Buell College, Colorado, para obtener una licenciatura en música. Como le exigieron un experimento relacionado con la biología, Retallack se dedicó a probar los efectos de la música en las plantas. En uno de sus experimentos usó música de Led Zeppelin, de Bach y del famoso músico indio Ravi Shankar, y demostró que las plantas se alejaban de Led Zeppelin, pero se inclinaban hacia los altavoces en los preludios de Bach. Sin embargo, el mayor efecto fue provocado por el sitar de Shankar: las plantas se inclinaron más de 60° (Tompkins y Bird, 1973) de la vertical en la dirección del sonido, posiblemente lo más cerca que un ser humano ha estado de inclinar las plantas en un ángulo casi recto sin que resulten dañadas.

Ahora que saben esto, sin duda los falsificadores llevarán sitares a los campos.

---

96. 1,5 GHz es la frecuencia de radio que emite el gas hidrógeno, el elemento más abundante del universo. A finales de los años cincuenta, el SETI (la Agencia para la Búsqueda de Vida Extraterrestre, que aparece en la película de Carl Sagan *Contacto*) postuló que si una fuente extraterrestre se comunicara con la Tierra, lo haría en esta anchura de banda. Desde entonces los astrónomos y científicos del SETI han escuchado esta frecuencia en busca de mensajes provenientes del espacio.

Agricultores indios, americanos y rusos que han realizado experimentos exponiendo sus plantas al sonido y a su acción vibratoria han obtenido similares resultados durante al menos un siglo. Desde los años treinta, el Ministerio de Agricultura de Estados Unidos ha experimentado con las frecuencias sonoras para estimular el crecimiento y la salud de las cosechas. Cuando el ingeniero agrícola George Smith expuso el maíz al sonido en la comunidad granjera de Normal, Illinois, registró que había más calor en el suelo, y las plantas parecían estar ligeramente quemadas. Curiosamente, Retallack descubrió que estas mismas frecuencias también afectaban notablemente a la velocidad de evaporación del agua. En los círculos de las cosechas se producen condiciones similares. Treinta años antes de los experimentos de Levengood con las microondas, Smith propuso que la energía del sonido incrementa la actividad molecular de las plantas (ibíd).

En 1958, T. C. Singh y el Ministerio indio de Agricultura llevaron a cabo una serie de experimentos en los que hicieron sonar armonías musicales durante breves periodos mediante altavoces instalados en los campos de trigo. Esto hizo que las semillas brotasen en un tercio del tiempo habitual, incrementó la producción en un 61% e, increíblemente, también aumentó la cantidad de cromosomas de las plantas.[97] Cuando Singh expuso sus plantas a los cantos devocionales hindúes, el número de poros superficiales aumentó en un 66%, las paredes epidermales ganaron grosor, y sus células eran más largas y anchas que las de las plantas de control, a veces hasta en un 50% (Singh, 1962-1963).

Una década después, en Canadá, Pearl Weinberger descubrió que exponiendo las semillas a ultrasonidos durante diez minutos en la fase de germinación también estimulaba su crecimiento (Tompkins y Bird, 1973). Y se consiguieron resultados similares usando breves ráfagas de luz (ibíd.).

Esto nos recuerda las alteraciones biofísicas y microscópicas observadas repetidamente por el doctor Levengood que se describen en el capítulo 8.

Ahora podemos ver que la energía dirigida específicamente en forma de sonido es capaz de afectar a las plantas tal como se observa en los círculos de las cosechas. Pero ¿de qué tipo de sonido se trata? Después de todo, es evidente que cualquiera que sea el medio utilizado para doblar los tallos, no sólo aplica una presión firme y delicada, sino que también posee un notable control.

Los ultrasonidos son capaces de interactuar con los elementos físicos hasta un punto increíble. Un ultrasonido es básicamente cualquier frecuencia que esté por encima del limitado umbral de la audición humana, que es de 20 kHz. Estas ondas pueden ser dirigidas, enfocadas y reflejadas casi como un rayo de luz, y es posible emplear frecuencias específicas para hacer que cierto tipo de moléculas vibren mientras otras permanecen prácticamente inmóviles. En febrero de 1988, un informe publicado en la sección científica del *New York Times* describía que el rayo ultrasónico puede hacer, romper o reordenar las moléculas, y que hace levitar objetos.

Cuanto más elevada es la frecuencia ultrasónica, tanto mayor resulta su capacidad de ser dirigida como un rayo láser. Esto requiere lecturas en el rango más alto de los MHz, las mismas que detectó Vigay. Estas frecuencias extremadamente altas también son muy significativas porque resuenan con la banda de frecuencias de la mente humana, y se sabe que afectan al estado de conciencia (Hunt, 1989). Se usan en hospitales para curar dolencias musculares y fracturas óseas, y este tipo de efectos curativos suelen estar asociados con lugares sagrados que contienen círculos de piedras, particularmente los de las islas británicas, donde se han detectado señales ultrasónicas (Robins, 1982).

---

97. Sonidos vibrantes y monótonos, algunos cerca de lo ultrasónico, estuvieron muy presentes en Cley Hill y en la zona de Warminster en los veranos de 1965 a 1973, creando fenómenos por los que las plantas locales crecieron hasta una altura extraordinaria, algunas hasta diez veces más rápido que la velocidad normal. Estos sonidos venían acompañados por informes de extrañas luces en el cielo, y el debilitamiento de los motores de automóviles y otros equipos eléctricos. El área de Cley Hill también tiene una rica historia de círculos de las cosechas. Se pueden hallar otras referencias sobre aceleración del crecimiento de las plantas como resultado del sonido o de las frecuencias electromagnéticas en la obra de L. George Lawrence, Peral Weinberger y T. C. Singh, por nombrar algunos autores.

En cambio, el extremo inferior del rango de frecuencias audibles para el oído humano se sitúa en torno a 30 Hz. Por debajo de los 30 Hz el sonido no se oye, sino que se siente, y en este extremo de la escala estamos lidiando con *infrasonidos*. Las frecuencias infrasónicas interactúan directamente con los procesos biológicos, y, combinadas con altas presiones —la energía acústica creada por las bajas frecuencias puede estar en el orden de los kilovatios—, pueden producir cambios permanentes en cualquier sustancia que se halle en su camino, tensándola hasta deformarla, y llegando incluso a alterar sus cromosomas (Brown y Gordon, 1967). Estos efectos se detectan en las plantas afectadas por el proceso de creación de círculos. Cuando estas frecuencias afectan a las personas a largo plazo, producen molestias, fatiga y náuseas, los efectos pasajeros de los círculos de las cosechas (véase el capítulo siguiente).

Los infrasonidos también son capaces de evaporar las moléculas de agua, creando una fina neblina sobre las superficies afectadas. En 1996, un granjero que cosechaba su campo en Etchilhampton vio lo que describió como «una serie de columnas de niebla elevándose a gran velocidad en un campo cercano». Como era media tarde de un seco día de verano, la niebla estaba fuera de lugar. A las pocas horas apareció algo igualmente inusual: una serie de trece círculos de las cosechas conectados por una avenida serpenteante de más de un kilómetro de largo. Por allí cerca estaba el glifo sánscrito «Chakra raíz», y su lágrima ayudante. Un década antes, en 1985, un granjero y su pastor, cuando salieron a las 6 de la madrugada a echar una mirada a los campos en Findon, West Sussex, vieron una nube de vapor «elevarse como una serie de fuentes» desde el interior de un círculo de las cosechas recién formado.

La evaporación del agua es crucial en la formación de los círculos de las cosechas. En el caso de las plantas y sus tallos llenos de agua, las ondas sonoras son capaces de viajar a través de comprimiéndolo y expandiéndolo.

Con el subsiguiente aumento de presión, la velocidad del sonido en el líquido aumenta, y en el caso del agua de manera extremadamente rápida (concretamente, 1,480 metros por segundo elevado a menos uno). Esto produce un gran calor que desprende moléculas de agua, generando vapor y creando un vacío dentro de las plantas que las hace derrumbarse instantáneamente a medida que se libera la energía (Blitz, 1971).

Esta acción, llamada cavitación por vapor, produce aumentos de 5000° K en la temperatura local durante una fracción de segundo.[98] Esto es suficiente para doblar los tallos, particularmente en torno a la base, donde se encuentra la mayor concentración de agua. Este calor extremo puede explicar las marcas de quemaduras halladas en las plantas de los círculos de las cosechas, así como la ausencia de agua y los suelos generalmente secos. ¿Recuerdas que el granjero Rennick de Saskatchewan describió estos mismos rasgos en su campo junto con un puercoespín aplanado? Ocurre que la cavitación infrasónica por vapor también produce presiones extremadamente altas de hasta 500 atmósferas (Flint y Suslick, 1991; Golubnichii, Gromenko y Filonenko, 1979). Quizá nuestro lleno de púas y achatado amigo entregó su vida para probar y demostrar este proceso.

El gran calor generado por los infrasonidos también se evidencia en los trozos de carbón sólido que a veces se encuentran sobre el suelo, aunque se podría discutir que sólo son remanentes del rastrojo quemado de la cosecha anterior. Pero esto no explicaría algunos casos raros en que se han encontrado moscas quemadas y pegadas a los tallos de las plantas, ni tampoco un tipo de polvo de hierro (a veces llamado polvo meteórico) que se halló fundido sobre los tallos de una formación debajo de Oldbury hill fort en 1993.

---

98. Véanse Levi, 1991 y Putterman, 1995. Debo esta información a Christopher Baer, de Coral Gables, FL, que vive a poca distancia de «Coral Castle», una extraordinaria estructura creada por el misterioso letón Edward Leedskilin, que cortó, compuso e hizo levitar hasta el lugar grandes bloques de coral usando el sonido.

Una vez más, en cuanto empecé a preguntarme por el mecanismo responsable de estos acontecimientos, un desconocido me envió un artículo procedente de una publicación americana, y una vez más el dedo apuntaba hacia los ultrasonidos. Experimentos de laboratorio en que se usó el rápido calentamiento y enfriamiento de la cavitación infrasónica para sintetizar hierro amorfo han demostrado que el hierro no se cristaliza al enfriarse; de hecho, forma un polvo amorfo que se comporta como un imán muy suave (Suslick *et al.*, 1991). Cuando Levengood analizó la curiosa sustancia hallada en Oldbury Hill Fort en 1993, resultó ser hierro amorfo, suficientemente magnetizado para que un pequeño imán de herradura atrajera las espigas y los tallos del trigo (Levengood y Burke, 1995).

Estas frecuencias sónicas tienen otro rasgo que puede ayudarnos a entender la naturaleza de esa otra anomalía de los círculos de las cosechas, los tubos de luz. Es posible que al principio la luz y el sonido parezcan incompatibles; después de todo, a diferencia de las ondas electromagnéticas transversas que conforman la luz, el sonido es una onda acústica compuesta de nodos y antinodos (picos y valles) que viaja longitudinalmente. La luz es tanto onda como partícula, y como cada partícula se halla en estado de vibración, su propio movimiento crea un sonido.

Por otra parte, también se sabe que las frecuencias sonoras producen luz. Los experimentos de laboratorio muestran que los campos sonoros de alta intensidad responsables de la cavitación por vapor son capaces de emitir luz visible (Barber y Putterman, 1991; Berthelot, 1988). Este proceso de conversión del sonido en luz se denomina *sonoluminiscencia*, y se cree que está generado por las descargas eléctricas que se producen cuando se ioniza el vapor de agua. Cuanto más baja sea la frecuencia operante, mayor será el efecto (Barber y Putterman, 1991).

Sin embargo, es posible que éste no sea el único modo de obtener luz a partir del sonido. Jonathan Goldman, terapeuta del sonido y pionero en el campo de las armonías musicales, estaba visitando el complejo de Palenque, en México, cuando se le dio acceso a un templo habitualmente vedado al público. Dentro de una cámara oscura como boca de lobo su guía le enseñó a «entonar» la cámara con su voz.[99] Al hacerlo, la cámara se volvió notablemente más luminosa, hasta el punto de que Goldman podía ver los perfiles de los demás miembros de su grupo (Goldman, 1992).

Ciertamente, existe una relación simbiótica entre el sonido y la luz. Como he señalado antes, el proceso de creación representado por la tetraquis requiere la presencia tanto del sonido como de la luz. En la cosmología egipcia se dice que Atum Ra, el dios Sol, creó el mundo con un «grito de luz». En la filosofía griega, *logos*, que significa «palabra» y «sonido», constituye el principio controlador del universo, manifestado por medio del discurso.[100] Según el paleontólogo Richard Fester, las palabras *logos*, *loud* [alto o fuerte referido a un sonido], *light* [luz] y *beginning* [comienzo] se derivan de la raíz original *leg*, y su espejo, *regh*. Por lo tanto, «luz», «sonido» y «comienzo» ocurren fundamentalmente en el mismo momento (Fester, 1981).

El sonido viaja 40 octavas más lento que la luz visible, y el medio sobre el que lo hace más rápidamente es el cobre, el principal material usado para transportar la electricidad. La «ralentización» de las frecuencias luminosas genera los colores del espectro visible, que a su vez se corresponden con las notas de la escala musical.[101] Por lo tanto, se puede pensar que el sonido es el portador material de la luz. Tenemos un modelo de este proceso en el glifo de las cosechas «ADN», que presenta dos ondas transversas o partículas (electromagnetismo, luz) girando en torno a una onda de sonido longitudinal (véase la figura 11.15); vista tridimensionalmente,

---

99. Entonar es una técnica realizada intencionalmente en los lugares sagrados, donde una persona o un grupo de personas cantan himnos que resuenan con el entorno local. La idea es purificar o activar el lugar. Por ejemplo, cantando el OM dentro de un túmulo alargado se entona dicha cámara.
100. El término griego *logos* viene del árabe *lauh*, que significa «tableta» (véase *Unworter der Menschheit*, de Richard Fester). Es interesante que el logos, la «Palabra de Dios», se escribiera en «tabletas» y se transmitiera a Moisés (*musa ke*, música).
101. Una ley usada por los antiguos chinos e introducida en Europa por Pitágoras.

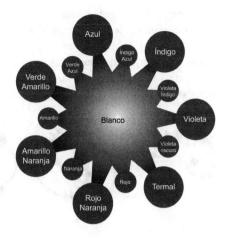

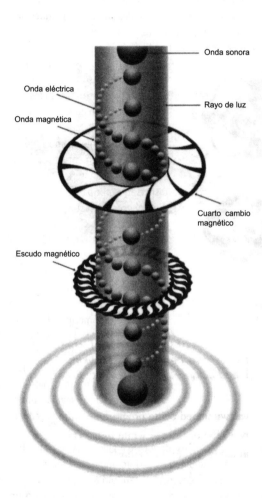

Figura 11.16
La relación del glifo de las cosechas de Roundway con el espectro cromático (luz) de Edwin Babbitt. El diseño del glifo hace referencia a las geometrías del sonido y de la luz, pues contiene dos heptagramas, el segundo teorema de Hawkins y una triple unidad oculta en su centro.

Figura 11.15
Representación sugerida del tubo de luz que crea los círculos de las cosechas. Las paredes del tubo están creadas por la onda electromagnética transversa, como sugiere el círculo de las cosechas «ADN»; dentro del tubo fluye una onda longitudinal de sonido. El escudo magnético se vio en el glifo de las cosechas «Rueda de Beltane» (véase el capítulo 8). El glifo de las cosechas «Toro anular» describe el cuarto cambio del campo magnético, que da a la totalidad del proceso una especie de punto de rotación crítico.

la onda de sonido parece viajar dentro de un tubo espiral. En esencia, el glifo de las cosechas «ADN» describe buena parte de su propio proceso formativo, y tal vez del proceso formativo de los círculos de las cosechas.

Lo curioso es que en el glifo de las cosechas «ADN» se vio que un tubo de intensa luz programaba el diseño sobre el campo. Probablemente este «tubo» está más cerca de ser un conjunto de espirales muy apretadas que producen la impresión de un rayo. «A medida que el electrón se transforma en cuantos, se convierte en un rayo de luz. El punto se transforma en línea, en espiral, en cilindro vacío» (Ouspensky, 1931).

Tampoco es casual que este círculo de las cosechas concreto sugiera o recuerde la espiral del ADN. El ADN depende para su desarrollo de la información externa; en otras palabras, necesita información enviada a la Tierra en ondas electromagnéticas de luz y ondas acústicas de sonido. Según el biólogo Lyall Watson: «Las ondas de luz son portadoras tanto de energía como de información. No es accidental que la cantidad de energía contenida en la luz visible sea perfectamente equiparable con la energía necesaria para llevar a cabo la mayoría de las reacciones químicas» (Watson, 1973).

Cuando la luz se emite en un rayo estrecho, un mayor porcentaje de sus fotones alcanzan la diana buscada. Así, las frecuencias superiores del rayo láser lo convierten en un excelente portador de información. El astrónomo del SETI Dan Werthimer observa: «Puedes transmitir tanta información en

Figura 11.17
Glifos de las cosechas clave de 1996 que transmiten parte del proceso involucrado en su manifestación: (a) Stonehenge; (b) Windmill Hill; (c) Littlebury; (d) Girton; (e) Goodworth Clatford; (f) Liddington; (g) Alton Barnes.

una señal láser... Puedes transmitir toda una enciclopedia en un segundo» (Savage, 2001). Y no cabe duda de que cada círculo de las cosechas incluye una biblioteca de información.

Si ahora tomamos la formación de las cosechas «ADN» y la vinculamos con otras de la misma estación, vemos que están conectadas por un hermoso hilo (véase la figura 11.17). Los movimientos espirales de la vida (los «Julia Sets»), la relación entre la frecuencia sonora y el espectro electromagnético («Huevo de la Vida» de Littlebury), un vórtice en un medio líquido (Girton), frecuencia sonora en forma física («cimática» de Goodworth Clatford)..., todos ellos son parte del flujo y reflujo de la energía universal, resumida en la formación final de la estación aparecida en Liddington.

Resulta interesante ver que el suelo atrae infrasonidos y que los machos del reino animal emiten llamadas de baja frecuencia cerca del suelo para avisar a otros animales situados a grandes distancias. Por otra parte, el ultrasonido es de naturaleza aérea y las hembras de la especie lo usan para comunicarse (Vassilatos, 1998; Payne, 1998). Así, tanto los infrasonidos como los ultrasonidos son capaces de transportar información a grandes distancias).

Sin embargo, como la luz y el sonido se fragmentan al atravesar la atmósfera terrestre (y son dispersados por partículas suspendidas y gotas de agua), se requiere un dispositivo que haga de escudo para proteger la integridad de un rayo incidente lleno de información. Como han demostrado cientos de aparatos electrónicos, este escudo está claramente presente al cruzar el perímetro del círculo. La distribución de las plantas da nuevas pruebas de los campos de energía *contenidos* en los círculos, pues siguen los mismos patrones de flujo geométrico regular que se encuentran dentro de un contenedor oscilante (Parlenko, 1933).

Aquí es donde los glifos de las cosechas «Rueda de Beltane» y «Toro anular» se vuelven relevantes. Si recuerdas el capítulo 8, el primero sugiere un proceso de magnetización y el segundo un cambio magnético desfasado. Teóricamente, esta manipulación del campo magnético local podría utilizarse para contener o repeler la energía; en otras palabras, para crear un dispositivo que sirviera de escudo.

Por tanto, parece que los efectos combinados del sonido, la luz y el magnetismo explican muchos aspectos del proceso de creación de círculos, y también muchas de sus peculiaridades.

Los estudios de campo y de laboratorio del siglo xx establecieron que la exposición al sonido y a las frecuencias electromagnéticas crea efectos benéficos e inusuales en las plantas, mientras que las investigaciones sobre la biofísica de los círculos de las cosechas revelan alteraciones inusuales y pautas de crecimiento acelerado. El innovador trabajo de Jenny con la cimática confirma los vínculos entre vibración, creación, el orden natural de la vida y su correlación con los patrones de los círculos de las cosechas. Dichos patrones se reúnen a lo largo de líneas nodales, tal como los círculos de las cosechas se manifiestan sobre los propios nodos de la trama terráquea.[102]

Así, en la cosecha aplanada se nos muestra el patrón de frecuencia que la creó. Tal como un osciloscopio transforma las vibraciones invisibles en patrones de ondas que se reflejan en una pantalla, y cada tono crea su imagen característica, el campo de trigo es como el osciloscopio de la Tierra, y el círculo de las cosechas es el sonido visible: la «Palabra hecha carne».

Sabiendo de los descubrimientos realizados por científicos rusos, americanos y canadienses de que las frecuencias ultrasónicas afectan perceptiblemente al crecimiento de las plantas y semillas, Mary Measures y Pearl Weinberger experimentaron con los sonidos audibles en la Universidad de Ottawa, Canadá. Después de cuatro años de experimentar con el trigo, su equipo descubrió que podían acelerar su crecimiento. Postularon que la frecuencia sonora produce un efecto resonante en las células de las plantas, afectando así a su metabolismo (Weinberger y Measure). Después de haber trazado un círculo completo, esto nos devuelve a Colin Andrews y su sonido vibrante en Kimpton. La frecuencia de 5,0 kHz aplicada por Measures y Weinberger es prácticamente indiferenciable de la frecuencia del sonido de Kimpton, de 5,2 kHz.

Teniendo en cuenta su asociación con las armonías y los procesos biológicos, es posible que los círculos de las cosechas contengan «códigos» que podrían emplearse a nivel práctico, o incluso que tengan un uso espiritual. Para empezar, ya existe un rico legado de trabajo con el sonido en las artes curativas, especialmente en los rituales curativos y en las experiencias chamánicas de las antiguas culturas, que se realizaban con cierto ritmo o sonido. Hace cuatro mil seiscientos años los egipcios ya usaban conjuros para curar todo tipo de dolencias, desde la infertilidad hasta las picaduras de insectos (Dewhurst-Maddox, 1993). En la era de la Grecia clásica se usaban las frecuencias musicales de la flauta para aliviar el dolor de la ciática y la gota; de hecho, a Apolo se le consideraba el dios de la medicina y de la música. Los aborígenes también comparten estas prácticas, pues tocan el didjeridu sobre las zonas infectadas del cuerpo, curando heridas y huesos rotos con sus tonos característicos. Actualmente la medicina moderna hace lo mismo aplicando ultrasonidos.

Las frecuencias y ritmos son el fundamento de la naturaleza, y como el universo se halla en un estado de vibración, también lo está el ser humano,

Figura 11.18
El agua puesta dentro de contenedores vibrantes crea patrones geométricos que dependen de la forma del contenedor. Puede observarse un efecto similar en el trazado de los círculos de las cosechas.

---

102. Sobre la Tierra se entrecruzan múltiples líneas de energía electromagnética. El punto donde se cruzan dos de dichas líneas recibe el nombre de nodo (véase el capítulo siguiente). Por lo que sé, la teoría de que los círculos de las cosechas son improntas visibles de un rayo de luz que penetra la trama energética terrestre en uno de sus nodos fue considerada en 1988 por el difunto George de Trafford, y yo no oí hablar de ella hasta el año 2001. La visión de George fue extraordinaria, teniendo en cuenta que las ideas aquí propuestas no estaban publicadas en su época. También postuló que cada círculo corresponde a una conciencia residual, de ahí que los diseños tengan características diferenciadoras. Este concepto se desarrolla más en el capítulo 13.

cuyas proporciones y ADN están construidos siguiendo las mismas leyes de armonía que gobiernan la música. Por tanto, no es ninguna sorpresa que en su «Exhortación a los griegos», Clemente de Alejandría comparara el cuerpo humano con un instrumento musical. Las cualidades armónicas del cuerpo también fueron reconocidas en una declaración de Montano de Frigia, un reformador espiritual del siglo II d. de C. a través del cual se dice que el Espíritu Santo expresó: «Contempla, el hombre es como una lira, y yo vuelo sobre ella como una púa» (George, 1995).

Nuestros antecesores tenían muy claro lo que hacían cuando usaban sonidos, y la ciencia moderna confirma y explica sus creencias. Recientes investigaciones en el campo de la bioacústica demuestran que existe una relación cercana entre la escala musical diatónica, la distancia entre las órbitas planetarias y los pesos atómicos de los elementos del cuerpo humano. Consecuentemente, la escala atómica, traducida a hercios, puede administrarse en forma de sonido a un cuerpo dolorido. Por ejemplo, las personas con problemas oculares generalmente tienen altos niveles de hierro en su sistema. Como el hierro tiene un peso atómico de 55, sometiendo al paciente a una frecuencia sonora de 55 Hz (también la nota *do*), su nivel de hierro se equilibra y su visión se cura (Beaumont, 1999).

Barbara Hero también considera que el sonido es un eficaz medio de curación; tanto es así que ha construido un teclado especial con las notas sintonizadas según el rango de frecuencias del lambdoma pitagórico. Cuando se tocan sus notas, el cuerpo y su sistema de chakras responde a ellas en mayor medida (perceptible) que a un instrumento afinado de la manera habitual.[103]

El doctor Peter Guy Manners, de Bretforton Hall Clinic, en Inglaterra, ha sido el primero en proponer la terapia cimática, adaptando los principios de Jenny y aplicándolos en tratamientos médicos

armónicos sobre el cuerpo humano. El doctor Manners acepta que el cuerpo es una compleja combinación de frecuencias armónicas, y que las células de los tejidos vivos operan como pequeños resonadores sensibles a los efectos de las vibraciones armónicas. Así, tal como cada organismo requiere frecuencias armónicas para mantener su existencia, también se pueden usar éstas para devolver el equilibrio a sistemas enfermos. Este tratamiento ha demostrado ser tan eficaz desde sus comienzos que ahora las clínicas de terapia cimática se han extendido por todo el mundo.

Cimática, el lambdoma, las proporciones diatónicas, ultrasonidos… ¿Todo lo que encontramos en los círculos de las cosechas se halla también en los procesos de curación? Esta simple deducción es profunda en sí misma, y ahondaré en ella en el capítulo siguiente. Entre tanto, hay un último aspecto del sonido que está relacionado con nuestra comprensión de los círculos de las cosechas: su *impacto* en la gente y en la sociedad.

Las canciones transmiten mensajes humanos de fe, esperanza y amor de generación en generación. Por lo tanto, como portadora de información, la música es una vasija perfecta. A. E. Huntley observó: «Las memorias raciales primordiales surgen a la superficie más fácilmente con la música que mediante la contemplación de paisajes naturales o el uso de cualquier otro arte» (Huntley, 1970). Probablemente ésta es la razón por la que la oreja humana y específicamente el caracol tienen formas espirales construidas de acuerdo con las leyes armónicas del tono, la misma proporción espiral de la que han surgido miles de círculos de las cosechas.

David Tame resume la importancia de todo tipo de sonidos en su profunda obra *The Secret Power of Music*: «La música no fue concebida por ninguna [de las civilizaciones avanzadas de la antigüedad] tal como se concibe hoy, como si sólo fuera una forma de arte intangible que apenas tiene

---

103. El teclado hace uso de un programa de ordenador diseñado por un amigo de Barbara Hero, Robert Miller Foulkrod. Merece la pena mencionar que la escala musical occidental ha sido alterada a lo largo de los últimos trescientos años. Un ligero cambio de tan sólo 10 Hz en la frecuencia de una nota tiene un efecto fundamental en el cuerpo. Por ejemplo, durante la Segunda Guerra Mundial, los militares americanos elevaron la frecuencia de las canciones que se tocaban en las fuerzas armadas para incrementar el ritmo cardíaco y elevar la concentración (Hero, 1992).

Figura 11.19
Una serie de heptágonos superpuestos crean el glifo de las cosechas de Tawsmead.

significado práctico. Más bien para ellos la música era una fuerza tangible que podía aplicarse para producir cambios… en el carácter humano». Y continúa diciendo: «Los niños de todo el mundo, cuando empiezan a hablar o a cantar, emplean melodías claramente basadas en intervalos tonales. Estos principios de la armonía y de la melodía… no parecen ser arbitrarios o teóricos, y son, de manera natural, significativos para la psique humana» (Tame, 1984).

En realidad los niños reconocen el sonido antes que el color o la forma. Cuando cantan espontáneamente, las notas de sus melodías corresponden a la escala diatónica. Éste es un patrón arquetípico en todo el mundo, lo que indica que puede existir algún tipo de elemento genético en los seres humanos que les permite identificar estas leyes de la armonía, las mismas que Hawkins ha identificado en los diseños de los círculos de las cosechas.

Es posible que la codificación de estas armonías sea parcialmente responsable de la conducta infantil de las personas que pasan mucho tiempo dentro de los círculos. En el caso típico, quienes visitan estos lugares se sienten elevados, exuberantes, alegres e inocentemente maravillados. Es como si los círculos de las cosechas abrieran un nuevo código del sistema nervioso humano. Tal vez la respuesta

sea aún más simple: la música deja de lado los filtros lógicos y analíticos del cerebro, permitiéndonos conectar más directamente con las pasiones. Los egipcios sabían esto porque los jeroglíficos que representan la música, la alegría y el bienestar son uno y el mismo.

Esta repentina activación de las emociones se potencia todavía más cuando se estudia la exposición a los armónicos. Robert Lewis, estudioso de la Hermandad Rosacruz, escribe: «Los armónicos de todos los sonidos musicales nos llevan del mundo físico al mundo espiritual. Ésta es la razón por la que la música forma parte prácticamente siempre de los servicios religiosos. Tanto si se trata de un mantra hindú, del canto de un cantor judío, de la llamada a la oración del muezín o de un simple canto cristiano o cantata de Bach, el propósito de la música en los servicios religiosos es elevar la vibración de la congregación hasta el nivel espiritual» (Lewis, 1986).

Una serena mañana de agosto de 1998, yo mismo experimenté estos efectos cuando visité con dos colegas el círculo de las cosechas heptagonal de Tawsmead Copse, no lejos de Alton Barnes, que apenas tenía unas horas. En el aire aquietado sonaron tres tonos agudos como en un bucle continuo, suficientemente audible para que nosotros silbáramos las notas: la-si-la-si-mi. Revisamos los alrededores pero no vimos nada. Confusos, grabamos los tonos en una grabadora y no pensamos más en este pequeño incidente.

Cuando volví a mi casa de New Hampshire, me topé con un diagrama conocido como la «Trama de Atenea», que muestra la serie de líneas que interconectan el heptágono, construido a partir de sólo tres líneas de diferentes longitudes. Mi guitarra, después de haber estado solitaria en un rincón durante todo el verano, empezó a participar en la investigación de los círculos de las cosechas. Transferí las longitudes de las líneas de la Trama de Atenea a los trastes de ébano y reproduje, nota por nota, los tonos grabados en el círculo de las cosechas.

¡Y pensar que sólo aprendí a tocar la guitarra para impresionar a las mujeres! Es posible que fracasara en ese empeño, pero ahora empezaba a ver una conexión entre los círculos de las cosechas y esos otros templos del alma, los edificios sagrados. Los grandes edificios que celebran la geometría sagrada, como la catedral de Chartres, en Francia, incorporan proporciones armónicas específicas en su diseño que permiten usar la estructura como un templo *sónico*; por ejemplo, para amplificar las frecuencias de los cantos gregorianos (Charpentier, 1975).

En los cantos gregorianos abundan los armónicos de alta frecuencia que producen efectos en el cuerpo, puesto que cargan el sistema nervioso central y el córtex cerebral, como descubrió el otorrino Alfred Tomatis durante los más de cuarenta y cinco años que duraron sus investigaciones. (Curiosamente, las capas de electrones del átomo del carbono emiten el mismo tono que el hexacordo del canto gregoriano.) La función de la música en estos lugares de veneración era «distribuir hacia el mundo un tipo de energía cósmica que mantendría la civilización en armonía con los cielos. Se creía que sin tales actividades todo perdería su alineamiento con la armonía universal, lo que tendría catastróficas consecuencias» (Tame, 1984).

Este efecto es aplicable a múltiples estructuras distribuidas a lo largo y ancho del planeta, desde los *kivas* de los anasazi en Arizona y el colosal complejo neolítico de Hagar Qim en Malta, hasta los túmulos largos de Wiltshire y Dorset (en el folclore, muchos de ellos están asociados con el sonido y los estados de conciencia ampliada). En último término, la alteración de las frecuencias cerebrales dentro del *kiva* o del círculo de las cosechas hace que la persona y el espacio sagrado se conviertan en una sola y misma cosa.

Jonathan Goldman estudió esta intrigante interacción entre las frecuencias sonoras y los enclaves sagrados y sugirió que la glándula pineal del cráneo puede ser estimulada por las armonías vocales (Goldman, 1992). La asociación entre la glándula pineal y la clarividencia se remonta al libro egipcio *Emerger por la Luz* (erróneamente traducido como *Libro de los Muertos*); en múltiples textos filosóficos a la glándula pineal se la denomina «el Ojo de los Dioses» o el «Ojo de Shiva». Así, cuando los reyes egipcios eligieron ponerse una serpiente enroscada sobre la frente —en el lugar simbólico del «tercer ojo»—, eso tenía mucho que ver con su conocimiento de los misterios de la conciencia y con la iniciación a ellos.

La glándula pineal se describe como un cono alrededor del cual se enrosca una cuerda para hacerlo girar, generando así un sonido vibrante (Hall, 1932), como el que dicen escuchar las personas que pasan tiempo dentro de los círculos de las cosechas, entre las que me incluyo. La glándula pineal es sensible al sonido y a la luz de longitud de onda larga (Wiener, 1968). Debido a la presencia de una pequeña cantidad de magnetita dentro del hueso etmoides del cráneo, la glándula pineal es una de las partes del cuerpo humano más estimulada por el ultrasonido y por las fluctuaciones del campo electromagnético. Y ya se ha establecido científicamente que las energías de los círculos de las cosechas estimulan la glándula pineal (Pringle, 1999).

La activación de la pineal se consigue cuando las altas frecuencias hacen que esta glándula, parecida a un dedo, vibre a gran velocidad, como la lengua de una serpiente. Cuando la *kundalini* se eleva por la columna desde el chakra raíz, también estimula este «dedo» a alzarse como una cobra. Esto abre el pasaje entre los ventrículos del cerebro, unificando el flujo de energía química entre los hemisferios derecho e izquierdo, y vinculando los estados de conciencia objetivos y subjetivos, lo visible y lo invisible (Hall, 1932; Goldman, 1992).

A medida que la pineal vibra más rápido, crea una especie de protección temporal de la atracción gravitatoria, ofreciendo a la conciencia una ventana para conectar con la cuarta dimensión. A menudo experimentamos este efecto liberador cuando viajamos a lugares lejanos y extraordinarios durante el

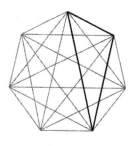

Figura 11.20
Las tres longitudes de línea de la Trama de Atenea.

sueño. Por este motivo a la glándula pineal se la denomina «el ojo que todo lo ve» y el «ojo de Horus», y cualquiera que se encuentre en un estado receptivo y entre en contacto con una frecuencia simpática dentro de un círculo de las cosechas probablemente experimentará estados alterados de conciencia.

El uso correcto de armonías resonantes para elevar la conciencia es común en muchas culturas. Los chamanes aborígenes las usan como una llave que abre la puerta a otros planos de la existencia. Para crear estas armonías, los aborígenes usan el didjeridu, un instrumento musical tradicional fabricado a partir de una rama de árbol ahuecada por las termitas. En el folclore aborigen, este instrumento es un regalo de Wandjina, una raza de seres sobrenaturales del Tiempo de sueño responsables de la creación de la Tierra.

El campo sónico producido por el didjeridu crea una ventana interdimensional que permite establecer un contacto entre estos seres y los aborígenes.[104] Esto puede sonar como «tonterías primitivas» a muchos occidentales, pero recientes investigaciones en el campo de la psicoacústica muestran que el sonido es capaz de «afectar a los campos resonantes dentro de los procesos intercelulares hasta los niveles genéticos, e incluso hasta los niveles atómico y subatómico» (Essene y Kenyon, 1996).

Todo esto nos permite entender que las frecuencias de las cosechas afectan a los seres humanos tanto a nivel consciente como subconsciente, particularmente si tenemos en cuenta que la apertura de una ventana al alma a través de la glándula pineal también puede funcionar con la misma facilidad en el otro sentido, permitiendo la *recepción* de información. Se sabe que hablar sugestiva y rítmicamente a personas que están escuchando música es un método eficaz de absorber información y conocimiento. Junto con las frecuencias ultrasónicas, esta técnica puede alterar los patrones cerebrales, induciendo en la mente un estado meditativo y receptivo (Tashev y Natan, 1966).

El sonido penetra y supera las barreras físicas. Hace consciente a cada célula del cuerpo de que se está produciendo una comunicación. En forma de música, el sonido se convierte en un mensajero, un portador del cambio social. Por lo tanto, podemos considerar a los círculos de las cosechas como los tonos de una realidad invisible y autorreferenciada que imparten información a quien escucha su sonido audible o inaudible. En consecuencia, como medio de comunicación son prácticamente infalibles. Como dijo Victor Zuckerkandl: «Los tonos mismos deben crear su significado. De ahí que sea posible traducir de una lengua a otra, pero no de una música a otra» (Zuckerkandl, 1956). Si éste es el caso, es posible que los Creadores de círculos estén enviando mensajes que faciliten cambios no sólo a nivel individual, sino también en nuestra conciencia colectiva.

«La finalidad de toda la buena música es afectar al alma», comentó Monteverdi. Ésta es exactamente la impresión que dejan los círculos de las cosechas en aquellos cuyas antenas están abiertas y receptivas a sus transmisiones.

---

104. El arte del canto multifónico de los monjes tibetanos produce frecuencias similares a los cantos gregorianos y el didjeridu. En particular se dice que el acorde Una Voz, que es rico en armónicos, encarna el espíritu de los elementos masculino y femenino de la divinidad, y su sonido une a quienes lo cantan con la conciencia universal.

12 El dragón despierta

Sin excepción, todos los monumentos megalíticos mantienen cierta relación con las corrientes subterráneas que pasan y cruzan a través de ellos o los rodean.

—Louis Merle y Charles Diot, arqueólogos, 1935

Figura 12.1
Círculo de piedras de Avebury, el mayor depósito de energías telúricas de toda Europa. La mayoría de los cientos de piedras que constituían originalmente sus tres anillos y sus dos serpenteantes avenidas fueron destruidas por los puritanos y fanáticos religiosos fundamentalistas en el siglo XVIII.

El año 1969 se publicó *The Pattern of the Past*, un influyente libro de Guy Underwood que investiga la presencia de patrones de energía electromagnética en los enclaves sagrados. Esto es lo que dice:

Las principales características [de la energía] son que parece generarse dentro de la Tierra, y causar un movimiento ondulatorio perpendicular a la superficie terrestre, que tiene un gran poder generador, que afecta a las células ner-viosas de los animales, que forma patrones espirales y está controlada por leyes matemáti-cas en las que intervienen principalmente los números tres y siete. Hasta que pueda ser iden-tificada de otro modo, me referiré a ella como la «fuerza terrestre». Podría ser un principio desconocido, pero parece más probable que sea un efecto no reconocido de alguna fuerza conocida, como el magnetismo o la gravedad. La fuerza terrestre se manifiesta en líneas dis-continuas que llamo «líneas geodésicas», y extienden una red sobre la superficie terrestre. Los animales inferiores perciben y usan las líne-as instintivamente, y su conducta queda con-siderablemente afectada por ellas. El hombre tam-bién resulta afectado por ellas, pero menos intensa-mente, y generalmente no puede percibirlas sin ayu-da de algún aparato artifi-cial (Underwood, 1973).

Como no podía ser de otra manera, el libro de Under-wood hizo resurgir el interés por los antiguos monumentos. Las líneas geodésicas de Underwood[105] son lo que los chinos denomi-nan rutas del dragón o *lung mei,* los aborígenes líneas de cancio-nes y los irlandeses líneas de las hadas. Detenidas investigacio-nes sobre las energías de la Tie-rra concluyen que Gran Bretaña, si no la totalidad del globo, está traspasada por una red de líneas de energía «masculinas» y «femeni-nas», también denominadas positivas y negativas en términos de polaridad (Broadhurst y Miller, 1992 y 2000; Tersur, 1993; Devereux, 1992).

El descubrimiento más importante que se produjo en aquel momento fue que los miles de círculos de piedras, obeliscos, túmulos, colinas for-tificadas, lugares de adoración paganos e iglesias están situados deliberadamente sobre los puntos de intersección de estas líneas, llamados *nodos.*

Supe por un sargento de un regimiento de tanques británico que, a veces, durante las manio-bras en la llanura de Salisbury, sus brújulas se des-viaban notablemente en puntos concretos. Resultó que estos puntos estaban situados sobre las líneas geodésicas que conectan los túmulos cercanos con iglesias locales situadas en montículos. Y, sin em-bargo, la postura de los arqueólogos en general es que estos montículos de tierra son tumbas, lugares

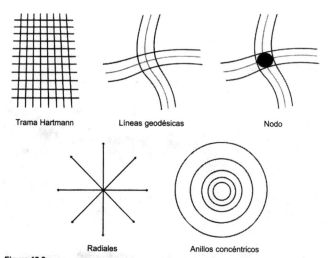

Trama Hartmann   Líneas geodésicas   Nodo

Radiales   Anillos concéntricos

Figura 12.2
La energía de la Tierra se organiza de diversos modos. La trama Hartmann circunda el pla-neta como una red; las líneas geodésicas varían en anchura y se extienden por el paisaje uniendo los lugares sagrados. Los puntos donde se cruzan estas líneas se llaman nodos. En el caso típico, la energía se organiza en anillos concéntricos y líneas radiales que irradian de los nodos en los lugares sagrados, iglesias o círculos de las cosechas.

de sacrificio o antiguas fortificaciones militares. Teniendo en cuenta que sólo en el 5% de los empla-zamientos excavados se han hallado restos de es-queletos, esta visión parece miope. Como los túmu-los británicos, muchas pirámides egipcias también

---

105. Hay mucha confusión a la hora de nombrar estas corrientes energéticas. A menudo se las denomina incorrectamente *ley lines* [en inglés], un término acuñado específicamente para alineamientos geométricos rectos que vinculan enclaves sagrados; otro término usado para describir estas energías terrenales serpenteantes es corrientes telúricas. Por claridad, usaré las líneas geodésicas de Underwood.

han sido etiquetadas como «tumbas», aunque no haya pruebas que lo confirmen. Sólo durante el periodo saita (663-525 a. de C.) se puso de moda construir tumbas piramidales; de hecho, pruebas recientes sugieren claramente que la Gran Pirámide de Gizeh era una planta energética estratégicamente ubicada (Dunn, 1998).[106]

También podemos plantearnos la inquietante pregunta de por qué un pueblo que supuestamente carecía de medios tecnológicos talló de forma manual algunas de las piedras más duras que se conocen y después las transportó (algunas pesaban hasta 50 toneladas) distancias relativamente grandes para enterrar a sus parientes muertos, sacrificar una cabra o impedir que sus vecinos les robaran sus esposas.

No cabe duda de que a lo largo de sus vidas —un periodo de más de doce mil años— estos enclaves han sido adaptados a todo tipo de usos dependiendo de la necesidad y circunstancias del momento. En mis viajes he encontrado dólmenes colosales usados para cobijar conejos y ovejas, pero dudo que su intención original fuera la de proteger al ganado. Los monumentos de construcción humana no están libres del flujo y reflujo de la vida, y este ritmo trae cambios: un anfiteatro romano que en su día entretuvo al pueblo mostrando luchas de gladiadores con leones y cristianos actualmente es la sede de una banda de música pop; y lo que ahora es un grandioso hotel de Londres, en su día fue un hospital donde se cuidaba a los heridos de la Primera Guerra Mundial.

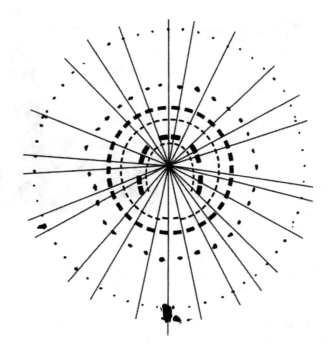

Figura 12.3
Patrón de energía radial de Stonehenge en 1999.

Asimismo, las edificaciones de los enclaves sagrados fueron erigidas originalmente por otras razones. La etimología de «templo» implica una división entre el espacio profano y el sagrado, lo que sugiere que los templos facilitaban el acceso de un plano a otro. En la pirámide de Gizeh, por ejemplo, los pasadizos suelen ser deliberadamente bajos, lo que exige que el iniciado se incline humildemente. En muchos monumentos neolíticos el pasadizo lleva hacia el oeste, a «morir» en el mundo profano, o a renacer en el este, de ahí el significado original de la palabra orientación.

En la catedral de Notre Dame de París, los iniciados atravesaban la puerta de Santa Ana por el oeste, indicando la puesta de la Luz y la inmersión en las oscuras fuerzas del caos, y después se dirigían hacia el este y el renacimiento en la Luz emergente.

---

106. Pirámide es un término griego que se deriva del hebreo *urrim-middin*, «la medida de la luz». El término egipcio es *khuti*, «las luces». *Ur*, la palabra frigia y griega que significa luz, se convirtió así en *pur* y *pyr* (fuego). La Gran Pirámide de Gizeh es una estructura cuyas medidas se basan en la frecuencia armónica de la luz, y sus cámaras están sintonizadas acústicamente con la luz, la masa y las frecuencias gravitatorias.

Figura 12.5
Las dos serpientes entrelazadas alrededor del bastón, con las polaridades masculina y femenina armonizadas bajo un sol alado. Desde entonces la profesión médica ha tomado prestado el caduceo, símbolo del poder fertilizante de la Tierra.

Figura 12.6
Los puntos de cruce de las energías terrestres están marcados por menhires, dólmenes, túmulos o los ómfalos griegos, que demuestran la importancia del sonido y su influencia fertilizante sobre la Tierra. Como en estos lugares también se concentra energía electromagnética, la situación estratégica de estas piedras es comparable con la acupuntura, un antiguo método de activar la fuerza de vida en 700 puntos distribuidos por el cuerpo humano, en los que se insertan agujas para corregir desequilibrios energéticos y curar enfermedades.

Gran parte de los lugares sagrados, por no mencionar la mayoría de las iglesias cristianas construidas sobre ellos, funcionan así, lo que sugiere que su función original era ser puntos de entrada del poder fertilizador de los Cielos.

Obviamente, en los antiguos templos hay mucho más de lo que se distingue a primera vista. Estableciendo un vínculo entre estos pasadizos de energía (a veces llamada energía del dragón) y las fuerzas de transformación, podemos empezar a responder al resto de los acertijos que se esconden detrás de los círculos de las cosechas, a saber, su emplazamiento deliberado cerca de antiguos asentamientos, sus anomalías energéticas y su asociación con los estados de conciencia alterada. Sin embargo, mirando el estado de los lugares sagrados —particularmente el mal uso que se ha hecho de ellos a lo largo de los últimos mil años— podemos ver por qué los círculos de las cosechas están causando tanta consternación a las autoridades, por no hablar de las órdenes religiosas.

Una de las primeras referencias a la energía del dragón aparece en el siglo I d. de C. en *Decline of the Oracles*, de Plutarco, que hace referencia a corrientes de energía terrestre influidas por el sol y los planetas que activan los oráculos y los lugares de invocación (Michell, 1983). Esta energía era reconocida por los primeros geomantes chinos como *chi*; su equivalente cristiano es el Espíritu Santo. Los círculos de piedra y los túmulos fueron erigidos en los lugares donde se concentraba esta energía, y por tanto eran considerados puntos donde promover la curación y los estados de conciencia elevada de acuerdo con las fases particulares del ciclo lunar y los equinoccios, los momentos en que la energía está en su punto álgido.

En el *Timeo*, Platón nos muestra que la fuerza geodésica (particularmente cuando se manifiesta en formas espirales) cataliza la construcción de la materia, y forma parte del poder generador de la naturaleza que permite la existencia de la vida y el mantenimiento de su equilibrio. Consecuentemente, cuando van a parir, los animales que se encuentran en espacios cerrados intentan escapar y hallar lugares donde la energía emerja de la Tierra.

El hecho de que estas propiedades vivificantes sean reconocidas instintivamente por los animales es una de las razones por las que el símbolo espiral ha sido considerado sagrado, a veces disfrazado como serpiente o dragón, y por qué Esculapio e Ilitia (los dioses de la medicina y del parto respectivamente) siempre estaban asociados con serpientes

(Underwood, 1973). Este concepto se retrata en el emblema egipcio del *caduceo*, con sus serpientes entrelazadas en torno a un bastón. Este concepto alegórico del hombre megalítico poniendo riendas a los poderes benéficos de la Tierra con un bastón de piedra es imitado en los lugares sagrados de la tradición cristiana en la imagen de san Jorge matando a un desafortunado dragón.[107]

Singular y erecta, la piedra fálica vertical representa la conexión umbilical entre la energía del Cielo y de la Tierra. En Portugal a este tipo de pilar se le llama *betilo*, lo que viene del semítico *Beith-el*, que significa «casa de Dios» (de ahí *Beith-el-hem*, el lugar donde nació Jesús). Estas piedras, cuidadosamente escogidas por su alto nivel de cuarzo (con sus propiedades eléctricas y de almacenamiento de información) estaban situadas en nodos donde podían ser cargadas magnéticamente. Una vez que se tenía las piedras dispuestas de manera geométrica, se creaban cámaras con propiedades acústicas resonantes, como los túmulos largos.[108] Los experimentos acústicos realizados en la cámara de piedra del Cairn Euny, en Cornualles, muestran anillos concéntricos de resonancia cuyas posiciones están gobernadas por la proporción cuadrada que Hawkins descubrió en los círculos de las cosechas (Jahn, Devereux e Ibitson, 1996).

Las pruebas realizadas en asentamientos neolíticos muestran que las lecturas electromagnéticas son inequívocamente diferentes dentro de estos lugares, y que las capacidades psíquicas se potencian enormemente (lo mismo que en los círculos de las cosechas). Los bancos de tierra que rodean los fuertes de las colinas y los círculos de piedra ofrecen un escudo que reduce las interferencias electromagnéticas externas, permitiendo al individuo

Figura 12.7
Las espirales grabadas en lugares sagrados de todo el mundo indican puntos de contacto entre el mundo físico y otros niveles de realidad más sutiles. Tales lugares se usan para elevar la conciencia. La dirección de la espiral indica el movimiento centrífugo de la energía: en la dirección contraria a las agujas del reloj desciende; en la dirección de las agujas del reloj emerge de la Tierra. Ambos sentidos de giro pueden verse en los suelos de los círculos de las cosechas.

«sintonizarse con estaciones que normalmente no están a su alcance», citando a Colin Wilson.[109] Así, la información es recibida con mayor claridad y eficiencia por la radio que es el ser humano y sus antenas resonantes, la columna y la espiral de ADN. La resonancia hallada en puntos sagrados como Delfos, Stonehenge y las pirámides es de 7,8 Hz, y se corresponde con la frecuencia de las ondas cerebrales de los místicos y sanadores –30 Hz es la frecuencia típica de los estados de vigilia– (Becker y Selden, 1985), lo que prueba que uno de los grandes

---

107. San Jorge también simboliza el dominio de la energía de la Tierra al servicio de la humanidad. Este santo patrón suele ser intercambiado con el arcángel Miguel.

108. Las piedras que los coronan parecen poseer sus propias propiedades acústicas. La de Chun Quoit, en Cornualles, por ejemplo, reverbera en un conjunto de notas basadas en un acorde mayor.

109. Los muros que rodean a los templos egipcios tenían un propósito similar, separar la calma del espacio sagrado de las «aguas del caos» que están más allá.

objetivos de estos enclaves sagrados era facilitar la entrada de la mente en un estado de receptividad. De ahí que muchos lugares asociados con la transformación tengan el tridente de *el ayin* inscrito en sus muros de piedra, el mismo símbolo que corona la cabeza de ese otro gran signo de transformación, el pictograma aparecido en 1990 en Alton Priors.

La religión organizada sabía y temía que los individuos podían recibir guía espiritual en enclaves «paganos», y esto se nota en el modo en que superpuso sus

Figura 12.8
Sutil imposición del catolicismo romano sobre un lugar de adoración pagano de más de ocho mil años de antigüedad en Portugal. La adaptación de enclaves paganos se convirtió en un objetivo de la primera Iglesia, que trataba de restar poder a los paganos (nombre que significa «habitantes del campo»). En Inglaterra se llegó a construir iglesias en medio de los fuertes de las colinas, a pesar de estar ubicados a kilómetros de sus congregaciones.

propias estructuras sobre ellos, a veces sin ninguna sutileza (véase la figura 12.8). Durante su laborioso esfuerzo por mantener el control de Europa, el moribundo Imperio romano creó la Iglesia católica, y a través de sus oficinas emitió muchos edictos que trataban de erradicar la fe pagana de los templos megalíticos y otros oráculos. Ya en el 640 d. de C., el obispo de Noyon advertía: «Que ningún cristiano ponga luces en los templos, o en las piedras, o en las fuentes, o en los árboles, o en los círculos [de piedra]...; que nadie presuma de hacer purificaciones, o de encantar con hierbas, o de hacer que los ganados atraviesen el hueco de un árbol o una

abertura de la Tierra; porque, al hacerlo, parece que las consagra al diablo».

Por supuesto, era obra del diablo cualquier conocimiento conseguido fuera de los estrechos límites de la ortodoxia. Evidentemente, los paganos no compartían la opinión católica de que el uso de los lugares sagrados los conectaba en modo alguno con las fuerzas del infierno, porque trescientos años después los clérigos seguían recibiendo instrucciones para «prohibir la adoración de pozos, y la adivinación con diversos árboles y piedras» (Thomas, 1971).

Parece que en el siglo XI la aguja ya se había quedado atascada en el surco: «Nadie –confirmó el Papa Gregorio– irá a los árboles, o a los pozos, o a las piedras, o a los círculos, o a ningún otro lugar...» y así sucesivamente. En su desesperación, la Iglesia obligó a las mujeres que curaban a sus hijos en los lugares sagrados a ayunar durante tres años; en un momento dado, el hecho de no asistir a misa llegó a convertirse en delito. Y sin embargo, como los templos de piedra eran tan beneficiosos, las órdenes de destruirlos sólo consiguieron un éxito parcial, de modo que la Iglesia cambió de estrategia y trató de asimilarlos, como muestra una carta del papa Gregorio a san Agustín: «De ningún modo destruyas los templos de los ídolos ingleses, sólo los ídolos que se encuentran en ellos; deja que se construyan altares [sic], y que se pongan reliquias en ellos» (Thomas, 1971).

Estas órdenes se extendían a todo lo largo y ancho de Europa. Pero la situación se tornó más siniestra, porque, en su celo, la Iglesia empezó a condenar la conexión de los enclaves con lo invisible, como cita el consejo paternal del obispo de Lamego, Portugal: «Sean malditos todos los que creen que las almas y los cuerpos de los hombres están sujetos a las influencias de las estrellas» (De Vasconcelos, 1982). Todo esto vino de la gente que posteriormente adoptó el uso de amuletos y rosarios, reclamando como propios los ritos paganos que habían condenado (De Vasconcelos, 1981). No diré más sobre las virtudes de caridad y tolerancia ensalzadas por la primera Iglesia católica romana.[110]

Inevitablemente, se construyeron iglesias sobre los enclaves paganos ya existentes, en algunos casos incorporando piedras que llevaban allí miles de años. El nombre de las deidades fue corrompido: el dios de la purificación y el fuego, Santan, se convirtió en santa Ana, Morgana en María, y así sucesivamente. Sin embargo, la Iglesia mantuvo astutamente las conexiones con los antiguos nombres, pues era muy consciente del poder de la invocación.[111]

No cabe duda de que la Iglesia conocía la energía inherente de los enclaves sagrados y que dicha energía permite a la gente conectar con niveles de conciencia elevados, o con Dios. Su propio enclave de poder, el Vaticano, fue construido sobre un lugar sagrado marcado por una piedra vertical (Elkington, 2001). Y así, introduciéndose como intermediaria, la religión organizada eliminó el contacto directo entre el pueblo y Dios. Lo que nos lleva a los círculos de las cosechas de nuestro tiempo.

Teniendo en cuenta la capacidad que tienen los círculos de las cosechas de conectar a la gente con lo invisible y el modo en que el fenómeno ha sido desacreditado, podemos ver que la historia se repite, por no hablar de los motivos que impulsan la posible participación del Vaticano en el desprestigio de los círculos de las cosechas (véase el capítulo 5).

Más de dos décadas de investigaciones en Inglaterra revelan que los círculos de las cosechas aparecen consistentemente sobre líneas geodésicas o sus afluentes, potenciando, cargando e incluso reconectando la energía de los antiguos enclaves locales, como si reactivaran una red de puntos de poder «dormidos». En Inglaterra, las dos principales líneas de poder geodésicas «masculina» y «femenina» se llaman respectivamente Michael y Mary, y se las llama así porque estos dos nombres abundan en las iglesias situadas a lo largo de esas rutas. Estas líneas se extienden desde Hopton, en la costa este de Norfolk, hasta la montaña de St. Michael, en la costa sudeste de Cornualles, situándolas en alineamiento geográfico directo con la ruta del sol naciente en Beltane, el festival pagano del primero de mayo.[112] En su tortuoso viaje campo a través, las líneas pasan por Avebury y Silbury Hill, el corazón del país de los círculos de las cosechas. Cuando Paul Broadhurst y Hamish Miller trabajaban en la tesis de Michael y Mary en 1988, tropezaron inadvertidamente con la primera serie de círculos alrededor de Silbury, y usando artes de zahorí descubrieron que todos ellos estaban situados exactamente en el curso de la línea de energía femenina (Broadhurst y Miller, 1992, 2000).

La profesión de zahorí tiene más de siete mil años de antigüedad y es una de las más antiguas que se conocen; ha prevalecido en todas las antiguas culturas, desde el Mediterráneo hasta China. Además de encontrar depósitos subterráneos de agua, las artes del zahorí se han usado para localizar minerales, personas e incluso submarinos perdidos. Antes de que su uso declinara en Inglaterra en torno a 1930, esta profesión era tan común

---

110. Conforme el Imperio romano declinaba en torno al siglo IV d. de C., la Iglesia católica romana asumió la organización estructural y el vacío de poder dejado por aquél. Durante el reino del emperador Constantino, buena parte de los textos esotéricos de Cristo habían sido modificados o retirados de las escrituras gracias a dudosas interpretaciones, y el catolicismo se convirtió en una religión cuasi política. En el 533 d. de C., el Concilio de Constantinopla llegó a declarar hereje la resurrección: «Cualquiera que defienda la noción mística del alma y la estupenda noción de su retorno será excomulgado». En otras palabras, perseguido. Consecuentemente, la expansión del islam hacia Europa fue una bendición para los cristianos que hasta ese momento habían sido perseguidos por la Iglesia católica. Mi intención es diferenciar entre la cristiandad y el catolicismo, y cómo la compasiva y virtuosa fe de Jesús —cuyas bases no son diferentes del misticismo pagano y oriental— fue manipulada posteriormente, y usada como una herramienta por los papas romanos para controlar al público.

111. Los paganos consideraban el fuego un elemento fundamental para la vida, para la purificación, el renacimiento y la fertilidad. Para separarlos de esta unión, Santan también se convirtió en el desacreditado Satán, un dios corrupto y destructivo que se oponía a la energía del único Dios poderoso. Irónicamente, el otro nombre de Satán, Lucifer, significa «portador de luz».

112. *Bel* se deriva del nombre del dios del sol fenicio, Baal. De esta raíz surge *bell* [campana], lo que muestra la relación creativa entre sonido y luz. En muchos rituales sagrados se usan campanas para invocar a los dioses, y ésta es una de las razones por las que se emplearon posteriormente en las iglesias. Casualmente, las campanas de las iglesias inglesas solían forjarse con tonos diatónicos.

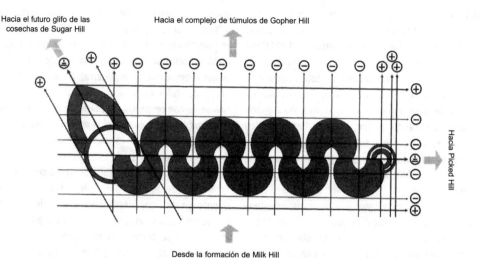

Hacia el futuro glifo de las
cosechas de Sugar Hill

Hacia el complejo de túmulos de Gopher Hill

Hacia Picked Hill

Desde la formación de Milk Hill

Figura 12.9
Este mapa de la «Serpiente enroscada» muestra que el patrón físico del círculo de las cosechas guarda relación con una trama de energía invisible. Como ocurre con la electricidad, estas energías están compuestas de polaridad positiva, negativa y tierra. Aquí el glifo de las cosechas ha aparecido a lo largo de una línea geodésica que conecta un glifo anterior con túmulos, y otro que vincula Silbury Hill con Picked Hill. Una tercera línea conduce a un túmulo situado a algo más de 30 kilómetros de distancia, donde posteriormente apareció otro círculo de las cosechas. Esto sugiere que los círculos de las cosechas y los enclaves sagrados se «comunican» entre sí.

como la de carpintero, y a menudo se los llamaba para localizar lugares donde cavar pozos o buscar vetas de mineral. Rosemary Grundy, una zahorí contratada por la marina inglesa durante la Segunda Guerra Mundial, revisaba con sus artes mapas de los puertos enemigos en busca de naves que mereciera la pena bombardear. Según los pilotos que después encontraban las naves, su nivel de éxito era superior al 75%. Posteriormente, en Vietnam, divisiones de marines usaron las varillas de zahorí para localizar túneles enemigos, trampas explosivas y bombas enterradas (Ostrander y Schroeder, 1976). Actualmente estas mismas artes se emplean para diagnosticar enfermedades con el nombre de *radiestesia*, o sensibilidad a las radiaciones.

El más conocido de los zahoríes americanos se llamaba Henry Gross; podía revisar mapas de las islas Bermudas cómodamente sentado en su cocina y localizar fuentes de agua fresca en una isla donde no se habían encontrado anteriormente. Las excavaciones subsiguientes le daban la razón (Tompkins y Bird, 1973). Pruebas científicas llevadas a cabo por geólogos e ingenieros rusos también han probado la capacidad del cuerpo humano para localizar

lo invisible; sus resultados se publicaron en el diario ruso *Journal of Electricity* en 1944. Hasta mediados de los años setenta, todas las grandes compañías de agua y de tuberías norteamericanas tenían a un zahorí en nómina (Watson, 1973), y actualmente la industria petrolífera los sigue empleando por su capacidad extraoficial de encontrar depósitos subterráneos, aunque la mayor parte de las empresas modernas se sentirían avergonzadas de reconocerlo.

Los zahoríes son capaces de sentir a distancia. En principio, el mecanismo funciona así: como las moléculas del cuerpo humano son de naturaleza electromagnética y están compuestas por corrientes magnéticas alternantes (Becker y Selden, 1985), interactúan con las ondas externas de energía electromagnética. Esta sensibilidad al campo electromagnético de la Tierra puede verificarse con magnetómetros de alta sensibilidad (Tromp, 1968). Usando la conductividad del agua en el cuerpo y del hierro en la sangre, estas ondas activan una respuesta muscular en el sistema nervioso del zahorí que se transfiere al dispositivo que sostiene en sus manos, normalmente varillas en forma de «L», ramas de avellano en forma de «Y» o péndulos. La reacción produce un movimiento lineal o circular en el dispositivo, movimiento que refleja la respuesta a una pregunta específica planteada por el zahorí. En esencia, el zahorí está accediendo a información del campo morfogenético local, como si escribiera una palabra en un buscador de Internet para acceder a la información almacenada en una biblioteca astral.

Durante el verano del 2000 las artes del zahorí seguían teniendo utilidad práctica y se utilizaron para establecer la procedencia de dos círculos de las cosechas. Las formaciones de East Kennett me dieron la oportunidad de realizar un test comparativo: la primera, la formación «Cubos 4-D», reveló varios patrones complejos al revisarla con las varillas; el segundo círculo, que tenía la típica forma de corazón circunscrita en una «tira de perlas», no produjo ninguna respuesta. De pie en su interior y sosteniendo mis varillas de cobre, pregunté por el origen de este círculo de las cosechas. La respuesta fue «humanos de carne y hueso». Seguidamente revisé una lista de los falsificadores conocidos, y uno de los nombres generó una respuesta en las varillas.

Varios días después recibí una llamada telefónica de un colega que es amigo de un granjero local.

—He estado hablando con el granjero de East Kennett y me ha dicho que el círculo con forma de corazón ha sido hecho por humanos con su permiso. Aparentemente era para una ceremonia nupcial. Nunca adivinarías quién está detrás del diseño.

—Tengo una idea bastante precisa —repliqué.

—¡Rob Irving!

Exactamente el nombre que mis varillas habían revelado.

Cuando empecé a aplicar mis artes de zahorí a los círculos de las cosechas en 1995, seguía los pasos de algunos zahoríes experimentados y pude aprender mucho de ellos en aquellas primeras etapas. Uno de mis profesores fue el difunto David Tilt, un hombre que durante dos décadas se dedicó a

Figura 12.10
Círculo de las cosechas situado en el nodo de dos líneas geodésicas que se cruzan en el complejo neolítico de Windmill Hill. Las polaridades de la línea este-oeste que atraviesa el círculo son las mismas que las polaridades generadas por los túmulos.

recorrer con sus varillas antiguos enclaves neolíticos alrededor de Sussex; él conocía las líneas geodésicas que los recorren y los patrones lineales o círculos concéntricos que irradian de ellos.

En 1983, Tilt descubrió diecinueve líneas de energía que emanaban del montículo situado cerca de la iglesia de Berwick, que conectaban con los túmulos cercanos y con otros montículos. Cuatro de las líneas se hallaban perfectamente alineadas

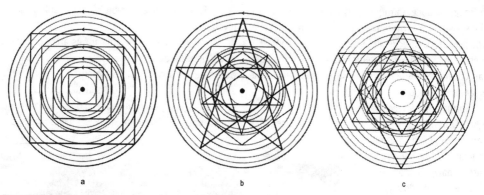

a   b   c

Figura 12.11
Plano de las líneas detectadas con varillas que muestra doce anillos de energía concéntricos alrededor del menhir de Outeiro, en Portugal, y cómo sus posiciones están gobernadas por la geometría: (a) Teorema III del cuadrado, de Hawkins; (b) geometría pentagonal; (c) geometría hexagonal.

con el círculo de piedras adyacente, específicamente en ciertos puntos donde anteriormente habían estado puestas las piedras. Como ahora estaban apareciendo círculos de las cosechas junto a montículos en esta parte del país, Tilt descubrió que su aparición coincidía con una liberación de energía de los montículos cercanos. Comentó: «La carga energética se hace tan grande que rebosa y se descarga. Cuando esto ocurre, el aire, que normalmente no es conductor, se convierte en conductor en la cercanía del potente campo eléctrico, y aleja la carga de una serie de lugares situados en el patrón energético [radial]» (Tilt, 1992).

La observación de Tilt es consistente con los datos que muestran que, en los círculos de piedra, las lecturas ultrasónicas más intensas se producen entre febrero y marzo (Robins, 1982 y 1985), muy apropiadamente justo antes de la primera explosión de círculos de las cosechas; esta señal se disipa completamente a medida que la estación de los círculos de las cosechas adquiere impulso. ¿Podrían estos enclaves ricos en energía facilitar los círculos de las cosechas? ¿O podrían los círculos interactuar con la trama geodésica?

Tilt también se dio cuenta de que los círculos de las cosechas tienden a aparecer en los nodos geodésicos y esto seguía siendo cierto dieciséis años después, cuando mis varillas se balancearon violentamente dentro del «Triple Julia Set» en reacción al cruce de las líneas Michael y Mary, que se encuentran en este punto del complejo neolítico de Windmill Hill.

Hamish Miller, otro zahorí de barba abundante, se está encontrando con patrones idénticos a los míos, y ha refinado tanto sus poderes que es capaz de detectar complejos e intrincados patrones de energía descargada. La primera vez que este ingeniero escocés vio un círculo de las cosechas sintió un reconocimiento tan profundo que se le erizó el vello de la espalda. En esta auspiciosa ocasión, pasó sus varillas sobre una serie de diez anillos concéntricos invisibles, algunos de ellos separados únicamente por un centímetro de distancia, que definían el perímetro externo del círculo principal; dentro del anillo encontró cinco círculos más. Miller descubrió que los anillos se desplazan hacia arriba por capas, y detectó uno a 150 metros por encima del suelo durante un reconocimiento aéreo.

En ocasiones, estos finos anillos pueden verse como oscuras bandas concéntricas sobre las espigas cubiertas de rocío al amanecer, particularmente cuando la luz viene desde atrás. Es posible que esto sea resultado de que su elevada carga eléctrica interactúa con la humedad, creando ondas de música congelada, por así decirlo.

Con estas ondas en mente, viajé a un lugar remoto al este de Portugal donde abundan los enclaves neolíticos inalterados. Al ser uno de los últimos lugares de Europa donde la gente mantuvo una fuerte conexión con la trama telúrica, Portugal (la antigua Lusitania, la «tierra de la luz») ha sido durante mucho tiempo un puerto seguro para múltiples pueblos y razas, ofreciendo tolerancia a los perseguidos y heterodoxos. Forma un triángulo de energía con Avebury y Abu Simbel, en Egipto.

Inicialmente buscaba similitudes entre los monumentos neolíticos lusitanos y sus contrapartes británicas, y me sorprendió descubrir su riqueza en anillos concéntricos detectables con mis varillas, particularmente en el menhir de Outeiro, uno de los más altos de Europa. Pero había algo familiar respecto a las áreas relativas de estos doce anillos...: en ellos prevalecía una sensación de armonía, que me recordaba que en una ocasión Martineau vio una imagen virtual de la geometría sagrada reflejada en los círculos de las cosechas (véase el capítulo 9).

Cuando apliqué las reglas de la geometría sagrada, descubrí que las relaciones entre los anillos estaban gobernadas por el pentagrama y el hexagrama. La mayor sorpresa fue que los anillos que contenían los únicos movimientos de energía en el sentido contrario al de las agujas del reloj estaban gobernados por el teorema III de Gerald Hawkins (véase la figura 12.11). Animado, apliqué el mismo análisis a otros menhires y dólmenes, y volví a descubrir que los anillos estaban gobernados por los teoremas de Hawkins, la geometría sagrada o ambos. Recordé los primeros trabajos de Hamish Miller y cómo había encontrado campos de energía en los centros de los círculos de las cosechas con formas de cruces teutónicas o figuras de nueve, diez o doce puntas, y consideré que estas formas eran «similares a los contornos energéticos en puntos situados a lo largo de la línea St. Michael, donde las líneas masculina y femenina se entrecruzan en lugares sagrados concretos» (Miller, 1992).

Figura 12.12
Los cuatro anillos concéntricos de energía detectados fuera del círculo de las cosechas de Beckhampton se generan extendiendo la geometría pentagonal del diseño físico.

Al volver a Inglaterra revisé los círculos que había examinado con varillas de zahorí. Uno de ellos era el doble pentagrama de Beckhampton, donde encontré que cuatro anillos de energía rodeaban la formación. ¿Podía existir la misma correlación geométrica en un círculo de las cosechas? Ciertamente parece ser así. Cuando los pentagramas de la formación visible se extienden, sus puntos tocan claramente la circunferencia de cada anillo detectado con las varillas, mostrando que los anillos de energía son armónicos del diseño de las cosechas visible (véase la figura 12.12).

¿Se trataba de una coincidencia? Para averiguarlo, apliqué la misma técnica a otra formación, el «Heptágono» de Tawsmead Corpse, y encontré una relación idéntica (véase la figura 12.13). Estas relaciones geométricas muestran que la respuesta de las varillas de zahorí no es accidental. Asimismo, el alineamiento geométrico de los anillos de energía sugiere un efecto similar a los sobretonos y subtonos musicales, en los cuales las ondas armónicas se

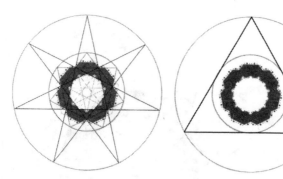

Figura 12.13
Los heptágonos superpuestos del círculo de las cosechas de Tawsmead definen la ubicación de sus dos anillos de energía externos (izquierda). La propia área de los anillos está determinada por el triángulo equilátero del segundo teorema de Hawkins, el equivalente de una doble octava (derecha).

generan proporcionalmente a partir de una nota clave, que en este caso es el propio patrón físico del círculo de las cosechas. Esto me condujo a nuevas revelaciones.

En la formación que abrió la estación de 1999 debajo de Milk Hill (véase la figura 12.14), las proporciones entre los anillos de energía concéntricos y la formación de las cosechas volvió a demostrar los teoremas de Hawkins, exhibiendo patrones geométricos de seis, siete, nueve y doce lados, toda una demostración para una formación aparentemente intrascendente. La aparición de las figuras geométricas nónuples fue importante para mí porque, como he dicho antes, yo había predicho que este tipo de figuras prevalecerían por primera vez. Cuando a continuación apareció una compleja formación con forma de estrella de nueve puntas debajo de Sugar Hill, pareció que mi intuición quedaba confirmada. A medida que la estación avanzó se produjeron nuevas validaciones.

Tuve otra sorpresa cuando descubrí que los elementos físicos del glifo de Sugar Hill exhibían la geometría *detectada con las varillas* en la anterior formación de Milk Hill (véase el capítulo 10, figura 10.25). Teniendo en cuenta que había hecho el mismo descubrimiento en 1997, concluí que el primer círculo de la estación encarna las formas que van a prevalecer esa temporada.

Los anillos concéntricos detectados con varillas *en las afueras* del glifo de Sugar Hill revelaron otra conexión geométrica. Cuanto más me alejaba de la formación, más se amontonaban los anillos concéntricos, hasta que llegué a un punto en que

apenas estaban a dos centímetros de distancia y seguidamente me topé con un muro de energía, como si la totalidad de la estructura estuviera contenida dentro de una cúpula. Al trazar estos anillos en un ordenador, la proporción entre el campo energético y el borde de la formación generó el segundo teorema de Hawkins, una doble octava. Me encontraba de pie dentro de una cúpula de sonido (véase la figura 12.15).

A medida que cada estación de las cosechas va en *crescendo*, los anillos concéntricos se multiplican alrededor de los círculos, y parece que la Tierra oscilara salvajemente, como una campana tañida por un frenético Quasimodo. Más de 150 anillos rodeaban las «nueve lunas crecientes» de Hapken Hill, mientras que el «doble heptágono» de Roundway generó tantos cientos que dejé de contar cuando aún estaba a más de 30 metros de su perímetro; de hecho, en los siete minutos que pasé dentro de esta formación me sentí desorientado y físicamente enfermo.

Paul Vigay me ayuda a validar el descubrimiento de estos anillos de energía concéntricos, y a menudo camina a mi lado con sus aparatos mientras nos desplazamos por los surcos dejados por las ruedas de los tractores. Cuando me encuentro con un anillo mis varillas se mueven, y en su aparato aparece una discrepancia de 100 Hz; estas diferencias pueden estar por encima o por debajo de las lecturas locales.

Estos patrones de los círculos detectables con varillas de zahorí pueden ser influidos por las vibraciones armónicas, como las generadas por el sonido de un arpa tocada dentro del pictograma de Milk Hill (1990), que hizo que todas las líneas de energía se expandieran (Bloy, 1992). Yo he medido idénticos efectos después de ceremonias para «entonar» montículos y otros enclaves sagrados, en los que la voz humana se combina con la intención para despertar al «dragón» local.

El difunto Richard Andrews era un granjero de Wessex que había trabajado con los círculos de las cosechas desde que aparecieron originalmente a finales de la década de los setenta. Era un zahorí natural. Su método variaba ligeramente del de otros en el sentido de que detectó la existencia de una capa de energía como a un metro del suelo y descubrió que el flujo energético en ella es inverso al que fluye por el suelo mismo. Tilt y yo validamos este descubrimiento independientemente, y creemos que las capas de los círculos de las cosechas fluyen en polaridades alternantes (positiva/negativa). Esto puede explicar por qué a menudo las plantas en el suelo de los círculos suelen encontrarse en capas de contraflujo (véase el capítulo 4).

Andrews acostumbraba a llevarse un testigo con él para ver los efectos que tenía la energía sobre su equipo de zahorí. Un día dejó las varillas en manos del sacerdote de su parroquia. El respetable clérigo se sintió anonadado cuando vio las varillas reaccionar a las polaridades energéticas, rotando como hélices de helicópteros sobre el vórtice central dentro del círculo.

Andrews descubrió que el diseño físico de los primeros círculos de las cosechas emergía dentro de bandas compuestas por tres líneas geodésicas «rectas», y que algunos rasgos de los círculos de las cosechas, como las cajas o anillos, surgían en las intersecciones de líneas cargadas positivamente. También se dio cuenta de que las líneas cruzadas de los «remolinos» (líneas de energía excepcionalmente intensa que pueden hacer rotar las varillas del zahorí) se encuentran cerca del centro de la formación y demarcan los puntos de corte del diseño.

Como Andrews era capaz de detectar con sus varillas de zahorí «la impronta maestra» de energía que recubre la formación física, demostró que, a pesar de los múltiples patrones presentes en el lugar, sólo una parte de ellos se plasman en el círculo de las cosechas. Incluso cuando han desaparecido

Figura 12.14
Cada una de las cinco figuras simples de esta formación generan uno o dos anillos de energía concéntricos. A su vez, la relación entre el diseño físico y el campo energético produce una serie de formas geométricas. El teorema III de Hawkins se evidencia en el grosor del anillo de más abajo. Milk Hill, 1999.

Figura 12.15
Plano de círculos concéntricos de energía detectados con
varillas de zahorí en el glifo de Sugar Hill. La relación de la
energía con el círculo de las cosechas está gobernada por
el segundo teorema de Hawkins, una doble octava. Vista en
3-D (abajo), esta energía toma la forma de una cúpula, y se
extiende tanto por debajo como por encima del suelo.

Las lecturas de las frecuencias electromagnéticas de Paul Vigay caen abruptamente en el
momento en que se cruza la pared de la formación. «La frecuencia electromagnética dentro de la inusual formación 'garra' de Hapken
Hill (1994) se salió de la escala, pero cayó
rápidamente al salir un par de metros del perímetro externo del círculo», comentó. Este
tipo de discrepancias no se encontraron en el
cercano «círculo de las cosechas» encargado
por Arthur C. Clarke. Siguen acumulándose
pruebas que indican la existencia de un «mecanismo de escudo» en los círculos de las
cosechas tal como se ha descrito anteriormente, bien como un tubo vertical que
define el perímetro del círculo o con forma de
cúpula, como en el caso del campo energético alrededor del glifo de Sugar Hill.

En abril del 2000 hubo una serie de
sucesos que dieron aún más credibilidad a
esta teoría. Equipado con una cámara perfectamente funcional, volé en un pequeño aero-
plano sobre un conjunto de nuevas formaciones.
Una de ellas era la formación octogonal de cuatro
anillos situada al lado de Silbury Hill. El sol brilló, la
cámara hizo «clic», nada anormal que reseñar.

Cuando revelé los negativos, todas las imágenes eran normales, excepto una fila de nueve rectángulos en el centro que estaba en blanco. A ambos lados de éstos, las imágenes muestran mi acer-
camiento al «octógono» de Silbury Hill y mi partida
de él, y sin embargo las fotografías tomadas directamente encima y dentro de su espacio aéreo estaban en blanco.

El técnico de mi cámara también parecía estar
en blanco. Después de contemplar varias explicaciones posibles, la más plausible era que la cámara había
cruzado algún tipo de barrera cuya frecuencia electromagnética había tenido un efecto temporalmente

todos los rastros visibles del círculo, queda una
huella dactilar invisible pero detectable con varillas
que puede permanecer en el lugar hasta cinco años.

Como las fuerzas formativas de la materia y
la energía tienden a tomar la forma esférica, en este
punto merece la pena recordar el concepto de espacio 4-D que mencioné en el capítulo 10. El contorno físico de un círculo de las cosechas puede formar
parte de una imagen mayor, tal como afirman las
personas con un alto grado de sensibilidad. Estos
diseños se extienden dimensionalmente por encima
y por debajo del suelo, y el círculo de las cosechas
físico sólo representa el plano liso de lo que sería,
por analogía, una naranja cortada en dos.

Es posible que tengan razón. Los zahoríes dicen que los límites de los círculos de las cosechas
observan estrictamente las líneas de energía marcadas.

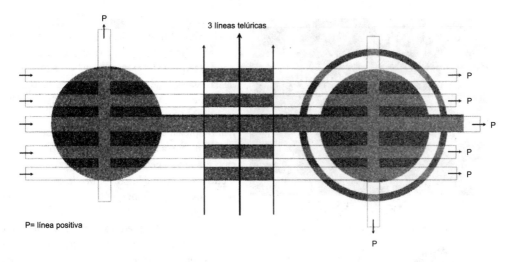

Figura 12.16
Plano detallado de la energía detectada por Richard Andrews en el pictograma de Chilcomb. Los rasgos del círculo de las cosechas quedan definidos por las líneas geodésicas cargadas positivamente. Las cuatro «cajas» quedan precisadas por tres líneas de energía telúrica compuestas por polaridades positiva/tierra/positiva.

debilitante sobre su tablero de circuitos. Después me llegaron noticias de que otro fotógrafo había tenido una experiencia idéntica, esta vez mientras volaba sobre el espacio aéreo de la formación «Red estirada» de Windmill Hill.

¿Estaba el diseño mismo intentando transmitir algo? Al inspeccionarlo más de cerca, me di cuenta de que una de las fotografías en blanco en realidad había captado una imagen muy débil; era tal sutil que el laboratorio fotográfico no se había molestado en imprimirla. Volví a la tienda y les pedí que lo hicieran. La imagen «arcoíris» revelada es muy curiosa porque supuestamente es una visión desde arriba de un círculo de las cosechas. (Véase la figura 12.17 en la página XII en la sección a color.)

Cuando el subsiguiente análisis del negativo por parte de los técnicos de la cámara y de Kodak no ofreció ninguna solución, llevé la imagen conmigo a una sesión de canalización, durante la cual se reveló que la cámara había captado el momento de la apertura de un campo energético en Silbury Hill (yo no había mostrado o divulgado ningún detalle con relación a la imagen o su ubicación). Según se me dijo, la imagen es esencialmente el patrón energético —una forma de vida— del «guardián» de

Salisbury (al que se describe como un El, en plural Elohim). «¡Por desgracia, el proceso tiende a freír las pequeñas cajas negras!», explicó el ente canalizado.

Como la mente humana es capaz de emitir pulsos de energía electromagnética, un grupo de personas enfocado, e incluso un único individuo, puede añadir un patrón energético a un círculo de las cosechas creado por seres humanos: éste es un hecho que constaté y medí dentro de un heptagrama pobremente ejecutado en Overton (cuyo autor, Matthew William, fue perseguido posteriormente por esta causa). Es importante indicar que, a diferencia de los círculos de las cosechas genuinos, los patrones energéticos residuales de esta naturaleza no se corresponden con el diseño físico. En las formaciones de ejecución humana no se detectan alteraciones electromagnéticas ni las varillas de zahorí registran respuestas, principalmente porque raras veces están ubicadas sobre líneas de energía, y nunca en sus nodos.

En cuanto el público se enteró de que la energía era detectable con varillas de zahorí, los falsificadores de círculos más aventureros empezaron a intentar alinear sus creaciones con círculos de las cosechas anteriores, o hacerlas en lugares históricamente

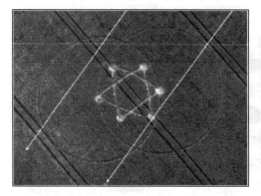

Dolmen de la
Guarida del
Diablo (anti-
guamente un
montículo)

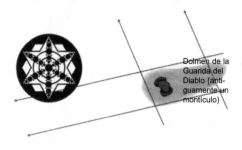

Figura 12.18
Cuando los círculos de las cosechas no atinan en las líneas geodésicas. Arriba: diseño hecho por la mano humana en Whitchurch.
Medio: el círculo de las cosechas situado al lado de la Guarida del
Diablo sólo toca una de las líneas geodésicas del dolmen. Abajo:
ejemplos de círculos de las cosechas falsificados que no tocan las
líneas geodésicas cercanas (falsificación de William, centro).

conocidos por su abundancia de líneas geodésicas,
sin dar nunca en la diana. Por ejemplo, a pesar de
trazar un hermoso patrón hexagonal a unos metros
de la Guarida del Diablo, sus fabricantes sólo consiguieron tocar el borde de la línea geodésica que
recorre esa cámara de piedra.

Una de las falsificaciones mejor ejecutadas se
produjo en 1997 en Whitchurch, Hampshire. Cuando cruzas la pared de un círculo de las cosechas,
normalmente generas de inmediato una respuesta
de las varillas de zahorí, pero, en esta ocasión,
cuando entré en la formación, las varillas se saltaron sospechosamente el perímetro y sólo reaccionaron aproximadamente medio metro después. El
patrón de energía detectable que recorría la formación era lineal, pero no hacía referencia a su perímetro o a su diseño físico.[113] Cuando comprobé que
no se manifestaba ningún otro patrón, incluyendo
el punto nodal, sospeché.

Una mirada alrededor del campo reveló la
presencia de dos viejos robles aislados a unos cien
metros, en un campo de trigo. Tradicionalmente,
los druidas plantaban este tipo particular de árbol
para marcar las líneas geodésicas; y cuando exploré
con mis varillas entre ambos árboles, descubrí que
señalaban una línea de alrededor de ocho metros de
ancho con la que el círculo había sido alineado de manera aproximada.

Un uso más convincente de los árboles como
puntos de referencia y marcadores se produjo en la
formación «Hormiga». Durante un descanso que tomamos mientras recogíamos muestras, me puse de
pie en la curva de cada «pata», y me di cuenta de que
señalaban con precisión una hilera de seis robles
casi equidistantes que rodeaban el campo; las «antenas» del glifo señalaban a otros dos robles. Antes
de que pudiera averiguar por qué, un lívido granjero llamado Will Butler bajó corriendo por los surcos
dejados por las ruedas de los tractores, cargando
contra nosotros. Después de un intercambio intenso y acalorado, supimos que nuestro equipo había
recibido el permiso para entrar en el campo de un
trabajador de la granja en nombre y representación
de su jefe. Al enterarse, Butler nos permitió ama-
blemente continuar. Como una de nuestras funciones es establecer vínculos amistosos con los granjeros, involucramos a Will en nuestra investigación

---

113. Posteriormente se descubrió que la falsificación había sido hecha como prueba para los equipos operativos de campo del
CPRI.

Figura 12.19
Glifo «Hormiga». East Meon, 1997.

un mapa geológico. Para mi sorpresa, el círculo de las cosechas indicaba o hacía referencia a una veintena de túmulos, montículos largos e iglesias, e incluso dos círculos de las cosechas anteriores, todos ellos dentro de un radio aproximado de ocho kilómetros. La figura de la hormiga enfocaba la energía de estos monumentos locales, y lo que posiblemente explicaba las lecturas increíblemente altas que habíamos obtenido en su interior. Butler añadió que sus animales domésticos, generalmente tranquilos, estuvieron muy agitados la

y le preguntamos si conocía la historia de aquella parcela de tierra.

—¿Eres consciente de que este círculo está justamente encima de una línea telúrica?

—Puedes verla allí arriba —dijo él, apuntando a los huecos entre los robles.

De hecho, la principal línea geodésica entraba desde el este y atravesaba el glifo de las cosechas. Como no se podía ver ningún otro antiguo indicador desde el valle, dibujé los ángulos que creaban «las patas de la hormiga» y después los superpuse sobre

Figura 12.20
Las piernas y el cuerpo de la «hormiga» señalan o hacen referencia a no menos de 24 montículos, túmulos y enclaves neolíticos existentes, además de capillas y otros círculos de las cosechas cercanos.

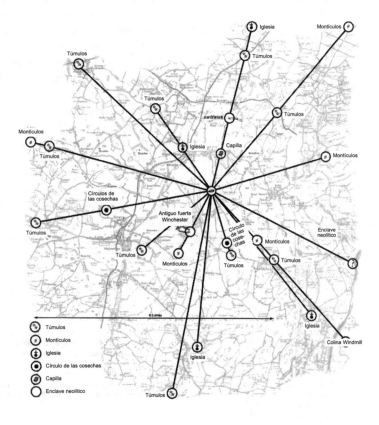

noche de la aparición de la formación, y que un helicóptero militar la había reconocido poco después de que él la descubriera al amanecer.[114]

Cuando conté mis descubrimientos sobre la «Hormiga» a Richard Andrews, él me comentó lo siguiente: «Toda la pieza mostraba un patrón muy reconocible con varillas de zahorí, y lo más interesante es que las líneas que empiezan en el centro se detienen en el extremo de cada pata y no van más allá de ese punto. Otro rasgo muy interesante es el componente con forma de pera: frente a la base de los dos lados planos había dos líneas de energía que cortaban la configuración en tres secciones, pero no iban más allá de los bordes externos». Andrews también descubrió que el entramado energético del campo había modificado su alineamiento para abarcar simétricamente el diseño; la formación de las cosechas actuaba como un vector de energía, absorbiéndola hacia su cuerpo y liberándola en forma concentrada por su cola.

Un aspecto clave de la energía de los círculos de las cosechas es que el centro geométrico y el centro energético raras veces coinciden. El último a menudo está «descentrado», y suele venir marcado por la espiral de las plantas tumbadas, sobre la que suele encontrarse el punto de energía activa. La polaridad es predominantemente neutral y las varillas suelen demostrarlo. He contabilizado tres excepciones a esta regla: la «Hormiga» produjo cuatro vórtices de energía con la forma de un cuadrado invisible, aproximadamente a un metro de la espiral central, y los vórtices generaban tanta carga que a los péndulos se les tuvo que impedir físicamente que salieran volando por los aires; la formación «Toro» (1997) produjo un «punto fijo» de energía unos nueve metros al noreste del centro físico, sobre el que los péndulos se quedaron apáticos rápidamente, como si hubieran sido tragados por la tierra; por último, los centros de las formaciones de creación humana no responden a las varillas, a menos que se trate de respuestas sugeridas por la mente de un zahorí inexperto.

Por tanto, queda establecido que los círculos de las cosechas están vinculados energéticamente con los antiguos enclaves, la Tierra y su trama magnética.[115] A pesar de la abrumadora evidencia a favor del uso de herramientas de zahorí en los círculos de las cosechas, particularmente como método para detectar su autenticidad, también hay que decir que no son infalibles. Debo insistir en que el trabajo de zahorí requiere una gran concentración, pensamiento objetivo y, lo que es más importante, práctica. Muchos entusiastas de los círculos de las cosechas consideran «genuinas» formaciones que posteriormente resultan ser falsas, lo que los expone a la ridiculización de los medios.

Por ejemplo, Richard Andrews tardó tres años en aprender a examinar los círculos con varillas de zahorí. En su opinión, el 90% de las personas que lo hacen no saben qué están examinando ni por qué están obteniendo la información; y aún más importante es el problema de la autosugestión, o dejar que las emociones o las creencias les impidan ser objetivos. «Si entras en un círculo de las cosechas creyendo que es real —avisó Andrews—, obtendrás todas las respuestas que quieres, porque vendrán de tu propia mente».[116]

Ése es un buen consejo, al que yo añado: empieza examinando el círculo en la entrada del campo antes de que tus ojos puedan engañarte. O ven a mis conferencias, puesto que quienes asisten a ellas dicen que sus varillas reaccionan positivamente a las imágenes de los círculos de las cosechas, pero, cuando se les muestran falsificaciones, las varillas no se mueven de la posición de descanso.

---

114. La tecnología de análisis de espectros usada por los militares es capaz de detectar alteraciones locales en el campo magnético de la Tierra. Según una investigación del doctor Jonathan Sherwood, esta tecnología puede detectar círculos de las cosechas veinticuatro horas antes de que se manifieste el patrón físico, y posiblemente explica por qué los helicópteros militares suelen ser los primeros en presentarse en el lugar.
115. Jim Lyons, antiguo consejero del CCCS, ha llevado a cabo nuevos trabajos sobre las tramas Hartmann y Curry, y su relación con los círculos de las cosechas. Para encontrar comentarios sobre la energía en relación con los lugares sagrados, puedes remitirte a *Subtle Energy*, de John Davidson, *Points of Cosmic Energy*, de Blanche Merz, y al trabajo de Paul Broadhurst y Hamish Miller.
116. Conversación con Richard Andrews.

Figura 12.21
Cuatro vórtices marcan el punto de cruce de las líneas geodésicas. Los vórtices este/oeste están desalineados 10° aproximadamente y mantienen el alineamiento con su respectiva línea de energía. Silbury Hill, 1999.

Como todos los organismos vivos —incluida la Tierra— somos de naturaleza electromagnética, y dado que la presencia de esta energía en los círculos de las cosechas afecta al entorno, también debe de influir en los que entramos en contacto con los círculos de las cosechas. Examinemos esta idea.

Como vimos en el capítulo 10, las formas geométricas son esencialmente remolinos de energía. Construyendo una forma geométrica apropiada sobre un lugar estratégico de la trama magnética de la Tierra, es posible influir no sólo en el campo magnético local, sino en toda la trama. Uno de los practicantes destacados de este arte fue John Dee, filósofo del siglo XVI que también era alquimista, astrólogo, geógrafo y miembro de la corte de Isabel I de

Inglaterra. Se cuenta que disipó la energía de una armada española invasora construyendo una estructura que contenía dos octógonos superpuestos sobre un nodo energético en las islas Scilly.

La correspondencia entre el patrón físico del círculo de las cosechas y la corriente geodésica subyacente recuerda el modo en que se seleccionaba la localización de las primeras iglesias, particularmente cuando había que construirlas sobre un edificio pagano preexistente. Después de marcar la posición de las líneas geodésicas, el arquitecto diseñaba la

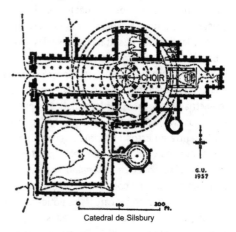

Catedral de Silsbury

Figura 12.22
Edificios como la catedral de Salisbury fueron construidos en concordancia con las rutas subyacentes de energía geodésica, ocultando así el verdadero propósito del enclave original. Un hecho que demuestra que la energía era de gran importancia para las antiguas culturas es que estas estructuras masivas a menudo se construían sobre terrenos inadecuados para soportar su peso. La catedral de Salisbury fue edificada en tierra pantanosa.

estructura de acuerdo con el flujo energético. Aunque al edificio se le daban usos funcionales, a menudo se ocultaba que había sido construido de forma irregular para acomodar los patrones de energía subyacentes (Underwood, 1973).

No puede sorprendernos que en las entradas de estas iglesias haya bandas de energía de tres líneas, particularmente en las que cuentan con tres puertas: habitualmente, las dos puertas menores son portadoras de carga positiva y negativa, mientras que la principal representa la carga neutral/tierra.[117]

---

117. Basado en las investigaciones del autor con varillas de zahorí en las iglesias de Inglaterra y Portugal.

Asimismo, el lugar donde la energía se enrosca como un manantial subterráneo para «alimentar» a la iglesia puede venir marcado por un montículo, una piedra vertical o un tejo. Los «círculos metralla» realizan la misma función en los círculos de las cosechas.[118]

Las formas también influyen en las funciones que tienen lugar en su interior. Por ejemplo, se ha probado científicamente que la forma de pirámide afecta a los patrones cerebrales y a las estructuras cristalinas, hasta el punto de momificar tejidos muertos, afilar cuchillas de afeitar romas y potenciar los microorganismos que habitan en la leche y el yogur. Las formas esféricas curan heridas rápidamente y las salas de hospital trapezoidales mejoran el estado de los esquizofrénicos.

Las catedrales góticas pueden afectar a las frecuencias electromagnéticas mediante el uso de la geometría, de sus propiedades acústicas y por estar asentadas sobre nodos de energía.[119] Cuando un devoto entra en estos espacios, la energía le sube por la columna y se transfiere a los depósitos magnéticos del cráneo (cerca de la glándula pineal), produciendo cambios de conciencia. Según ciertos experimentos rusos, en las catedrales góticas y en los monumentos de piedra las capacidades telepáticas aumentan hasta un 4000%. De modo que, como los antiguos enclaves sobre los que se asientan, los templos afectan a las ondas cerebrales, y si añadimos las beneficiosas resonancias del canto, las frecuencias sónicas impregnan y rejuvenecen la trama geodésica de la Tierra. ¿No es paradójico que ahora que el uso de las iglesias para cantar y recitar salmos se encuentra en su mínimo histórico aparezcan los círculos de las cosechas, reactivando la energía de una trama cuyo poder había permanecido estancado?

Los círculos de las cosechas y los enclaves sagrados comparten otro común denominador en el hecho de que ambos están situados por encima o cerca de lugares donde abunda el agua. El agua es fundamental para la vida, y la proporción entre ella y la tierra en la superficie terrestre es equiparable a la del cuerpo humano, haciendo que ambos estén sometidos a la influencia gravitatoria del ciclo lunar. Como el agua es conductora de la energía eléctrica, el tipo de rocas que más abundan en los enclaves megalíticos contiene un alto contenido en cuarzo, un mineral capaz de almacenar una carga eléctrica sustancial. Las piedras de Stonehenge, por ejemplo, contienen un cuarzo similar al usado en los primeros aparatos de radio (Cathie, 1990). Esto puede explicar por qué en momentos clave del ciclo lunar la energía de los círculos de piedra afecta a las brújulas, y hace fluctuar las lecturas de la radiación de fondo y las frecuencias ultrasónicas; situaciones similares, si no idénticas, a las que ocurren en los círculos de las cosechas.

También se sabe que un vórtice situado dentro del agua crea un campo electromagnético, y a medida que esta energía se acumula, produce efectos antigravitacionales.[120] Como la sangre contiene agua y requiere la acción de un vórtice para impulsarla por las venas, es posible que el campo electromagnético creado por el vórtice activo de un círculo de las cosechas influya en el cuerpo humano, creando condiciones que lo afecten biológica o mentalmente e induciendo estados alterados.

Como sentía curiosidad por saber cómo esta fuerza de vida interactúa con los zahoríes, me dediqué a investigar el trabajo del físico retirado doctor Zaboj Harvalik, que como jefe del comité de investigación de la Sociedad Americana de Zahoríes y consejero de la Agencia de Conceptos Avanzados del ejército norteamericano, se había planteado la misma pregunta.

Motivado por pruebas anecdóticas de que el principal sensor del cuerpo humano está situado en el plexo solar, Harvalik realizó una serie de experimentos controlados en los que cubrió varias partes sensibles de su cuerpo con un cilindro especial, y

---

118. Los «círculos metralla» parecen funcionar como baterías, ofreciendo una espiral de energía al círculo de las cosechas. Existe una relación idéntica entre lugares como Stonehenge y sus túmulos anexos. Lo que me inspiró a realizar esta investigación fue el estudio de los meticulosos mapas de Underwood del flujo espiral en los enclaves sagrados.
119. «Gótico» se deriva de la palabra escandinava *guth*, que significa «palabra».
120. Los efectos antigravitacionales han sido detectados en los estudios de vórtices de agua realizados por Viktor Schauberger (Becker y Selden, 1985).

después caminó sobre un área en la que sabía que se producían fuertes respuestas a las herramientas de zahorí. La única parte de su cuerpo que no reaccionó cuando se bloquearon las ondas magnéticas fue el plexo solar.[121] Aunque no éramos conscientes de ello en el momento, ésta es la parte del cuerpo que Richard Andrews y yo usamos para acceder a la información más intrigante de los círculos de las cosechas con nuestras herramientas de zahorí. Y no estamos solos: para Paul Vigay, las discrepancias de frecuencias más sorprendentes son las que ocurren aproximadamente a un metro encima del suelo, la zona del plexo solar.[122]

Los efectos benéficos y negativos del electromagnetismo sobre el cuerpo humano ya están probados científicamente. Lo que no ha tenido tanta publicidad son los efectos del flujo electromagnético *dentro* de los círculos de las cosechas, donde la presión sobre el hemisferio derecho del cerebro puede ser tremenda; abundan las historias de personas que son temporalmente incapaces de realizar tareas lógicas, y muchas veces dichas historias las cuentan extranjeros que no tienen acceso a una información tan velada.

Mientras revisaba los círculos con sus varillas de zahorí, Hamish Miller observó el efecto de realizar actividades del cerebro izquierdo dentro de los círculos. «Al principio me costó concentrarme el tiempo suficiente para contar con precisión los radios que salían del centro, y una serie de veces me olvidé de dónde había puesto el marcador del comienzo, o de qué herramienta usaba como marcador… Simplemente perdía la cuenta o me dejaba distraer por alguna trivialidad. En tres ocasiones, cuando ya tenía mucha práctica en mantener la

concentración, experimenté lo que sólo puedo describir como un desliz temporal. El recuento de radios iba 5-6-7-10, y me encontraba en una parte considerablemente diferente del círculo al contar 10 de donde había estado al contar 7» (Miller, 1992).

Muchas veces mis compañeros y yo tenemos que repetir el recuento y volver a medir para obtener cálculos exactos, aunque sólo se trate de sumas. Como una de mis tareas en las formaciones involucra un protocolo fotográfico, a veces escribo con anterioridad la lista de tareas que voy a realizar, y sin embargo ningún verano he conseguido cumplir completamente todos los protocolos. Lo mismo es válido para las fotografías aéreas. A menudo vuelvo sin la mitad de las fotos necesarias, a pesar de ser una de las tareas más sencillas que he realizado nunca. Cuando uno se aleja del área general del círculo de las cosechas, el funcionamiento cerebral se normaliza.[123]

Las pruebas preliminares que se han realizado para registrar los ritmos cerebrales mediante electroencefalogramas (EEG) muestran una mayor actividad del hemisferio cerebral derecho en las personas que están dentro de los círculos de las cosechas. Algunos podrían argumentar que la mayoría de estos resultados son producto de la imaginación de la gente; sin embargo, ninguno de estos síntomas parecen estar presentes en la misma medida fuera de las formaciones (Pringle, 1994).

La medida en que la energía de los círculos de las cosechas interactúa con el cuerpo humano se evidencia en los efectos causados sobre el sistema nervioso. Cualquier enfermedad o desequilibrio corporal tiende a quedarse atrapado en el tejido muscular en forma de bloqueos energéticos. En la kinesiología

Figura 12.23
Ejemplos de círculos de las cosechas asociados con frecuencias extremadamente altas y múltiples casos de desorientación: Beckhampton, 1998 (izquierda); Roundway, 2000 (medio y derecha).

---

121. En la filosofía hindú, el plexo solar es el chakra a través del cual fluye la fuerza de vida.
122. Con unas pocas notables excepciones, las lecturas de Vigay se agrupan en torno a los 260-320 MHz. Estas lecturas se encuentran también en las iglesias, aunque con frecuencias algo menores: el sonido de un arroyo, una hoguera, y el viento peinando los árboles dan frecuencias de 256, 320 y 320 kHz respectivamente, exactamente las mismas frecuencias atribuidas a las canciones simples y a la música de iglesia.
123. El círculo de piedras Rollright, en Oxfordshire, tiene el mismo efecto en la gente. Se dice que sus piedras no se pueden contar; de hecho, según se comenta, hay otros once enclaves en las islas británicas que producen el mismo efecto.

aplicada, los médicos —específicamente los quiro-prácticos— localizan dichos bloqueos realizando pruebas musculares en las que los músculos de los pacientes muestran diversos grados de resistividad cuando son sometidos a estímulos externos, tradi-cionalmente vitaminas y hierbas. Pero en 1995, un experimentado e intuitivo quiropráctico de Boston empezó a sustituir dichos estímulos por imágenes de los círculos de las cosechas.

El doctor Randall Ferrell no es un quiropráctico normal, pues ha viajado por casi todo el mundo en su empeño de aprender una amplia variedad de técnicas curativas. En resumen, está dispuesto a apli-car el método que le vaya mejor a su paciente, inde-pendientemente de lo poco ortodoxo que le parezca su tratamiento a la medicina occidental convencional.

Después de localizar la parte del cuerpo blo-queada mediante el test muscular, el doctor Ferrell pasa una serie de pictogramas sobre el órgano afec-tado del paciente (que no es consciente de la ima-gen en su conciencia de vigilia), comprobando al hacerlo la reacción muscular. Finalmente hay una imagen que cierra el músculo, indicando que el ór-gano afectado ha sido estimulado por la «química» de ese pictograma. Distintos diseños afectan a dis-tintos desequilibrios.

El psicoterapeuta Geoff Brooks también ha experimentado de primera mano las posibilidades curativas de los círculos de las cosechas. Mientras daba una conferencia, distribuyó imágenes del glifo «Seis lunas» aparecido en Barbury Castle en 1997 a varios miembros del público para medir si tenían un efecto significativo sobre ellos. Una participante que llevaba mucho tiempo sufriendo una artritis aguda dijo que el dolor de sus articulaciones desapareció repentinamente cuando miró la imagen.

Otra investigadora de los círculos de las co-sechas, Lucy Pringle, ha compilado extensos infor-mes de patrones físicos y comportamientos típica-mente asociados con los círculos de las cosechas.

Lucy empezó a acumular datos en 1990, después de haberse lesionado tan gravemente el hombro en un partido de tenis que le costaba levantar el brazo para lavarse los dientes. Cuando aún experimenta-ba cierta molestia, entró en un círculo de las cose-chas, y unos minutos después: «Sentí un cosquilleo en los hombros y, sí, mi hombro estaba completa-mente curado. Margaret Randall, que estaba con mi hermana y conmigo, también sintió una notable curación en la formación, y fue capaz de tumbarse completamente por primera vez en quince años» (Pringle, 1990).

Dorothy Colles, una artista de ochenta y dos años que también sufría artritis, visitó su primer círculo de las cosechas en 1999 acompañada por Lucy. Dorothy caminó lentamente alrededor de la formación antes de tumbarse, pidiendo a Lucy que se quedase por allí cerca para después ayudarla a levantarse. Pero la ayuda no fue necesaria, porque Lucy se puso de pie vigorosamente sin necesitar ningún tipo de ayuda, «sin esfuerzo y sin el crujido característico de la artritis» (Pringle, 2000). Asi-mismo, una mujer que sufría osteoporosis sintió alivio después de visitar un círculo de las cosechas, y el problema no ha vuelto tres años después. Una persona con un temblor parecido a la enfermedad de Parkinson dejó de temblar cuando se sentó en la formación del toro, y continuó así durante veinti-cuatro horas. Otro individuo afectado por la fiebre del heno entró en una formación impresa sobre un campo de colza, a la que era alérgico, y sin embar-go se curó de su dolencia (Pringle, 1998).

Las curaciones ocurridas en los círculos de las cosechas recuerdan la tradición curativa asocia-da con los círculos de piedra. En Cornualles se dice que pasando a un niño enfermo a través de la pie-dra Men-an-Tol, con forma de anillo y rica en cuar-zo, se curan sus dolencias; esta costumbre fue reto-mada recientemente por los aldeanos en un círculo de las cosechas aparecido en Hungría.[124] Es posible

---

124. Efectos similares ocurrieron durante las apariciones de la Virgen María en Fátima, Portugal, en 1916, y en Zeitoun, Egipto, en 1968. Ambos sucesos fueron observados por miles de personas. En aquellos momentos los médicos registraron cientos de casos de personas curadas de cáncer, artritis e incluso gangrena, y sin embargo ninguna de ellas había ido a ver la aparición con la intención de ser curada. Para apaciguar a los escépticos, la Virgen María predijo eventos futuros para validar sus apa-riciones; dos ejemplos notables fueron la fecha de la Revolución rusa y de la Segunda Guerra Mundial.

que estas prácticas se descarten arrogantemente como patrañas de campesinos ignorantes, pero la medicina moderna también emplea niveles bajos de energía electromagnética para curar ciertas dolencias, particularmente las relacionadas con los huesos. Los huesos son estructuras cristalinas con las mismas propiedades piezoeléctricas que los cristales de cuarzo, y cuando el cuarzo se somete a frecuencias electromagnéticas, su estructura cristalina almacena información, siendo incluso capaz de cambiar de forma.[125] De modo que cuando se irradian frecuencias magnéticas (o ultrasónicas) sobre los huesos rotos, su recuperación se acelera notablemente. Como los círculos de las cosechas y los círculos de piedra poseen propiedades electromagnéticas y ultrasónicas, y están situados en lugares ricos en agua y energía telúrica, pueden producir efectos similares.

Entrar en un círculo de las cosechas es como entrar dentro de un campo de inducción débil (donde se aplica o retira una corriente electromagnética variable). Un campo así es capaz de actuar sobre el cuerpo a todos los niveles, porque éste no es otra cosa que un agrupamiento de moléculas en permanente estado de vibración. Los círculos de las cosechas tienen la ventaja añadida de su estructura geométrica, y, como he mencionado antes, los ángulos de las formas geométricas contienen energía. Por tanto, las propiedades armónicas de las formas geométricas producen un efecto adicional sobre el cuerpo, puesto que el cuerpo mismo es una forma pentagonal. Los sonidos también producen efecto, ya que afectan a la forma, e incluso al color, de las células sanguíneas. Por ejemplo, la nota *mi* las hace más largas y esféricas, mientras que la nota *do* cambia su color del rojo al rosa. Las células cancerosas se desintegran cuando se las somete a ondas de 400-800 Hz, que son las notas *do-re* por encima de *mi media* (Dewhurst-Maddox, 1993).

Muchas personas experimentan una conciencia más clara, euforia, calma y alegría dentro de los círculos de las cosechas, y horas después de haberse ido sienten que su vigor aumenta notablemente. Lucy Pringle tomó nota de dos curaciones ocurridas en la misma formación: «En todo momento sentí una ligereza agradable en la cabeza y se me limpiaron los senos. Mencioné esto a mi compañero, y un joven que me oyó dijo que a él también se le habían limpiado» (Pringle, 1993b).

A veces, estas curaciones van acompañadas por un suave cosquilleo en la superficie de la piel, particularmente en la palma de la mano, una de las partes del cuerpo más sensibles electromagnéticamente. El efecto es similar al experimentado por pacientes tratados con acumuladores de orgón; un notable ejemplo de acumulador es la propia colina de Silbury.[126] Como zahorí y visitante habitual de los círculos de las cosechas, suelo notar esta sensación rápidamente, y lo mismo le ocurre a Pat Delgado. Los terapeutas de reiki son particularmente sensibles a este cosquilleo y hablan del efecto energetizante que sienten en las puntas de los dedos, que a veces toma la forma de un calor anormal; sus pacientes también pueden sentir este efecto, aunque no sepan que su terapeuta está involucrado en los círculos de las cosechas. El incremento de calor también es característico de los tratamientos con orgón.

En general, la interacción con los círculos de las cosechas tiene ciertos efectos para la salud humana, entre los que podemos mencionar la sensación de euforia, conciencia elevada, claridad mental y bienestar físico. Lucy Pringle, que ha visitado más de cien formaciones, se ha sentido bien en la mayoría de ellas, y sin embargo en algunas ha adquirido una palidez que la ha obligado a irse a toda

---

125. La memoria celular almacenada en los huesos es la principal razón por la que los pueblos neolíticos almacenaban los huesos de los chamanes en cámaras de piedra y montículos, particularmente el cráneo, la tibia y el dedo índice.

126. Los acumuladores de orgón de nuestra era moderna fueron construidos por Wilhelm Reich, a quien ahora atribuimos el mérito de haber descubierto esta «fuerza de vida» que interpenetra el espacio. Sus acumuladores están compuestos de capas alternantes de material orgánico e inorgánico que sirven para atrapar esta energía. Las estructuras piramidales de todo el mundo sirven para un propósito similar, usando tipos de piedra alternante para generar un flujo de energía alternante positiva/negativa. Las investigaciones de Reich fueron confiscadas por el gobierno de Estados Unidos y los acumuladores de orgón siguen siendo ilegales en ese país.

prisa. Tengo una conocida que vive cerca de Alton Barnes y saca a pasear diariamente a sus perros y —aunque tiene muy poco interés en este fenómeno— entró por curiosidad en la formación «ADN» apenas cuatro horas después de su aparición; tanto ella como sus perros sintieron ganas de vomitar hasta que salieron.

Una mujer que visitó el «Triple Julia Set» me dijo que había tenido tres periodos menstruales durante el mes siguiente a su visita. Inicialmente su ginecólogo le diagnosticó estrés anormal, a lo que ella respondió que, como profesional del mundo de la publicidad, está *permanentemente* estresada, y sin embargo esta anormalidad no le había ocurrido anteriormente. Otro caso inusual de hemorragia ocurrió en el «Nudo» de Beckhampton (1999): tres personas de un pequeño grupo de turistas japoneses sufrieron hemorragias nasales simultáneamente. Lo curioso es que era una serie de círculos que yo había examinado con mis varillas de zahorí, y había detectado en ellos frecuencias microondas.

Náuseas, dolores de cabeza, mareos, desorientación, hemorragias menopáusicas anormales, falta de claridad mental, exceso de fatiga...; estos síntomas representan el lado desagradable de los círculos de las cosechas. Generalmente suelo experimentar bienestar en ellos, pero, como Lucy Pringle, también ha habido momentos en los que he sufrido náuseas y desorientación. Un efecto muy común es la deshidratación. Después de una breve estancia dentro del «Doble pentagrama» de Beckhampton (1998) bebí más de tres litros de agua en media hora, y continué sintiéndome indispuesto durante las veinticuatro horas siguientes; a quien era mi acompañante aquella mañana no le fue mucho mejor.

Estas alteraciones no parecen tener una razón clara. Según mi experiencia, los efectos negativos parecen coincidir con las formaciones en las que detecto una energía extraordinariamente alta, o cuando se produce una exposición prolongada o se entra en un círculo a las pocas horas de su aparición. Para confundir las cosas todavía más, estos síntomas suelen invertirse a medida que la formación envejece.

Los síntomas mencionados tienen dos causas posibles: la radiación microondas y los ultra e infrasonidos. Estos últimos pueden curar o dañar dependiendo de su intensidad, de su frecuencia y del tiempo de exposición. Los ultrasonidos se usan en los hospitales para tratar la artritis y el reumatismo muscular; también pueden afectar al sistema nervioso central, incluyendo al cerebelo. Tanto las frecuencias sónicas como las microondas afectan a la glándula pituitaria y producen señales auditivas, como «clics» y vibraciones. La exposición excesiva a cualquiera de ellas produce dolor de cabeza y deshidratación, porque dentro de una cavidad resonante como el cuerpo humano, las frecuencias extremadamente altas estimulan las moléculas bipolares de agua, produciendo calor y acelerando el proceso de deshidratación (Schul y Pettit, 1985).

Como el cuarzo, la membrana celular del tejido conjuntivo humano es piezoeléctrica, es decir, es capaz de transportar cargas eléctricas. Por otra parte, la piel está cargada positivamente mientras que el campo áurico del cuerpo es negativo. Por lo tanto, el campo energético humano es portador de cargas alternas que reaccionan a cualquier campo magnético presente. El campo magnético de los círculos de las cosechas cambia de polaridad con el tiempo, de modo que sus efectos físicos sobre la persona dependen del tipo de carga que está presente en ella en el momento de la exposición.

Estudios realizados en la Universidad de California, en Los Ángeles, muestran que el movimiento y la coordinación del cuerpo depende de su nivel de interacción con un campo electromagnético, y un cambio en éste produce efectos en las habilidades sensoriales y motoras: un campo saturado mejora el funcionamiento motor, aumenta el bienestar emocional, hace que la persona se sienta animada y genera estados avanzados de conciencia. En un campo deficitario los resultados se invierten, reduciendo la capacidad intelectual e incrementando la ansiedad. La interacción prolongada con un campo electromagnético manipulado también provoca fatiga (Hunt, 1989). La exposición a frecuencias de 100 Hz produce sensaciones de cosquilleo, náuseas suaves y mareo. Exponiéndose a frecuencias de entre 63 y 73 Hz se siente ansiedad, fatiga extrema y dolores de cabeza, mientras que los niveles de entre 43 y 73 Hz son responsables de problemas relacionados con la orientación y alteraciones de la actividad intelectual.

En resumen, cuando la colección de frecuencias que constituyen el cuerpo interactúan con otras frecuencias, se produce armonía o discordia. Todo depende de con qué entres en contacto. Todos hemos entrado en una habitación en la que ciertas personas, sin razón aparente, nos hacen sentirnos incómodos, del mismo modo que con otras nos sentimos como si las conociéramos de toda la vida. Todo se reduce a un fenómeno de resonancia simpática. Por lo tanto, un círculo de las cosechas puede ser tu templo de curación o un lugar que te haga sentirte enfermo.

Mientras que en los cientos de informes recogidos en la base de datos de Lucy Pringle predominan ligeramente los estados desagradables —aunque también es cierto que la gente no llama al médico para decir que está bien—, los efectos emocionales suelen ser beneficiosos. Los escépticos señalan que ésta es una reacción psicológica normal al contacto con lo desconocido. Esto parece ilógico, puesto que lo natural en el ser humano es ponerse en guardia ante lo desconocido. Por tanto, en un fenómeno como los círculos de las cosechas se podría esperar sentir ansiedad más que vivacidad.

Algunas personas dicen que no «sienten» nada en los círculos de las cosechas y los descartan como un engaño, añadiendo que cualquiera que sienta estas «energías cósmicas» debe poseer una imaginación muy fértil. Cabe pensar que como el cuerpo físico es de naturaleza electromagnética y los círculos de las cosechas exhiben este tipo de energía, sin duda la gente la detectará a algún nivel. Sin embargo, como explica el biólogo Lyall Watson: «Un campo eléctrico o magnético muy débil se hace notar porque resuena en la misma frecuencia que el campo vital del organismo que reacciona a él» (Watson, 1973). Por lo tanto, si el campo de energía de un individuo no está en resonancia con el del círculo de las cosechas, tenemos dos diapasones que no comparten el mismo tono.

Los animales poseen sentidos más finos que los nuestros y no pueden dejarse engañar por la «imaginación fértil». De hecho, ellos son los primeros testigos de los círculos de las cosechas, puesto que los sienten venir; las ovejas intentan alejarse todo lo posible de un campo antes de la aparición de una formación, y en Inglaterra es habitual que haya tierra de pasto al lado de los campos de cereal. Se sabe que las aves rompen su formación encima del espacio aéreo de los círculos de las cosechas; a los pájaros les espantan los ultrasonidos, y por eso se usan para alejarlos de los aeropuertos. Los caballos se niegan a cruzar los perímetros de los círculos de las cosechas, o se ponen nerviosos en su proximidad; si la tierra sobre la que aparece el círculo de las cosechas vuelve a ser pasto después de haber estado sembrada de cereal, es posible que las ovejas y las vacas eviten el lugar donde estuvo el círculo durante un periodo que puede extenderse hasta un año.

Los perros son particularmente sensibles a los ultrasonidos, como se evidencia por sus reacciones antes de que se produzca un terremoto, de los que se sabe que emiten este tipo de frecuencias. Asimismo, perros habitualmente plácidos y obedientes han mostrado actitudes anormales *antes* de la llegada de los círculos de las cosechas. Se sabe que han ladrado incesantemente entre las 2 y las 4 de la madrugada, tratando de agujerear puertas y negándose a obedecer órdenes. Éste es un rasgo particularmente inusual en los collies, la raza de perros preferida por los granjeros británicos. Incluso es posible que los perros se nieguen a entrar en círculos de las cosechas nuevos.

En 1999, mientras examinaba tres formaciones con mis varillas de zahorí me acompañaron Sue y su perra, Sheba. Sue tenía a Sheba desde hacía muchos años y conocía perfectamente sus hábitos tanto dentro como fuera de casa. En la formación hexagonal de la Guarida del Diablo, Sheba se sentó erguida, con una expresión de aburrimiento que parecía decir: «Aquí no hay nada especial. ¿Podemos irnos?». En la formación no había energía detectable con herramientas de zahorí. Y esta actitud de la perra contrastó intensamente con la que había tenido aquella misma tarde en las formaciones de

Hakpen Hill y Cherhill. Aquí Sheba marcó inmediatamente su territorio en cada muro perimetral, y corrió por los alrededores con actitud juguetona, alzándose sobre sus patas traseras mientras paseaba por las curvas y lunas crecientes. Sue se mostró sorprendida de lo animada que estaba Sheba.

Sheba retomó su comportamiento normal a una distancia considerable de estos círculos, en los que registré algunas de las respuestas más intensas a mis varillas que he registrado nunca. Además de las complejas líneas geodésicas presentes en ese lugar, los dos diseños estaban rodeados por cientos de anillos concéntricos, situados a sólo unos quince centímetros de distancia unos de otros.

Los perros marcan su territorio cuando se sienten particularmente ansiosos, y por regla general encuentran los centros energéticos de los círculos de las cosechas y los tratan como si fueran fuego. De hecho, ha habido un número inusual de incidentes en los que estos puntos (que no siempre coinciden con el centro geométrico de las formaciones) están marcados por excrementos de animales.

Los gatos también reaccionan de manera extraña. Durante mi tercera visita al glifo de las cosechas de Liddington (1996), me encontré a una pareja que no podía entender por qué su gato, normalmente plácido, de repente se sobresaltó en el momento de cruzar su umbral. Aunque estaba acostumbrado al aire libre, este gato protestó y miró a su alrededor enérgicamente buscando una vía de salida. Cuando estuvo más allá de los confines de la formación, recuperó su compostura habitual.

Como las energías duraderas de los círculos de las cosechas producen efectos mensurables en los seres humanos y en los animales, empecé a preguntarme si contienen algún código vibratorio que pueda usarse para curar. Al ser una persona práctica, también consideré de qué modo se aplicaría. Como vimos en anteriores capítulos, las vibraciones de sonidos, palabras e incluso geométricas son capaces de resonar en las personas y el entorno de un modo que fomenta la armonía.

A comienzos del siglo XX el destacado médico Albert Abrams llevó a cabo estudios en la Universidad de Stanford sobre la resonancia y la naturaleza de los organismos vivos que condujeron a comprender que, en esencia, la enfermedad es vibratoria. Aunque acosado y desacreditado sistemáticamente por la medicina convencional y sus amigos del gobierno, un comité del parlamento británico presidido por lord Holder estudió en 1924 las propuestas de Abrams, admitiendo con reticencia y después de pruebas exhaustivas que sus métodos funcionaban. De hecho, a pesar de haber sido ilegalizada, la radiónica fue empleada posteriormente por los ingenieros británicos y americanos para mejorar la calidad de las cosechas y potenciar la producción de cereales durante la Segunda Guerra Mundial. Escrutinios posteriores del trabajo de Abrams llevados a cabo por científicos rusos volvieron a probar que sus conclusiones eran legítimas (Constable, 1977; Wachsmuth, 1932; Tomkinson, 1975).

El trabajo acumulado de pioneros como Abrams y su ilustre pupila, la doctora Ruth Drown, dio lugar a la radiónica, un eficaz método de tratar a distancia a personas y otros sistemas biológicos simplemente activando una fuente de energía sutil. Un tipo de sistema radiónico actualmente empleado es el del doctor Malcolm Rae, que almacena los remedios en perfecto estado sobre cartas simuladoras. Cada carta contiene la representación geométrica de una sustancia en forma de radios y anillos concéntricos. De este modo, la energía de cada remedio se almacena en improntas «geométricas», que se transfieren al agua cuando se necesita.

Los radiales de las cartas de Rae son de gran interés, porque estos mismos patrones pueden detectarse con varillas de zahorí en los círculos de piedra y en los de las cosechas; una única cosecha generó veintidós radiales desde su centro, y en muchos de estos círculos de las cosechas se informa de curaciones.

En este punto de mis investigaciones me encontré con el trabajo del Instituto para la Terapia de Resonancia, con base en Alemania, especializado en la revitalización de ecosistemas alterados, como ríos polucionados del antiguo bloque oriental y bosques que mueren por los efectos de la lluvia ácida. La terapia de resonancia, desarrollada a partir de la radiónica de Abrams, opera sobre el principio de que cada organismo vivo está rodeado por un campo morfogenético que contiene un código que le permite sobrevivir. Cuando la enfermedad o la polución atacan al organismo, el código empieza a descomponerse y el campo morfogenético se contrae.

con células humanas, y de las pruebas musculares del doctor Ferrell). Los resultados del Instituto son tan positivos que el gobierno austríaco lo contrató para «curar» un parque de Viena donde la fuerza de vida de los árboles estaba disminuyendo, es decir, los árboles se estaban muriendo.

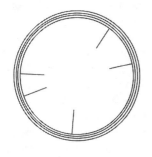

Después de tres años de tratamiento, la densidad de hojas se incrementó en un 20,7%, y la vitalidad de los limeros aumentó en un 37,9%, la de los robles en un 34,4% y la de los castaños en un 15,4%. El experto que hizo el seguimiento del proyecto declaró que esta mejoría no es explicable «por medios naturales». Los resultados son todavía más impresionantes a

Figura 12.24
Izquierda: el tipo de diagrama usado en la curación radiónica. Derecha: los círculos de las cosechas generan patrones radiales similares. ¿Podrían usarse los círculos de las cosechas para curar?

El tratamiento se realiza tomando una fotografía o un mapa del área en cuestión, colocando sobre ella un aparato especial y dando al ecosistema una información que le permite curarse. Los «informadores» empleados son símbolos o imágenes generalmente derivados de la geometría fractal. Cuando se establece una resonancia simpática entre el símbolo y el ecosistema, en éste se producen mejorías claras y cuantificables.

Se descubrió que los círculos de las cosechas conllevan un código de curación cuando el Instituto empezó a usar fotografías aéreas de los círculos de las cosechas como «informadores».[127]

En experimentos estrictamente controlados, el Instituto descubrió que los círculos de las cosechas pueden interactuar con los campos morfogenéticos de sistemas alterados ofreciéndoles el código ausente que necesitan para curarse (algo no muy diferente de la terapia cimática del doctor Manners

la luz de los datos de idénticas especies de árboles en el resto de la región, que muestran una reducción de su vitalidad durante el mismo periodo.[128] En resonancia con esto, o por pura coincidencia, cuando el Instituto emprendió proyectos similares en la República Checa, empezaron a aparecer múltiples círculos de las cosechas en aquel país.

Cuando las vibraciones están cifradas en sustancias orgánicas, dan al material receptor propiedades vibratorias cuyos efectos pueden transmitirse a otras sustancias o personas (Rothstein, 1958). Estudios llevados a cabo en Japón muestran que es posible alterar radicalmente la estructura cristalina del agua embotellada, cuando una persona escribe intencionalmente las palabras «te odio» o «te quiero» en una etiqueta que deposita en el seno de ese líquido. Asimismo, los patrones de cristalización de las muestras de agua tomadas en los círculos de las cosechas indican que los cristales adoptan las formas

---

127. El emplazamiento de las imágenes sobre el aparato IRT requiere un «punto de rotación crítico», donde la imagen repentinamente hace «clic» con el entorno. Tal vez éste sea el propósito del cambio en cuatro fases de los círculos de las cosechas, descubierto por Andrews. Véase el capítulo 8.
128. De una comunicación personal con Franz Lutz, director del departamento de teoría e investigación de IRT, y del Instituto para la Terapia de Resonancia, Capelburg, 1994.

geométricas subyacentes a las formaciones[129] (Emoto, 1999).

A comienzos de la década de los ochenta, el médico alergólogo francés Jacques Benveniste llevó a cabo experimentos que han tenido el mismo efecto entre la comunidad científica ortodoxa que un volcán arrasando pueblos enteros. Benveniste probó que el agua puede memorizar un código químico incluso cuando la solución original ha sido diluida mil veces, como ocurre en los preparados homeopáticos, que frecuentemente usan «soluciones tan diluidas que no quedan moléculas activas de la sustancia original actuando química o biológicamente».[130] A pesar de que las autoridades francesas asaltaron y cerraron su laboratorio (y confiscaron sus notas), científicos de cuatro países han repetido sus resultados, salvando de la quema a este «hereje moderno»[131] (Schiff, 1994). Parece que ser perseguido por los poderes establecidos, independientemente del método empleado, se ha convertido en la prueba definitiva de la validez de una línea de investigación.

Intentando comprobar las teorías de Benveniste sobre la memoria del agua, Lucy Pringle empezó a enterrar pequeñas botellas de cristal llenas de agua en los círculos de las cosechas para ver si la energía de éstos tenía algún efecto potenciador sobre ella. Un análisis llevado a cabo por Benveniste descubrió que en las muestras tomadas en el centro del círculo «Triple Julia Set» el efector potenciador era del 51,3%, un 136% por encima de las muestras de control (Pringle, 1997).

Pero, además del agua, las semillas recogidas dentro del perímetro de los círculos también parecen tener más energía. Esto no puede sorprendernos si tenemos en cuenta que las semillas recogidas en un círculo de las cosechas y selladas en un tubo de ensayo durante un año parecían mantenerse en perfecto estado en comparación con las muestras de control de un tubo adyacente, a las que les salió moho.[132] Un incidente ocurrido en un glifo de East Field en 1994, cuyos elementos geométricos le daban la apariencia de un ojo, nos da una pista sobre el potencial terapéutico de los círculos de las cosechas. Cuando Jane Ross entró en la formación, sintió la necesidad de llevarse a casa algunas de las semillas que estaban por el suelo, algo que nunca le había ocurrido antes. Tres meses después, Ethan, su hijo de veintidós años, empezó a sangrar repentinamente por un ojo. Se le trasladó rápidamente al hospital, donde le diagnosticaron un tumor retinal «maligno en un 99%». Pero antes de poder operar, los médicos tenían que observar el tumor durante tres meses para detectar su pauta de crecimiento.

Las posibilidades de salvar la vista del joven parecían mínimas, pero, a pesar de las perspectivas pesimistas, Jane hizo que su hijo siguiera una rutina de visualización positiva, meditación e ingestión diaria de semillas del «ojo» del círculo de las cosechas. Tras el periodo de observación, la única parte de esta rutina que había sido practicada con consistencia contrastable era la ingestión diaria de semillas.

Cuando Ethan volvió al médico, su tumor ya no era maligno. De hecho, había desaparecido sin dejar rastro, y no volvió. Jane compartió su experiencia con Isabelle Kingston, que no se sorprendió. A esta notable psíquica se le había «dicho» que el centro del círculo de las cosechas era «el centro de todas las posibilidades», y que la curación podía llegar a través de él. De hecho, ése fue el único punto del círculo donde Jane sintió el impulso de recoger semillas.[133]

---

129. La bendición del agua es un antiguo ritual por el que mediante la intención enfocada de un chamán se da al agua propiedades curativas. Aún existen vestigios de este rito en los servicios religiosos, aunque, en general, su significado y eficacia se han perdido.
130. Los principios de la homeopatía se remontan al antiguo Egipto, en las enseñanzas de Thoth: «Ésta es la propiedad de nuestra medicina, en la que el cuerpo previo de los espíritus queda reducido: al principio, una parte de ello teñirá diez partes de este cuerpo perfecto; después un ciento, después un millar, y así infinitamente... y cuanto más se disuelve la medicina, tanto más se incrementa su virtud».
131. El trabajo de Benveniste ha sido validado por las pruebas llevadas a cabo por la profesora Madeleine Ennis de Queen's University Belfast, en Milgraum, 2001.
132. De una prueba realizada por Isabelle y Edward Kingston.
133. Ya en 1988, el anticuario George de Trafford escribió desde su casa en Malta a Colin Andrews, advirtiéndole respecto a las energías de los círculos de las cosechas: «Ten cuidado con tu propio cuerpo físico. Estás lidiando con energías muy altas que

Barbara Berge también sintió el impulso de comer semillas de los círculos de las cosechas, a pesar de ser alérgica al trigo. «Los primeros efectos fueron como si hubiera tomado *speed*: alta energía, falta de sueño, nervios y pérdida de apetito. Me sentía volar». Al principio no atribuyó los efectos a las semillas, hasta que comió algunas más unas semanas después: «En quince minutos reaparecieron los síntomas», dijo, y eso ocurrió justo antes de que el equipo eléctrico de su taller sufriera un cortocircuito.

Cuando sus colegas comieron semillas, también experimentaron síntomas similares: intensas vibraciones corporales, sensación de verter energía por las manos y la cabeza, falta de sueño, pérdida de apetito y desorientación.

Curiosamente, también notaron calor en la zona del plexo solar.

Posteriormente, Lucy Pringle envió otra remesa de semillas a Berge, que no notó ningún efecto. No sabía que en esa segunda remesa sólo había semillas ordinarias (Pringle, 1993b).

Todos los sistemas biológicos de la Tierra están conectados al campo vibratorio terrestre, de modo que cualquier elemento de naturaleza vibratoria que interactúe con dicho campo —llamaradas solares, ondas de radio, sonidos, círculos de las cosechas...— afectará a todas las formas de vida. La capacidad de los círculos de las cosechas de resonar a distancia con los seres humanos a través de energías sutiles forma parte de la capacidad probada de curar a distancia, que permite curar usando únicamente una muestra del cabello del paciente. Los científicos rusos saben que descifrando el código electromagnético de un organismo vivo pueden transmitir remedios en forma de ondas pulsantes para curar a una población de dicho organismo. Por supuesto, la emisión de ondas también puede tener

el efecto contrario. En 1962, la CIA descubrió que los militares soviéticos habían estado bombardeando la embajada de Estados Unidos en Moscú con frecuencias microondas de nivel ultrabajo hasta que muchos de sus empleados sufrieron cáncer (Davidson, 1987).[134]

Teniendo en cuenta la armonía que exhiben los círculos de las cosechas, hay motivos para creer que su propósito es benigno, y además la energía de los dragones siempre ha estado asociada con propiedades potenciadoras de la vida, tal como reconoció Guy Underwood: «Un catalizador de la construcción material y de los poderes generadores de la naturaleza..., parte del mecanismo por el que lo que llamamos Vida viene a ser..., ese principio compensador que mantiene toda la naturaleza en equilibrio» (Underwood, 1973). Por tanto, es muy posible

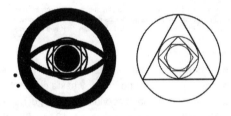

Figura 12.25
Izquierda: círculo de las cosechas de Alton Priors, cuyas semillas ayudaron a curar un tumor retinal. Esta forma de «ojo» es el producto de un *vesica piscis* y de los teoremas de Hawkins. Las figuras anidadas —el hexágono dentro del cuadrado dentro del triángulo— también crean la nota *la* (cuarta octava).

que los círculos de las cosechas contengan energías positivas y sanadoras.

Como se trata de una fuente de energía ilimitada y gratuita, no me sorprendería que las compañías farmacéuticas consideraran los círculos de las cosechas como una amenaza económica. Citando al eminente médico John Mason Good: «Los efectos

---

pueden producir diversos dolores. Éstos no son un problema. Simplemente reconócelos por lo que son. Sin duda tus estructuras psíquicas deben de estar siendo potenciadas por la concentración que despliegas en tu trabajo». Las implicaciones de estas observaciones continúan en el capítulo siguiente.

134. Associated Press informó el 22 de mayo de 1995 que los rusos también desarrollaron la influencia psicotrónica en respuesta a la tecnología usada en América durante los años setenta, en la que se combinaba la hipnosis y las ondas de radio de alta frecuencia para programar patrones de conducta en personas. Uno de los objetivos era hacer que los individuos fueran incapaces de sentir. Según el director del proyecto, Valery Kaniuka, el efecto neto es «la destrucción del intelecto humano». Después de que el sistema se hizo público (irónicamente, a través de la Fundación Glasnost de Mijail Gorbachov), cientos de antiguos soldados soviéticos, policías y agentes del KGB presentaron demandas por los daños sufridos.

Figura 12.26
«La madre está llorando», éste es el nombre que dieron los hopi al pictograma aparecido en Fawley Down (izquierda) el 4 de agosto de 1990, el día en que el ejército iraquí voló los pozos petrolíferos en Kuwait. A la derecha vemos otro pictograma anterior que muestra una Tierra marchita, aparecido poco después de la invasión de Kuwait por Irak.

de nuestras medicinas sobre el sistema humano son inciertos en máximo grado, y hasta el momento ya han destruido más vidas que la guerra, el hambre y la peste juntos» (Babbitt, 1878). Actualmente, los propios servicios de salud ya son la tercera causa de muerte en Estados Unidos, la cuarta en Gran Bretaña, y también matan a uno de cada cinco australianos; y entre tanto se prohíben remedios naturales con un gran nivel de eficacia porque ponen en peligro los colosales beneficios de la industria farmacéutica. Curas que salvarían vidas son censuradas en favor de toxinas mortíferas comercializadas como medicinas avanzadas (Day, 2001). David Tansley, un experto en radiónica, las describe así: «Las terapias no ortodoxas dan resultado, pero a menudo no parecen tener una explicación científica, y por tanto no son aceptables para la medicina convencional. Sin embargo, especialmente en el caso de las enfermedades crónicas, ofrecen curas

que no pueden conseguirse con los métodos ortodoxos» (Tansley, 1976).

Considera también que, en la transferencia de energía de las plantas al agua —un método establecido por el patólogo inglés Edward Bach— ésta retiene el poder curativo de las plantas. Aunque los remedios florales de Bach se administran para curar todo tipo de dolencias, afectan principalmente al estado psicológico del paciente (Chancellor, 1971). Si los círculos de las cosechas son capaces de producir cambios a este nivel, la idea de que la gente puede curar su propia mente será causa de insomnio para quienes ahora intentan controlar la mente pública.

La impresión que los círculos de las cosechas hacen en el agua del suelo tiene consecuencias importantes. Esta agua «codificada» se filtra hacia los acuíferos que alimentan a los ríos, y acaba convirtiéndose en el agua que bebemos.[135] Como se ha probado que el proceso homeopático actúa a nivel

---

135. Page y Broughton llegaron independientemente a una conclusión similar en *The Circular*, número 33, CCCS, 1998. Sus investigaciones sobre la conexión con los acuíferos se menciona en el capítulo 8.

celular, a medida que el agua potenciada por los círculos de las cosechas llega a los océanos, entra en contacto inevitablemente con todos los organismos de la Tierra. Y, tal como ocurre en homeopatía, cuanto más diluida esté, mayores son la resonancia y las frecuencias electromagnéticas que genera (Hunt, 1989). Como descubrió Paul Vigay, la frecuencia electromagnética de los círculos crece de manera notable cada año, y el rango más detectado últimamente es equiparable a una banda del cuerpo humano en la que no existen frecuencias en absoluto (ibíd.). Si añadimos esto a la sugerencia anterior de que los círculos de las cosechas pueden estar activando partes dormidas del ADN humano, la idea de un «despertar» adquiere viabilidad.

Lo cierto es que, impregnando la Tierra y su trama energética, los círculos de las cosechas están estableciendo una resonancia simpática con sus sistemas vivientes. Basándonos en los principios de luz y sonido, están activando una biblioteca de recuerdos almacenados en el cuerpo humano, y permitiendo que se acepte mejor el intercambio de información.

A medida que entramos en estos nuevos templos, nos despiertan a una realidad mayor. Los círculos de las cosechas están acelerando un cambio de conciencia en un momento en que tenemos una mala relación con nuestro hábitat natural y también unos con otros. Sean quienes sean los Creadores de círculos, no es casualidad que la proliferación mundial de círculos de las cosechas coincida con una fase de la historia de la Tierra en que los sistemas naturales se ven amenazados por el «ecocidio». Los Creadores de círculos parecen ser conscientes de este hecho.

Los hopi también eran conscientes de este peligro cuando reaccionaron a la imagen de una formación de las cosechas concreta (véase la figura 12.26): «La madre está llorando —se lamentaron—; están llevándose la sangre de la Tierra y sus pulmones se ahogan».[136] El mismo día que apareció la formación, los soldados iraquíes estaban volando los pozos petrolíferos en Kuwait, quemando la sangre de la Madre y anegando sus pulmones de humo. Junto al anterior apareció otro pictograma que simboliza el escudo nativo americano con las cuatro colas de castor —las cuatro esquinas de la Tierra conectadas por un Espíritu—, completamente dobladas, recordándonos, como un jeroglífico intemporal, que otra civilización avanzada, la egipcia, fue consumida por la arena cuando perdió el contacto con el mundo elemental.

136. De una comunicación con Colin Andrews.

13 El otro lado del velo

*El simple hecho de que los peces no puedan caminar
sobre la tierra seca no implica que no haya vida en
ella.*

—Camille Flammarion

En 1944, en un momento decisivo de la Segunda Guerra Mundial, una psíquica inglesa llamada Helen Duncan recibió un mensaje de un marino que estaba a bordo de uno de los destructores de su majestad en el Mediterráneo. Por desgracia, en ese momento, la nave y sus ocupantes no estaban sobre el Mediterráneo, sino *debajo* de él, pues acababan de ser hundidos por un barco enemigo. Con la mejor intención de ayudar, Duncan informó del asunto al Ministerio de Marina, dando la ubicación exacta de la nave hundida. El problema del Ministerio de Marina fue que Duncan recibió la noticia antes de que ellos supieran que habían perdido su destructor. Sir Dudley Pound, por entonces comandante en jefe de la marina, consideró esta transmisión psíquica un peligro: «Supongamos que esta mujer está en lo cierto. Esto podría poner en peligro todas nuestras operaciones secretas. De algún modo, debe ser silenciada». Pound emitió una recomendación urgente, porque resultó que Duncan había dicho la verdad: el destructor había sido hundido en las coordenadas exactas que ella había facilitado.

Como muestra de gratitud, los militares británicos arrestaron a Duncan y la pusieron frente a un juez en Old Bailey, que rápidamente la metió en la cárcel. Y no, como parecería lógico, por divulgar secretos militares y ser una amenaza para la seguridad nacional. El juicio se convirtió en una espada de doble filo: acusarla de eso demostraría que cualquier persona con poderes psíquicos podría revelar secretos militares, exponiendo al país al espionaje psíquico; y exonerarla confirmaría la validez de los poderes psíquicos. De modo que el tribunal la condenó bajo una arcaica ley antibrujas británica de 1735 (Barbanell, 1945; Roberts, 1945).

La historia de Duncan tomó un giro paradójico cuando los propios militares y otros organismos gubernamentales empezaron a experimentar con los poderes psíquicos. El gobierno americano invirtió mucho tiempo y dinero en el desarrollo de protocolos de espionaje psíquico para obtener secretos políticos y militares, identificar objetivos militares y terroristas, e intentar influir en los pensamientos de los líderes mundiales, haciendo que se plegaran a los caprichos de la política exterior norteamericana; en esencia, estaban tratando de entrenar a psíquicos para convertirlos en herramientas mortales (Morehouse, 1996; Puthoff, 1996).

Al otro lado del antiguo telón de acero, el gobierno ateo estalinista denunció públicamente que las capacidades psíquicas, la telepatía, e incluso la fe eran patrañas, y destruyó sistemáticamente las iglesias rusas como una póliza de seguros contra cualquier posible «invasión del alma». Sin embargo, Stalin contrató a uno de los grandes psíquicos de todos los tiempos, Wolf Messing, para predecir el futuro e influir en las mentes de los gobernantes del bloque oriental.

El mismo perro con distinto collar.

Messing era tan eficaz que Hitler, atemorizado, puso a su cabeza el nada despreciable precio de 200 000 marcos alemanes. Para Messing, trabajar con el subconsciente no era mucho más que poner en práctica las leyes naturales: «Tal vez la telepatía funcione por medio de campos magnéticos o de algún otro campo que aún no hemos descubierto», opinaba, y también insistía en que: «La ciencia debe alejar la telepatía del misticismo y averiguar cómo funciona. Porque funciona. Hace algunos años no se hacía nada respecto a las ondas de radio. ¿Por qué no podría la telepatía aportarnos milagros parecidos? Me sorprende que los científicos no se den cuenta, o no quieran darse cuenta, de que la telepatía ocurre continuamente en sus vidas. Creo que tienen una actitud parecida a los sabios de la Edad Media… que se negaban a admitir la existencia de la electricidad aunque veían rayos y relámpagos constantemente» (Ostrander y Schroeder, 1976). Cándido consejo viniendo de un hombre que en una ocasión demostró sus habilidades mentales entregando una hoja de papel en blanco al cajero de un banco, que rápidamente llenó su maletín con unos cuantos millones de rublos.

Los rusos, prácticos y cortos de presupuesto, no perdían el tiempo experimentando con magia barata a menos que supieran que sus investigaciones iban a tener aplicaciones prácticas. En 1967 invirtieron 21 millones de dólares en experimentos científicos sobre los poderes paranormales, hasta el punto de incorporar las técnicas telepáticas a sus programas espaciales (ibíd.).

Durante la Primera Guerra Mundial, el ejército checo usó la telepatía para localizar y atrapar una unidad de soldados húngaros, probando que las capacidades paranormales pueden ser un arma muy valiosa. En 1925, el mismo ejército publicó un manual titulado *Clarividencia, hipnotismo y magnetismo*. De hecho, en las pruebas que realizaron, los checos dieron a la comunicación telepática una fiabilidad del 98%, haciéndola más eficaz que sus teléfonos de campo o radiotransmisores en esa misma época (Campbell, 1966).

El campo de la clarividencia —o como se quiera llamar a las capacidades psíquicas— ocupó un lugar destacado en el antiguo mundo. Libres de los dictados de la moderna sociedad «civilizada», nuestros antepasados se sentían perfectamente cómodos accediendo a estados elevados de conciencia y meditando en lugares como los círculos de piedra o los túmulos, donde el espíritu de la Tierra induce estos estados mentales. Los «fuertes de las colinas» y los «castillos» mencionados a lo largo de este libro, situados a lo largo de colinas prominentes y a menudo construidas por la mano del hombre,

Figura 13.1
Vórtices giratorios que se combinan para crear la impresión de materia sólida.

eran y continúan siendo ricos en electromagnetismo, lo que estimula los circuitos cerebrales y facilita la comunicación telepática entre «devotos» situados en distintos puntos,[137] convirtiendo a estos lugares en una primera versión del teléfono móvil. Actualmente, los bosquimanos del Kalahari siguen practicando este tipo de comunicación a distancia (Van der Post, 1952).

La idea de que sólo un número limitado de individuos superdotados son capaces de contactar con otros niveles de realidad es una falacia nacida de la religión organizada, que plantea el contacto

---

137. Comunicación personal de Isabelle Kingston. También mencionado en Hitching, 1976.

con Dios como un privilegio especial reservado a unos pocos elegidos, y aquellos de nosotros que queramos establecer dicho contacto debemos acudir a su intermediario local, el sacerdote u obispo. Sin embargo, Jesucristo hace una referencia clara a nuestros dones en la Biblia (1 Corintios 3,16): «¿No sabéis que sois el templo de Dios y que el espíritu de Dios mora en vosotros? Porque el templo de Dios es sagrado, y ese templo sois». De modo que no hay personas sin capacidades psíquicas; simplemente hay personas que no las usan.

La expresión más natural del funcionamiento del subconsciente es la ansiedad que sienten las madres en el momento en el que su bebé recién nacido empieza a llorar en el extremo opuesto del hospital mientras a ellas les están tomando muestras de sangre. Parece que todos nacemos con esta capacidad, pero en la mayoría de nosotros queda condicionada. Algunos conservan sus capacidades psíquicas en forma de *guía interna*, mientras que otros desarrollan su potencial descartando las limitaciones artificiales o preconcebidas, o mediante el estudio y la aplicación de mantras, mandalas, geometría sagrada y, ahora, los círculos de las cosechas.

La sociedad occidental ha condenado tanto las capacidades psíquicas como la mayoría de las artes intuitivas, tachándolas de irracionales. Sin embargo, como Keith Thomas señala en su voluminosa obra *Religion and the Decline of Magic*, «ahora las personas inteligentes desdeñan con razón la astrología, la brujería, la curación mágica, la adivinación, las antiguas profecías, los fantasmas y las hadas. Pero estos fenómenos fueron tomados en serio por personas igualmente inteligentes en el pasado». Evidentemente, los dones psíquicos se olvidaron o reprimieron cuando empezamos a depender cada vez más del lenguaje y de la palabra impresa para transmitir nuestros mensajes. Hacia el 1700, la nueva ciencia exigió que toda la «magia» fuera demostrada y racionalizada; las prácticas que no eran cuantificables quedaron descartadas.[138] Sin

embargo, el conocimiento hermético, la numerología, la geometría sagrada e incluso la astrología fueron importantísimas para el desarrollo de la ciencia y de las matemáticas, para la observación precisa de los planetas y la medición del tiempo... conocimientos que ahora atribuimos erróneamente a la labor newtoniana y einsteniana.

Sin duda, las capacidades psíquicas son las más duras de probar por las barreras sociales —la mayoría de ellas el ridículo— que se interponen cuando se trata de comprenderlas. Los resultados son difíciles de verificar puesto que dependen en gran medida de la experiencia personal o de nuestro nivel de confianza en los individuos involucrados. Pero al otro lado del antiguo Telón de Acero la historia es muy diferente. Desde la década de los cincuenta, los parapsicólogos soviéticos han validado sistemáticamente la telepatía como medio de comunicación. En Bulgaria, las capacidades psíquicas han demostrado ser tan útiles que se aplican de manera metódica en el proceso educativo y en medicina (Ostrander y Schroeder, 1976). Lo que le da a la ciencia oriental su ventaja es su profunda comprensión de que el mundo natural está compuesto tanto por lo que vemos como por lo que no vemos, y muchos de sus fenómenos —como los infrasonidos y la mayor parte del espectro luminoso— están más allá del rango perceptual de nuestros cinco sentidos.

Tal como las empresas multinacionales no comentan públicamente que contratan a zahoríes, tampoco reconocen que usan a psíquicos, y sin embargo emplear a individuos con un alto grado de sensibilidad es más común de lo que se podría pensar. Se emplean psíquicos para localizar fallas geológicas, descubrir enclaves arqueológicos enterrados, resolver problemas informáticos, diagnosticar enfermedades e incluso predecir terremotos, de modo que, evidentemente, algo funciona.

En Checoslovaquia se vino usando la telepatía para resolver asesinatos desde comienzos del

138. Asimismo, Michael Gauquelin, un estadista francés de la década de los sesenta, estaba empeñado en desacreditar la astrología probando que la profesión de la persona no está gobernada en absoluto por su signo ascendente. Sin embargo, sus propias estadísticas, realizadas en cuatro países diferentes, probaron que se equivocaba, y establecieron que la astrología es un arte que está por encima de la mera superstición.

siglo xx, y actualmente las policías británica y norteamericana siguen su ejemplo. Incluso es posible emplear el poder del pensamiento para reducir la tasa de delincuencia: en junio y julio de 1993, en Washington D. C. se realizó un experimento con la meditación trascendental destinado a reducir una oleada de criminalidad, que produjo una reducción del 18% de los delitos violentos durante los que históricamente fueron los meses más violentos del año.[139]

Aun así, los psíquicos de nuestros días podrían sufrir una recurrencia de la paranoia que prevaleció en la época medieval si sus métodos ponen en entredicho el estilo de vida de quienes se dedican a resolver problemas usando la lógica y la tecnología convencionales. A veces, como a Helen Duncan, se los aprisiona por sus esfuerzos.

Pero la espiral evolutiva sigue adelante, y hoy estamos muy cerca de tomar conciencia de que el universo no está compuesto de materia, sino de conciencia. Ahora los físicos postulan que detrás de cada átomo hay un electrón «fantasma» que le provee de energía (Irion, 2000). La declaración hecha por Helena Blavatsky en el siglo xix de que «a los átomos se los llama vibraciones en ocultismo» ha sido validada actualmente por el microscopio electrónico, que revela que todo lo que existe se halla en estado de vibración. El núcleo de un átomo gira a 1,022 Hz por segundo, el átomo en sí a 1,015 Hz por segundo y las células vivas a 103 Hz. Actualmente se sabe que el cuerpo humano es una «ilusión», porque si se le retirara todo el espacio vacío y se reuniera el resto, su volumen total no superaría el de una gota de agua. Las fuerzas de la luz, la gravedad y el sonido actúan sobre esta gota de productos químicos produciendo las increíbles vasijas que son el hombre y la mujer. De modo que incluso dentro de nuestros propios cuerpos hay niveles de existencia que están más allá de nuestra percepción consciente.

Actualmente, la idea de que existen diferentes mundos a distintos niveles de vibración está ganando aceptación en la física cuántica. Como descubrió lord Kelvin, un físico del siglo xix, todas las partículas son vórtices girando a increíbles velocidades en torno a un único punto, bolas de energía girando que producen la ilusión de ser materia sólida (véase la figura 13.1). En cualquier caso, Kelvin sólo estaba redescubriendo lo que Buda y los filósofos yóguicos habían descrito muchos siglos antes, que «las formas de la materia son remolinos en un río muy activo» y que el mundo es *maya*, una ilusión. Si la velocidad de giro de un objeto excede lo que el ojo puede detectar, se vuelve al mismo tiempo intangible e invisible. Alternativamente, si su velocidad de giro se ralentiza, el objeto parece «fisicalizarse». De hecho, sustituyendo las palabras «giro», «vibración» o «frecuencia» por «espíritu», nos acercamos todavía más a comprender la naturaleza del universo.

Así, los círculos de las cosechas empiezan a parecerse más a pensamientos de un universo creativo, lugares de nuestro plano donde las leyes de la luz, el sonido y la gravedad están suficientemente alteradas para que estas «ruedas de vibración» giren y se «hagan físicas». Y aparecen fundamentalmente cuando el campo electromagnético de la Tierra está en su punto más bajo, entre las 2 y las 3 de la madrugada, el lapso de tiempo en que el 95% de las almas de los fallecidos dejan este mundo.[140] Por lo tanto, los círculos de las cosechas indican el punto donde el velo entre los mundos es más fino, permitiéndonos interactuar con dimensiones más sutiles.

Y que ellas hagan contacto con nosotros.

Es más fácil conectar con dimensiones que tienen mayores velocidades de giro para nuestro sexto sentido (psíquico e intuitivo) porque tal capacidad, que incluye el pensamiento, ocurre a las velocidades de la luz (Hunt, 1989; Myers y Percy, 1999). Un creciente número de experiencias directas

---

139. El experimento fue supervisado por la Universidad de Maryland, la Facultad de Derecho de la Universidad de Denver y otras instituciones. Datos e información sobre estos y otros experimentos realizados en Estados Unidos pueden obtenerse en el Institute of Science, Technology and Public Policy de Maharishi International University, Fairfield, Iowa, 52557. Véase Roth, 1994.
140. De una investigación realizada por el doctor A. J. Scout-Morley y que me fue explicada por David Elkington.

muestran cómo opera esta interacción con los círculos de las cosechas y los Creadores de círculos. La noche del 21 de julio de 1992, el doctor Steven Greer, fundador y director del Centro para el Estudio de la Inteligencia Extraterrestre (CSETI), acampó con su grupo cerca de Woodborough Hill, en Wiltshire. Una noche se encontraron dentro de un círculo de las cosechas ya formado con Gary Keel, Paul Anderson, Colin Andrews y la clarividente Maria Ward, entre otros, para llevar a cabo un experimento en que proyectarían hacia los Creadores de círculos un diseño determinado; el diseño estaba compuesto por tres círculos situados en posición triangular y unidos, cada dos de ellos, por tres líneas rectas. A la mañana siguiente se informó de la existencia de una nueva formación debajo de Oliver's Castle exactamente igual a la imagen *proyectada*. Además, Gerald Hawkins descubrió posteriormente que su geometría guardaba las proporciones diatónicas.

En 1993 se realizó un proyecto similar en un campo situado debajo de Furze Knoll, un enclave sagrado bañado por la energía femenina y marcado por una serie de túmulos. Esta vez, Paul Anderson fue un paso más allá y declaró que «los círculos son un mensaje de algún tipo y están hechos con la intención de que los seres humanos los vean y hagan cosas con ellos». E intentó probar su hipótesis alquilando una porción del campo y construyendo un diseño en la cosecha.

La matemática Collete Dowell configuró previamente sus dimensiones y ubicación, adaptándolo a los principios diatónicos; para identificar el lugar se usaron las coordenadas proporcionadas por el arqueocriptógrafo Carl Munck, cuyas investigaciones han demostrado (más allá de cualquier duda razonable) que los planos de planta de muchos antiguos monumentos contienen referencias cifradas a su longitud y latitud (Munck, s. d.). Las psíquicas Lyn Gladwin e Isabelle Kingston, junto con investigadores de campo del CPRI, se juntaron

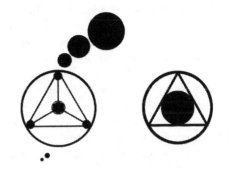

Figura 13.2
Izquierda: diseño creado debajo de Furze Knoll para contactar con los Creadores de círculos. Derecha: posible respuesta.

con Anderson en la formación para proyectar mentalmente el diseño.

Fueron pasando los días sin que aparentemente se produjera ningún resultado. Pero, un mes después, durante un vuelo de reconocimiento rutinario, apareció un círculo de las cosechas con las mismas características que el de Anderson, aunque con todos los elementos externos colapsados en el centro del triángulo (véase la figura 13.2). Al medirlo, la sorpresa fue aún mayor: Anderson había usado la unidad de medida común entre los arquitectos neolíticos, la yarda megalítica de 2,72 pies;[141] la formación de Surrey midió 271,9 pies, cien veces el tamaño del original (con una discrepancia de un 0.1%).

Pete Glastonbury y un amigo llevaron a cabo otro experimento dentro de un círculo en Berry Pomeroy usando el sonido para comunicar con los Creadores de círculos: una noche entraron en el círculo y se pusieron a tocar música libremente con instrumentos de cuerda afinados según una escala heptatónica. «A los quince minutos oímos un sonido en el borde externo del círculo —recuerda Glastonbury—. Se parecía mucho al chisporroteo que oyes en la cabeza cuando te quitas un pesado jersey de lana. Ambos dejamos de tocar. El sonido se detuvo al mismo tiempo que la música, alejándose

---

141. El número de transformación es 2,72, y presumiblemente ésta es la razón por la que se usaba esta unidad de medida en los círculos de piedra y otras estructuras megalíticas, como descubrió el arqueólogo Alexander Thom. Según Myers y Percy, el número exacto 2,720699046 es una constante transdimensional, y es equivalente a la proporción entre la superficie de una esfera y la del tetraedro que circunscribe. Por tanto, el hecho de que se usara en el círculo de las cosechas que se manifestó después de la conexión interdimensional de los meditadores es algo más que una mera coincidencia.

y desapareciendo hacia el norte. Al día siguiente descubrimos una pequeña formación exactamente donde habíamos oído el sonido la noche anterior.»

En los campos cercanos aparecieron tres formaciones, seguidas una semana después por una gran pesa surgida en un campo de avena situado frente al círculo donde Glastonbury había tocado su música: «A lo largo del borde del campo había una serie de pequeños signos (que parecían caracteres rúnicos), algunos de ellos tan delicados que terminaban en un único tallo tumbado plano en el suelo».[142] Uno se pregunta: ¿forman los Creadores de círculos glifos para validar los pensamientos bien intencionados?

¿O tal vez son nuestros pensamientos los que crean los círculos? Ya está probado que la mente puede afectar directamente a la materia física, en especial cuando exhibe una fuerte intención.[143] O tal vez los propios individuos están tan sintonizados con el campo de energía circundante que registran algo que ya podría estar cifrado. Por ejemplo, cuando Colin Andrews se tumbó en la cama y pidió que apareciera un círculo tan cerca de su casa como fuera posible, se quedó dormido y soñó con una cruz celta. Horas después le despertó el granjero Geoff Smith, que acababa de descubrir el mismo diseño en un campo situado detrás de la casa de Andrews. (Véase la figura 13.3 de la página XIV de la sección a color.)

Me he dado cuenta de que, a medida que mi implicación con los círculos de las cosechas aumenta cada año (y su efecto energético se acumula en mi cuerpo), siento una mayor sintonía con la energía de la Tierra, hasta el punto de poder predecir con precisión la manifestación de círculos hasta con siete meses de antelación. Mi intuición se ha refinado tanto que en verano del 2000, mientras pasaba en coche cerca del túmulo largo de West Kennett, sentí que algo estaba a punto de ocurrir en el campo anexo; a las dieciocho horas apareció allí un nuevo glifo.

Jim Lyons, un antiguo científico del CCCS, concluyó que «concebir el contorno general de una formación puede conducir a su manifestación». Después de estudiar los principios de la física causantes del vórtice espiral que crea los círculos de las cosechas, Lyons escribió a varias personas sugiriéndoles que «la aparición de un nudo toro nos ayudaría a entender las cosas». Su deseo se convirtió en realidad aquel mismo verano, y después continuó razonando: «Si una sugerencia resuena con las leyes naturales subyacentes, la manifestación ocurre de manera natural» (Lyons, 1998).

Una tarde de julio de 1999, Lyons y otros once miembros del Grupo de Energía Terrestre de la Sociedad Británica de Zahoríes se dieron un paseo por el viejo fuerte de Oldbury Hill, en Chernill. Después de examinar la famosa figura de su caballo blanco de tiza, celebraron una ceremonia en honor del *genius loci*, informando a los espíritus de que ése sería un buen lugar para que surgiera un círculo. Al día siguiente apareció un glifo con forma de flor de nueve pétalos (exhibiendo la estructura geométrica que tanto Jim Lyons como yo habíamos predicho independientemente para esa estación) a menos de 50 metros del lugar propuesto. En su centro había un vórtice compuesto por seis lunas crecientes que validaba la teoría del vórtice de Jim Lyons (véase la figura 13.4 de la página XIII en la sección a color).

A las personas íntimamente asociadas con el fenómeno suelen ocurrirnos este tipo de interacciones, como si los Creadores de círculos nos ofrecieran confirmación. También circulan muchos relatos de individuos que han «recibido» un círculo de las cosechas cerca de su hogar después de haber solicitado diseños específicos. Esto implica que no sólo estamos interactuando con un campo de energía interactiva, sino con una energía consciente: «Estaba obsesionada tratando de dibujar una estrella de siete puntas antes de salir para Inglaterra en 1998», dijo la doctora Patricia Hill poco antes de que estos

---

142. Aunque las formaciones fueron cosechadas rápidamente, se llevó al lugar a tres zahoríes en tres ocasiones diferentes para localizar las energías residuales, cosa que hicieron a pesar de tener los ojos tapados. Doy las gracias al señor Glastonbury por facilitarme esta información.
143. Ésta es la conclusión de pruebas realizadas durante veinticinco años por el psicólogo J. B. Rhine.

mismos glifos aparecieran por primera vez por todo el sur de Inglaterra (Pringle, 2000).

Algo me dice que ella no cruzó el Atlántico para crear falsificaciones, particularmente porque yo tuve la misma premonición en mi casa de New Hampshire. ¿Podría todo esto ser una coincidencia? Después de todo, algunos de estos círculos de las cosechas eran símbolos arquetípicos... Pero como las «coincidencias» también son aplicables a los símbolos no arquetípicos, la respuesta parece ser no.

Cuando empezó a escribir el libro *Signet of Atlantis* el 15 de julio de 1991, la autora americana Barbara Hand Clow dibujó espontáneamente una inusual forma triangular que incorporaba círculos y anillos, y que estaba destinada a ser una guía para su libro. A miles de kilómetros, en Inglaterra, la tarde siguiente apareció el «Tetraedro» de Barbury Castle, tan parecido al dibujo de Clow que su editor alemán sintió el impulso de enviarle por fax una fotografía del círculo de las cosechas.[144] Otro dato que confirma que este tipo de experiencias ocurren independientemente de la distancia es lo sucedido al anciano azteca Tlakaelel, que trazó el dibujo de la «última danza ceremonial» en Connecticut, y su inusal diseño con forma de «escorpión» apareció aquella misma mañana junto al túmulo largo de West Kennett. Asimismo, un psíquico americano predijo el «Julia Set» de Stonehenge el mismo día de su aparición. Ninguno de estos glifos es exactamente arquetípico.

El material canalizado por Clow procedente de una conciencia grupal se convirtió en el punto de enfoque de su siguiente libro, *The Pleiadian Agenda*, que acabó de escribir en junio de 1995. Una vez más, se le «dio» un símbolo para el libro, esta vez un curioso diseño en zigzag que representa la creación de la materia a partir del electromagnetismo. A los pocos días, en una aparente validación de su trabajo, apareció un círculo de las cosechas con el mismo símbolo en Cow Down, Hampshire. Y ahora la historia se vuelve aún más interesante. Cinco días antes de que apareciera el círculo de las cosechas de Cow Down, surgió otro glifo en Telegraph Hill, a

unos 20 kilómetros de distancia (véase la figura 13.5 de la página XV en la sección a color), sin que Kerry Blower lo supiera. El círculo era la réplica de un patrón que Kerry había recibido en un sueño en Wiltshire y que había dibujado en papel (Vigay, 1995).

Cuando Paul Vigay examinó el glifo de las cosechas de Telegraph Hill, oyó una notable interferencia radiofónica que producía un zumbido. Paul siguió el camino que marcaba el sonido y lo dibujó en su libro de notas (véase la figura 13.6). Poco antes de irse del círculo, las pilas nuevas de su equipo, que deberían haber durado un año, se agotaron repentinamente; en otro viaje al mismo glifo le ocurrió lo mismo con las pilas de su cámara. Exactamente siete días después apareció el glifo de Cow Down, incorporando en su diseño el patrón en zigzag exacto que Vigay dibujó en Telegraph Hill.

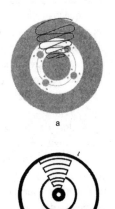

a

Como Vigay no había mencionado su descubrimiento ni había mostrado su diagrama a nadie, incluyendo a Clow y Blower, es muy poco probable que todo ello fuera un montaje. Y lo más significativo es que los descubrimientos de Vigay parecieron validar la información canalizada por Clow.

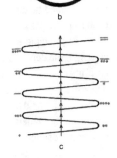

b

Los niños pequeños también son capaces de predecir círculos de las cosechas. En la edición de junio de 1992 de la revista *Sussex Circular* se pidió a los lectores que enviaran sus

c

Figura 13.6
(a) El patrón de interferencia detectado por Vigay superpuesto sobre el glifo de las cosechas de Telegraph Hill; (b) glifo de Cow Down; (c) diagrama canalizado por Clow.

---

144. Comunicación personal con Barbara Hand Clow.

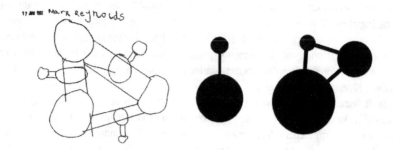

Figura 13.7
Dibujo realizado por el niño de dos años Mark Reynolds (izquierda), que predijo dos formaciones que aparecieron posteriormente cerca de su casa.

predicciones para los próximos círculos de las cosechas que iban a aparecer en la zona. Barry Reynolds tenía un niño de dos años que dibujó su predicción el 17 de junio y la envió por correo. El 23 y el 28 de ese mes aparecieron dos formaciones en Patcham, a unos doce kilómetros de su casa, que incorporaban los elementos hallados en el dibujo del niño (A. Thomas, 1992).

Uno de los casos más extraordinarios de conexión entre el poder del pensamiento y la manifestación de los círculos de las cosechas está relacionado con el «Loto» de Golden Ball Hill (2000), una formación que me produjo una inquietante sensación de *déjà vu*. Posteriormente, un respetado canalizador me reveló que el diseño procedía de un grupo de meditación de India... y había sido emitido hacía varios siglos.

Al principio esto me pareció improbable. Sin embargo, me detuve a considerar varias cuestiones: en primer lugar, el tiempo es una invención humana, y fuera de nuestra dimensión el tiempo como tal no existe. Incluso a veces comprobamos que se comporta de manera inusual en nuestra propia dimensión, posiblemente debido a las anomalías gravitatorias y magnéticas, como muy bien saben las unidades del ejército estacionadas en Salisbury Plain, que a menudo reciben mensajes radiofónicos emitidos hasta diez años antes (Rogers, 1994). En segundo lugar, si recuerdas, esta formación emitía a una frecuencia de 1,5 GHz, la frecuencia del hidrógeno, y, según el protocolo CSETI, ésta es la que

con más probabilidad se usaría en comunicaciones interestelares o «extraterrestres».

Naturalmente, mi curiosidad fue en aumento, y pronto encontré un mantra empleado por una facción budista llamada Nichiren Shoshu. El mantra es *Nam Myoho Renge Kyo* («Adoración al sutra del loto») y sus palabras tienen la traducción siguiente: *nam* es la voluntad del meditador individual, *myoho* es la ley del más allá (o de la vida después de la muerte física), *renge* es el nombre de una flor de loto particular y de la ley kármica de causa y efecto, y *kyo* es tanto la palabra como la vibración del sonido (Berendt, 1991). El sutra del loto es tan importante para los practicantes del Nichiren como la Biblia para los cristianos, y su significado parece apoyar que la información canalizada de este círculo de las cosechas es una forma mental enviada a través del espacio y el tiempo para aparecer en Wiltshire.

A veces las interacciones demuestran el peculiar sentido del humor de los Creadores de círculos, como pude comprobar en una ocasión en que me tomé unas vacaciones con mi ex mujer para descansar de las investigaciones. Íbamos conduciendo por Coventry, una zona que no es conocida por la abundancia de círculos de las cosechas, cuando comenté espontáneamente: «¿No te parecería divertido que un círculo de las cosechas me siguiera en este viaje de vacaciones a Escocia? ¡Ja, ja, ja!». Cinco minutos después, un glifo de 50 metros de diámetro nos hizo un guiño desde una pendiente prominente junto a una parte de la carretera con abundante tráfico. Durante el resto del viaje estuvo prohibido pronunciar palabras que empezaran por «c».

Después del incidente ocurrido en Morgan Hill en 1991, cuando apareció un círculo de las cosechas en un campo que estaba siendo observado, uno de los observadores se fue a Nottingham y encontró un diseño idéntico detrás de su despacho. Tenía el mismo tamaño y estaba situado a la misma distancia del edificio que el original con respecto al punto de observación en Wiltshire.

A veces los Creadores de círculos ofrecen guía a través de la interacción. Una mañana de agosto de 1996 había quedado en recoger a dos miembros de nuestro equipo. Después de recoger al primero, tomé la carretera hacia Marlborough, pero en un punto crítico de la ruta me sentí obligado a cambiar de dirección y viajar hacia Avebury. Cuando pasaba junto a la avenida de piedras de Avebury, repentinamente paré el coche en el vado y exclamé: «¿Qué demonios estoy haciendo? ¿Por qué estoy conduciendo en esta dirección?».

Conozco la zona a la perfección y mi pasajero, un excelente lector de mapas, se sintió igualmente perplejo. Sin dejarnos afectar por el incidente, pero sin querer volver atrás, buscamos un modo de cruzar Marlborough Downs para llegar a nuestro objetivo. Lo que ocurrió a continuación es un misterio: frente a nosotros, unos segundos y unas pocas curvas después, apareció la autopista M4; habíamos cubierto doce kilómetros de carretera sin enterarnos, como si el coche hubiera sido recogido en un punto y dejado en otro.

Como ahora estábamos muy lejos de nuestro camino, el único modo de volver era atravesar la ciudad de Chiseldon. Al salir de ella notamos algo: «Hay un nuevo círculo en la colina», gritó mi pasajero. Habíamos encontrado el último círculo de la temporada 1996.

Éstos son únicamente algunos ejemplos de la miríada de experiencias que demuestran una comunicación subconsciente entre los seres humanos y los Creadores de círculos. Como el subconsciente es esencialmente una serie de vibraciones electromagnéticas que operan en una dimensión ajena a

las limitaciones de nuestro tiempo y espacio, está claro que los Creadores de círculos habitan ese mundo de vibraciones refinadas. Pero, entonces, ¿quiénes son?

—Sabíamos que los círculos iban a aparecer en este campo y hemos estado vigilando la mayor parte del mes –comentó George Wingfield mientras se sentaba a tomar notas dentro del primer pictograma de Alton Barnes–. Una médium local llamada Isabelle Kingston nos lo dijo.

Isabelle Kingston no es una clarividente más. Discreta y con los pies en la tierra, no transmite ninguna sensación de autoimportancia, ni cae en vulgares exhibiciones de trucos sobrenaturales. Es hija de médico e inicialmente trabajó como directora de coordinación en una entidad financiera: éstas son credenciales del «cerebro izquierdo» para una mujer que ahora trabaja con material del cerebro derecho. Cuando fue madre, relegó su carrera profesional a un segundo lugar y esto le permitió interesarse por las artes del zahorí. «Yo detectaba deficiencias vitamínicas en la gente. Después les pedía que escribieran la dieta típica de la semana y los resultados concordaban, lo que probó que este sistema de detección funciona.»

Empezó a desarrollar sus dotes de clarividente después de encontrarse casualmente en una tienda con Roger St. John Webster, un profesor de habilidades psíquicas muy conocido que, sin presentación previa, preguntó a Isabelle: «¿Cuándo vas a venir a mis clases?». Desde entonces ella ha sido un canal a través del que comunica el principal grupo de Creadores de círculos. Y lo que ella dice es: «¿Por qué ha tenido que tocarme a mí?».

En 1982, durante una meditación grupal sobre los orígenes de Silbury Hill, Isabelle recibió un mensaje de una conciencia universal llamada los Vigilantes, cuyo propósito, según le dijeron, es guiar a la humanidad en momentos difíciles. Estos seres iluminados también revelaron que esta «colina de luz» (sil significa luz) es una «póliza de seguros» en este periodo concreto de la historia humana.

Isabelle recibió la instrucción de trasladarse a vivir a Wiltshire para trabajar en Silbury y los lugares sagrados que rodean Avebury, y ser parte de un fenómeno que «elevaría la conciencia de la Tierra». A continuación dedicó seis años a abrir estos puntos de energía estratégicos. En aquella época, a comienzos de los años ochenta, los círculos de las cosechas eran una rareza, una «aberración de la naturaleza», como decían algunos, que apenas salía en las noticias de los periódicos locales. Posteriormente, en julio de 1988, los Vigilantes dijeron que darían signos de su propósito en siete días. Puntuales a su cita, los primeros conjuntos de «quintupletos» aparecieron a los pies de Silbury.[145] Durante los tres años siguientes Isabelle dio información respecto a la ubicación y los atributos físicos de los círculos antes de que se formaran: «En 1990, yo estaba en un campo en West Kennett, pero me llegó la ubicación del círculo de Alton Barnes correctamente, e incluso lo dibujé. Daba referencias de un punto de energía». De hecho, aparte de un triángulo superfluo, su diagrama precognitivo era idéntico al verdadero glifo; desde entonces Isabelle ha predicho la aparición de docenas de círculos de las cosechas.

Sus transmisiones en trance de los Vigilantes nos permiten comprender el propósito de los círculos de las cosechas.[146] Las declaraciones de los Vigilantes concuerdan con los hechos y los sucesos que se desarrollan en los campos (hechos y pruebas presentados a lo largo de este libro), y esto es todavía más sorprendente teniendo en cuenta que la información se dio en 1989, mucho antes de que se supiera gran cosa sobre los círculos de las cosechas y, evidentemente, mucho antes de que fueran investigados. Éstos son algunos extractos de comunicaciones de los Vigilantes canalizadas por Isabelle Kingston:

Preguntáis por el significado de los círculos en los campos. Se os ha hecho tomar conciencia de la presencia de los Vigilantes. Vigilantes es el nombre de una inteligencia colectiva que os guía a vosotros, humanos mortales. Es una inteligencia procedente de fuera del planeta, está vinculada con los seres angélicos y es parte de la conciencia cósmica.

Hemos estado viniendo durante años y años, y esto ha ocurrido muchas veces anteriormente. Hemos estado vinculados con la humanidad a fin de aportar el poder necesario para construir la Nueva Jerusalén. Tu país [Gran Bretaña] está en el centro de la gran pirámide de luz que rodea vuestro mundo, y las energías de los Vigilantes aportan amor a través de canales magnéticos.

La pirámide de poder que rodea [a Gran Bretaña] es la clave, en vuestras palabras, el botón que se ha de apretar para que se produzca la activación. Vosotros sois el sistema inmunitario de vuestro planeta, el sistema de curación que creará los cambios, pero también hay otras llaves que tendrán que ser activadas. Este país es un terreno de pruebas, y tiene que estar bien antes de que la totalidad pueda ser alineada con otras dimensiones. Las cosas están cambiando en Stonehenge, hay un campo de energía encima de las piedras. [Algunos] círculos de las cosechas tienen las dimensiones exactas de Stonehenge. Los círculos son como una plantilla para que la humanidad marque esos lugares como lugares de poder: es como si estos lugares estuvieran siendo activados. Los centros están siendo despertados, es parte del Plan.

Vuestra colina de Silbury está en un campo de energía, una zona que atrae poder cósmico. Hay líneas telúricas que recorren la Tierra y en diversos puntos estas líneas de poder están energetizadas. Ha ocurrido principalmente en esta parte del país. Círculos similares han aparecido en otros países. También ha habido

---

145. El quintupleto, a veces denominado «Cruz celta», es el símbolo de Merlín y de los «Brillantes». Este nombre es sinónimo de los *Neteru* (o *Netur*), los dioses creadores egipcios que trajeron conocimiento a la humanidad. Se habla de ellos en las *Emerald Tablets of Thoth*, y su jeroglífico, una «F» unida a una «O», recuerda a una guitarra. De su nombre se deriva la palabra «naturaleza», cuyo significado en latín era «origen».

146. Quiero dar las gracias a Isabelle Kingston por permitirme publicar sus canalizaciones. Parte de este material fue publicado anteriormente en el libro de Alice Bartholomew, *Harbingers of World Change*.

Figura 13.8
Silbury Hill, *axis mundi* de los Vigilantes.

tenían que durar hasta este periodo cataclísmico de la historia de la Tierra. Por lo tanto, se pusieron los cimientos para poder ayudar a la humanidad posteriormente. La construcción de la colina de Silbury fue dirigida por los Vigilantes.

Los Vigilantes ayudaron a hacer los círculos de Silbury (1990), aunque en este caso también hay aspectos elementales involucrados, porque esto es lo importante en este momento.

curaciones energéticas en Perú, los Himalayas y la costa oeste de América; todos ellos son lugares preparados con muchos años terrestres de antelación. Nosotros hemos venido muchas veces, pero la conciencia de la humanidad no reconoció las señales.

Esta antigua tierra mantiene el equilibrio, y es clave para el mundo. Muchos de estos [enclaves sagrados] están siendo limpiados, como si se les diera brillo, para que puedan ser canales de la nueva energía. Allí se han colocado muchas luces, pero es como si hiciera falta una fuerza cósmica para activar el interruptor. Es justo que muchos grupos atiendan la lámpara y se preparen para la entrada de energía.

Estáis vinculados en todos los sentidos: hay una red invisible que une a todos con todos y a nosotros con vosotros. Por lo tanto, se está trabajando para aquellos que pueden ser los eslabones débiles de la cadena. El poder espiritual, el poder de otras dimensiones, es atraído hacia Silbury Hill: el término sil se deriva de una palabra que significa Ser Brillante. Es la colina de los Seres Brillantes, que se mostraron a los antiguos videntes y comenzaron el trabajo en serio. De hecho, los templos que quedan

De hecho, hasta cierto punto hemos estabilizado el planeta, pero ahora los elementos naturales necesitan ayuda.

La energía [de los círculos de las cosechas] ha sido expresada a través de procesos de pensamiento, con rayos de luz; es algo parecido a vuestra red eléctrica nacional, de modo que nosotros introducimos energía en la trama de la Tierra. Lo hacemos para estabilizar las energías de la Tierra, para impedir que vuestro planeta os destruya. Se os ha explicado el propósito de Silbury Hill: si hubiéramos puesto los círculos en otra parte, no habríais reconocido la conexión entre la energía de los antiguos lugares y la de los círculos de las cosechas.

Se trata de la inteligencia de una energía elemental que está vinculada a otros sistemas solares. En este tiempo no podéis concebir la energía transmitida, pero habéis registrado ondas sonoras de alta frecuencia. Cambiad el tempo de los sonidos y de ahí emergerá el código. En esta época emitiremos distintos sonidos. Hay que confirmar los hechos. Vosotros tenéis forma física: la materia tiene forma en su ser. La materia no es únicamente energía y luz, sino también formaciones moleculares. Hay una estructura que se está mostrando en los círculos, por lo tanto se os está dando el contorno de una forma. Cada entidad se muestra en la formación; así podéis comunicar con ellas.

Hay algunas formaciones que os vinculan con vuestros elementos naturales. Otras trabajan con las entrañas de la Tierra. Se trata de formaciones vinculadas con la conciencia superior del universo. Y también hay otras que están vinculadas con el conocimiento de los Antiguos. Así, cada formación es diferente. Algunos dicen que tenéis la comprensión interna para sentir la diferencia.

A veces [los círculos de las cosechas aparecen en] el mismo punto, pero como en una melodía musical, no es fácil emitir exactamente la misma nota. Hay una música de la Tierra y del universo, y una nota será revelada. Gradualmente la música se completará y reconoceréis el tono. Los círculos de las cosechas son como una partitura de la música existente entre la Tierra y el cosmos. En este momento aún no tenéis que aprender a leer la partitura. Lo mejor es sentirla.

Damos indicaciones de la energía [en los círculos], y sin embargo, aunque los secretos no se divulguen nunca, habrán cambiado muchas, muchas almas. Podéis facilitar la manifestación de los círculos sentándoos en círculo, enviando luz y abriendo vuestros corazones. Si realmente queréis entrar en el espíritu de las formaciones, alejaos un poco, proyectad vuestros pensamientos hacia el lugar, conectad vuestra mente con la mente de comprensión universal, y entonces sabréis si esos círculos son de los seres de luz o de los hombres. La comprensión tiene que crecer antes de que llegue la aceptación, de modo que pensad en los símbolos dados y sabréis que estamos con vosotros.

Damos señales en el maíz y damos sonidos para el oído. Cambios en los ojos, diferentes dolores y tensiones en el cuerpo... como si se hiciera un realineamiento. Sonidos para el oído, como un código Morse. Se está programando información para una fecha posterior.

Siempre el oído derecho. También se está produciendo un intercambio en los dos sentidos a nivel inconsciente.

¡Cómo nos gustaría que comprendierais los misterios con verdadera claridad!, pero las mentes de muchos aún tienen que abrirse plenamente, y por eso el trabajo es penosamente lento... No busquéis aceptar la barrera [de la racionalidad]. No busquéis en lo físico, sino en lo espiritual, porque ahí está el desequilibrio. También debéis entender que las energías que se están transmitiendo en este momento son una combinación de todos los elementos y de todos los seres elementales, así como información interplanetaria. Hay un proceso de encuentro; por lo tanto una única fuente no ofrece la imagen completa, y podrían darse muchos tipos distintos de información.

Éste es un momento para que todos trabajéis juntos; por eso, todos debéis compartir vuestra información y encontraréis que la recorre una veta de oro puro. Se está transmitiendo un nuevo código de comprensión. Es una maqueta del nuevo código energético que está llegando al planeta. Nosotros hemos comunicado muchas veces antes: generalmente a través de procesos de pensamiento, pero ahora la comunicación tiene que ser vista. A todo el mundo le están ocurriendo cambios; a veces esto provoca ansiedad y lucha antes de que la operación se complete.

Un átomo de inteligencia toca vuestro mundo y os envía un mensaje para que lo descifréis. Se os ha dado la tarea de abrir antiguas puertas. La información que se dio a los primeros hombres ha quedado almacenada, y ahora volvemos a transmitir los mensajes. Algunos aún contenéis en vosotros las antiguas civilizaciones, y habéis recibido esta información a través de vuestros genes. Dentro de vosotros tenéis el modelo para elevar la conciencia, para ver lo no visto, para vincularos telepáticamente. Mediante la elección de vuestro nacimiento, cada uno de vosotros ha encarnado con estas habilidades, y ese pequeño gen vibra y crece dentro, y es transmitido. *Todos vosotros habéis caminado sobre esta Tierra muchas veces anteriormente, y sabéis que vinisteis de otras civilizaciones, de otros planetas. Debéis proteger vuestro mundo para muchos otros que vendrán. Por tanto, nosotros os damos la ayuda, os damos la clave para que os curéis. Pero es tarea de otros en vuestro planeta reconstruir la información que nosotros damos.*

Los secretos serán pasados y transmitidos, y es tarea vuestra ayudar y transcribir esos mensajes.

Los pueblos aborígenes comprendieron las dimensiones del Tiempo de Sueño, y aunque la información está perdida, la comprensión permanece. Hubo un tiempo en el que muchos caminaron sobre la Tierra y podían conectar con muchas dimensiones. Esta facilidad se perdió, pero puede volver en el momento del tránsito [el cambio de conciencia].

[Los círculos metralla] contienen un código que será comprendido. Aunque las grandes formas muestran signos de poder, como siempre, las pequeñas gemas contienen la luz mayor. Estas formaciones llegaron antes de que vuestro planeta fuera como es ahora. Las formaciones son como estructuras y modelos moleculares —como una especie de código Morse—; alguien será usado para desvelar esta información, y los científicos serán capaces de utilizarla y ponerla en práctica. Será posible usar esta nueva forma de energía en vuestras vidas [para el año 2007]. El proceso de revelación empezará antes.

Esta nueva fuente de energía está siendo creada ahora, y ciertos seres están siendo preparados para comprender los mensajes que se están proyectando en esta época. El intelecto científico está creando nuevas posibilidades, el conocimiento está despertando; algunos científicos se hallan muy cerca de la respuesta: una máquina de energía. Esta energía sólo está parcialmente vinculada con el magnetismo. Está vinculada con la ilusión del tiempo. Mediante una especie de transferencia de pensamientos, el hombre será capaz de cambiar la estructura molecular de las cosas, incluyéndose a sí mismo. Dentro del patrón energético de los círculos, os damos esta información. Vosotros, los humanos, no creéis en vuestros sueños e inspiraciones, de modo que hay que usar otros métodos. Esto ocurrirá atrayendo las personas adecuadas hacia el entendimiento. Será necesario que algunos de vosotros os quedéis al margen enviando amor y luz, y sólo unos pocos estarán totalmente implicados.

En medio de todas sus luchas, la humanidad no parece querer aceptar que el mundo está rodeado por un amor grande y poderoso, que está siendo transmitido. Es esencial crear la atmósfera adecuada para la iluminación en el sistema de redes del planeta. Los que traen el conocimiento vuelven a estar aquí. Se nos conoce como los Vigilantes porque sólo podemos ayudar. Vuestra Tierra llora lágrimas, y nosotros sentimos el dolor y la pena de la incomprensión de la humanidad. No tenemos la voluntad de cambiar el mundo: esto, amigos míos, es tarea vuestra. No siempre miréis hacia arriba, porque hay mucho que amar ahí abajo.

Examinemos algunos de los puntos expuestos por los Vigilantes. Ellos dijeron: «Damos señales en el maíz y damos sonidos para el oído [...]. Sonidos para el oído, como un código Morse. Se está programando información para una fecha posterior. Siempre el oído derecho. También se está produciendo un intercambio en los dos sentidos a nivel inconsciente».

Después de estar muchos años involucrado con los círculos, se ha manifestado un sonido inusual en mi oído derecho; es un sonido agudo y sin embargo refinado, como una cascada en código Morse. Al haber sufrido el duro parloteo del tinitus en el oído izquierdo durante quince años, puedo descartarlo como explicación, porque el sonido que oigo en el oído derecho es completamente diferente. Se dice que a veces también oyen este sonido las personas que suben a la cumbre de la Gran Pirámide, una compleja estructura geométrica que recoge y amplifica todo tipo de frecuencias electro-magnéticas y acústicas. Este «ruido» podría estar producido por vibraciones de frecuencia super alta al golpear en el tambor del oído interno. Este timbre es todo sonido, y se dice que está presente cuando se abre todo el sistema de chakras.

Mi colega Sheely Keel, que también ha sido investigadora de campo durante muchos años, ha tenido experiencias similares de oír ruidos en el oído derecho, especialmente durante una visita al círculo de las cosechas «Nueve espirales» de Hapken Hill. Ella dijo: «El ruido en el oído derecho se hacía más intenso cuanto más me acercaba al centro. Estaba intentando anotar cómo me sentía, pero no podía coordinar la mente con la mano, de modo que hice muchos garabatos y escribí algo incomprensible. Cuando el ruido del oído derecho era tan fuerte, grité a Colin Andrews, que estaba conmigo en ese momento, y le conté lo que me estaba pasando. Él tenía problemas similares. El sonido pareció aquie-tarse más al acercarme al borde de la formación».

¿Es posible que el sonido en el oído sea una forma de comunicación, parte del «intercambio en ambos sentidos a nivel inconsciente» de los Vigi-lantes? En el pasado, este tipo de experiencias han estado asociadas con la comunicación entre las per-sonas y los reinos invisibles; de hecho, como men-cioné antes, se dice que Dios arrulló al alma para que entrara en el cuerpo físico por medio del soni-do. También encontramos este tipo de descripcio-nes del descenso de la conciencia a la vida física en una antigua liturgia de la Iglesia cristiana, en la que Jesús describe sus orígenes con estas palabras: «Cuando mi Padre pensó en enviarme al mundo, [Él] envió a Su ángel delante de mí, de nombre María, para recibirme. Y cuando bajé, entré por el oído y salí por el oído».[147]

Los Vigilantes se han referido a los penetran-tes sonidos de los círculos de las cosechas como «on-das sonoras de altas frecuencias. Cambiad el tempo de los sonidos y de ahí emergerá el código». Esto me lleva al trabajo de David Hindley, un músico de Cambridgeshire que descubrió que, ralentizando una secuencia de notas altamente comprimida, cuaren-ta y ocho segundos de la canción de una alondra creaban casi trece minutos de música escrita. Ade-más, la estructura de las canciones de los pájaros guar-da una relación precisa con los principios que gobier-nan la composición musical humana, incluyendo los que subyacen en la obra de Beethoven (Devereux, 1992). Por tanto, es muy posible transmitir un código reconocible, y si esto es cierto, es un código que inte-ractúa con los cereales y con los seres humanos.

Estos timbres y sonidos vibrantes suelen ir acompañados por un zumbido profundo y oscilan-te que parece quedarse pegado a la cabeza. Muchas veces después de mis primeros contactos con los círculos de las cosechas, caminaba por la casa bus-cando un aparato defectuoso para explicar la proce-dencia del zumbido. Típicamente, estas pulsaciones están causadas por dos frecuencias en desfase: por ejemplo, dos diapasones que suenen uno al lado del otro a 440 y 460 Hz respectivamente. El efecto de dos tonos ligeramente desarmónicos genera una pulsa-ción que oscila de un oído al otro. El uso de ciertas campanas tibetanas y de cuencos de cristal en medi-tación crea un efecto similar (especialmente cuando se afinan en la nota *la aguda*), llevando las ondas cerebrales a un estado de mayor receptividad.[148]

Sabemos que las frecuencias de los círculos de las cosechas crean estados de conciencia eleva-da. Como han descubierto los monjes que trabajan con los cantos gregorianos, combinando las fre-cuencias de estos cantos con un campo electro-magnético aumenta el estímulo sobre el cerebro y el cuerpo físico. A medida que asciende el nivel vibra-torio del campo magnético corporal, el cerebro gene-ra una carga eléctrica cuarenta y seis veces mayor que la media, y en ese punto se activan los poderes psí-quicos.[149] Por este motivo, el campo electromagnético

---

147. De acuerdo con Walter Birks y R. A. Gilbert en *The Treasure of Montsegur*, la cita se encuentra en el Evangelio de san Juan, tal como ha sido preservado por la escritura cátara, y hallado en las antiguas liturgias cristianas.
148. Los perfiles de las campanas tibetanas tienen la forma de los túmulos platillo (un tipo de túmulo con un foso circular), que a su vez mantienen un sorprendente parecido con el clásico «platillo volante».
149. Pruebas realizadas por el doctor Genady Sergeyev del A. A. Utomski Physiological Institute de San Petesburgo a comienzos de la década de los setenta.

que rodea a los psíquicos cuando están trabajando es considerablemente más intenso, y tal incremento de la energía electromagnética precede y facilita un cambio de conciencia (Hunt, 1989).

Un informe de la Fundación Americana de Parapsicología sugiere que estos estados ya se producen ocasionalmente en la industria. Los ingenieros electrónicos que trabajan con máquinas de alta frecuencia tienen contactos telepáticos, hasta el punto de realizar tareas antes de que se emitan las órdenes correspondientes (Ostrander y Schroeder, 1976). Esto confirma las hipótesis de los defensores de la clarividencia, que siempre han mantenido que el incremento de frecuencia del campo electromagnético permite la entrada de energía de otras dimensiones en forma de información.

¿La transmisión de información de los Vigilantes a los seres humanos pasa por usar a éstos para crear los círculos de las cosechas? Algunos falsificadores afirman que así es. Doug Bower dijo una vez: «No puedo explicar por qué lo hicimos», a lo que su compañero de fechorías, el difunto Dave Chorley, añadió: «Puede que esto suene como una locura… Se nos dijo que saliéramos y los hiciéramos» (McNish, 1991). Bower llegó a admitir esto a la prensa en 1998. Es posible que Bower no pueda explicar por qué, y es probable que Chorley hablara en serio cuando dijo que algo o alguien les dijo que lo hicieran. Por supuesto, estas instrucciones podrían tener su origen en la Tierra; evidentemente, la ambigüedad de sus palabras parece invitar a que cada individuo las interprete de acuerdo con sus inclinaciones naturales.

Otros falsificadores que prefieren mantenerse en el anonimato dicen haber tenido experiencias similares: una vez dentro del campo, cuando trataban de ejecutar un plan predeterminado, se sentían misteriosamente obligados a crear otro diseño diferente. Además, la presencia de los falsificadores en un lugar ya activado por la existencia de otros círculos de las cosechas podría haberlos abierto a la interacción subconsciente con los Creadores de círculos.

Yo estaba abierto a esta posibilidad cuando investigaba el «Cubo de Metatrón» debajo de Cley Hill (1997). El glifo apareció en una ubicación que ya había acogido muchos círculos, encima de las dieciséis líneas geodésicas que se juntan en el complejo de Cley Hill, pero las líneas rectas del patrón no respondían a las varillas de zahorí de acuerdo con la trama geodésica subyacente (esto es lo que suele ocurrir en los círculos auténticos). Sin embargo, según testigos oculares, el diseño parecía haber

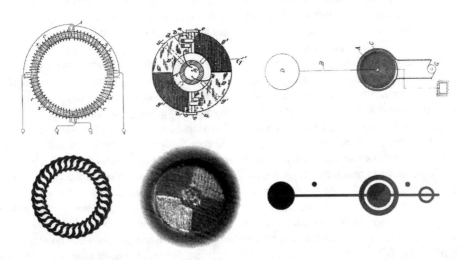

Figura 13.9
Algunos de los aparatos de transmisión eléctrica y magnética diseñados por el genio Nikola Tesla (arriba) guardan mucho parecido con círculos de las cosechas aparecidos casi un siglo después. ¿Qué tipo de tecnologías esperan ser descifradas en los glifos de las cosechas?

«crecido» a partir de un simple círculo hallado el día anterior. Dado que el patrón estaba claramente vinculado con la «Flor de la Vida» hexagonal (véase el capítulo 10), éste puede haber sido un caso en que los falsificadores emplearan información *ya presente* en el campo energético.

Pasemos a otro asunto importante mencionado por los Vigilantes, a saber, las nuevas formas de tecnología que han de ser descifradas en los glifos aparecidos en la primera década del siglo XXI. Dos personas que se han embarcado en el camino hacia las nuevas maravillas tecnológicas son los autores David Myers y David Percy. En su libro *Two-Thirds—A History of Our Galaxy*, ofrecen pruebas contundentes de que algunos glifos de las cosechas contienen información sobre una tecnología que está mucho más allá de los límites actualmente aceptados por la física.

Esta tecnología incluye, según dicen, la «trans-dimensionalización» de la energía, el direccionamiento y la conversión de energía, y se han descubierto componentes de un gravitrón y de un ordenador. También se ha descubierto que los dos pictogramas «clave» de West Kennett y Alton Priors contienen información relacionada con las tres diferentes velocidades de la luz; otros glifos guardan relación con una tecnología impulsada por la conciencia. (Unos pocos párrafos sobre este libro innovador no pueden hacerle justicia; hago referencia a este trabajo para aquellos que quieran examinar otro aspecto del «cuadro mayor».)

Naturalmente, el hallazgo de tales descubrimientos en los círculos de las cosechas tendrá importantes consecuencias para la sociedad del siglo XXI, y para nuestro modo de entender nuestra relación con el mundo que está más allá de lo físico. Tal predicción está basada en un inusual experimento del psicofarmacólogo Dennis McKenna que, junto con su hermano filósofo Terence, categorizaron y ordenaron cronológicamente los grandes descubrimientos y avances tecnológicos ocurridos desde el año 5000 a. de C., e introdujeron esta información en un ordenador. Después de digerir los datos, el ordenador facilitó un gráfico donde mostraba que

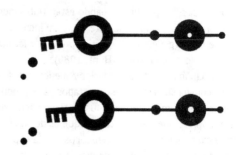

Figura 13.10
Estos dos glifos aparentemente idénticos revelan sutiles diferencias en sus medidas cuando se superponen. Myers y Percy descubrieron que estas diferencias permiten descifrar tres velocidades de la luz. Alton Priors y West Kennett, 1991.

estos descubrimientos creaban una curva hiperbólica que tuvo su pico más alto en torno a 1975.

Intrigados, los hermanos programaron el ordenador para proyectar y predecir los descubrimientos futuros basándose en ese mismo patrón; esta vez la línea ascendió drásticamente al llegar al 2011, y ahí acabaron las predicciones. Durante las dos últimas horas de esa progresión temporal, se cruzarán dieciocho barreras, algunas tan importantes y significativas como la desintegración del átomo (McKenna y McKenna, 1975). Estos logros irían acompañados por transformaciones de la conciencia humana, curiosamente el mismo año que marca el fin del calendario maya, que predice que esta «Era del Intelecto» será suplantada por la «Era de la Espiritualidad» en el 2012.

La teoría de los McKenna parece plausible si tenemos en cuenta que en el ciclo de sesenta y siete años que comenzó con la detonación de la bomba en Hiroshima, las innovaciones sociales y tecnológicas se han acelerado más que en el periodo entre Galileo e Hiroshima. El radical y exponencial aumento de los círculos de las cosechas desde los años ochenta podría ser un aspecto de esta aceleración. Como el físico británico Bohm, los hermanos McKenna presentan nuestro universo como un holograma, la intersección de dos «hiperuniversos».

Los McKenna proponen que nuestro universo holográfico está compuesto por 64 (8x8) frecuencias, de las que la nuestra es sólo una. A medida que prosigue la intersección de estos dos hiperuniversos, nuestro ADN tendrá que evolucionar rápidamente para registrar las 64 frecuencias. Se dice que este proceso tendrá su momento álgido en el 2012. Esta fecha surgió cuando los McKenna programaron un ordenador con los 64 sistemas temporales, basados en los 64 hexagramas del *I Ching*, del que se dice que es un modelo de la estructura física de una tira helicoidal del ADN.[150] Recuerda de otros capítulos las pruebas que sugieren que los círculos de las cosechas podrían participar en el proceso de alterar el ADN, y verás que el tema puede ponerse interesante.

Durante un atípico descanso que tomé de mis investigaciones en el verano de 1998 visité a Isabelle Kingston. Sentados a la sombra de su jardín (por el que cruza la línea Michael), hablamos de su material canalizado y de que sigue siendo relevante una década después. La tarea específica de los Vigilantes, dijo ella, sigue siendo despertar a la humanidad a la realidad de lo que estamos haciendo al planeta y hacer que asumamos nuestra responsabilidad.

—Ellos vinieron antes en forma humana —dijo Isabelle—. Fueron los antiguos maestros y los altos seres de cada cultura. Afirmaron que para comunicar con nosotros tenían que establecer la vibración adecuada; y la vibración no tiene que ver únicamente con la psique de la gente, sino también con la energía del planeta, porque ellos son interestelares. Por eso los Vigilantes establecieron lugares sagrados como puntos de comunicación que estuvieran disponibles cuando necesitaran volver a ponerse en contacto con nosotros. Ahora hay grupos en todo el mundo que están reabriendo estos puntos para que vuelva a producirse la comunicación.

»Pidieron abrir Avebury y el triángulo de Wessex. Ellos habían estado aquí miles de años antes, y cifraron mucha información, tanto técnica como espiritual; han hecho un seguimiento de nuestra evolución humana, dándonos la oportunidad de enmendar los errores... Dijeron que la conciencia atlante tenía la mente técnica pero no el corazón, y por eso se retiró la tecnología de la humanidad, para que pudiera desarrollar el corazón y el espíritu. De modo

que hemos dado un paso atrás. Ellos quieren que tengamos el equilibrio que faltaba en aquellos días.»

A medida que hablaba, me vino el gran cuadro a la cabeza y se me ocurrió que los círculos de las cosechas también son llaves que dan acceso a aspectos prácticos de la gente. Sin más, ella continuó:

—Darán señales de su intervención. Dichas señales también desplegarán el potencial de los humanos, el potencial de elegir qué quieren que se libere dentro de ellos. Si los humanos eligen ir con el ego y la dominación, eso les afectará a ellos, o bien pueden elegir la compasión. Se amplificará lo que tengan dentro, positivo o negativo. Los símbolos no están contenidos en una única descripción; son experimentados de manera distinta por distintas personas, de modo que cada uno resuena con símbolos particulares. Y ellos siempre hablaron de la *elección* de la humanidad: tú *eliges* lo que quieres hacer. Puedes elegir desbaratar y ensuciar tu mundo, o convertirlo en un lugar mejor. Ellos están ahí para darnos ayuda si la necesitamos. Pero depende de nosotros.

Dijeron que en algún nivel dentro de nosotros tenemos el conocimiento del universo, porque venimos del universo. Las verdades están ahí, pero ahora estamos ciegos a ellas. Ellos están tratando de ayudarnos a encontrarlas de nuevo. Han estado trabajando sutilmente con las personas que poseen conocimiento científico, ayudándolas a ver una imagen que está más allá del cerebro. Como dicen las escrituras: «La mano de Dios tocará la Tierra». El mensaje que envían los Vigilantes es que no estamos solos. Ellos nos recuerdan que podemos crear nuestra propia realidad, y que deberíamos reconocer este potencial a todos los niveles de la sociedad. Están consiguiendo que nos hagamos responsables, que volvamos a la tierra, que volvamos a sincronizarnos con la Tierra, porque hemos perdido nuestro vínculo con ella.

La creencia en la intervención celestial directa para solucionar nuestros problemas sin duda encuentra mucho apoyo entre todos los sectores de la

---

150. El trabajo de Alain Aspects con las partículas subatómicas también implica que no sólo no existe la realidad objetiva, sino que este universo aparentemente sólido no es nada más que un holograma increíblemente detallado. Véase *Chaos*, de James Gleick. Quiero dar las gracias a Anton Milland por indicarme esto.

sociedad. Algunos podrían preguntarse: «Si estos seres pertenecen al reino de lo divino, ¿por qué todo este protocolo? ¿Por qué no bajan directamente aquí y arreglan las cosas?».

Personalmente, no apoyo la idea de que los dioses arreglen nuestros problemas. Ése es un camino de salida ridículamente fácil. Durante los últimos dos mil años, la humanidad ha anhelado un salvador, y sin embargo ahora estamos dándonos cuenta de que sólo *nosotros* podemos salvarnos a nosotros mismos, o citando a un anciano hopi: «Nosotros mismos somos aquellos que hemos estado esperando». Salvación es una palabra mal comprendida; expresa la lucha del espíritu por liberarse de la atadura del cuerpo físico y *religio*, reunirse con su creador. Además, proteger a la gente de las experiencias pocas veces conduce a una verdadera comprensión.

Los Vigilantes sólo intervienen si se los llama, un punto en el que Isabelle insiste. «Tardaríamos años en entender en qué consiste el fenómeno. Simplemente nos lo darían y nosotros tendríamos que darle vueltas y reflexionar sobre él. Tendríamos que usar nuestros ordenadores, porque ahí está contenida mucha información: códigos de formas de energía, códigos vinculados con el sonido y la música, y códigos relacionados con la sanación y la espiritualidad. Pero estos códigos sólo tienen efecto sobre ti si eliges verlos. Ellos no pueden quitarnos nuestro libre albedrío; no se les permite hacer eso. Es la Ley.»

Si los Vigilantes han aparecido ocasionalmente a lo largo de nuestra historia, sería interesante comprobar si esas apariciones coinciden con grandes avances culturales, como nuestra era de los ordenadores. Bajo la forma de los *Neteru* egipcios, estuvieron asociados con la implementación del conocimiento y las construcciones megalíticas de Egipto, Oriente Próximo y Europa occidental. También aparecieron en el folclore de Ghana, en esta ocasión bajo el disfraz de los «Brillantes», y lo

mismo hicieron en Inglaterra. Aunque aún no ha salido a la luz ninguna prueba de su presencia durante la época gótica —cuando Europa pasó de los tiempos oscuros al Renacimiento—, hay evidencias de la existencia de círculos de las cosechas en Oxford en un manuscrito del siglo XVII titulado *The Natural History of Staffordshire*.

En 1686, Robert Plot, profesor de química, guardián del Museo Ashmolean de Oxford y autor del libro, describe una serie de peculiares diseños circulares en los campos, «esos anillos que encontramos en la hierba, llamados comúnmente anillos de las Hadas».[151] En general, parece que los círculos descritos tenían unos 40 metros de diámetro, aunque también los había de sólo dos metros, muy parecidos a los actuales «círculos metralla». Plot documentó: «Los bordes de estos Círculos a veces tienen menos de un pie, o pueden ser mayores que una yarda», y describió su forma diciendo que no eran círculos perfectos, sino ligeramente ovalados. Plot también detectó variaciones de color en las plantas, desde un color «bermejo» hasta un «fresco verde oscuro», y describió que el suelo de las áreas afectadas «difiere de las áreas adyacentes...; el suelo de los círculos es mucho más suelto y seco que lo ordinario», y éstos se caracterizan por un «olor mohoso y rancio». Hasta ahora estamos en territorio conocido.

Como Terence Meaden tres siglos después, Plot empezó suponiendo que estos diseños eran producto de fenómenos meteorológicos, en particular de algún tipo de rayo que tomaba formas cónicas, abriéndose camino desde las alturas a través de las nubes para golpear el suelo formando círculos (véase la figura 13.11). Las figuras no sólo se manifestaron como círculos simples, sino también en patrones dobles o triples. En Oxfordshire, Plot vio un círculo dentro de otro, lo que sería un círculo con anillo en nuestro lenguaje moderno. Otros parecían estar divididos en cuadrantes o sextantes, y dos de ellos tenían un cuadrado dentro de

---

151. Existe una conexión potencial entre los denominados círculos de las hadas y los círculos de las cosechas en las obras de John Leyland, un historiador nombrado por Enrique VIII. En sus escritos sobre el folclore inglés del siglo XVI, Leyland describe los orígenes de las danzas tradicionales inglesas alrededor del «poste de mayo»: «Salimos temprano y aprendemos los patrones que han aparecido sobre la hierba durante la noche». Doy las gracias a sir Lawrence Gardner por esta información.

Figura 13.11
La aparición de círculos de las cosechas en el siglo XVII llevó a Robert Plot a creer que los diseños eran hechos por «trompetas» de energía atmosférica.

un anillo (lo que nos recuerda el «Cuadrado cuadriculado»). Como los círculos de nuestros días, aparecían en pastos abiertos, «...donde los árboles y setos menos interrumpen» (Plot, 1678).

Plot hizo dibujos de estas «trompetas» que descendían del cielo, y de las que supuestamente surgía la energía. Por extraño que parezca, el 15 de abril de 1991 dos niños japoneses de once años de edad contemplaron un brillante objeto naranja que descendía del cielo, y que a una distancia de 100 metros proyectó una columna de «vapor blanco transparente». La columna daba vueltas y se hizo más ancha en su base, «tomando la forma de una trompeta». Mientras se creaban tres círculos alternos sobre la hierba se pudo oír un sonido grave y alternante. Minutos después, la «trompeta» se retiró y el objeto naranja salió disparado hacia el cielo (Wingfield, 1994).

Los comentarios de Plot incluyen otra observación posterior y menos conocida: «La tierra debajo de los anillos queda muy mejorada con materia sulfurosa gorda [sic]... desde que es golpeada por primera vez, aunque esta materia no ejerce su cualidad fertilizante hasta algún tiempo después».

Una serie de granjeros con los que he hablado dicen que el crecimiento de las cosechas ha mejorado (todos ellos prefieren permanecer en el anonimato),

y, por lo que sé, esta información no se había hecho pública anteriormente. Según las observaciones de los granjeros, las plantas afectadas parecen «más sanas», «más robustas» y «con más brillo». He visto plantas surgidas de las semillas de los círculos de las cosechas y superan claramente las muestras de control en más de 15 centímetros; uno de los granjeros en cuyo campo aparecen muchos círculos de las cosechas comentó que había incrementado la producción de grano. Aun cuando éstas son pruebas empíricas, merece la pena recordar que hace algunas décadas los tests de laboratorio probaron los benéficos efectos de los ultrasonidos, que abarcan el mismo rango de frecuencias que los círculos de las cosechas (Tompkins y Bird, 1973).

Tal vez esto sea parte de las «nuevas tecnologías» mencionadas por los Vigilantes. Quizá se esté acercando el día en que este fenómeno reactive el interés por los métodos de cultivo no destructivos, de modo que cuando nuestros hijos coman una manzana vuelvan a saborear la bondad de la tierra, no una combinación de productos químicos.

Asumiendo que Robert Plot se encontró con el mismo fenómeno —lo que, según sus descripciones, parece ser el caso—, el periodo de actividad de los círculos de las cosechas en aquella época coincidió con uno de los avances más significativos

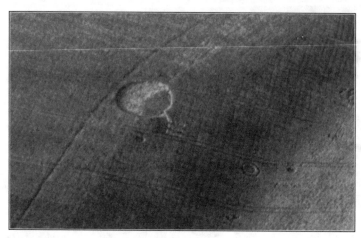

Figura 13.12
«Os daremos la llave». Humor de los Vigilantes. Allington, 1990.

de nuestra civilización, a saber, la publicación de la *Teoría de la Gravedad* de Newton en 1684. Así comenzó la Era de la Razón, que culminó con la era de la industrialización (o de la degeneración, dependiendo del punto de vista). Entonces, ¿nos hemos desviado desde la última intervención de los Vigilantes? ¿Se ha emitido recientemente alguna llamada pidiéndoles ayuda?

—Ellos han venido concretamente aquí porque fueron llamados desde Inglaterra —comentó Isabelle—. Dicha llamada se produjo durante el movimiento Nueva Era original, centrado en torno a Glastonbury en los años veinte y treinta del siglo XX y dirigido en distintos momentos por luminarias tales como Arthur Conan Doyle, Tudor Pole y George Trevelyan. Entonces el movimiento era más filosófico. Estos hombres tenían la visión de un nuevo orden, de una Nueva Jerusalén en esta tierra. La conciencia se traslada hacia occidente cada dos mil años, de modo que ha pasado de Israel a Inglaterra, y volverá a resurgir en América en torno al año 4000 d. de C. Pero cuando la conciencia del planeta alcanza una masa crítica, se expresa en los campos.

También se producen interacciones con entidades interdimensionales. Esto es lo que los chamanes eran y son capaces de hacer, interactuar con distintas dimensiones. Estas entidades siguen estando aquí, sólo que no poseen la misma forma que nosotros. Tenemos una expresión de estas otras dimensiones en los círculos de las cosechas. Y aparecen distintas formas porque son parte de la totalidad de estratos de la conciencia interplanetaria.

—Entonces, ¿las «bolas de luz» son parte de esa conciencia? —pregunté.

—Las bolas de luz son [manifestaciones de] conciencia que se nos revelan de una manera que podemos reconocer. De modo que tenemos una energía o conciencia que viaja alrededor del planeta para que podamos verla. Ellos viajan a través del tiempo y del espacio. A ellos sólo les interesa actuar con nosotros a través de la mente, la meditación y la conciencia. Ellos son inteligentes.[152]

Suele decirse que se distingue a los seres altamente evolucionados por su sentido del humor, e Isabelle misma no ha estado a salvo de las curiosas bromas de los Vigilantes:

—Si han dicho que nos darán la llave… oh, chico —dijo ella frotándose las manos con alegría—, tendremos la respuesta a todo.

Dos días después apareció un primer círculo con un apéndice parecido a una llave.

Guiados por los Vigilantes, los miles de montículos largos, túmulos y otros enclaves sagrados del paisaje fueron emplazados estratégicamente no sólo para hacer referencia a los nodos energéticos de la Tierra, sino también para ser imágenes especulares

---

152. Durante su época como profesor de física de la Universidad de Leipzig, Gustav Theodor Fechner llegó a comprender que las plantas son entidades extremadamente sensibles. En su libro *Comparative Anatomy*, también desarrolló una comprensión de los reinos más sutiles, y describió que los seres angélicos tienen forma esférica y se comunican a través de símbolos luminosos.

de constelaciones específicas.[153] La idea era atraer a la Tierra energía asociada con sistemas estelares, de modo que la guía o el conocimiento pueda recibirse en momentos apropiados del mes. Estos enclaves también facilitan la transmisión de una «partitura musical» de la Tierra al cosmos. Isabelle Kingston y el grupo que trabaja en íntima asociación con ella han estado «abriendo» estos enclaves sagrados para que su energía benéfica pueda fluir de nuevo sobre la Tierra, enriqueciéndola y enriqueciendo a sus habitantes con la Luz. Y dondequiera que se realizan estas aperturas, se manifiestan invariablemente círculos de las cosechas, como el «Fractal Koch» de Silbury.

En 1994 se produjo otra validación de nuestro trabajo cuando apareció un círculo de las cosechas con el símbolo del infinito en las afueras del pequeño pueblo de West Overton. Este glifo refleja el espíritu de san Miguel, pues el símbolo del infinito y el número 8 señalan el ritmo perfecto del flujo y reflujo de la vida universal con el que Mikael está asociado. Detrás de este círculo de las cosechas está la iglesia del pueblo dedicada al arcángel, y un enclave que el grupo acaba de abrir. Lo interesante es que el glifo de las cosechas no estaba alineado con la línea geodésica que fluye a través de la iglesia actual y relativamente moderna, sino con la que fluye a través de la original, cuyas ruinas ya no son visibles.

Cada estación de los círculos de las cosechas expone un tema diferente a medida que los Vigilantes trabajan sobre distintos elementos. Esto se refleja en los diseños de cada año, un perfecto ejemplo de cómo la forma sigue a la función. Los Vigilantes empezaron con círculos simples, aunque éstos ya han venido apareciendo durante milenios, porque los círculos simples conectan con los procesos primarios de la Tierra, y como tales son expresiones físicas de emanaciones de energía procedentes del planeta vivo y que respira.

La mayoría de los círculos de las cosechas yacen dormidos en la tierra como improntas energéticas, esperando ser activados en el momento adecuado por el flujo natural de la fuerza de vida, por medio de la acción premeditada y a través de diversos medios vibratorios como rayos de luz, sonidos o pensamientos. Algunos de los patrones se establecen en las visitas de los Vigilantes, que conectan con las líneas de energía geodésica y las mueven, e invocan a nuestros antepasados como señal de respeto, del mismo modo que nosotros acostumbramos a poner flores en la tumba de un ser querido.

Durante las estaciones de 1998 y 1999 se produjo un cambio en el ambiente, como si un nuevo tipo de energía se hubiera alojado dentro de la Tierra. Esta energía se reflejó en los círculos de las cosechas: parecían más agitados, y algunos de ellos alteraban el cuerpo más de lo normal. En otros, el velo entre lo visible y lo invisible parecía más fino que nunca. El estado de ánimo de la gente, particularmente la competencia entre los «expertos» en círculos de las cosechas, era abrasivo, lleno de confrontación y más polarizado que nunca. Además, apareció una nueva oleada de círculos cuyos diseños no parecían encajar ni con la mano del hombre ni con la voluntad de los Vigilantes. ¿Qué había cambiado?

—Los Vigilantes parecen haber dado el mensaje —dice Isabelle—. Ya es hora de que otras conciencias empiecen a tomar el relevo. El planeta está evolucionando, elevando su vibración, y eso hace que la gente esté muy inquieta, porque ahora estamos vibrando a otro ritmo. Pero si puedes cambiar tu conciencia para sintonizarte con el planeta, la vida se vuelve fácil.[154]

Bajo el influjo de estas nuevas frecuencias, el campo resonante de la Tierra va cambiando en su intento de equilibrarse. Inevitablemente, el proceso crea tensión biológica en el cuerpo humano, tensión

---

153. Basado en los trabajos de Isabelle Kingston y su grupo; para consultar una línea de indagación similar, véase *The Star Mirror*, de Mark Vidler.
154. Es importante indicar que Isabelle no está sugiriendo que los Vigilantes ya no están involucrados, tan sólo que otros seres están saliendo a la primera línea. De hecho, hay muchas formas de vida y de conciencia involucradas en la creación de los círculos de las cosechas, de las que los Vigilantes sólo son un grupo.

que puede manifestarse como enfermedad, fatiga, agitación, inestabilidad emocional o problemas físicos, exactamente los efectos descritos por los Vigilantes: «Cambios en los ojos y diferentes dolores en el cuerpo, como si se estuviera realineando». De modo que estamos experimentando una elevación de la vibración, un cambio de era, tal como les ocurrió a nuestros antepasados antes que a nosotros. Y esos

Figura 13.13
Etchilhampton, 1997.

seres antes llamados «dioses», los Vigilantes, han vuelto para guiarnos en esta transición, ofreciéndonos un manual de instrucciones en forma de círculos de las cosechas.

Jane Ross es otra persona que ha estado accediendo al otro lado del velo en los círculos de las cosechas. Como en el caso de Isabelle Kingston, su antigua profesión de contable es lo más distante de la canalización que uno pueda concebir. Psíquica desde su nacimiento, Jane contactó directamente con el fenómeno en 1994, después de interactuar con un diseño concreto que —como nos ha ocurrido a otros— abrió una puerta en su interior. Ella es la antigua coordinadora del CPRI en Estados Unidos, y participa activamente en la agotadora tarea de reunir información en los círculos de las cosechas cada verano.

Figura 13.14
Silbury Hill, 1996.

Como Isabelle, Jane recibe información sobre los círculos de las cosechas meses antes de su formación mediante la canalización en trance.[155] Las sesiones se realizan en Estados Unidos, y la información recibida incluye descripciones físicas o datos sobre la localización de los círculos de las cosechas: «Éste surgirá en Etchilhampton. Tiene los lados esculpidos, como lunas crecientes. Es un movimiento energético en el sentido de las agujas

del reloj. Parece haber círculos, o conchas, o lunas crecientes entrelazadas en sus bordes externos, y un círculo central. Es casi como una flor» (Véase la figura 13.13).

—Habrá un diseño bastante espectacular en el complejo de Avebury. Tiene los bordes puntiagudos. Es como una explosión estelar. Es muy hermoso, grande, suscitará mucho interés y será muy drástico. Estará por la parte de atrás de Silbury Hill, en esa zona. Éste se manifestará cuando estemos allí.

Y efectivamente apareció tres días después de nuestra llegada a Inglaterra (véase la figura 13.14). Ross continuó dando datos precisos a lo largo de 1998; particularmente predijo un doble pentagrama parecido a «escamas de cristal» (véase la figura 13.15 en la página XV en la sección a color); en 1999, predijo las ubicaciones y las horas de las formaciones de Silbury Hill y West Kennett con un margen de cuarenta y ocho horas, incluyendo la controvertida «falsificación» de Avebury.

Durante esa estación, llevamos a cabo un experimento combinando nuestras habilidades: mientras Jane trabajaba en secreto desde el ángulo psíquico, con mis herramientas de zahorí yo determiné la ubicación de futuros círculos siguiendo las líneas geodésicas marcadas por los primeros círculos de la temporada. Quería comprobar que los seres humanos somos capaces de conectar con los Creadores de círculos usando los canales intuitivos. Señalé nueve grandes formaciones en Wiltshire con una precisión de dos campos de distancia respecto al lugar donde finalmente aparecieron (véase la figura 13.16). Les comenté estas previsiones a Colin Andrews o Paul Vigay. A medida que aquella estación llegaba a su clímax, predije que aparecería un gran diseño cerca de las pronunciadas pendientes de Roundway; lo que no sabía es que Jane, Isabelle y Paul también lo habían predicho. Jane y yo decidimos explorar la zona.

El campo que yo había elegido parecía decepcionantemente tranquilo. Jane sintió que hacia el sur el campo estaba más «activo», de modo que

---

155. La mayoría de los que canalizan en trance no recuerdan la comunicación cuando vuelven del trance porque la información no puede ser procesada lógicamente. Cuando la mente alcanza un estado alterado, el cerebro analítico pierde la conciencia porque cuerpo, mente y alma están operando a distintos ritmos vibratorios.

mientras lo contemplamos desde lo alto de una colina, un movimiento de energía en dirección contraria a las agujas del reloj barrió la inmóvil cosecha dorada como aire líquido. Aquello no se parecía a nada que yo hubiera visto antes. Jane predijo que la formación aparecería en treinta y seis horas, a primera hora del sábado por la mañana. Frotándome las manos con alegría y sin revelar mi destino, reservé un vuelo con mi piloto para ese día.

Contando con tanto tiempo, cabe pensar que podríamos haber preparado una vigilia nocturna y filmar la formación del círculo. Bien, ése era el plan. Cuando llegó el viernes por la noche, vertimos el café en los termos, brandi en las petacas, y enrollamos nuestras mantas. Pero, a medida que se acercaba el momento, nuestro grupo sucumbió a una repentina e inexplicable fatiga, y fuimos incapaces de reunir la fuerza necesaria para salir de casa. Ni siquiera la perspectiva de filmar la formación de un círculo de las cosechas nos motivaba a mantenernos despiertos. Curiosamente, habríamos filmado una contraparte genuina del círculo de las cosechas que se había filmado tres años antes apenas a un kilómetro y medio de distancia de Oliver's Castle para la infame falsificación (véase el capítulo 7).

Pero así son las coincidencias en este fenómeno.

Con las primeras luces del sábado, me dirigí ansiosamente al aeropuerto, que estaba cubierto por la niebla. Mi piloto se mostró escéptico:

—Ahórrate tu dinero. No hay ningún círculo de las cosechas en Roundway, Freddy. Sobrevolé esa zona ayer a las 8 de la tarde. Confía en mí.

—No, confía tú en mí y vamos a ese campo —repliqué.

Al volar sobre Roundway, las cortinas de la niebla matinal se abrieron, como dándonos la bienvenida con cortesía.

—¡Maldita sea! —exclamó el piloto (véase la figura 13.17).

Durante una sesión de canalización realizada unos días después, a Jane Ross se le dijo que se nos había mantenido alejados aquella noche porque la energía necesaria para manifestar el glifo de Roundway habría dejado «frito» a cualquiera que hubiera estado en las proximidades. La respuesta a las varillas parecía confirmar que ésta era una de las formaciones más poderosas. A unos 30 metros de distancia de la pared perimetral conté 300 anillos de energía concéntrica, es decir, más que nunca. Poco después perdí la cuenta y la concentración. Apenas conseguí detectar la energía durante unos minutos antes de sucumbir a las náuseas y al cansancio mental, como le ocurrió a Jane, que también sufrió deshidratación; un tercer miembro de nuestro grupo ni siquiera entró en el campo…

Otro aspecto del contacto de Jane con los Creadores de círculos es que se toma unos minutos dentro de los círculos para «revisar sus mensajes», como yo le digo en broma. El contenido de la información recibida puede variar: a veces revela el propósito del diseño y otras veces algo sobre sus creadores. Ella recibió lo siguiente sobre la formación toro (1997): «Este círculo se da para curar el chakra corazón, limpiar el dolor profundo y recuperar la alegría interna». Posteriormente encontré a una docena de personas, y cada una de ellas describió una sensación de ingravidez y de limpieza emocional en este círculo de las cosechas. Algunas incluso lloraron.

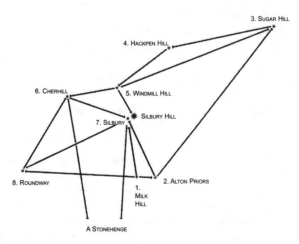

Figura 13.16
Mapa de los círculos de las cosechas en Wiltshire central en 1999 que muestra su orden de aparición. Después de la primera formación en Milk Hill, cada ubicación fue predicha sucesivamente con herramientas de zahorí.

Figura 13.17
Conexión psíquica con los Creadores de círculos. Roundway, 1999.

que se extendía sobre un paisaje ondulante más propio de Nuevo México que de Inglaterra. Me alejé de la formación dejando que Jane consultara sus mensajes en paz.

Poco después ella se unió a mí con expresión perpleja:

—Se supone que tengo que hacer una sesión de curación aquí mismo.

—¿A quién? –dije, sin levantar la vista mientras terminaba de garabatear mis notas.

—A ti.

Eso me tomó por sorpresa. Estaba tan anonadado como ella confusa. Sabía que los pitagóricos asociaban el diseño pentagonal con el poder curativo, pero no sabía hasta qué punto. Me preparé para meditar tumbándome de espaldas, con las piernas ligeramente separadas, los brazos a los lados del cuerpo y las palmas de las manos vueltas hacia el suelo. Poner las palmas hacia abajo reduce en parte su receptividad durante la meditación: las palmas contienen puntos cerca de la superficie de la piel que permiten acceder a la matriz eléctrica corporal. En cualquier caso, hice eso con las palmas para no exponer la parte interna de los codos. La debilidad de mis codos es un legado de mi infancia, en la que me pusieron tantas inyecciones que hasta el día de hoy siento dolor al estirar los brazos exponiendo las articulaciones. De modo que me relajé, cerré los ojos y dejé que mi mente se aquietara; Jane se mantenía de pie a unos tres metros de distancia. Seguidamente empezaron a ocurrir cosas inusuales.

Sentí una tremenda presión en el pecho, como si un elefante lo hubiera confundido con una banqueta. No sentía dolor, sólo densidad. La presión iba aumentando por minutos, y le siguió una

En esta ocasión, el mensaje canalizado por Jane no fue revelado a nadie.

En la «Hormiga» (1997), Jane recibió esta información: «Esto fue hecho por insectos… Las piernas apuntan hacia áreas de activación general. Este círculo está directamente conectado con una ancha línea telúrica que pasa entre dos viejos árboles en la cabecera del campo. También está alineado con viejos enclaves neolíticos: Winchester Hill, túmulos y montículos largos. Toda el área está siendo reactivada, y las líneas telúricas son muy fuertes». Esto sería corroborado posteriormente con artes de zahorí por Richard Andrews y por mí mismo (véase el capítulo 12). Las referencias geográficas de Jane y su comprensión histórica también eran correctas, todo un logro para alguien que no conocía la zona.

Dos comunicaciones de Jane destacan especialmente por las circunstancias en las que se produjeron. La primera ocurrió en la «Estrella» de Bourton (1997), debajo de Easton Hill (véase la figura 13.18 en la página XIV de la sección a color). Entramos en este glifo de las cosechas con forma de pentagrama en un momento en el que el cielo del atardecer tenía un tono inusualmente platino-turquesa, lenta liberación de peso a lo largo de la columna y las piernas que salió por los dedos de los pies, como si se hubiera vertido un cubo de melaza que saliera literalmente a través de mis pies. Empecé a sentir el cuerpo ligero como una pluma.

A continuación sentí como si me agarraran por los antebrazos, y mis brazos empezaron a rotar externamente y a cerrarse, dirigiendo las palmas de las manos al cielo. Por primera vez en mi vida no sentí pánico y acepté la situación con una calma muy poco habitual en mí. Una sensación de cosquilleo recorrió el perímetro de mi cuerpo estirado; un punto singular de energía entró y salió rápidamente de cada dedo, pasando alrededor de la cabeza, por los hombros y bajando por las piernas. Cada una de mis terminaciones nerviosas vibraba de vida. Seguidamente surgió una imagen mental: un grupo de ancianos nativos americanos cuyas caras reflejaban sabiduría y tenían la piel tal cuarteada como el barro del lecho seco de un río. Junto a ellos, una mujer joven con un vestido de ante golpeaba rítmicamente un tambor tribal.

Lentamente la imagen se disipó, superponiéndose sobre ella una intensa luz púrpura que emanaba de un punto distante y trazaba una línea recta hasta mi frente. A esto le siguió una presión tan intensa que la cabeza se me inclinó hacia atrás; era como si algo tratara de taladrarme físicamente. La tráquea se me estiró, sentí la respiración forzada. Seguidamente todo acabó.

Habían pasado unos cuarenta minutos. Me puse de pie un poco confuso y con una sensación molesta en la frente. Jane me miró sorprendida:

—Había una reunión de ancianos de las tribus nativas americanas: Águila Roja, Oso Danzante, Búho Pintado, Alce Negro, Abuelo Coyote... Todos estaban aquí.

—Y también había una mujer —empecé a decir, pero Jane completó la frase, describiéndola detalladamente.

—Ella mantiene el ritmo.

Entonces Jane describió los incidentes ocurridos durante el evento, cada uno de los cuales podía correlacionarse con una experiencia física: los ancianos habían reunido energía para entrar en mi chakra corazón, permitiendo que todas las emociones negativas salieran por mis pies («como una gruesa capa de brea negra saliendo por tus pies»); ellos energetizaron mi sistema de chakras («como un campo eléctrico que recorriera tu cuerpo»); finalmente, dirigieron un rayo de luz púrpura que contenía información hacia mi frente a través de las manos de Jane.

—Me sentí muy nerviosa al hacer eso —dijo ella—. Temía que pudiera hacerte daño porque ese rayo concentraba mucha energía.

A lo largo de la semana siguiente escuchamos relatos de otros ocho visitantes a este círculo que o bien describieron una sensación de bienestar o tuvieron la impresión de ser curados. Dos días después, con la frente aún dolorida de la sesión recibida en la «Estrella», me encontré con Colin Andrews para ponernos al día. Le anuncié que estaba planeando reproducir una pieza de música grabada en un círculo de las cosechas como gesto de buena voluntad

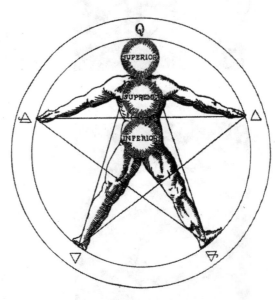

Figura 13.19
La relación del pentagrama con el cuerpo humano. La estrella de cinco puntas también es un símbolo del iniciado, del que ha alcanzado la conciencia espiritual.

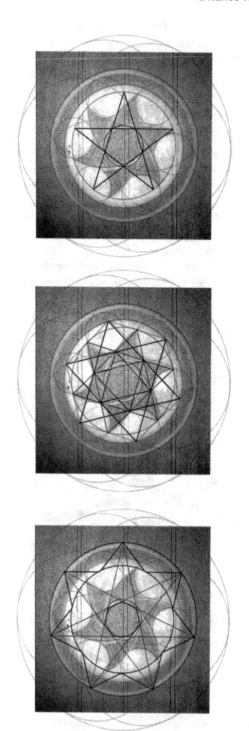

y también para pedir que se me permitiera entender la conexión entre el sonido y los círculos de las cosechas, y cómo puede aplicarse dicha conexión de manera práctica para beneficiar a otros. Miramos las fotografías de treinta nuevas formaciones, pero ninguna de ellas me llamaba la atención.

—Aún no ha llegado —dije, bastante sorprendido de mi propia afirmación.

Dos semanas y tras varios impresionantes glifos aún no sentía el tirón. Poco después, una radiante mañana de sábado entramos en el campo de Etchilhampton que ya albergaba el «Cuadrado cuadriculado». A treinta metros de distancia había aparecido un segundo círculo. Entonces tuve un repentino *déjà vu*. «Esto es. Aquí es donde tengo que hacer mi experimento. Ésta es la flor atlante de seis pétalos», susurré a mi colega (véase la figura 13.20 de la página XIV en la sección a color). Ninguno de los dos sabíamos qué era una flor atlante, y sin embargo pronuncié las palabras con convicción. Jane había entrado antes que nosotros y estaba sentada en el extremo opuesto, consultando sus mensajes; mientras extendíamos las cintas y el resto del material, ella se acercó.

—¿Qué te han dicho? —pregunté.

—Es curioso. El mensaje es para ti. Han dicho: «La Luz fluye a tu alrededor. Envuélvete de su poder curativo. Lira [la constelación asociada con el sonido] te revelará la música del cosmos si se lo pides. Envuélvete en los pétalos de esta flor y entenderás cómo la música se convierte en luz».

Con mi pelo irregular aún erizado, aquella noche volví al campo solo. La oscuridad era impenetrable, hasta el punto de que no encontraba la formación, y tuve que caminar arriba y abajo por cuatro surcos diferentes antes de hallarla. Media hora después, finalmente llegué al perímetro de la «Flor» y sentí un cosquilleo energético en la punta de los dedos al atravesar su «puerta». El viento y la llovizna persistente se detuvieron abruptamente.

Dejé la grabadora en el suelo y puse una música especialmente elegida para dar las gracias a los Creadores de círculos por sus obras maravillosas.

Figura 13.21
Relación geométrica 5:6:7 coficiada en la «Flor».

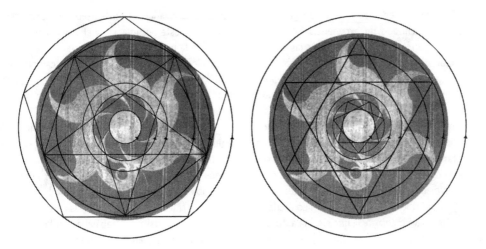

Figura 13.22
Geometría 5:6:7 relacionada con los seis anillos concéntricos de energía (círculos con flechas) descubiertos en el glifo «Loto».

No podía enviarles un ramo de flores, pero sabía con certeza que recibirían la música, y no esperaba nada sino iluminación. Cerré los ojos y dejé que ocurrieran las cosas.

A pesar de la oscuridad, sentí que una intensa luz brillante se cernía sobre mí. Incluía todos los colores, y su intensidad era tal que mis párpados empezaron a aletear. En ese momento sentí la tentación de salir corriendo, pero me recordé a mí mismo la benevolencia de la guía que hasta ese momento me había acompañado en mi búsqueda de conocimiento. Tranquilizado, continué con los ojos firmemente cerrados. Cuando la luz se suavizó, los hombros se me habían tensado. Con la parte posterior de la cabeza descansando sobre el trigo húmedo, experimenté un golpe en la parte posterior del cuello. No sentí dolor, pero mi cuerpo perdió tensión, como si se hubiera soltado un nervio, abandonando toda mi ansiedad. Entonces sentí que había cierta distancia entre mi cuerpo y el suelo, y mis brazos flotaban a los lados como si estuvieran suspendidos horizontalmente.

Aún consciente, vi seis figuras. Eran muy altas, estaban vestidas con largas túnicas de satén y se situaban a ambos lados de mi cuerpo, observándome como si me transmitieran conocimiento sin decir palabra. Detrás de ellas, otras dos figuras dirigían lo que ocurría haciendo gestos fluidos con la mano. No podía distinguir sus rostros y tampoco importaba. Me sentí perfectamente protegido, envuelto en una manta de amor incondicional. Una vez más sentí que la energía cosquillosa envolvía mi cuerpo, esta vez recorriéndolo lentamente arriba y abajo, cruzando por la mano izquierda extendida, subiendo por el brazo y finalmente inclinándose a la derecha para cruzar todo el cuerpo. La secuencia de eventos debió de haber durado unos cuarenta minutos, porque, cuando finalmente abrí los ojos, la cinta acababa de detenerse.[156]

Por un momento tuve el privilegio de traspasar el velo, y en ese instante tomé conciencia de que la música se convierte en luz. Esta iluminación me llegó lentamente, y al fin me ha impulsado a escribir este libro, algo que nunca me había planteado en toda mi vida, al menos conscientemente.

---

156. Es posible que la luz estuviera no encima, sino dentro de mí. Cuando la glándula pineal es estimulada por los ultrasonidos y las fluctuaciones del campo electromagnético, vibra a gran velocidad, creando un efecto bioluminiscente, además de un sonido vibrante. Esto también explicaría el zumbido en mi oído derecho, que se hizo más pronunciado a partir de aquella noche. Además, mi experiencia no fue tanto una visión de otro mundo, sino la sensación de estar realmente allí, y mucho más realista que si se hubiera dado en estado de sueño, como si mi ser hubiera sido liberado momentáneamente del ancla de la gravedad y hubiera cambiado a otra realidad.

A un nivel, la geometría oculta del glifo «Flor» puede haber facilitado mi experiencia interdimensional. Cada forma es una expresión de las energías que operan dentro de ella, y en este caso concreto lo que está cifrado en el diseño es la armonía 5:6:7, la relación entre las cosas vivas, las cosas no vivas y el Espíritu (representadas geométricamente por el pentagrama, el hexágono y el heptágono). Para que la vida evolucione en este planeta, las cosas tienen que estar en armonía. Sobre la Tierra, esta armonía es 5:6, la relación entre su ciclo de precesión retrógrada y la medida del Ecuador en millas náuticas. La fórmula se completa con el siete, la geometría del Alma, y una clave mediante la que el alma autoconsciente entra en el cuerpo físico (Myers y Percy, 1999).

Finalmente, mi atención empezó a deambular entre la «Flor» y el «Cuadrado cuadriculado» situado junto a ella, puesto que esta pareja refleja visualmente la espiritualidad del cerebro derecho y la lógica del cerebro izquierdo. ¿Quedaba allí alguna otra prueba iluminadora esperándome, en concreto una explicación sobre el golpe recibido en el cuello y la levitación de mi cuerpo?

Es posible que el conocimiento sobre la superación de la gravedad y la levitación haya sobrevivido en el Tíbet.[157] Un relato de finales de los años veinte describe una ceremonia realizada por una serie de monjes ordenados en semicírculo alrededor de una gran piedra. Soplando trompetas y tocando tambores, creaban un tono que hacía levitar la roca (Illion, 1997). Midiendo la distribución de los instrumentos con relación a la roca se descubrió que contenía armónicos específicos que podían impulsarla hacia el cielo, un proceso repetido en laboratorio en América con ultrasonidos, aunque con objetos mucho más pequeños (Cathie, 2001).

En torno a esa época, un letón de un 1,65 metros de estatura llamado Edward Leedskalnin construyó con las manos un castillo de bloques de coral en Florida, algunos de los cuales pesaban hasta 30 toneladas. Según su teoría, toda materia está compuesta por imanes, y el movimiento magnético en la materia y en el espacio da lugar al universo electromagnético. Alterando el campo electromagnético local, y consecuentemente la gravedad, Leedskalnin era capaz de levantar y mover sin esfuerzo colosales bloques de roca.

El ingeniero Christopher Dunn explica: «Si asumimos, como hacía Leedskalnin, que todos los objetos están compuestos por imanes, también podemos asumir que existe una atracción entre dichos objetos debida a la naturaleza inherente del imán, que trata de alinear sus polos con los opuestos. Tal vez, Leedskalnin trabajaba con la atracción gravitatoria de la Tierra diseñando el modo de alinear los elementos magnéticos de los bloques de coral para afrontar las corrientes magnéticas que, según él, surgen de la Tierra con una polaridad opuesta y de igual intensidad» (Dunn, 1998).

¿Había recibido mi cuerpo la influencia de elementos magnéticos dentro del círculo de las cosechas? Muchos de nosotros recordamos un experimento de ciencias que hacíamos en la escuela: se alinea una barra de hierro con el norte magnético y se le da un golpe; el golpe hace vibrar los átomos de hierro, permitiendo que reciban la influencia del campo magnético de la Tierra y se alineen con él. Por extraño que parezca, el cuerpo humano es como una barra de hierro por la gran cantidad de este metal contenida en la sangre. La noche que experimenté la levitación, me había tumbado instintivamente dentro de uno de los pétalos de la «Flor» y estaba en paralelo con los surcos orientados hacia el norte magnético.[158] En esencia, me convertí en una barra de metal esperando un golpe. Además, el cuerpo humano es agua en dos tercios de su peso, y las moléculas de agua (una combinación de hidrógeno y oxígeno), cuando son excitadas por la presión y se las hace girar rápidamente, pueden levitar; los ultrasonidos pueden crear la presión necesaria.

---

157. La levitación es un hecho asociado con los avatares, que dominan las leyes del universo y por tanto eran capaces de trascender los límites impuestos por la gravedad. Se sabe que Jesús «anduvo sobre las aguas», y en muchas imágenes de él sus pies no tocan el suelo; lo mismo se dice de Buda.

158. Esto me recuerda una instrucción inusual hallada en la tableta XIII de *The Emerald Tablets of Thoth, the Atlantean*: «Mientras tu cabeza está colocada hacia el norte, mantén tu conciencia entre el pecho y la cabeza».

Christopher Dunn sugiere que Leedskalnin generaba una señal de radio de una única frecuencia, la emitía desde los altavoces suspendidos en un marco de alambre sobre la roca y producía el mismo efecto vibratorio que un golpe dado con un martillo. Esto le permitió hacer vibrar a los átomos de la roca y realinear su orientación magnética. Y una vez que los átomos estaban alineados con la trama magnética de la Tierra, él sólo tenía que producir una segunda frecuencia que permitiera a las piedras desvincularse brevemente de la atracción gravitatoria, haciéndolas tan ligeras como plumas.

En este sentido, la «Flor» de Etchilhampton, como todos los círculos de las cosechas, ofrecía la clara ventaja de que ya ocupaba un nodo de la trama geodésica terrestre.

Ahora la cuestión era: ¿de dónde podrían venir las dos frecuencias? Cuando Jane Ross y yo nos sentamos anteriormente en el «Cuadrado cuadriculado», registramos un tono agudo y oscilante. Su propósito quedó claro posteriormente durante una sesión de canalización: «La frecuencia de la nota que nos dieron es importante... Debe usarse en el proceso de apertura. Es una frecuencia que tiene que ser usada para completar la apertura del individuo».

Esa nota —la sostenida— crea un inusual efecto oscilante entre las dos cavidades del cerebro, especialmente cuando es generada por la cavidad resonante de un cuenco de cristal de cuarzo. Tiene una frecuencia de 5,8 kHz, tradicionalmente asociada con el tono de la Tierra, y está a sólo un pelo de distancia de esa otra frecuencia asociada con los círculos de las cosechas —el sonido vibrante— cuya frecuencia de 5,2 kHz equivale a sol-bemol/sol.

La sostenida es la frecuencia que resuena en la Gran Galería de la Gran Pirámide de Gizeh, y el suelo de esa cámara tiene una inclinación de 26,3027º, haciendo que su altura vertical sea de 28 pies y la altura perpendicular al suelo de 25 pies. Curiosamente, todos estos números (así como otros conectados con este edificio) aparecen en las medidas del «Cuadrado cuadriculado».

Las dos alturas de la Gran Galería equivalen a los tonos la sostenida y sol bemol (Hero, 1992), que son el zumbido del «Cuadrado cuadriculado» y el sonido vibrante respectivamente. De modo que los Creadores de círculos y los diseñadores de la pirámide parecen compartir la misma tecnología. La Gran Pirámide es un resonador acústico armónicamente sintonizado dentro de cuyas cámaras el campo magnético casi se reduce a cero, y donde se dice que el hidrógeno tenía un papel esencial. Su acústica y geometría genera vibraciones que interactúan con el entorno, tanto el visible como el invisible: sus efectos sobre las moléculas de acero, de carne y particularmente de agua son bien conocidos. Además, afirmar que los constructores de las pirámides tenían la tecnología necesaria para neutralizar los efectos de la gravedad es más que una mera conjetura ociosa (Dunn, 1998; Tompkins, 1988; Toth y Nielsen, 1985). Los efectos de tales vibraciones sobre las moléculas del cuerpo humano son ya de por sí considerables, por no hablar de sus efectos sobre las ondas cerebrales. En esencia, la Gran Pirámide contiene los ingredientes necesarios para hacer de ella una especie de templo transformador, posiblemente interdimensional.

Debido a su situación estratégica sobre la trama energética de la Tierra, sus geometrías cifradas, sus frecuencias electromagnéticas (particularmente 1,5 GHz, la frecuencia del hidrógeno), y sus efectos sobre el agua y el cuerpo humano, los círculos de las cosechas pueden compararse con resonadores armónicos que actúan simpáticamente sobre el cuerpo humano y planetario, puesto que los tres operan bajo las mismas leyes naturales.[159]

Mi experiencia de levitación en la «Flor» sugeriría que se me estaba mostrando una manipulación de la gravedad; la gravedad está vinculada con la ilusión del tiempo, y se sabe que éste se altera dentro de los círculos de las cosechas. Y como los círculos de las cosechas nos llegan dentro de tubos

---

159. Una cavidad resonante es cualquier espacio contenido que permite que se produzca una vibración prolongada. La resonancia es esencialmente la vibración de un cuerpo expuesto a otra vibración de frecuencia similar.

de energía luminosa espiral, las acciones vibratorias contenidas en un extremo de este tubo proporcionan un mecanismo para hacer que las plantas se aplanen de forma armónica o, como yo experimenté, crean una ventana para que el cuerpo y el alma conecten más libremente con otros niveles de realidad.

Recordé repentinamente las palabras de los Vigilantes: «Esta energía sólo está parcialmente asociada con el magnetismo. Está vinculada con la ilusión del tiempo. De manera parecida a la transferencia de pensamiento, el hombre podrá cambiar la estructura molecular de las cosas, incluyendo la suya propia». Y esto resuena con lo que expresó Thoth en Egipto miles de años antes: «El hombre está en el proceso de cambiar a formas que no son de este mundo... Tenéis que haceros informes antes de ser uno con la luz».

Nueve meses después de Etchilhampton visité a Jane en su casa de Estados Unidos, donde canalizó más información relacionada con mis experiencias aquella noche. Los Creadores de círculos involucrados en la creación de la «Flor» explicaron que habían ajustado mi cuerpo para que pudiera recibir la información. Me aplicaron un «escáner». Los seres describieron sus posiciones con relación a mi cuerpo, así como las dos figuras adicionales que habían dirigido el proceso, exactamente tal como yo lo había experimentado, aunque nunca se lo había mencionado a Jane. Después vino otra revelación, esta vez relacionada con el propósito del «Cuadrado cuadriculado» y *sus* creadores, que resultaron ser otro grupo diferente de seres; como dijeron los Vigilantes, ahora hay muchas otras formas expresándose a través de los círculos de las cosechas.

—Éste es un grupo altamente científico... Ellos son los navegantes, se dedican a situar... Localizan la ubicación en el etérico y en el físico de tipos particulares de aperturas o la disponibilidad de portales a través de los cuales pueden llegar la luz y la información. Esta «Trama» era el primer círculo de las cosechas que hacían. Ellos ofrecen información a quien pueda recibirla. El «Cuadrado cuadriculado» contiene claves respecto a dónde estará la siguiente apertura que permitirá recibir

información a los seres humanos que tengan sus antenas desplegadas.

»Esta información es crítica... Está cifrada, pero los individuos pueden comprenderla y decodificarla instintivamente, a nivel visceral, como lo llamaríais vosotros. Es información relacionada con lo que ocurre a medida que pasamos por el próximo tránsito energético. De modo que es de naturaleza predictiva y útil en términos de lo que está por

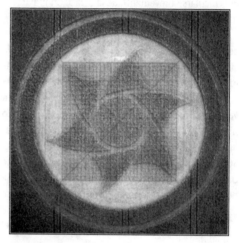

Figura 13.23
Referencia precisa a la formación «Cuadrado cuadriculado» dentro de la «Flor».

venir y de cómo prepararse para ello. Esta «Trama» fue la primera referencia.

»Yo veo la 'Trama' como cuatro triángulos apuntando hacia el centro, y hay algo que hacer con el área de cada triángulo. Abre los triángulos como pétalos, empújalos hacia fuera, toma esa área y tradúcela a kilómetros; recorre ese mismo número de kilómetros en cada dirección y encontrarás un punto. Habrá una apertura en cada una de esas cuatro direcciones. Ahora ellos están diciendo que puedes caminar sobre esas líneas, en cualquiera de las cuatro direcciones, en secuencias de codos reales, y en algún punto de ellas encontrarás una apertura. [Los] puntos [se repiten] a todo lo largo del globo. La fecha [de las aperturas] es alguna combinación del número de cuadrados contenidos [en el círculo

Figura 13.24
Escala boecia de nota-
ción musical.

de las cosechas]. Estarán disponibles durante el ciclo de luna llena de 27,2-28 días.[160]

»Ellos no hicieron el que está detrás de éste [la «Flor»]. [Ése] fue creado por otra energía, pero está relacionado geométricamente, aunque no por su información. Lo hicieron porque sentían que necesitaban estar vinculados con el otro. Si la «Trama» hubiera estado sola, no se habría tomado en serio, de modo que, para validarla, la vincularon con un círculo de muy hermosa ejecución. Era necesario decodificar ese círculo de las cosechas para poder continuar con los distintos tipos de aperturas que se producirán.

Ahora podemos ver la relevancia del famoso diagrama del hombre vitruviano, el hombre con los miembros extendidos marcando las cuatro direcciones del cuadrado, así como de las medidas codificadas dentro del «Cuadrado cuadriculado». Éstas traen a la mente la asociación que antes establecimos con la ciudad egipcia de Sakara, que lleva el nombre del dios de la orientación, porque la trama se usaba tradicionalmente para trasladar el orden de los cielos a la Tierra. Esta conexión entre los Creadores de círculos y los dioses del antiguo Egipto se plasmó al final de la canalización de Jane: «Ellos continúan repitiendo: 'Como arriba, así abajo'».

Las lecturas de Jane confirman el mensaje de los Vigilantes de que los círculos de las cosechas no pueden atribuirse a un único agente. Otras pruebas de la presencia de otro tipo de conciencia inteligente detrás de los círculos de las cosechas proceden de Gerald Hawkins.

Mientras buscaba proporciones diatónicas, Hawkins recordó que a veces los músicos han usado las notas de la primera octava para codificar

mensajes en su música. Uno de estos códigos se conoce como la escala boecia, un sistema de notación musical originado en la Edad Media en el que se superpone el alfabeto latino sobre las notas diatónicas (blancas) del teclado. Por ejemplo, en su última fuga, Johann Sebastian Bach repite las notas B-A-C-H. Siguiendo una corazonada, Hawkins tomó las notas halladas en la geometría de los círculos de las cosechas y las aplicó a la escala usando el alfabeto inglés. Obtuvo un conjunto de iniciales que parecían repetirse, pero ¿a quién pertenecían dichas iniciales?

Si se está comunicando un mensaje, el planteamiento lógico es considerar que pertenecen a un grupo. Después de muchos intentos de establecer asociaciones con jefes de estado, papas y otros individuos destacados, no se hallaron correspondencias. Entonces Hawkins se dio cuenta de que las iniciales «O. L.» aparecían continuamente.

Oliver Lodge fue un notable físico que, entre otros muchos logros sobresalientes, descubrió la radio (más adelante vendió la patente a Marconi, que evidentemente también se atribuyó el mérito). En 1910, se dedicó a investigar los fenómenos psíquicos en general, como la posibilidad de comunicarse con los fallecidos, y finalmente llegó a ser presidente de la Sociedad Británica para la Investigación Psíquica. Poco antes de su muerte en 1940 (en Lake, a dieciséis kilómetros de Stonehenge, en la que ahora es la casa del músico Sting), Lodge anotó los detalles de un experimento por medio del cual se comunicaría desde el otro lado del velo.

Este experimento, destinado a probar que el espíritu y su memoria sobreviven después de la muerte, se guardó sellado dentro de siete sobres en

---

160. Los científicos rusos han descubierto que en luna llena, la percepción extrasensorial fluye más naturalmente en los humanos. Esto ocurre cada 27,2 días. ¿Podría 27,2 ser una referencia de 2,72, el número de transformación? Asimismo, 27 es un número notable por su ausencia en el glifo de las cosechas «Cuadrado cuadriculado».

una caja fuerte de la Sociedad. En el experimento se hacía uso de un código musical basado en un ejercicio de piano que Lodge había aprendido de niño, y que desde entonces se había convertido en una obsesión trivial que sólo él conocía: cuando estaba aburrido, tecleaba esa secuencia particular con las puntas de los dedos sobre cualquier superficie.

Entonces, ¿estaba Lodge comunicando con nosotros a través de los círculos de las cosechas? Ciertamente nos dio esa impresión cuando las iniciales «O. L.» volvieron a aparecer en otro glifo de las cosechas (véase la figura 13.25). En ese diseño estaba cifrado el código que solía tocar Lodge —3-3-6-1-2: 3 garras, 3 patas, 6 radios, 1 disco central, y 2—, la proporción de anillos que contiene el tercer teorema de Hawkins. Cuando Hawkins buscó referencias cruzadas para las iniciales restantes, sólo encajaban en una lista: los primeros veinticinco presidentes de la Sociedad para la Investigación Psíquica.

Ciertamente, no eran los típicos individuos acomodados que se reúnen una vez al mes para practicar magia barata. El grupo incluía nombres tan notables como el de Charles Richet, premio Nobel de medicina; John Strutt, premio Nobel de física; William Crookes, creador del tubo de rayos catódicos; Henry Sidgwick, filósofo ético y fundador de la Sociedad; Camille Flammarion, renombrado astrónomo, y el obispo Boyd Carpenter, capellán de la reina Victoria, por nombrar unos pocos. Se trataba de una sociedad de cerebros.

El método empleado para cifrar recuerda la práctica francmasónica de velar la información en símbolos, a veces con distintos niveles de significado. Por ejemplo, según la lógica euclidiana, la formación de las cosechas de Fordham Place (véase la figura 13.26) da las proporciones diatónicas 5:2 y 6 (o si segunda octava, y sol primera octava), y aplicándoles

Figura 13.25
Berwick Bassett, 1994.

Figura 13.26
Fordham Place, 1990.

Figura 13.27
Littlebury Green, 1996.

el código del teclado dan las iniciales «J. S.» de John Strutt, cuya propiedad estaba a dieciséis kilómetros del círculo de las cosechas. El patrón de este círculo se basa en el *vesica piscis* y en la forma de los sellos medievales, y si se considera que el patrón mismo es un sello, su impresión sobre cera crea un monograma estilizado que muestra las iniciales «J. S.». El círculo de las cosechas de Littlebury Green (1996) añade un nombre más a la lista: Frederic Myers, uno de los fundadores de la Sociedad y pionero de la telepatía (véase la figura 13.27).

Como en el caso de las proporciones diatónicas, ¿cuál es la probabilidad de que todo esto haya ocurrido por casualidad?

—Teniendo en cuenta que en el alfabeto [inglés] hay veintiséis letras, existen ½ × 26 × 27 posibles pares de iniciales, A.A., A.B., A.C., etc, –dice Hawkins–. De modo que la probabilidad de que un par acierte al azar cualquiera de los veinticinco nombres de la lista es de 25/(½ × 26 × 27) = 0,071. Hay nueve figuras geométricas con nueve aciertos. Por el teorema del binomio de Bernoulli, la probabilidad de que nuestra hipótesis sea cierta es significativamente alta: de 1,7 miles de millones contra uno.

¿Qué nos dicen los círculos de las cosechas respecto a nuestra realidad? A un nivel nos recuerdan que la mente es poderosa, hasta el punto de que combinada con la intención, es capaz de producir circunstancias extraordinarias y de influir en lo que sucede (Rhine, 1970). La realidad misma es una ilusión mental. Ésta ha sido la enseñanza de los avatares y de los místicos desde tiempos inmemoriales, y los científicos progresistas están empezando a aceptarlo. Nuestra visión de la realidad, por tanto, es un factor crucial en el desarrollo del universo. Como dice la fábula infantil, cada vez que alguien dice: «No creo en las hadas», un hada cae muerta en alguna parte.

El astrónomo David Darling expresa elegantemente esta idea en sus *Equations of Eternity*: «La mente consciente está involucrada de manera crucial en establecer lo que es real. Lo que llega a nuestros sentidos es, en el mejor de los casos, una confusión de energías fantasmales: no vistas, ni sonidos, ni ninguna otra de las cualidades coherentes que nosotros proyectamos externamente hacia el mundo físico. El universo, tal como lo conocemos, es construido y experimentado enteramente en nuestras cabezas, y hasta que esa construcción mental tiene lugar, la realidad se mantiene esperando suspendida».

Así, si nuestros pensamientos afirman que no hay otra forma de vida en el universo excepto la nuestra, la energía de ese pensamiento tiene consecuencias serias a algún nivel. Esto ya está establecido en física cuántica. Como descubrió el eminente físico David Bohm, los electrones son conscientes unos de otros; asimismo, el físico John Bell confirmó que dos fotones que hayan estado en contacto seguirán estándolo aunque se separen a la velocidad de la luz. Dado que nosotros también somos parte de una conciencia colectiva, nuestros pensamientos de miedo y negación pueden impedir el progreso de otras formas de vida, y por eso esas entidades nos están dando a conocer su existencia.[161] Llaman nuestra atención a través de sus círculos de las cosechas para que elevemos nuestra vibración y podamos experimentar esta comprensión.

Las antiguas filosofías mantienen que nuestros pensamientos generan el mundo físico, y también afirman que Dios usó el poder del pensamiento para generar la luz y el sonido que dieron lugar al universo. Si podemos reconocer que en este momento histórico crítico se está manifestando una inteligencia cósmica invisible, los Creadores de círculos —tanto si son antiguos humanos destacados, entidades de diversos sistemas estelares, nuestra propia conciencia grupal o los Vigilantes, nuestros guías ancestrales— habrán logrado recordarnos que formamos parte de una realidad mayor. Nuestros pensamientos pueden crear acciones, y esas acciones se extienden hacia el mundo, produciendo consecuencias no detectadas ni por los instrumentos científicos ni por nuestros sentidos de percepción habituales. Asumiendo la visión de que esa «realidad» está constituida por una serie infinita de paquetes de energía, nuestra visión del universo puede abrirse a todo tipo de posibilidades.

Si aceptamos que aún puede haber mucha información por extraer de los círculos de las cosechas, como predice Isabelle Kingston, haríamos bien en considerar las palabras de otro humano visionario, Nicola Tesla: «El día que la ciencia empiece a estudiar los fenómenos no físicos, hará más progresos en una década que en todos los anteriores siglos de su existencia». Teniendo en cuenta los progresos que se anuncian en el campo de la terapia de resonancia, esa década puede estar más cerca de lo que pensamos. La ayuda de nuestros benevolentes amigos en lugares más refinados puede proporcionarnos un salvavidas que nos ayude a invertir la degradación de lo que los industriales del siglo XIX llamaron arrogantemente «este montón de roca explotable y sin vida». Y en el proceso podríamos incluso redescubrir algo llamado fe.

El zahorí Hamish Miller recuerda que cuando trabajaba con líneas geodésicas y círculos de las cosechas, tenía la clara impresión de ser observado: «Yo soy un ser práctico y con los pies en el suelo que se gana la vida como soldador, pero tengo que admitir que, después de algún tiempo, el número de 'Observadores' pareció aumentar. E incluso tuvimos la sensación de oír un leve susurro de discusión a nuestro alrededor».

Miller le comentó estas experiencias a Alex Neklessa, un científico ruso que trabaja con los fenómenos paranormales, realizando regresiones para averiguar qué fue mal en las antiguas civilizaciones. «Un resultado sorprendente parece indicar la probabilidad de que, en ciertos casos, existían dos o tres realidades paralelas y simultáneas. Si esto era así, y parece ser algo más que una conjetura ociosa, ¿es posible que pudiera repetirse tal

---

161. Phyllis Schlemmer, en *Prelude to the Landing on Planet Earth*, de Stuart Holroyd's.

situación en nuestros tiempos? Y si así ocurriera, ¿podría un grupo de seres altamente inteligentes y técnicamente avanzados, viviendo en paralelo con nosotros pero en un marco temporal ligeramente diferente, estar preocupados por cómo estamos tratando el cuerpo planetario que habitamos? ¿Estamos recibiendo un suave empujón para tomar conciencia de que no estamos solos y de que tenemos responsabilidades hacia más seres de los que hasta ahora hemos sido conscientes?» (Miller, 1992).

Nuestro mundo está compuesto por jerarquías: éstas se hallan presentes en las funciones biológicas del cuerpo, en las octavas musicales y en los grupos de plantas que crecen en todos los niveles del bosque, desde el suelo hasta la bóveda. Tal como admitimos que nuestra visión y audición son limitadas en comparación con las de otras especies, también debemos reconocer la existencia de otras «jerarquías» más allá de nuestra percepción.

Los ángeles pertenecen a reinos a los que no podemos acceder con nuestros sentido habituales.

Tal vez los escritores sánscritos tenían esto en mente cuando crearon el equivalente del ángel, el *deva*, «el brillante».

Gerald Hawkins resume todo esto con una declaración: «Si los círculos de las cosechas son hechos por falsificadores, entonces deberían dejar de hacerlos porque lo que hacen es ilegal y están dañando una de nuestras fuentes de alimentación. Si están hechos por alienígenas que vienen en ovnis, no deberían proporcionarnos las fechas de nuestros viajes a Marte, y los nombres de hombres de la era del *Titanic*: famosos, listos, pero ahora olvidados. Si algunos son trascendentales, el poder que los causa debería darse cuenta de que actualmente nuestra cultura no está dispuesta a aceptar los hechos trascendentales.

»Pero si realmente son trascendentes, la sociedad tendrá que hacer un gran reajuste en los próximos años».

Epílogo

Y haré prodigios arriba en el cielo y señales abajo en la tierra.
—*Hechos de los Apóstoles, 2:19*

En 1901 la ciencia descubrió la existencia de todo un espectro de color y luz más allá del violeta, un espectro que está más allá de nuestro rango de visión. Dicha limitación no arredró al teósofo y clarividente C. W. Leadbeater que, en torno al mismo periodo, describió con detalle las capas más finas de la realidad, como el color y la forma de las emociones y la estructura de las partículas subatómicas, que aún no había sido descubierta (Besant y Leadbeater, 1901).

Tuvieron que pasar varias décadas para que el físico Neils Bohr, ayudado por la última tecnología, diese suficientes pasos en el entendimiento del mapa atómico a fin de que el resto del mundo pudiera ponerse al nivel de las imágenes «mentales» de Leadbeater de mundos que están más allá de nuestra percepción física. Las incursiones en la estructura del átomo revelan que estas partículas están compuestas por otras más finas: núcleos y cortezas, a su vez formados por protones, neutrones y electrones, que a su vez son la manifestación física de partículas aún más pequeñas.

El punto que hemos de tener en cuenta aquí es que los hechos sólidos e innegablemente científicos no sólo tienden a dar lugar a nuevas percepciones, sino que también tienen una terca tendencia a reflejar el misticismo. En este caso, las jerarquías que sustentan el firmamento espiritual humano se reflejan en el mundo físico, tal como Helena Blavatsky declaró: «La materia es Espíritu a su nivel más inferior, y el Espíritu es materia a su nivel más elevado».

Parece que el científico y el chamán van montados en autobuses diferentes que se encontrarán en la estación.

Mientras continúa este viaje, la cultura moderna lucha con el dilema planteado por lo invisible y lo «inusual». Como señaló Louis Charpentier: «La ciencia, al ser el poder de nuestros días, ha condenado el intelecto esotérico como oculto, peligroso, malvado e indigno de confianza» (Charpentier, 1975). Sin embargo, intelecto, o *intus lectio*, significa «el don de leer desde dentro», y oculto quiere decir «lo que está escondido de la vista», lo que demuestra que la lógica y el lenguaje pueden oscurecer nuestro entendimiento. Así, el excesivo énfasis en la racionalidad está limitando nuestra realidad únicamente a lo que puede ser visto o tocado.

Algunos dirán que los círculos de las cosechas son ocultos, incluso peligrosos, pero el acto de consagrar el sacramento en la misa cristiana es igualmente oculto para un monje tibetano que se comunica directamente con Dios a través de la meditación. Como afirma el físico Fritjof Capra: «Una página de un diario de la moderna física experimental será tan misteriosa para el no iniciado como un mandala tibetano. Ambos son registros de indagaciones en la naturaleza del universo» (Capra, 1986).

Por tanto, no puede sorprendernos que a la cultura de nuestros días le cueste aceptar lo invisible. Los nuevos dioses de la televisión y el márquetin están cambiando la raza humana, haciendo que pase de estar centrada en el sentimiento y la escucha a estarlo en la vista, dirigida por la imagen y alimentada por estadísticas. Paradójicamente, esta insistencia en la superficialidad como pegamento de la realidad está reduciendo nuestra capacidad de «ver». Citando a Berendt: «Ya no vemos el mundo, vemos sus imágenes e, increíblemente, nos contentamos con eso, nos contentamos con ver imágenes en movimiento. Vivir casi exclusivamente a través de los ojos nos ha llevado a no vivir en absoluto» (Berendt, 1991).

Antiguamente la cooperación entre la humanidad y lo invisible formó el verdadero cimiento de la religión, un recordatorio de que las facultades superiores siempre han tratado de prestar servicio a la humanidad, no de ir en su contra. Pero reducidos a una amnesia cultural (algunos incluso dirían que con el cerebro lavado) por el dogma mal encaminado, hemos abandonado lentamente la plataforma espiritual, que durante siglos ha permanecido en barbecho. Actualmente nos vemos asaltados por la trivialidad y ensuciados por los iconos pasajeros de la cultura de la televisión, una cultura tan distorsionada por la interminable violencia gráfica que ha llegado a definir a dos personas cautivadas en el acto natural de hacer el amor como irresponsables, e incluso pornográficas. Teniendo en cuenta que esta plataforma está tan sesgada, no puede sorprendernos que cuando las sílabas de un universo creativo aparecen subrepticiamente en los círculos de las cosechas, no siempre son contempladas con benevolencia.

Como hemos aprendido de los Vigilantes, en algún punto de nuestro desarrollo hemos elegido tomar el camino oscuro, porque tal como la visión del mundo neolítica favorecía la naturaleza receptiva y femenina de la humanidad, en los últimos miles de años esta tendencia se ha invertido favoreciendo lo masculino, reemplazando la intuición por la racionalidad, la cooperación por la competición y la compasión por la agresión. Y ahora que buena parte del conocimiento original de los antiguos se ha perdido, todo lo que queda es superstición.

Desde el momento en que abrimos nuestros primeros libros de texto estamos siendo educados dentro de los confines de una visión del mundo mecanicista y pasada de moda. Como señala el brillante egiptólogo John Anthony West, esta visión del mundo hace que el sistema educativo se preocupe de resultados cuantitativos, que llenan la cabeza de datos a expensas de la comprensión. Sin embargo, los elementos más sorprendentes del universo —el amor y la inspiración— continúan sin ser medidos, probados científicamente o analizados cuantitativamente, de modo que, según la ciencia, tales estados no deberían existir (West, 1993).

Recordemos que las teorías y «leyes» de los fenómenos naturales son, en el mejor de los casos, nuestros conceptos de la realidad más que la realidad misma. Tales leyes son mutables, siempre destinadas a ser reemplazadas por otras más precisas a medida que mejoremos nuestra comprensión y ampliemos nuestra experiencia. Incluso Einstein, a pesar de preocuparse por el imperturbable terreno de la física, creía en una fuerza más allá de lo cuantificable: «En la medida en que las leyes matemáticas se refieren a la realidad, no son ciertas; en la medida en que son ciertas, no se refieren a la realidad.»

Al comienzo de este libro nuestras mentes racionales también se han visto retadas por esta nueva experiencia llamada círculos de las cosechas, que nuestro vocabulario no puede definir fácilmente. Ahora, a través de la experiencia de miles de individuos y la validación de los Vigilantes del mundo, tenemos un mejor entendimiento de su propósito y proceso. Lejos de ser nuevos, existen indicaciones de que eran conocidos por nuestros ancestros neolíticos y por los antiguos egipcios, culturas que sobrevivieron durante miles de años porque fueron fundadas sobre una íntima cooperación entre los mundos físico y espiritual.

De ahí que la relación de los círculos de las cosechas con los enclaves sagrados y con la trama energética interrelacionada nos recuerde que su propósito original era facilitar una conexión más cercana con otros niveles de la realidad, y, al hacerlo, mostrarnos cómo volver a despertar los templos espirituales dentro de nosotros y reconocer que necesitamos tener una actitud de más aceptación hacia el Espíritu.

Como dijo Capra: «Cuando expandimos el ámbito de nuestra experiencia, las limitaciones de nuestra mente racional se hacen aparentes, y tenemos que modificar, o incluso abandonar, algunos de nuestros conceptos». A la luz de la aparición de los círculos de las cosechas como pensamientos de otras formas de vida, tal vez necesitemos modificar nuestra percepción de la realidad. Durante años la NASA ha enviado señales de radio al espacio para explicar nuestra existencia a otras civilizaciones. Cuando se decodifican, esos pulsos dan la figura de un ser humano. ¿Es demasiado asumir que los Creadores de círculos están aplicando una técnica similar al manifestar símbolos cuyo mero magnetismo y lenguaje eufónico compite por superlativos con lo mejor de la poesía?

Tal vez la ciencia espere un medio adecuado con el que cuantificar los círculos de las cosechas; después de todo, los microbios han existido durante millones de años, pero sólo se aceptó su existencia tras la invención del microscopio.

Los círculos de las cosechas, como las paradojas del Zen, son rompecabezas que no pueden resolverse completamente mediante la lógica. Para descubrir su verdad, es necesario aplicar una conciencia basada en el sentimiento. Como símbolos, los círculos de las cosechas son comparables con las palabras clásicas chinas, que no representan un concepto bien definido, sino más bien un sonido

simbólico de gran poder sugestivo que evoca una serie de imágenes y emociones; la cuestión no es tanto expresar una idea intelectual como afectar e influir a quien escucha (Capra, 1986).

Del mismo modo que la elevada civilización que en su día fue la Atlántida sufrió una implosión debido a un desequilibrio entre la lógica y el corazón, nuestra desequilibrada civilización se acerca a su clímax. Y, al hacerlo, el ritmo alternante del universo nos hace balancearnos inevitablemente hacia un estado más armonioso. Estos cambios ya se están produciendo, e ideas que en su momento fueron tomadas como improbables e incomprensibles ahora se están considerando seriamente.

En medio de esta marea de cambios han aparecido los círculos de las cosechas puntuando el paisaje intemporal, tan misteriosos como la primera bombilla; extraños y al mismo tiempo curiosamente en casa sobre los campos de Wessex.

¿Es casual su ubicación? Los Creadores de círculos podrían haber elegido China, pero ¿habría permitido el control político que la información traspasase sus fronteras?[162] O Australia, con su extensión interminable, pero ¿quién habría visto los signos allí? O Estados Unidos, con sus grandes campos de cereal, pero ¿habría permitido su ideología capitalista compartir la información, o se habría reservado para el mejor postor?

A menudo me preguntan por qué hay tan pocos círculos de las cosechas en Estados Unidos, a pesar de la gran cantidad de tierra disponible. Tal vez sea una cuestión de actitud. A diferencia de sus vecinos canadienses, los granjeros de Indiana se preocupan más de encontrar alguien a quien demandar que de investigar las marcas aparecidas en sus campos de maíz, que son acordonados por la policía como la escena de un crimen. Tal vez sea eso para ellos. Asimismo, en Missouri, los círculos de las cosechas aparecidos en terrenos de los amish son destruidos metódicamente antes de que los testigos puedan tomar fotografías. Si les pides que te dejen fotografiarlos, los amish, normalmente

---

162. Para demostrar este punto, acaba de llegar información a Occidente de que en China hay un número significativo de pirámides, algunas de las cuales rivalizan con las de Egipto.

plácidos, te amenazan con aplicarte una multa de 1500 dólares.

Con este tipo de bienvenida, pocos querrán llamar a tu puerta.

Si nuestro contacto con la vida no humana sigue los derroteros marcados por el ejército norte-americano en la investigación ovni —abatirlos y analizarlos—, no cabe duda de que se hace necesario establecer otras vías de comunicación más sutiles con personas de inclinaciones tan bárbaras. Sin embargo, compara esta actitud con la de los «paganos» de Sudáfrica en respuesta a los círculos de las cosechas: «Cuando aparecía un círculo en los campos, la gente corría a erigir una valla de postes a su alrededor. Danzaban y realizaban otros rituales sagrados para honrar a los dioses de las estrellas y a la Tierra Madre. Todos los reyes y jefes esperaban la llegada de estos círculos. Su aparición era causa de celebraciones que duraban varios días. Las celebraciones iban acompañadas de plegarias para que los dioses cuidasen de la gente y les hablasen a través de los enclaves sagrados» (Mutwa, 1996).[163]

La elección de Inglaterra como lugar preferente para la aparición de los círculos de las cosechas sugiere un plan bien orquestado. Los círculos hacen referencia a enclaves sagrados en un país donde abundan los templos antiguos, donde éstos siguen siendo honrados, donde el estudio del conocimiento esotérico sobrevive y cuya lengua se comprende en todo el mundo, permitiendo que la información se distribuya a gran escala.

La otra cuestión es ¿por qué estas «enciclopedias escritas en las plantas» han saltado a nuestra atención *ahora*?

Hay varios factores que indican que vivimos una época favorable a la interacción entre nuestra dimensión y otras dimensiones. El calendario maya será de ayuda aquí. Posiblemente su fecha más conocida es el año 2012 d. de C. Los mayas creían que en el solsticio de invierno de ese año, un alineamiento entre nuestro sistema solar y la Vía Láctea pondrá en marcha una época de gran aceleración espiritual (Jenkins, 1998). Asimismo, el calendario azteca muestra que estamos al final de un ciclo de trece mil años, y que estamos predestinados a vivir cambios precisos en la Tierra y en la conciencia humana. Las profecías de las tribus nativas americanas, en particular las de los hopi, describen que este periodo es la transición de la «Quinta Era» a la «Sexta Era» de la humanidad. Sus profecías dicen que antes de las anteriores transiciones se producía una desconexión entre la Tierra y la humanidad, junto con una escisión de la mente y el corazón. Cuando la distancia entre ambas se hacía insalvable, ésa era se colapsaba para establecer un nuevo ritmo de armonía.

Que los alineamientos planetarios pueden influir en la Tierra quedó demostrado en 1999. El 11 de agosto, un alineamiento entre el Sol, la Luna y el centro de la Tierra creó un eclipse total del Sol en el norte de Europa; posteriormente, el 12 de diciembre, las cartas astrológicas heliocéntricas mostraron que los planetas configuraban tres grandes trígonos alrededor del Sol, creando una estrella de nueve puntas en nuestro sistema solar.[164] O bien los círculos de las cosechas fueron precursores de tales eventos, o los Creadores de círculos estaban indicando su significado, porque 1999 vio los primeros círculos que hacían referencia a la geometría nónuple; y ese verano hubo dos formaciones que retrataron la ruta de la Luna eclipsando al Sol.

Los creadores de estas cartas heliocéntricas, Marcus Mason y Brett Kellett, comparten la creencia de que ciertos aspectos geométrico-astrológicos,

---

163. Esto me recuerda a los bailarines en los círculos de piedras, cuyos movimientos en las aberturas entre las piedras pueden generar bioelectricidad, creándose condiciones similares a las de una dinamo. La carga eléctrica se almacena en las piedras y en el agua subyacente, y se libera con la aproximación de nuevos grupos de gente o al ritmo de la Luna. Ésa es la razón por la que existe un folclore tan rico y tal diversidad de danzas en los enclaves sagrados. Tal efecto también puede explicar el estado de ánimo festivo de quienes visitan los círculos de las cosechas.

164. En la rueda del zodíaco, un gran trígono es donde un triángulo equilátero vincula las energías del signo cardinal, fijo y mutable asociado con cada uno de los cuatro elementos (tierra, aire, fuego, agua). Según A. T. Mann, los trígonos geométricamente equilibrados indican estados de ser armoniosos, e implican un intercambio fluido de energía y comunicación. Curiosamente, en la física de las partículas la forma triangular describe la interacción de las partículas básicas que son portadoras de fuerza, los quarks.

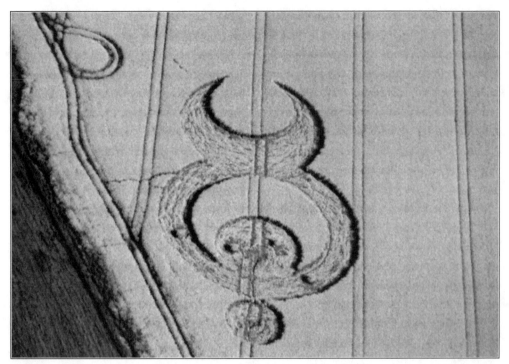

Figura 14.1
Para los hopi, la aparición de la luna creciente sobre la Tierra indica el retorno del Pueblo de las Estrellas. Furze Knoll, 1994.

como los grandes trígonos, están enraizando nuevas energías en la Tierra: «Estos arquetipos estelares del Zodíaco Sideral están imprimiendo[se] en nuestra conciencia a través de la matriz del Zodíaco Tropical, que contiene el registro akáshico de la conciencia y de la evolución colectiva humana. A medida que se imprimen nuevos arquetipos, los antiguos arquetipos, patrones y paradigmas simplemente se están cayendo».[165]

Estas alteraciones y cambios suelen venir precedidos por épocas de confusión y aparente autodestrucción, y pocos dudan de que estamos viviendo tiempos turbulentos. Gregg Braden ve en esto la indicación de un cambio de vibración:

Algunos individuos lo sienten extenderse por cada célula de su cuerpo, percibiendo que el tiempo, y sus vidas, se están acelerando. Otros experimentan un nuevo tipo de confusión, como si ya nada encajase en su existencia… Los sistemas que proveen la infraestructura de la vida y la sociedad, incluyendo sistemas personales como la salud, la economía y las relaciones, se hallan en estado de flujo dinámico… Tanto si crees que a corto plazo se va a producir el cierre de un gran ciclo como si no, hay un hecho que sigue siendo cierto. En un periodo relativamente corto de la historia humana, tengas la edad que tengas, has sido testigo de acontecimientos que han hecho temblar los cimientos de lo que creías que era tu mundo (Braden, 1993).

---

165. Quiero dar las gracias a Marcus Mason y Brett Kellett. Para más información sobre su trabajo, véase www.astrolore.com/article/0006.

A medida que los nuevos códigos de energía se imprimen en las estructuras cristalinas de la Tierra, los cambios en ella hacen que los sistemas corporales tomen la misma dirección, porque el campo de energía humano intenta mantener su conexión umbilical con la Madre Tierra.[166] Las comadronas capaces de ver auras dicen que ven desarrollarse un nuevo chakra en los recién nacidos situado entre la garganta y el corazón, lo que sugiere que se está produciendo un cambio en la comunicación que nos acercará más al corazón que a la cabeza.[167] De hecho, un creciente número de niños de esta generación están naciendo con excepcionales habilidades mentales, físicas y psíquicas, lo que también nos indica que estamos evolucionando como especie.

A medida que aumenta nuestra vibración, nuestra experiencia de vida parece estar acelerándose. Cuando más sintonizado está el campo de una persona con estos cambios planetarios, mayor es su receptividad a las ideas trascendentales, a la intuición y a los patrones de pensamiento penetrantes y de escala global (Hunt, 1989). Y, a través de éstos se produce el cambio de conciencia. Las frecuencias corporales inarmónicas, particularmente los patrones de pensamiento, empiezan a destacar y sobresalir de un modo que les permite ser curados. Consecuentemente, los aspectos luminosos y oscuros de la persona quedan acentuados; la vida parece ser caótica, irritante y frustrante conforme nuestras células aprenden la nueva sintonía. Quienes se resisten al proceso, en particular si se aferran tercamente al antiguo sistema de creencias, encuentran el proceso cada vez más abrumador.

Según la teoría del caos, la transición evolutiva hacia un estado superior va acompañada por la rotura del campo armónico del sistema (es decir, del orden). Cuando se introduce nueva energía, como en el caso de los círculos de las cosechas, se invierte el proceso de desintegración, de modo que la materia puede reorganizarse y alcanzar un estado superior (Prigogine y Stengers, 1984). El orden se rompe produciendo un caos que conduce a un nuevo orden. Como explica el divulgador científico James Gleick: «Cuanto mayor sea la turbulencia, cuanto más compleja sea la solución, tanto mayor el salto a un nuevo estado» (Gleick, 1987).

Uno de los efectos positivos de estos cambios es que, a medida que nuestro nivel vibratorio aumenta para sintonizarse con el de la Tierra, porciones de nuestro sistema sensorio que han permanecido dormidas durante siglos van despertando gradualmente, dando a quienes así lo eligen la oportunidad de acceder a niveles más refinados de la realidad.

Esto nos lleva a otro de los factores que explican la proliferación de círculos de las cosechas. La fuerza del campo magnético terrestre, que sube y baja como una ola, se ha reducido un 38% a lo largo de los últimos dos mil años, y se predice que seguirá cayendo (Braden, 1993). Históricamente, la construcción de enclaves sagrados coincide con los picos y valles de esta ola (Bucha, 1967), indicando que nuestros ancestros eran conscientes de estos momentos de cambio en el campo magnético terrestre y los usaban para desarrollar su conciencia. Posiblemente por esta razón construían sus enclaves con un doble propósito, el de servir como indicadores astrológicos y el de recordar a las futuras generaciones cuándo es probable que se produzcan estos ciclos. Como hemos descuidado esta tradición, los círculos de las cosechas sirven de recordatorios.

Estos recordatorios —ondas de pensamiento, geometrías, frecuencias— están entrando en el planeta para hacer que nuestra realidad vaya más allá de sus limitaciones, para que sintamos en lugar de pensar. El punto de inflexión de este proceso de comunicación puede haber ocurrido el 17 de agosto de 1987, la fecha de la Convergencia Armónica. Se dice que ese día la Tierra alcanzó una posición en la galaxia que facilita un cambio de la conciencia humana. La Convergencia Armónica también fue predicha por los calendarios maya y azteca, así como por la tradición nativa norteamericana, como la época en que «144 000 guerreros iluminados

---

166. Tal efecto también es visible en el modo en que las estructuras cristalinas se realinean cuando son sometidas a una nueva frecuencia.
167. Gracias a Nicola Morgan por esta información.

despertarán para convertirse en puntos de Luz que ayuden al resto de la humanidad a danzar su sueño despierta». En esencia, los chamanes del mundo recibieron la llamada para despertar a los no-iluminados de su sueño.

Sin tener la menor idea del porqué, aquel día me sentí obligado a viajar más de 150 kilómetros para visitar Stonehenge por primera vez.

Cuando las profecías de los nativos norteamericanos se refieren a estos cambios de ciclo, hablan de una época en que «la luna será vista tanto en la Tierra como en el cielo».

—Tuvimos algunos círculos en las reservas indias en el noroeste de Estados Unidos, en lugares donde los ovnis, como los llamáis, nos visitan cada año. Es posible que haya una conexión —dijo el difunto hombre-medicina Oso Sol.[168]

Las tribus nativas norteamericanas mantienen que son descendientes de las Naciones Estrella, razas de seres que poblaban diferentes sistemas estelares como Sirio y Orión;[169] los sioux, por ejemplo, remontan sus orígenes a las Siete Hermanas de las Pléyades.

En 1994, la Luna apareció sobre la Tierra cuando las medias lunas crecientes se añadieron al alfabeto de los círculos de las cosechas. Para los hopi en particular, ésta fue una ocasión emocionante, pues indicaba el retorno de la gente de la Nación Estrella y el cumplimiento de una profecía (véase la figura 14.1). En visiones simultáneas que se extendieron por todo el planeta, a los ancianos indígenas se les dijo que había llegado la hora de revelar al resto del mundo el conocimiento espiritual de las Naciones Estrella, incluyendo la influencia que los Pueblos Estrella han ejercido en sus culturas y creencias espirituales. En tal caso, qué mejor lugar para anunciar estas verdades ancestrales que el organismo donde están representadas todas las naciones de la Tierra: las Naciones Unidas. Pero esta supuesta organización de unidad global respondió

adoptando una política de puertas cerradas sin precedentes hacia nuestros hermanos y hermanas indígenas.

Sin arredrarse, el líder espiritual lakota Alce Erguido también realizó un movimiento sin precedentes. Convocó una reunión de tribus de todo el mundo en Dakota del Sur, donde el Conocimiento de las Estrellas sería compartido con representantes occidentales de diversas procedencias. Durante el curso de esta reunión de cinco días, Alce Erguido realizó un anuncio sorprendente: «Las Naciones Estrella son las entidades más cruciales, porque la idea de que otras razas se comuniquen con la gente de a pie supone una importante amenaza para los sistemas religioso, económico y educativo de cualquier gobierno.

»El mayor miedo de los gobiernos es que todas las formas del 'Gobierno del Pueblo de las Estrellas' no incluye un sistema monetario dentro de sus estructuras. Su sistema se basa en leyes mentales, espirituales y universales que el pueblo es demasiado inteligente mental y espiritualmente para romper. El colapso del sistema monetario del gobierno de Estados Unidos y de las religiones oficiales se ha convertido en un asunto de seguridad nacional, por lo que no ha sido difícil ilegalizar la participación y práctica del sistema de creencias lakota/dakota».[170]

En el encuentro, el líder espiritual oglala Floyd Hand puso de relieve que figuras religiosas como Jesús, Mahoma y Buda están relacionadas con las Naciones Estrella. Y añadió que a medida que se acerca el momento, si no se escuchan los avisos y se emprenden acciones apropiadas, las catástrofes globales aumentarán.

Tales noticias recuerdan extrañamente las escrituras en las que Dios se revela a la humanidad de maneras sutiles y serviciales —milagros, curaciones, leyes divinas...— pero, cuando estas indicaciones se ignoran, se hace uso de cataclismos para despertar

---

168. De un discurso de la Star Knowledge Conference, Dakota del Sur; otras trascripciones en *UFO Reality*, número 5, diciembre de 1996.
169. Una serie de enclaves sagrados en torno a Silbury Hill están conectados con Sirio, el Profesor, como también lo está la Gran Pirámide de Gizeh.
170. De un discurso de la Star Knowledge Conference, Dakota del Sur.

a la gente, particularmente los que se encuentran en los niveles vibratorios inferiores. A la luz de estas revelaciones, la falsificación y el sabotaje de los círculos de las cosechas, independientemente del motivo o del patrocinador, empieza a parecerse a las matanzas de niños por parte de Herodes en un intento desesperado por librarse de Cristo, que suplantaría su autoridad. Porque está claro que los círculos de las cosechas fortalecen al individuo y, al hacerlo, ayudan a desmantelar un sistema de creencias atrincherado que se ha alimentado del miedo de la gente, convenciéndole de su impotencia.

Los círculos de las cosechas proveen instrucciones de autoayuda. Nos permiten ver el universo como una serie de relaciones entre las diversas partes que forman la totalidad. Nos muestran que somos capaces de influir en nuestra realidad mediante nuestros pensamientos y acciones. Ya somos testigos de esto en los laboratorios científicos: los experimentos realizados en el Departamento de Investigación de Anomalías de la Universidad de Princeton muestran que la intención enfocada de las personas puede afectar a las constantes mecánicas, como los ritmos producidos por un ordenador y el movimiento de los péndulos. Miles de pruebas revelan la obediencia de las máquinas a los pensamientos de sus operadores humanos, y que la mente humana es capaz de afectar aproximadamente a uno de cada 10 000 sucesos aleatorios (*Investigación de Anomalías de la Ingeniería*, Princeton; John y Dunne, 1987; Nelson *et al.*, 1998). De hecho, se prevé que con la inclusión explícita de la conciencia humana un día llegaremos a entender la verdadera naturaleza de la materia (Wigner, 1970).

Como una nota dentro del coro de la creación, el ser humano es especial. Sus pensamientos se convierten en sonidos, los sonidos se convierten en palabras, las palabras generan acciones, que asociadas con una intención producen todo tipo de consecuencias. Esto hace que todos seamos responsables de lo que manifestamos.[171] Quince siglos de historia europea nos enseñan que si una gran cantidad de gente tiene una imagen pesimista del futuro, es probable que esa imagen se manifieste en la realidad. Los apocalipsis no suelen ser el resultado de predicciones, sino de la liberación de un patrón patológico en la sociedad que acaba creando esa situación apocalíptica (Wall y Fergusson, 1998). Las guerras vividas por la humanidad sólo en el siglo XX ya son razón suficiente para desear el cambio, pero, para lograrlo, antes tenemos que superar la ilusión cultural de que estamos separados del Espíritu Creativo.

Durante más de seis mil años, el misticismo oriental y pagano ha mostrado que podemos conectar con el Espíritu a través de nuestra propia antena, el cuerpo humano. Por el simple acto de juntar las palmas y las puntas de los dedos de las manos, adoptamos la postura repetida en incontables esculturas, un ritual practicado instintivamente millones de veces al día en todo el mundo sin que muchos de sus ejecutores sean conscientes de que esta acción va mucho más allá de una llamada a la oración: juntando las palmas estás activando un sistema electrónico que te conecta con la Unidad de la creación, y te permite, como parte de dicha Unidad, interceder en tu propio nombre a través de tus pensamientos. Como dice el proverbio: «Tienes todo el mundo en tus manos».

A medida que la gente va tomando conciencia de esto, cada vez son más los grupos que se reúnen en todo el mundo para rezar por el cambio. En 1998, una plegaria de orden mundial dirigida por James Twyman y dedicada a evitar la guerra entre Estados Unidos e Irak atrajo una participación aproximada de doce millones de personas. Este pensamiento enfocado por la paz produjo una reducción de las hostilidades al día siguiente; de hecho, tuvo tanto efecto que Twyman fue invitado a repetir el ejercicio en Irlanda del Norte. En tres días los bandos contendientes dejaron las armas de lado y comenzaron las negociaciones de paz.

Al estar fundamentados en principios divinos, el resurgimiento de los círculos de las cosechas en este momento crítico de nuestra historia está precipitando un cambio. En este nacimiento del

---

171. «Como piense en su corazón, así es él» (Proverbios 23,7).

nuevo milenio vemos que proliferan las ideas basadas en la esperanza, la sostenibilidad, la espiritualidad y la tolerancia más que en cualquier otro periodo de la historia moderna. Para que este cambio se manifieste, debemos participar como co creadores. Hemos pedido ayuda, se nos han ofrecido las herramientas y se nos ha mostrado cómo funcionan, pero, en último término, hemos de tener la voluntad de aplicarlas.

Así como la música tiene un papel mediador entre el Cielo y la Tierra, los círculos de las cosechas son canales de comunicación entre la humanidad y Dios, una comunicación que habla pasivamente, sin amenazar ni abrumar, y mediante esta aproximación sutil, los puntos de vista de los pueblos del mundo van cambiando suavemente. Por aparecer en el trigo —ingrediente fundamental del pan y símbolo de la Tierra misma—, los círculos de las cosechas proveen un vínculo entre la Tierra Madre y sus hijos reunidos en el seno de su círculo protector, un círculo que nos atrae irresistiblemente hacia el centro, ofreciéndonos juegos que nos permiten aprender. Y, tal como los niños, nos alejamos para procesar lo que hemos aprendido y poder volver al año siguiente para profundizar en una nueva serie de lecciones.

Como el sonido, los círculos de las cosechas son un lenguaje de sentimiento, un lenguaje que está más allá de la limitación de las palabras. Y como es un lenguaje universal, no se alinea con ningún individuo particular, con ningún sistema religioso, grupo étnico, currículum académico o creencia política. Como flores respondiendo incuestionablemente al sol, quienes abren su corazón a abrazar de manera incondicional la melodía de los círculos de las cosechas se sintonizan, se unifican, y, como en un encuentro fortuito con una persona santa, es posible que su manera de ver la vida cambie irreversiblemente.

Charpentier, en su oda a las catedrales góticas, sintió algo muy parecido a lo que yo siento respecto a los círculos de las cosechas. Son creados por especialistas que usan el conocimiento y lo distribuyen en forma de símbolos sobre los campos. Los círculos usan la belleza como cebo, suscitando emociones, atrayendo al intelecto para que se embarque en un proceso de pensamiento creativo. Los círculos nutren nuestras almas, y como dijo el profeta Mahoma: «Si sólo tuviera dos rebanadas de pan, usaría una para alimentar mi alma».

Los círculos son los nuevos templos, los lugares de iniciación, de encantamiento, de apertura.

Son creaciones armónicas de luz, sonido y magnetismo, y por tanto son unos espejos para la humanidad que nos invitan a mirar dentro, abriéndonos a antiguos recuerdos y recordándonos que no somos egocéntricos, sino cosmocéntricos.

He entrado muchas veces en los templos de los Creadores de círculos y allí he hallado ese elemento que es perfectamente capaz de ser reproducido por todos los seres humanos.

Amor.

Bibliografía

Abbott, Edwin. 1983. *Flatland: A Romance of Many Dimensions*. Nueva York: Barnes & Noble.

Alexandersson, Olor. 1990. *Living Water: Víctor Schauberger and the Secrets of Natural Energy*. Bath: Gataway.

Andrews, Colin. 1994. En el noticiario del CPRI, vol. 3:1, Brandford: CT.

Andrews, Colin, y Pat Delgado. 1990. *Latest Evidence*. Londres: Bloomsbury.

———1991. *Circular Evidence*. Londres: Bloomsbury.

Andrews, D. H., 1966. *The Symphony of Life*. Springfield, Missouri: Unity Books.

Andrews, Ted. 1996. *Sacred Sounds*. St. Paul: Llewellyn.

Argüelles, José. 1985. *The Mayan Factor*. Santa Fe: Bear & Co.

Ash, David y Peter Hewitt. 1990. *Science of the Gods: Reconciling Mystery and Matter*. Bath: Gateway.

Audus, L. J. 1960. «Magnetotropism: A New Plant Growth Response», *Nature*, 16 de enero.

Babbitt, Edwin. 1878. *The Principles of Light and Colour*. Nueva York: Babbitt & Co.

Bailey, Alice. 1984. *Iniciation, Cosmic and Solar*. Nueva York: Lucis Press.

Baines, Paul, Philip Heselton y Jimmy Goddard (eds.), 1985. *Skyways and Landmarks Revisited*. Hull, Reino Unido: Northern Earth Mysteries Group.

Barbanell, Maurice. 1945. *The Case of Helen Duncan*. Londres: Psychic Press.

Barber, Bradley P. y Seth J. Putterman. 1991. «Observation of Synchronous Picosecond Sonoluminiscence», *Nature*, 25 de julio.

Bartholomew, Alick (ed.). 1991. *Harbingers of World Change*. Bath: Gateway.

Beaumont, Richard. 1999. «Breaking the Sound Barrier», *Kindred Spirit*, vol. 3:5, Devon: Totnes.

Becker, Robert y Gary Selden. 1985. *The Body Electric*. Nueva York: William Morrow.

Bennett, Mary y David Percy. 1999. *Dark Moon: Apollo and the Wistle-Blowers*. Londres: Aulis.

Benoist, Luc. 1975. *Signes, Symboles et Mythes*. París: Methunen.

Berendt, Joachim-Ernst. 1991. *The World Is Sound: Nada Brahma, Music and the Landscape of Consciousness*. Rochester, Vermont: Destiny Books.

Berry, Rod Bearcloud. 1998. «Star Nation Fractal», *Sedona Magazine*, marzo.

Berthelot, Yves H. 1988. *Journal of the Acoustic Society of America* 84:14, suppl.1.

Besant, Annie y C. W. Leadbeater. 1901. *Thought Forms*. Madrás, India: Theosophical Publishing House.

Birks, Walter y R. A. Gilbert. 1987. *The Treasure of Montsegur: A Study of the Cathar Heresy and the Nature of the Cathar Secret*. Londres: Crucible.

Blair, Lawrence. 1975. *Rhythms of Vision*. St. Albans, Reino Unido: Paladin.

Blake, Francine. 1998. Editorial en *The Spiral magazine*, número 28, marzo.

Blitz, Jack. 1971. *Ultrasonics: Methods and Applications*. Londres: Butterworths.

Bloy, Colin. 1992. «Axioms and Experiences», *Dowsing the Crop Circles*. Glastonbury: Gothic Image.

Braden, Gregg. 1993. *Awakening to Point Zero*. Bellevue, Wash.: Radio Bookstore Press.

Bradley, Richard. 1977. *Rock Art and the Prehistory of Atlantic Europe*. Londres: Routledge.

Broadhurst, Paul y Hamish Miller. 1992. *The Sun and the Serpent*. Launceston, Reino Unido: Pendragon Press.

——— 2000. *The Dance of the Dragon*. Launceston, Reino Unido: Pendragon Press.

Brown, B. y D. Gordon. 1967. *Ultrasonic Techniques in Biology and Medicine*. Londres: Illife.

Brownlee, Nick. 1998. *Sunday People*.

Brunes, Tons. 1967. *The Secrets of Ancient Geometry*. Copenhage: Rhoudos Publications.

Bucha, V. 1967. *Archaeometry*, vol. 10.

Burke, John. 1998. «Crop Circle Analysis Shows that Most Are Not Hoaxes», *MUFON Journal*, septiembre.

Buttlar, Johannes von. 1980. *The UFO Phenomenon*. Londres: Book Club Associates.

Campbell, John. 1966. «Sense of Security», *Analog*, noviembre.

Capra, Fritjof. 1986. *The Tao of Physics*. Londres: Fontana.

Cathie, Bruce. 1990. *The Energy Grid: Harmonic 695, The Pulse of the Universe*. Kempton, Reino Unido: Adventures Unlimited Press.

——— 1995. *The Bridge to Infinity*. Harmonic 371244, Auckland: Bookfield Press.

——— 2001. «The Harmonics of Coral Castle», *Nexus*, octubre-noviembre.

Chancellor, Philip. 1971. *Handbook of the Bach Flower Remedies*. Rochford: C. W. Daniel.

Charpentier, Louis. 1975. *The Mysteries of Chartres Catedral*. Londres: Avon Books.

Childress, David Hatcher. 2000. *Technology of the Gods: The Incredible Sciences of the Ancients*. Kempton, IL: Adventures Unlimited Press.

Chorost, Michael, 1992. «The Summer 1991 Crop Circles», Mt. Rainier, MD: Fund for UFO Research.

Chorost, Michael, y Marshall Dudley. 1992a. «What Happened to the Radionuclides Paper?» *The Cereologist*, n.º 6

——— 1992b. *MUFON Journal*, febrero.

Clarke, Arthur C. 1994. *Mysterious World*, The Discovery Channel.

Cochrane, Carol. 2001. *The Spiral*, febrero.

Colgrave, Sukie. 1979. *The Spirit of the Valley: Androgyny and Chinese Thought*. Londres: Virago.

Constable, Trevor James. 1977. *The Cosmic Pulse of Life*. Subury, Reino Unido: Neville Spearman.

Cooper, J. C. 1978. *An Illustrated Encyclopedia of Traditional Symbols*. Londres: Thames and Hudson.

Crerar, Tony. 1998. «The Beltane Fiery Wheel», *The Cereologist*, n.º 22.

Critchlow, Keith. 1976. *Islamic Patterns*. Londres: Thames and Hudson.

——— 1979. *Time Stands Still*. Londres: Gordon Fraser.

Cummings, Claire Hope. 1999. «Entertainment Foods», *The Ecologist*, 29:1, enero-febrero.

Cutt, John. 1998. «No UFO Over Dunearn», *The Southland Times* (Nueva Zelanda), 8 de marzo.

Darling, David. 2002. *Equations of Eternity*. Nueva York: MJF Books.

Dauvois, Michel. 1988. «Son et Musique au Paleolitique», *Pour la Science*, n.º 253, noviembre.

David-Neel, Alexandra. 1936. *Tibetan Journey*. Londres: The Bodley Head.

Davidson, John. 1987. *Subtle Energy*. Saffron Walden, Reino Unido: C. W. Daniel.

Davies, G. J. 1982. *Temples, Churches and Mosques*. Oxford: Basil Blackwell.

Davies, Paul. 1987. *The Cosmic Blueprint*. Londres: Heinemann.

Davies, Beth (ed.). 1992. *Cyphers in the Crops*. Bath: Gateway.

Day, Harvey. 1977. *The Hidden Power of Vibrations*. Londres: Pelma.

Day, Philip. 2001. *Health Wars*. Tonbridge, Reino Unido: Credence Publications.

Deardorff, James. 1991. «A Symbol in the Desert», *UFO Magazine*, septiembre.

Deetken, Chad. 1993. «Crop Circles in Canada», *The Cereologist*, n.º 10.

Delgado, Pat. 1992. *Conclusive Evidence*. Londres: Bloomsbury.

De Vasconcelos, J. Leite. 1981. *Religoes da Lusitana*, vol. 3. Lisboa: NP.

——— Leite. 1982. *Tradiçoes Populares de Portugal*. Lisboa: N. P.

Devereux, Paul. 1990, *Places of Power*. Shatsbury, Reino Unido: Blandford.

Devereux, Paul. 1992. *Earth Memory*. St. Paul, Minn: Llewellyn.

Devereux, Paul y D. Thompson. 1979. *The Ley Hunter's Companion*. Londres: Thames and Hudson.

Dewhurst-Maddox, Olivea. 1993. *The Book of Sound Therapy*. Londres: Gaia Books.

Diot, Charles. 1935. *Les Souvenirs et les Monuments Meglithiques*. París: G. Doin.

Dodd, Anthony. 1991. «UFO Update», *The Journal of UFO Investigation*, n.º.1.

Doreal, M. 1925. *The Emerald Tablets of Thoth the Atlantean*. Nashville: Sourse Books.

Duby, Georges. 1966. *Mystical Theology*. Ginebra: Corpus Areopagiticum.

Duncan, Tom. 1985. *Success in Physics*. Londres: John Duncan.

Dunn, Christopher. 1998. *The Giza Power Plant: Technologies of Ancient Egypt*. Santa Fe: Bear & Co.

Dutt, Romesh. 1961. *Ramayana and Mahabharata*. Londres: Dent.

Elkington, David. 2001. *In the Name of the Gods*. Sherbourne, Reino Unido: Green Man Press.

Emoto, Masaru. 1999. *The Message from Water*. Kyoikusha, Japón: Hado.

Ernst, Brune. 1992. *The Eye Beguiled: Optical Illusions*. Colonia: Taschen.

Essene, Virginia y Tom Kenyon. 1996. *The Hathor Material*. Santa Clara: S.E.E. Publishing.

Evans, Kathy. 1993. *Music*. Nueva York: McGraw-Hill Reyerson.

Fester, F. Richard. 1981. *Urworter der Menschbeit: Eine Archaologie der Srachte*. Kosel, Múnich: s. e.

Feynmann, R. P., R. B. Leighton y M. Sands, 1966. *The Feynmann Lectures on Physics*, vol. 2. Reading, Mass.: Addison-Wesley.

Findhorn Community. 1975. *The Findhorn Garden*. Nueva York, Harper Perennial.

Flem-Ath, Rand y Rose, 1995, *When The Sky Fell*. Nueva York: St. Martin's Press.

Flint, E. B. y K. S. Suslick. 1991. *Science*, n.º 253.

Frissell, Bob. 1994. *Nothing in This Book Is True, but It's Exactly How Things Are*. Berkeley: Frog Limited.

Gardner, Kay. 1997. *Sounding the Inner Landscape*. Shaftsbury, Reino Unido: Element.

Gaunt, Bonnie. 1995. *Beginnings: The Sacred Design*. Mich.: Gaunt.

George, Leonard. 1995. *The Encyclopedia of Heresies and Heretics*. Londres: Robson.

Gerber, Richard. 1996. *Vibrational Medicine*. Santa Fe: Bear and Co.

Gladzewski, Andrew. 1951. «The Music of Crystals, Plants and Human Beings», *Radio-Perception*, septiembre.

Gleick, James. 1987. *Chaos*. Nueva York: Viking Penguin.

Goldman, Jonathan. 1992. *Healing Sounds*. Shatsbury, Reino Unido: Element.

Golubnichii, P. I., V. M. Gromenko y A. D. Filonenko. 1979. *Soviet Physics*, n.º 5.

Good, Timothy. 1987. *Above Top Secret: The Worldwide UFO Cover-Up*. Londres: Sidgwick and Jackson.

Gordon, Cyrus. 1962. *Before the Bible*. Londres: Collins.

Green, Michael. 1996. «Soil Tests by the Agricultural Development & Advisory Service», *The Cereologist*, n°. 17.

Grist, Brian. 1991. «The Aquifer Attactor», The Cereologist, no. 5.

Hall, Manly P. 1928. *Secret Teachings of All Ages*. Los Ángeles: Philosophical Research Society.

—— 1932. *Man, the Grand Symbol of the Mysteries*. Los Ángeles: Manly P. Hall Publications.

—— 1937. *Freemansonry of the Ancient Egyptians*. Los Ángeles: The Philosophers' Press.

—— 1947. *Lectures on Ancient Philosophy*. Los Ángeles: Philosophical Research Society.

Hamel, Michael Peter. 1978. *Through Music to the Self*. Shaftsbury, Reino Unido: Element.

Hancock, Graham. 1995. *Fingerprints of the Gods*. Nueva York: Crown.

—— 1996. *The Message of the Sphynx*. Nueva York: Crown.

Hawkins, Gerald. 1965. *Stonehenge Decoded*. Nueva York: Doubleday.

—— 1973. *Beyond Stonehenge*. Londres: Hutchinson.

—— 1983. *Mindsteps to the Cosmos*. Nueva York: Harper and Row.

Haynes, Ofmil. 1997. *The Harmony of the Spheres*. Powys, Gales: Wooden Books.

Hein, Simeon. 2000. «Electromagnetic Anomalies and Scale-Free Networks in Bristish Crop Formations», *The Circular*, n°. 38.

Helfman, Elizabeth. 1974. *Signs and Symbols of the Sun*. Nueva York: Seabury Press.

Hero, Barbara. 1992. *Lambdoma Unveiled*. Wells, Maine: Strawberry Hill Farm Studio Press.

Heselton, Philip. 1995. *Earth Mysteries*. Shatsbury, Reino Unido: Element.

Hesemann, Michael (ed.). 1993. *Magazín 2000*, n°. 93, abril.

—— 1995. *The Cosmic Connection*. Bath: Gateway.

Hitching, Francis. 1976. *Earth Magic*. Londres: Cassell.

Hodson, Geoffrey. 1976. *Music Forms*. Madrás, India: Theosophical Publishing House.

Holroyd, Stuart. 1977. *Prelude to the Landing on Planet Earth*. Londres: W. H. Allen.

Hopkins, Budd. 1987. *Intruders*. Nueva York: Random House.

Huffman, William. 1992. *Robert Fludd, Essential Readings*. Londres: Antiquarian Press.

Hughes, Martyn. 1990. Editorial en *New Scientist*, agosto.

Hunt, Valerie. 1989. *Infinite Mind*. Malibú, California: Malibu.

Huntley, A. E. 1970. *The Divine Proportion*. Nueva York: Dover.

Hurtak, J. J. 1977. *The Book of Knowledge: The Keys of Enoch*. Los Gatos, Calif.: Academy for Future Science.

Hynek, J. Allen y Jacques Vallée. 1975. *The Edge of Reality*. Chicago: Regency.

Illion, T. 1997. *In Secret Tibet*, Kempton, Reino Unido: Adventures Unlimited.

Irion, Robert. 2000. «Ghost Atoms», *New Scientist*, 8 de julio.

Jahn, Robert y Brenda Dunne. 1987. *Margins of Relity: The Role of Consciousness in the Physical World*. Orlando: Harcourt Brace.

Jahn, Robert, Paul Devereux y Michael Ibitson. 1996. «Acoustical Resonances of Assorted Ancient Structures», *Journal of Acoustical Society of America*, vol 99:2, febrero.

Jenkins, John Major. 1998. *Maya Cosmogenesis 2012: The True Meaning of the Mayan Calendar End Date*. Santa Fe: Bear and Co.

Jenny, Hans. 1974. *Cymatics II*. Basilia, Switzerland: Basilius Press.

John Kelvin y Daniel Wolf, traductores. 1963. *The Lying Stones of Dr. Berenger*. University of California Press.

Jolly, W. P. 1974. *Sir Oliver Lodge*. Cranbury, Nueva Jersey: Associated University Press.

Jung, Carl Gustav. 1973. *Psychology and Alchemy*. Londres: Atenea.

Kanzhen, Chiang. 1993. *AURA-Z Journal*, vols. 1-3.

Keel, John. 1975. *The Mothman Prophesies*. Nueva York: Dutton.

Keen, Montague. 1992. *Scientific Evidence for the Crop Circle Phenomenon*. Norwich: Elvery Flowers Publications.

——1994. «The Bythorn Wonder: An Inquiry», *The Cereologist*, n°. 12

Keyser, Hans. 1970. *Akroasis: The Theory of World Harmonics*. Boston: Plowshare.

Khan, Hazrat Inayat. 1991. *The Mysticism of Sound and Music*. Boston: Shambhala.

Khanna, Madhu. 1979. *Yantra: The Yantric Symbol of Cosmic Unity*. Londres: Thames and Hudson.

Kozyrev, Nikolai. 1968. «Possibility of Experimental Study of the Properties of Time». U.S. Dept. of Commerce. JPRS, 45238.

Krönig, Jürgen. 1991. «Authority's Attitude to World Changes», *The Cereologist*, n°. 5.

Krüger, Wilfried. 1974. *Das Universerum Singt*. Múnich: Trier.

Kruth, Patricia y Henry Stobard (eds. 2000). *Sound*. Cambridge, Reino Unido: Cambridge University Press.

Lawlor, Robert. 1982. *Sacred Geometry*. Londres: Thames and Hudson.

Leadbeater, C. W. 1927. *The Chakras*. Madrás, India: Theosophical Publishing House.

Le Mée, Katharine. 1994. *Chant*. Londres: Rider.

Leonard, George. 1978. *The Silent Pulse*. Nueva York: E. P. Dutton.

Lethbridge, T. C. 1973. *The Legend of the Songs of God*. Londres: Sidwick and Jackson.

Levengood, W. C. 1994. «Anatomical Anomalies in Crop Formation Plants», *Physiologia Plantorum* 92.

Levengood, W. C. y J. A. Burke. 1995. «Semi-Molten Meteoric Iron Associated with a Crop Formation», *Journal of Scientific Exploration* 9:2.

Levi, Barbara. 1991. «Light Comes from Ultrasonic Cavitation in Picosecond Pulses», *Physics Today*, noviembre.

Levin, Flora. 1994. *The Manual of Harmonics of Nicomachus the Pythagorean*. Grand Rapids, Mich: Phanes Press.

Lewis, Robert. 1986. *The Sacred Word and Its Creative Overtones*. San José, Calif.: Roscrucian.

Lockyer, J. N. 1894. *The Dawn of Astronomy*. Londres: Macmillan.

Louçao, Paulo Alexandre. 1999. *Os Templarios na Formaçao de Portugal*. Lisboa: Esquilo.

Lyons, Jim. 1998. «Bubbles and Knots», *The Circular*, n°. 31.

McKenna, Terrence y Dennis. 1975. *The Invisible Landscape*. Nueva York: Seabury Press.

McNish, John. 1991. «Crop Circle Communiqué», *Circlevision*.

Mallery, G. 1972. *Picture Writing of the American Indians*, vol. 1. Nueva York: Dover.

Mann, A. T. 1993. *Sacred Architecture*. Shaftsbury, Reino Unido: Element.

Manning, Jeane. 1996. *The Coming Energy Revolution*. Nueva York: Avery.

Marciniak, Barbara. 1992. *Bringers of the Dawn*. Santa Fe: Bear and Co.

Martineau, John. 1992. *A Book of Coincidence*. Powys, Gales: Wooden Books.

—— 1996. *Crop Circle Geometry*. Powys, Gales: Wooden Books.

Meaden, Terence. 1985. *Journal of Meteorology*, vol. 10.

—— 1989. *The Circles Effect and Its Mysteries*. Bardford on Avon: Artetech.

—— 1991. *Crop Circles and the Plasma Vortex: The Crop Circle Enigma*. Bath: Gateway.

Meehan, Aidan. 1993. *Spiral Patterns*. Londres: Thames and Hudson.

Melchizedek, Drunvalo. 1996. *The Ancient Secret of the Flower of Life*. Prescott, Ariz.: Hummingbird.

Men, Humbatz. 1990. *Secrets of Mayan Science/Religión*. Santa Fe: Bear and Co.

Merz, Blanche. 1987. *Points of Cosmic Energy*. Saffron Walden, Reino Unido: C. W. Daniel.

Michell, John. 1975. *The Earth Spirit*. Londres: Thames and Hudson.

—— 1977. *A Little History of Astro-Archeology*. Londres: Thames and Hudson.

—— 1982. *Megalithomania*. Londres: Thames and Hudson.

—— 1983. *The New Order Over Atlantis*. Londres: Thames and Hudson.

—— 1988a. *The Dimensions of Paradise*. Londres: Thames and Hudson.

—— 1988b. *City of Revelation*. Londres: Thames and Hudson.

—— 1990. «Reports and Sketches», *The Cereologist*, no. 2.

—— 1991. «Geometry and Symbolism at Barbury Castle», *The Cereologist*, n°. 4.

—— 1992. *Dowsing the Crop Circles*. Glastonbury, Reino Unido: Gothic Image.

—— 1997. *Secrets of the Stones*. Nueva York: Penguin.

—— 1998. *Twelve Tribe Nations*. Londres: Thames and Hudson.

Milgrom, Lionel. 2001. «Thanks for the memory: Experiments have backed what was once a scientific heresy», *The Guardian*, 15 de marzo.

Miller, Hamish. 1992. «On the Connection with Ancient Sites», *Dowsing the Crop Circles*. Glastonbury, Reino Unido: Gothic Image.

Morehouse, David. 1996. *Psychic Warrior*. Nueva York: St. Martins Press.

Morgan, Marlo. 1994. *Mutant Message from Down Under*. Nueva York: HerperPerennial.

Mück, Otto. 1958. *Cheops und die Grosse Pyramide*. Berlín: Olter Walter.

Munck, Carl, «The Code of the Ancients», *Atlantis Rising*, n°. 12 y 15.

Murti, T. V. R. 1955. *The Central Philosophy of Buddhism*. Londres: Allen & Unwin.

Mutwa, Credo. 1996. *Isilwane: The Animal*. Ciudad del Cabo, Sudáfrica: Struick.

Myers, David y David Percy. 1999. *Two-Thirds: A History of Our Galaxy*. Londres: Aulis.

Nasr, Seyyed Hossein. 1964. *An Introduction to Islamic Cosmic Doctrines*. Boston: Harvard University Press.

—— 1976. *Islamic Science*. Westerham, Reino Unido: World of Islam Festival Publications.

Nelson, R. D. *et al.* 1998. «FieldREG II: Consciousness Field Effects: Replications and Explorations», *Journal of Scientific Exploration* 12:3.

Okochi, Ryogi. *Thinking Behind the Japanese Language*, sin publicar.

Ostrander, Sheila y Lynn Schroeder. 1976. *Psychic Discoveries Behind the Iron Curtain*. Londres: Abacus.

Ouspensky, P. D. 1931. *A New Model of the Universe*. Londres: Kegan Paul.

Page, Steve y Glen Broughton. 1999. «The Underground Connection», *The Circular*, n°. 33.

Palgrave-Moore, Pat. 1992. *Crop Circle Classification*. Norwich: Elvery Flowers Publications.

Parlenko, G. E. 1933. «Oberflachenwellen auf einer in einem bewegten Tank enthaltenen Flussigkeit», *Philosophie Magazine*.

Patterson, Alex. 1992. *A Field Guide to Rock Art Symbols of the Greater Southwest*. Boulder: Johnson Books.

Payne, Katy. 1998. *Silent Thunder: In the Presence of Elephants*. Nueva York: Simon and Schuster.

Pennick, Nigel. 1991. *The Secret Lore of Runes and Other Ancient Alphabets*. Londres: Rider.

Petraeus, Cornellius C. 1578. *Sylva Philosophorum*. s. l.

Pfeiffer, Ehrenfried. 1936. *Formative Forces in Crystallization*. Londres: Rudolf Steiner Publishing.

Plot, Robert. 1678. *The Natural History of Stafforshire*. Oxford, Reino Unido: Ashmolean.

Pope, Nick. 1996. *Open Skies, Closed Minds*. Londres: Simon and Schuster.

Prigogine, I. e I. Stengers. 1984. *Order Out of Chaos*. Nueva York: Bantam.

Princeton Engineering Anomalies Research. 1995. PEAR Technical Note 95004, mayor. Princeton: Princeton University.

Pringle, Lucy. 1990. «Headaches or Healing», *Crop Circles Enigma*, Bath: Gateway.

—— 1993a. «The Bluffer's Bluff is Called», *The Cereologist*, n°. 10.

—— 1993b. *The Circular*, 4:1.

—— 1994. *The Circular*, n°. 16.

—— 1996. «Frolics Amid the Fractals», *The Circular*, n°. 27.

—— 1997. «Facts and Figures or Flights of Nancy», *The Circular*, n°. 28, CCCS.

—— 1998. *The Circular*, n°. 33.

—— 1999. *Crop Circles: The Greatest Mystery of Modern Times*. Londres: Thorsons.

—— 2000. «Dreams, Disappearances and Magic Carpets», *The Circular*, n°. 38.

Puthoff, H. E. 1996. «CIA-Initiated Remote Viewing Program at Standford Research Institute», *Journal of Scientific Exploration* 10:1.

Putterman, Seth J. 1995. «Sonoluminiscencia: Sound into Light», *Scientific American*, vol. 272, febrero.

Randles, Jenny y Paul Fuller. 1990. *Crop Circles: A Mystery Solved*. Londres: Hale.

Reuters. 2000. «IBM Sells Air Force New Super-computer to Identify UFOs», 22 de noviembre.

Rhine, J. B. 1970. *Mind Over Matter*. Londres: Macmillan.

Roberts, C. E. (ed.). 1945. «The Trial of Mrs. Duncan», Old Bailey Trial Series, n°. 3, Londres: Jarrolds.

Robert, Paul William. 1995. *In Search of the Birth of Jesus*. Nueva York: Riverhead.

Robins, Don. 1982. «The Dragon Project and the Talking Stones», *New Scientist*, 21 de octubre.

_____ 1985. *Circles of Silence*. Londres: Souvenir Press.

Rogers, Ken. 1994. *The Warminster Triangle*. Warminster, Reino Unido: Coates and Parker.

Roth, Robert. 1994. *Transcendental Meditation*. Auckland: Donald I. Fine.

Rothstein, J. 1958. *Communication, Organization and Science*. Nueva York: Falcon Wing Press.

Rothwell, Norman. 1988. *Understanding Genetics*. Oxford: Oxford University Press.

Rubtsov, Vladimir. 1991. «Soviet Ice Ring», *MUFON UFO Journal*, n°. 282.

Rucker, Rudy. 1985. *The Fourth Dimension and How to Get There*. Londres: Rider.

Rutherford, Adam. 1945. *A New Revelation in the Great Pyramid*. Londres: The Institute of Pyramidology.

Savage, Neil. 2001. «Bright Encounter», *New Scientist*, 6 de enero.

Schauberger, Viktor. 1998. *The Water Wizard: The Extraordinary Properties of Natural Water*. Bath: Gateway.

Schiff, Michael. 1994. *The Memory of Water*. Londres: Thorsons.

Schimmel, Annemarie. 1993. *The Mystery of Numbers*. Oxford: Oxford University Press.

Schnabel, Jim. 1993. *Round in Circles*. Londres: Hamish Hamilton.

Schneider, Michael. 1994. *A Beginner's Guide to Constructing the Universe*. Nueva York: Harper Collins.

Schul, Hill y Ed Pettit. 1985. *The Secret Power of Pyramids*. Nueva York: Fawcett Publications.

Schwaller de Lubicz, R. A. 1977. *The Temple of Man*. Brookline, Mass.: Autumn Books.

Service, Alastair y Jean Bradberry. 1993. *The Standing Stones of Europe*. Londres: Widenfelt y Nicolson.

Shames, Lawrence. 1989. *The Hunger for More*. Nueva York: Times Books.

Sharkey, John. 1975. *Celtic Mysteries*. Nueva York: Thames and Hudson.

Sheldrake, Rupert. 1988. *Presence of the Past*. Londres: Collins.

Sherwood, Ed y Kris Sherwood. 1998. «The 1996 Laguna Canyon Crop Circle Formation», *The Cereologist*, n°. 22.

Shuttlewood, Arthur. 1973. *The Flying Saucers*. Londres: Sphere.

Singh, T. C. 1962-1963. «On the Effect of Music and Dance and Plants», *Bihar Agricultural College Magazine* 13:1.

Sinnett, A. P. 1893. *Stonehenge and the Pyramids*. Londres: Theosophical Publishing House.

Sitchin, Zecharia. 1980. *The Stairway to Heaven*. Nueva York: Avon.

_____ 1990. *The Lost Realms*. Nueva York: Avon.

Strachan, Gordon. 1998. *Jesus, The Master Builder*. Edimburgo: Floris.

Stringfield, Leonard. 1957. «Incide Saucer Post 3-0 Blue», *CRIFO*, Cincinnati, 4 de noviembre.

Suslick, K. S. *et al.* 1991. «Sonochemical Synthesis of Amorphus Iron», *Nature* 353.

Tame, David. 1984. *The Secret Power of Music*. Wellingborough, Reino Unido: Turnstone Press.

Tansley, David. 1976. *Radionics Interface with the Ether Fields*. Saffron Walden, Reino Unido: C.W. Daniel.

Tashev, T., y T. Natan. 1966. «Suggestology», *Bulgaria Today*, n°. 9.

Tenen, Stan. 1992. *Geometric Metaphors of Life*. San Anselmo, Calif.: The MERU Foundation.

Tersur, Francoise. 1993. *The Druids and the Esoteric Tradition*. Lisboa: Maio.

«The Men Who Conned the World», 1991. *Today* newspaper, 9 de septiembre.

Thom, Alexander. 1967. *Megalithic Sites in Britain*. Oxford: Oxford University Press.

Thomas, Andy. 1992. *Sussex Circular* magazine, n°. 6, junio.

Thomas, Charles. 1991/1992. «Magnetic Anomalies», *The Cereologist*, n°. 5, invierno.

Thomas, Keith. 1971. *Religion and the Decline of Magic*. Londres: Weidenfields and Nicholson.

Tilt, David. 1992. «On Crop Circles and an Ancient Energy System», *Dowsing the Crop Circles*, Glastonbury, Reino Unido: Gothic Image.

Tomkinson, Henry. 1975. *The Divination of Disease: A Study in Radiestesia*. Londres: Heath Science Press.

Tompkins, Peter. 1988. *Secrets of the Great Pyramid*. Londres: Penguin.

_____ 1997. *The Secret Life of Nature*. San Francisco: HarperSanFrancisco.

Tompkins, Peter y Christopher Bird. 1973. *The Secret Life of Plants*. Nueva York: Harper and Row.

_____ 1992. *Secrets of the Soil*. Londres: Arkana.

Toth, Max y Greg Nielsen. 1985. *Pyramid Power*. Rochester, Vermont: Destiny Books.

Tromp, S. 1968. «Review of the Possible Physiological Causes of Dowsing», *International Journal of Parapsychology* 10:4.

Underwood, Guy. 1973. *The Pattern of the Past*. Londres: Abacus.

Valleé, Jacques. 1975. *The Invisible College*. Nueva York: Dutton.

Van Der Post, Laurens. 1952. *The Lost World of the Kalahari*. Londres: Hogarth.

Vassilatos, Ferry. 1998. «Lost Science», Eureka, Calif.: Borderland Research Foundation.

Vidler, Mark. 1998. *The Star Mirror*. Londres: Thorsons.

Vigay, Paul. 1994. «Crop Circle Hoaxign: Is it a Real Treta to the Genuine Phenomenon?» *Enigma*, número 4.

_____ 1995. *Enigma*, n°. 8.

Von Welling, Georgius. 1735. *Opus Magi: Cabbalisticum et Theosophicum*. Hamburgo, S. p.

Wachsmuth, Gunther. 1932., *Etheric Formative Forces in Cosmos, Earth and Man*. Nueva York: Anthrosophic Press.

Wall, Kathleen y Gary Fergusson. 1998. *Rites of Pasaje*. Hillsboro, Ore: Beyond Words.

Watson, Lyall. 1973. *Supernature: The Natural History of the Supernatural*. Londres: Odre and Stoughton.

Watts-Hughes, Margaret. 1891. *The Voice Figures*. Londres: Hazell Watson Viney.

———— 904. *The Eidophone Voice Figures*. Londres, Christian Herald.

Weil, Simone. 1987. *Intimations of Christianity Among Ancient Greeks*. Londres: Ark.

Weinberger, Pearl y Mary Measures. «The Effect of Two Sound Frequencies on the Germination and Growth of a Spring and Winter Wheat», *Canadian Journal of Botany*.

West, John Anthony. 1993. *Serpent in the Sky*. Wheaton, Ill.: Quest.

Wheatley, Dennis. 1990. *Dowsing with a Difference*. Swindon, Reino Unido: Braden Press.

White, Andrew Dickinson. 1896. *A History of the Warfare of Science with Theology in Christendom*. N. p.

Whitlock, Robin. 1999. «The Trouble with Transmitters», *The Ecologist*, 29:5, agosto.

Wiener, Harry. 1968. «External Chemical Messengers», *Nueva York State Journal of Medicine*.

Wigner, E. P. 1970. *Symmetrics and Reflections: Scientific Essays*. Cambridge, Mass.: M.I.T. Press.

Wilson, Colin. 1998. *Alien Dawn*. Londres: Virgen.

Wilson, Robert. 1985-2000. *Cosmic Trigger*, vols.1-3. Tempe, Ariz.: New Falcon.

Wilson, Terry. 1998. *The Secret History of Crop Circles*. Paignton, Reino Unido: CCCS.

Wingfield, George. 1990. «The Crop Circles in 1990», *The Cereologist*, nº. 2.

———— 1991a. «The Doug and Dave Scam», *The Cereologist*, nº. 5

———— 1991b. *The UFO Report 1992*. Londres: Sidgwick & Jackson.

———— 1992a. «Towards an Understanding of the Nature of the Circles», *Harbingers of World Change*. Bath: Gateway.

———— 1992b. «Circular Conundrums of '92'», *The Cereologist*, nº. 7.

———— 1993. «The Works of the Devil», *The Cereologist*, nº. 10.

———— 1994. *The Circular*, nº. 22

Yogananda, Paramahansa. 1996. *Autobiography of a Yogi*. Londres: Rider.

Zuckerkandl, Victor. 1956. *Sound and Symbol: Music and the External World*. Londres: Routledge and Kegan Paul.

Zuckerman, Lord. 1991. «Creations in the Dark», *New York Review*, 21 de noviembre.

Otras publicaciones

Escritos procedentes de la Primera Conferencia Internacional sobre los Efectos de los Círculos, ed. Terence Meaden y Derek Elsom, TORRO/CERES, Oxford, 1990.

Paísagens Arqueologicas a Oeste de Évora, C.M.E., Évora, 1997.

Recursos

Freddy Silva. Para fotografías, diagramas e información sobre las actuales investigaciones relacionadas con los círculos de las cosechas, por favor visita su página web, the Crop Circular: www.lovely.clara.net.

Imágenes cimáticas de Hans Jenny: MACROmedia, 219 Grant Road, Newmarket, NH 03857. www.cymaticssource.com.

Steve Alexander. Para detalles sobre cómo comprar fotografías, postales, calendarios y libros, por favor envía un sobre sellado con la dirección a 27 St. Francis Road, Gosport, Hants. PO12 2UG, Reino Unido. Tel/fax 44 1705 352867, o 02392 352867.

Lucy Pringle. Investigación sobre los efectos del electromagnetismo en la materia viva/fotógrafa. Para detalles de fotos y calendarios, envía un sobre sellado con la dirección a 5 Town Lane, Sheet, Petersfield, Hants. GU32 2AF, Reino Unido, Tel/fax 44 1730 263454.

Publicaciones relacionadas con los círculos de las cosechas

The Cereologist
John Sayer, editor, 17 Spindle Road, Norwich NR6 6JR, Inglaterra.
The Circular, revista del CCCS.
Para suscripciones dirígete a Andrew King, Kenberly, Victoria Gardens, Biggin Hill, Kent TN16 3DJ, Inglaterra.

Páginas web

The Crop Circular: www.lovely.clara.net.
Paul Vigay: www.cropcirclereseach.com.
Red Canadiense de Investigación de los Círculos de las Cosechas: www.geocities.com/cropcirclecanada.
Centro Holandés para el Estudio de los Círculos de las Cosechas (Dutch Centre for Crop Circle Studies): www.dcccs.org/.
Crop Circle Connector: www.cropcircleconnector.com/onasazi/whatsnew.html.

Créditos de las obras de arte

Índice de términos

Sobre el autor

Durante buena parte de su vida profesional, Freddy Silva ha sido director artístico, escritor y fotógrafo, y ha trabajado fundamentalmente en diseño gráfico y publicidad. Estudiante de los Misterios de la Tierra, su pasión se reactivó en 1990 al ver una imagen de un círculo de las cosechas. Desde entonces se ha convertido en uno de los investigadores destacados de este fenómeno a nivel mundial, combinando su conocimiento de los antiguos sistemas y la comunicación mediante imágenes para dar a conocer los círculos de las cosechas. Ha escrito numerosos artículos en revistas y da conferencias en Estados Unidos y Europa.

Índice